刘宽忍　傅才武◎主编

# 区域社会文化发展与影响力研究

以十一艺节为中心

中国社会科学出版社

### 图书在版编目（CIP）数据

区域社会文化发展与影响力研究：以十一艺节为中心／刘宽忍,傅才武主编 .—北京：中国社会科学出版社，2019.3
ISBN 978-7-5203-4210-0

Ⅰ.①区… Ⅱ.①刘… ②傅… Ⅲ.①文化发展—研究—陕西 Ⅳ.①G127.41

中国版本图书馆 CIP 数据核字（2019）第 053618 号

| | |
|---|---|
| 出 版 人 | 赵剑英 |
| 责任编辑 | 王　曦 |
| 责任校对 | 周晓东 |
| 责任印制 | 戴　宽 |

| | |
|---|---|
| 出　　版 | 中国社会科学出版社 |
| 社　　址 | 北京鼓楼西大街甲 158 号 |
| 邮　　编 | 100720 |
| 网　　址 | http://www.csspw.cn |
| 发 行 部 | 010-84083685 |
| 门 市 部 | 010-84029450 |
| 经　　销 | 新华书店及其他书店 |
| 印刷装订 | 北京君升印刷有限公司 |
| 版　　次 | 2019 年 3 月第 1 版 |
| 印　　次 | 2019 年 3 月第 1 次印刷 |
| 开　　本 | 710×1000　1/16 |
| 印　　张 | 23.25 |
| 插　　页 | 2 |
| 字　　数 | 358 千字 |
| 定　　价 | 99.00 元 |

凡购买中国社会科学出版社图书，如有质量问题请与本社营销中心联系调换
电话：010-84083683
版权所有　侵权必究

# 课题组人员名单

**课题组组长**　刘宽忍　傅才武
**课题组成员**　刘海荣　赵　艳　张晟涛　纪东东
　　　　　　　肖　波　李朝晖　莫　聂

# 目 录

作为中国艺术节的跟踪观察者（代序） ……………… 傅才武 1

## 第一部分 总报告

**十一艺节区域经济文化社会发展影响力调研报告** …………… 3
 一 十一艺节概况 …………………………………… 3
 二 调查缘起及调查的样本描述 …………………… 18
 三 十一艺节与民众的关系 ………………………… 28
 四 十一艺节与文艺发展的关系 …………………… 42
 五 十一艺节与区域发展的关系 …………………… 47
 六 社会公众与文化行业对十一艺节的总体评价 … 58
 七 中国艺术节优化发展：启示与思考 …………… 62

## 第二部分 专题报告

**中国艺术节与国内外艺术节的比较研究** ………………… 75
 一 中国艺术节与中国"香港艺术节"的比较 …… 75
 二 中国艺术节与国外艺术节的比较 ……………… 81
 三 国内外艺术节对中国艺术节的启示 …………… 85

十一艺节和第十三届全运会的比较研究 ················································· 89
  一 十一艺节和第十三届全运会的比较 ······································· 89
  二 全国运动会对中国艺术节的启示 ··········································· 97

# 第三部分 会场报告

**西安主会场调研报告** ············································································ 105
  一 西安主会场准备工作 ······························································· 105
  二 西安市调查的样本描述 ···························································· 110
  三 十一艺节与民众的关系 ···························································· 112
  四 十一艺节与文艺发展的关系 ···················································· 119
  五 十一艺节与区域发展的关系 ···················································· 122
  六 民众对于十一艺节的总体评价 ················································ 126
  七 十一艺节社会影响力评估 ························································ 129
  八 启示与思考 ··············································································· 134

**延安调研报告** ······················································································ 139
  一 延安分会场准备工作 ······························································· 139
  二 延安分会场的样本描述 ···························································· 147
  三 十一艺节与民众的关系 ···························································· 150
  四 十一艺节与文艺发展的关系 ···················································· 159
  五 十一艺节与区域发展的关系 ···················································· 163
  六 民众对于十一艺节的评价 ························································ 168
  七 启示与思考 ··············································································· 171

**咸阳调研报告** ······················································································ 177
  一 咸阳分会场准备工作 ······························································· 177
  二 咸阳市调查的样本描述 ···························································· 185
  三 十一艺节与民众的关系 ···························································· 188

四　十一艺节与文艺发展的关系……………………………… 194
　　五　十一艺节与区域发展的关系……………………………… 197
　　六　民众对于十一艺节的总体评价…………………………… 200
　　七　十一艺节社会影响力评估………………………………… 202
　　八　启示与思考………………………………………………… 207

**渭南调研报告**…………………………………………………… 213
　　一　渭南分会场准备工作……………………………………… 213
　　二　渭南市调查的样本描述…………………………………… 217
　　三　十一艺节与民众的关系…………………………………… 220
　　四　十一艺节与文艺发展的关系……………………………… 227
　　五　十一艺节与区域发展的关系……………………………… 229
　　六　民众对于十一艺节的总体评价…………………………… 233
　　七　十一艺节社会影响力评估………………………………… 235
　　八　启示与思考………………………………………………… 240

**宝鸡调研报告**…………………………………………………… 245
　　一　宝鸡分会场准备工作……………………………………… 245
　　二　宝鸡分会场调查的样本描述……………………………… 251
　　三　十一艺节与民众的关系…………………………………… 255
　　四　十一艺节与文艺发展的关系……………………………… 265
　　五　十一艺节与区域发展的关系……………………………… 268
　　六　民众和文艺工作者对十一艺节的总体评价……………… 276
　　七　启示与思考………………………………………………… 278

**汉中调研报告**…………………………………………………… 287
　　一　汉中分会场准备工作……………………………………… 287
　　二　汉中分会场调查的样本描述……………………………… 291
　　三　十一艺节与民众的关系…………………………………… 293
　　四　十一艺节与文艺发展的关系……………………………… 302
　　五　十一艺节与区域发展的关系……………………………… 306

六　民众对于十一艺节的总体评价……………………310
　　七　问题与对策……………………………………………312

**榆林调研报告**……………………………………………317
　　一　榆林分会场准备工作…………………………………317
　　二　榆林市调查的样本描述………………………………322
　　三　十一艺节与民众的关系………………………………325
　　四　十一艺节与文艺发展的关系…………………………333
　　五　十一艺节与区域发展的关系…………………………337
　　六　民众对于十一艺节的总体评价………………………342
　　七　问题与对策……………………………………………345

**附录**………………………………………………………351

# 作为中国艺术节的跟踪观察者（代序）

武汉大学国家文化发展研究院院长、教授　傅才武

我对中国艺术节的关注和研究，始于2000年在湖北省文化厅艺术处工作期间。当时，湖北省政府决定申办第八届中国艺术节，其时广东、山东和湖南三省也在积极申报。我作为湖北省文化厅艺术处助理调研员，负责起草申报书和初步方案，经过5天4夜的努力（因为是临时决策，时间紧，每天只能在办公室休息2—3个小时），终于在文化部考察评估组（组长为冯远，时任文化部艺术司司长，现任中国文联副主席、中央文史研究馆副馆长）到达湖北的前一天，完成申请报告和研究报告的文稿，并第一次在省文化系统运用了多媒体汇报的形式（当时PPT演讲汇报的形式不多见），效果很好，得到了时任湖北省副省长王少阶的表扬。

在这次申报材料的准备过程中，我真切地感受到中国艺术节理论研究的薄弱。2000年以前，作为国家主办的最大的艺术盛会和专业性节日，中国艺术节已经举办了6届（其时江苏第七届艺术节还没有举办），但各届艺术节的资料除了散见于报刊的报道和评论文章外，对于中国艺术节作为专业艺术节庆活动的研究，不论是文艺界还是学界都鲜有关注。作为投入如此巨大的国家级艺术盛会，应该是中国专业艺术发展的指南针和区域社会发展的推进器，值得我们去观察、去研究。

2004年，我从湖北省文化厅调入华中师范大学任教，有了相对独立的研究时间和精力。湖北省文艺界正积极筹办第八届中国艺术节，我感到对中国艺术节进行深入的学理研究时机已经成熟。2005年，我向时任湖北省文化厅厅长蒋昌忠建议，由华中师范大学文化产业研究所与

湖北省文化厅合作开展中国艺术节的研究，得到蒋昌忠先生的支持。于是从 2005 年开始，我们正式启动中国艺术节的课题研究。考虑到中国艺术节是正在发生的故事，课题组决定采用文献研究与调查研究相结合的方法，为这个时代记录一个真实或者尽量接近真实的中国艺术节"系列故事"，并且通过故事的呈现，探究故事背后国家文化发展的动力机制，以及故事对发生地的影响力。从 2005 年向上追溯第一届（1987）到第七届（2004）中国艺术节，再从第八届（2007）到第十一届（2016），我们组成专门的课题组，对每一届中国艺术节都进行实证调研。屈指算来，我们跟踪研究中国艺术节已 13 个春秋。

对第一届至第七届中国艺术节的研究，主要采用到举办地相关部门查阅档案资料和访谈的方式，汇编成《中国艺术节实证研究调查报告——第一届至第七届的经验与模式》（中国社会科学出版社 2012 年版）。从 2007 第八届中国艺术节开始，除了通过文献研究，总结第八届艺术节的运作模式、办节经验以外，还采用实地调研的方法搜集第一手资料。课题组设计了艺术节举办前、举办中和举办后的社会公众问卷，以及艺术节中艺术工作者问卷共 4 套问卷，从举办地省内、省外社会公众、艺术工作者等不同视角，通过测评民众对艺术节知晓度和满意度，以及自身在参与艺术节过程中的获得感等，分析艺术节的社会影响力，编撰了《中国艺术节实证研究调查报告——第八届的运作模式、经验及其影响力》（中国社会科学出版社 2012 年版）。2010 年，第九届中国艺术节在广州市举办，这一届中国艺术节出现了与过去办节模式不同的特点，首先是第一次由省会城市独立承办，其次是艺术节期间开办了中国优秀舞台艺术演出交易会，举办了全国优秀美术作品展览；因研究经费不足没有成书，仅将调研报告《中国艺术节对区域文化建设作用的分析报告——以第九届中国艺术节为例》发表在 2010 年第 10 期的《福建论坛（人文社会科学版）》上，以《第九届中国艺术节社会认同调查与分析》为题发表在 2010 年 11 月 22 日的《中国文化报》上。2013 年第十届中国艺术节的研究工作受到山东省文化厅领导的高度重视，课题组继续沿用第八、第九届的研究方法，完成大量的问卷调查，通过数据分析，深入研究，出版了《第十届中国艺术节区域社会文化发展中价值与影响力实证研究》（齐鲁书社 2014 年版）。

2016年第十一届中国艺术节在陕西省举行，武汉大学国家文化发展研究院与陕西省文化厅合作，共同开展对第十一届中国艺术节的研究。本次研究中，课题组沿用了前十届的主要研究方法，根据本届艺术节的办节特点对问卷进行了修改，并新增了一套针对剧场观众的调查问卷，同时，将节前、节中和节后三个环节的调研压缩成节前、节中两个环节，调研方式采用实地调研和电子问卷相结合的办法。节前调研主要集中在两个时段，2016年8月中旬在延安、榆林开展了调研，9月中旬在西安、渭南、咸阳、汉中、宝鸡等地开展了调研。节中，调研组首先奔赴延安调研，感受开幕式举办地的节日氛围，从10月16日开始，调研组分赴节前调研的分会场开展调研，既发放问卷，也实地采访参演艺术院团的负责人，了解艺术产品生产的情况以及对艺术节的认识和评价，实地访谈社会公众，深入了解民众对艺术节从筹备到闭幕全过程的组织、宣传工作的评价。调研过程中，陕西省文化厅相关负责人、宝鸡文化局的领导、神木晋剧团团长给予了课题组帮助，使课题组感受到了艺术工作者饱满的工作状态和东道主的热情。但是，课题组也发现有些分会场对艺术节的宣传不够到位，仍然有进一步改进的空间。从问卷统计数据看，社会公众、艺术工作者和剧场观众对中国艺术节普遍持肯定态度，尤其肯定中国艺术节对提升城市美誉度的重要作用。

中国艺术节作为中国规格最高、规模最大的国家级艺术盛会，与世界的一些大型节会相比，中国艺术节既有自己的特色，又有自身的局限。西方发达国家中的一些文化艺术节会如美国林肯中心艺术节、爱丁堡国际艺术节、柏林艺术节、希腊艺术节、维也纳艺术节、萨尔斯堡音乐节、南非国家艺术节、布拉格民俗艺术节、赫尔辛基艺术节、日本国民艺术节等等，已经成为影响世界的文化事件，成为城市和国家向外传播城市（国家）形象和文化价值的有效途径，在提升城市知名度和美誉度的同时，又成为推动城市经济发展的重要动力。正是借助于文化艺术节会这一平台，城市原有的文化景点和文化产品获得了整体包装、推广和营销的机会，会提升城市空间的表现形式和形象特征。如一个20万人口的小城萨尔斯堡，在每年7月中旬到8月底的艺术节期间，有40万—50万参与者，整个艺术节的经济效益对萨尔斯堡的贡献率几乎占整个城市税收的2/3。萨尔斯堡艺术节以其在世界上非凡的知名度，对萨尔斯堡的旅游和城市发展起到至关重要的促进作用。在这一点上，中国艺术节和国外的文化艺术节会都发挥了十分积极的作用。

但是，中国艺术节在不同省市轮流举办的方式，对艺术节的品牌建设存在局限性，每三年一轮在不同的城市举办，离开了具体城市的依托，且一个城市承办一届中国艺术节，从筹办到结束大概有6年时间，而获得下一次中国艺术节承办权的时间至少是几十年以后，使每个承办城市难以做出有效的长期规划，并且好不容易产生的节庆影响力因两届艺术节举办时间间隔太长而不具有延续性，这种情形使得中国艺术节"脱实向虚"，即作为文化品牌的内涵"虚化"。事实上，城市中的种种元素，包括建筑、空间结构、经济实力、文化设施、公民素养和文化遗产等都会以某种方式介入艺术节的过程，成为艺术节内涵的一部分。文化艺术节会如果没有连续数十年的坚守和城市资源的整体性注入，就很难造就世界性的知名度。如一年一度的爱丁堡艺术节始于1947年，是世界大型综合性艺术节之一，享有国际盛誉。同样，柏林艺术节创立于1951年，维也纳艺术节创立于1951年，萨尔斯堡国际艺术节则已有90多年的历史。从这一意义上说，中国艺术节要形成世界文化品牌，还必须要从顶层设计上改革创新。

总之，跟踪研究中国艺术节，是一件非常有意义的学术使命。第十一届中国艺术节像前十届一样，有诸多成就和创新，也存在一些遗憾和不足，我们的研究在于客观记录、科学评价、深入剖析中国艺术节，以期推动中国艺术节不断创新发展，使中国艺术节不仅是中国艺术的荟萃，也是世界艺术的交流，从而不断提升中国艺术节的世界影响力，增强文化自信，传播中华优秀文化。这本书，就是对第十一届中国艺术节的特别纪念。

是为序。

# 第一部分
# 总 报 告

# 十一艺节区域经济文化社会发展影响力调研报告

1987年北京举办首届中国艺术节，2016年10月，第十一届中国艺术节（以下简称十一艺节）在陕西省举行。作为习近平总书记主持召开文艺工作座谈会并发表重要讲话之后举办的第一个大型艺术节，十一艺节充分展示了在文艺工作座谈会精神引领和激励下，全国文艺工作者植根人民、书写时代、潜心创作、勇攀"高峰"的新气象、新风貌，中国文艺正健步走入发展新阶段，艺术繁荣推动全面小康建设阔步前进。

自第一届艺术节开始，中国艺术节就成为撬动承办省份文化改革发展的杠杆，借助中国艺术节的举办，承办省份文化事业和文化产业加速发展。由于众多嘉宾和专业文艺工作者的参与，中国艺术节的举办能够提升承办省份的城市形象。同时，中国艺术节的举办赋予了广大普通市民文化参与的机会，对提升城市文明也产生了积极影响。

## 一　十一艺节概况

2013年10月，第十届中华人民共和国艺术节在山东青岛闭幕，陕西省副省长白阿莹代表陕西省从文化部副部长董伟手中接过"中国艺术节"节旗，陕西省正式成为2016年第十一届中国艺术节举办地。同时宣告十一艺节将于2016年10月15日至10月31日由陕西省12个市共同举办，以西安市为主会场，在延安举办开幕式，在西安举办闭幕式。

2016年10月15日，十一艺节在陕西省延安市开幕。中共中央政治局委员、国务院副总理、十一艺节组委会主席刘延东出席并宣布开幕，文化部党组书记、部长雒树刚，陕西省委书记娄勤俭，陕西省人民政府省长、十一艺节组委会主任胡和平，以及中央和国家机关有关部委及各省（区、市）代表团领导等出席。十一艺节开幕演出剧目为陕西省渭南市剧团、澄城县剧团、户县群星剧团联合打造的以"精准扶贫"为主线的秦腔现代戏《家园》。中国艺术节在省会外城市举办开幕式，由基层文艺院团担纲开幕演出，在历史上均属首次。

十一艺节历时17天，先后在陕西省西安、宝鸡、咸阳、渭南、铜川、延安、榆林、商洛、韩城等市举办了一系列文化艺术活动和丰富的文化惠民活动。主要活动包括：文华奖、群星奖评奖，全国优秀美术作品展览、书法篆刻作品展览、摄影作品展览、演艺产品博览交易会，以及全国广场舞展演、中国农民画精品展览。在全省各市县举办优秀剧目参演展演、群星奖决赛作品惠民展演、历届群星奖获奖精品展演、海峡两岸暨港澳地区部分新创优秀剧目参演等文化惠民活动。十一艺节从57台舞台艺术精品剧目中评选出文华大奖10个，从84件优秀群众文艺作品中评选出群星奖20个，并评出文华表演奖10位。

艺术节举办期间，全国共有32个政府代表团以及数十个文化系统观摩团参加、观摩艺术节，全国艺术家和群文工作者数万人赴陕西参与各项活动，近千名陕西高校大学生志愿者积极服务十一艺节，陕西省各地各项活动观众总计达1000万人次。十一艺节全面实现了"艺术的盛会、人民的节日"办节宗旨，体现了"精品、惠民、节俭、可持续"的办节原则，展现了国家水准和民族特色、时代风貌和价值追求，达到了预期目的，收到了良好效果。

### （一）十一艺节的基本情况

#### 1. 十一艺节的组织架构

完善的组织机制是十一艺节成功举办的重要保证。为保证十一艺节的顺利进行，陕西省各级党委、政府以组建机构、健全制度、落实责任、规范运行为重点，加强组织领导体系建设，省及各市充实完善工作机构，加强筹备工作力量，建立了系统的组织体系，实现了艺术节组织和管理运营的协调推进，筹办工作受到各级领导、专家、国内外嘉宾、参展参演团体和社会各界的广泛好评。

（1）成立十一艺节组织委员会。本届艺术节由中共中央政治局委员、国务院副总理刘延东担任组委会主席，陕西省人民政府省长胡和平担任组委会主任，中央和国家机关有关部委领导、陕西省委省政府领导及有关市和部门负责同志任副主任或委员。文化部、陕西省分别提出相应组成人员名单。组委会负责对艺术节的各项工作进行统一领导、宏观决策、检查监督和总结表彰，组织动员社会力量广泛参与艺术节活动。

（2）成立十一艺节工作指挥部。为做好十一艺节筹备工作，经省筹委会领导同意，成立十一艺节陕西省工作指挥部，指挥部下设办公室、大型活动部、剧目演出部、群众文化活动部、美术展览部、演艺产品交易部、新闻宣传部、场馆保障部、接待部、志愿者工作部、安全保卫部、医疗保障部、交通保障部、人事部、社会筹资及财务部、审计监察部共16个部室。由陕西省委常委、省委宣传部长梁桂担任总指挥，陕西省政府副省长姜锋担任副总指挥，陕西省政府副秘书长张宗科担任秘书长，陕西省文化厅厅长刘宽忍和陕西省委宣传部原副部长薛保勤担任副秘书长。陕西省委、省政府及有关市和部门负责同志任各部室部长或副部长。十一艺节陕西省工作指挥部加强了对十一艺节筹备工作的组织领导，加大了文艺精品创作力度，加快了公共文化设施建设，确保十一艺节筹备工作的顺利推进。

2. 十一艺节的活动安排

十一艺节系列活动是艺术节成功举办的重要内容，也是宣传艺术节、活跃城乡文化、展示举办省地域文化风貌的主要途径。十一艺节从筹办启动之日起，经文化部与陕西省共同研究，将国家专业艺术比赛展演项目与十一艺节筹备各项重要节点活动密切融合，打造了一系列遍布城乡、惠及百姓、异彩纷呈的国家艺术节活动。

（1）第十五届文华奖评奖活动。根据《文华奖章程》和《第十五届文华大奖评奖办法》规定，本届文华奖参评剧目共分为京剧昆曲、话剧儿童剧类、地方戏曲类、音乐舞蹈杂技类四个大类，共有57台参评剧目，经过层层严格评选脱颖而出最终入围，从2016年10月23日到10月30日，文华奖参评剧目在陕西各省市进行展评，在10月31日的闭幕式上揭晓最终获奖名单。本届文华奖对评奖进行了改革。一是奖项数量压缩到 20 项,只保留了 10 个文华大奖和 10 个文华表演奖,而往届艺术节的文华奖多达 200 个左右。豫剧《焦裕禄》、评剧《母亲》、淮剧《小镇》、京剧《西安事变》、京剧《康熙大帝》、话剧《兵者,国之大事》、话剧《麻醉师》、歌剧《大汉苏武》、舞剧《沙湾往事》、舞剧《八女投江》10 台作品荣获第十五届文华大奖。这些作品或关注当下,反映现实生活,或弘扬中华优秀传统文化,聚焦中国梦的时代主题、培育社会主义核心价值观,展现了艺术家从"高原"迈向"高峰"的雄姿。文华表演奖则被贾文龙、吴凤花、惠敏莉、朱衡、李军梅、李小雄、华雯、王阳娟、迪里拜尔、王启敏 10 位长期扎根基层、为人民演出的艺术家摘得。

二是在改革评奖的同时,加大了评论的力度,邀请专家在艺术节期间观摩作品,撰写文章。有专家表示,加强评论"把创作团体和创作人的目光从评奖转向了评论、回归创作本体,对提升创作质量意义重大"。很多作品的主创人员看到刊登在各类网站、刊物上的评论文章后主动与作者联系,探讨请教如何通过专业评论进一步修改、提高作品质量。艺术节之后,文化部还将组织艺术研讨评论,以进一步推动艺术创作的繁荣发展。

(2) 第十七届群星奖评奖活动。经群星奖专家评委和群众评委严格评审并报群星奖评奖委员会批准,根据《群星奖评奖办法》规定,第十七届群星奖评奖,分为初选、复赛、决赛三个阶段。初选中,全国各地共举办展演选拔近 1.5 万场,观众 1083 万人次,参赛作品 5052 件。268 件作品进入复赛。决赛入围作品 84 个,其中音乐、舞蹈、戏剧、曲艺四个门类作品各 21 个。第十七届群星奖决赛于 10 月 16 日至 19 日在西安举行。决赛分为音乐、舞蹈、戏剧、曲艺四个艺术门类,共有来自全国各地和部队、武警、工会系统的 84 个优秀作品参加决赛。经专家评委和群众评委严格评审,报经群星奖评奖委员会审定并向社会公示,最终于 10 月 30 日晚评出《丝路欢歌》《阿婶合唱团》《占座》《军婚药方》等 20 个获奖作品。最终获奖率只有 4%。

与上届相比,本届群星奖数量压缩将近 70%,但本届参赛作品地域特色更鲜明,生活气息更浓郁,涌现出了一批精品力作。同时,为让广大群众充分享受文化艺术发展成果，参加群星奖决赛的所有作品分组于 10 月 18 日至 22 日赴西安、延安、榆林、渭南、铜川、咸阳、宝鸡、汉中、安康、商洛等地进行了 20 场惠民展演，覆盖陕西全省，观众达 5 万多人次。所有演出均为公益性演出，受到基层群众的欢迎和好评。群星奖决赛进行了网络直播，观看人次达 80 万。

（3）美术、书法篆刻、摄影展览展示活动。本届艺术节全国优秀美术作品展览和书法篆刻、摄影作品展览、中国农民画精品展于 2016 年 10 月 15 日在陕西省美术博物馆开幕。文化部党组书记、部长雒树刚，陕西省委副书记、省长胡和平，陕西省副省长姜锋，西安市市长上官吉庆等出席开幕式。中国文联副主席、中国美协主席刘大为，中国文联副主席、中央文史研究馆副馆长冯远，中国书法家协会主席苏士澍，中国美术馆馆长吴为山、中国国家画院院长杨晓阳、中央美术学院院长范迪安以及曹春生、高云、孔紫、王西京、张之光、郭北平、吴三大、雷珍民、言恭达、刘洪彪、曾来德、骆芃芃、张桐胜、吴鹏、胡武功、柏雨果等来自全国的著名美术家、书法篆刻家和摄影家，部分第十一届中国艺术节省区市代表，参展艺术家代表，展览各承办协办执行单位负责同志参加了开幕式。

为充分做好第十一届中国艺术节展览项目的筹备工作，文化部在充分总结过去两届中国艺术节全国优秀美术作品展览经验的基础上，广泛征求了业界专家的意见，研究制定了本届艺术节展览的工作方案。文化部成立了由全国范围内有关专家组成的艺术委员会，负责展览的策划、咨询以及评选等有关工作。本届展览贯彻落实习近平总书记系列重要讲话特别是文艺工作座谈会重要讲话精神，坚持以人民为中心的创作导向，大力弘扬社会主义核心价值观。这三个展览在参展作品的构成上，都包括邀请和征集两大部分，使展览更具完整性、包容性。美术、书法篆刻、摄影三个展览共汇集优秀作品 1000 余件。参展作者涵盖了当前我国美术、书法、摄影领域老中青三代优秀艺术家，既为广大的创作者搭建了展示和交流的平台，又使当代优秀成果惠及群众，是文化部引导和推动艺术创作持续繁荣和健康发展的重要举措。其中，全国优秀美术作品展览在第九届中国艺术节期间首次举办，并确立为中国艺术节的固定项目；书法篆刻作品展览、摄影作品展览是首次在中国艺术节中举办,使中国艺术节的内容更加丰富,进一步完善了中国艺术节展览格局,同时,为了充分发挥这批优秀作品的社会效益,三个展览的展期均为两个月,将持续至 12 月中旬。展览举办期间,有关单位还举办了丰富多彩的公共教育活动。

(4) 演艺产品博览交易活动。本届艺术节演艺产品博览交易会,通过成果展览、剧目展演、项目推介、器材展示、产品交易等形式,集中展示十八大以来全国范围内涌现的舞台艺术优秀作品和最新成果,特别是国家舞台艺术精品创作扶持工程作品,各省、市、自治区选送至第十一届中国艺术节上重点推出的五十台"文华大奖"参评剧目和祝贺演出剧目以及各省推荐的本地区重点创作作品等。同时,着重展示这些优秀剧目努力践行"深入生活、扎根人民"主题的实践活动,不断攀登艺术高峰,以优秀文艺作品服务基层群众的图片、事迹成果等。交易会地点设在西安曲江国际会展中心 B1—B4 馆,展馆面积共计 4 万平方米(实际可用展位面积约 1.8 万平方米),于 2016 年 10 月 13—14 日布展,10 月 15—17 日开展。参展作品范围分为重点舞台艺术作品展示区、全国优秀舞台艺术作品及优秀演艺器材展示区;主要活动为开幕巡展、优秀节目展演展示、观摩"十一艺节"演出活动、成果发布、举办"科技与艺术"精品推介活动等。工作进度可分为筹备阶段(2016 年 4 月—2016 年 8 月)、招商阶段(2016 年 8 月)、策展阶段(2016 年 8 月—2016 年 9 月)和展会阶段(2016 年 9 月—2016 年 10 月)。

本届艺术节演艺产品博览交易会通过搭建与演出经纪机构、演出院线、剧场联盟等机构的综合性服务平台,促进了演艺资源优化配置,推动了中国优秀演艺产品走进市场、走出国门,努力推动了演艺业与科技的融合发展,促进了演艺业的优化升级,打造了国家级演出交易展会品牌。

(5) 参演剧目展演活动。从 2016 年 10 月 10 日至 10 月 31 日,十一艺节参演剧目分别在西安人民剧院、秦皇大剧院、西安音乐学院艺术中心、西安音乐学院学术厅、西安音乐厅、索菲特人民大剧院、富平文化中心、延安大剧院等进行展演,参演剧目包括:渭南市秦腔剧团的秦腔《家园》,内蒙古自治区赤峰剧团的话剧《热土》,中国东方演艺集团有限公司的舞剧《兰花花》，江苏无锡市演艺集团歌舞剧院的舞剧《吴祖光梦别新凤霞》，澳门中乐团和陕西广播民族乐团的民乐音乐会《绽放澳门·乐动西安》，台湾新竹青年国乐团民乐音乐会《竹堑之声》，四川省凉山彝族自治州歌舞团民族歌剧《彝红》，湖北省武汉人民艺术剧院话剧《董必武》等，从地方戏曲到舞剧应有尽有。

（6）开闭幕式。十一艺节开闭幕式力求简洁隆重。2016年10月15日，刘延东出席并宣布开幕，雒树刚、娄勤俭、胡和平，以及中央和国家机关有关部委及各省（区、市）代表团领导等出席。十一艺节开幕演出剧目为陕西省渭南市剧团、澄城县剧团、户县群星剧团联合打造的以"精准扶贫"为主线的秦腔现代戏《家园》。中国艺术节在省会外城市举办开幕式，由基层文艺院团担纲开幕演出，在历史上均属首次。2016年10月31日在西安举办闭幕式，雒树刚、胡和平致辞。娄勤俭、董伟、于群、魏民洲、刘小燕、冯新柱等出席。梁桂主持闭幕式。闭幕式上，娄勤俭、雒树刚、董伟以及文艺工作者代表为文华大奖获奖剧目和文华表演奖获得者颁奖。雒树刚为陕西省文化厅颁发十一艺节组织工作奖。本届艺术节组委会对参加开幕式演出的秦腔现代戏《家园》剧组颁发荣誉证书。并举行节旗交接仪式。第十二届中国艺术节将于2019年在上海市举办。

（7）文化惠民活动。组织开展优秀剧目、群星奖节目惠民演出、知名艺术家走基层活动。按照"空间横向拉开，时间纵向排列"的原则，组织优秀剧（节）目、知名艺术家进社区、进村镇、进企业、进学校、进军营，开展丰富多彩的惠民演出活动。在陕西全省各地组织开展优秀剧目、群星奖惠民演出、知名艺术家走基层活动。获奖优秀剧目还将在延安等地进行展演，向老区人民汇报全国文艺创作成果。

（8）陕西文化成果展示活动。汇总展示陕西107个县文化艺术优秀创作成果。

3. 十一艺节的场馆安排

围绕筹办十一艺节，场馆建设工作坚持注重实用、厉行节约、不搞铺张奢华、不搞重复建设的原则。文化部组织国内专家团队先后6次对全省近百个场馆拉网式调研考察、反复论证、多次筛选，确定了51个拟使用场馆（含美术、展览馆 5 个）。全省新建 24 个场馆。各地、各相关单位作为责任主体，确保场馆建设和维修改造任务保质保量、按时完成。所有维修改造场馆均于 2015 年年底前完成，新建场馆均于 2016 年 3 月底前建成并试运行。对场馆建设工作进度缓慢的市（区）和有关单位，将予以通报；对不能按期完成场馆建设和维修改造任务的，将取消其承办相关活动的资格。

（1）十一艺节重点场馆分演出场馆和展览展示场馆，共准备场馆 51 个，文华奖评选展演使用场馆约 30 个，其中 A 类约 16 个、B 类约 14 个，群星奖评选及惠民展演、全国性专业艺术单项展演使用场馆约 16 个，全国优秀美术、书法篆刻、摄影作品展览展示场馆 4 个，中国农民画精品展展览场馆 1 个。

（2）十一艺节演艺产品博览交易会在西安曲江国际会展中心举行；全国广场舞展演活动在西安市大明宫国家遗址公园广场举行。

（3）根据参演剧目对舞台功能的要求和陕西省场馆实际情况，综合考虑文华奖和群星奖评奖展演需求，按艺术门类相对集中的原则，采取分类抽签的办法安排文华奖场馆，采取集中评奖、分组展演的办法安排群星奖场馆，以便评奖和观摩。

4. 十一艺节的宣传推广

围绕"艺术的盛会，人民的节日"的办会宗旨，为进一步做好十一艺节社会宣传工作，强化陕西全省人民的东道主意识，各有关市县区和各有关单位周密策划，精心组织，利用各种阵地和载体，开展了主题鲜明、内容丰富、形式多样的宣传活动，动员和吸引广大群众关心、支持、参与、奉献十一艺节，充分展示了陕西省深厚的文化底蕴和三秦人民热情饱满、全力备战十一艺节的良好精神风貌，在全省形成了喜迎十一艺节的热烈浓厚社会氛围和强大的社会宣传声势，营造了热烈祥和的节日氛围和盛会环境，为十一艺节成功举办提供了有力的社会舆论支持。

（1）制定《第十一届中国艺术节宣传工作方案》

组织协调中央、省和重点市主要新闻媒体有计划、有步骤地开展阶段性宣传，逐步加大传播推广力度，营造良好社会氛围，扩大中国艺术节的品牌影响力。充分发挥宣传报道、信息发布、工作交流作用。

（2）工作重点

各举办地城市充分发挥宣传主渠道的作用，充分运用户外广告牌、LED电子屏、灯杆道旗、工地围挡、公交车身等户外宣传媒介以及社区板报、宣传橱窗、宣传栏、标语牌等，在繁华地段、交通要道、大型建筑物、文体场馆、窗口服务单位等场所，悬挂、张贴、摆放十一艺节宣传画、标语口号、吉祥物造型等。省直各行业各系统要结合自己工作特点，广泛开展各种形式的群众性宣传活动，大力营造喜迎十一艺节的环境氛围。

（3）工作内容

A. 各举办地城市在本市民航、铁路、长途客运站点，城市出入口，高速公路和连接省际主要交通的国道、省道的省界入口处，市区主要街道路段、过街天桥、道路立交、繁华地段、标志性建筑和艺术场馆周边等显著位置，设置平面喷绘等形式的迎十一艺节大型宣传牌。

B. 各举办地城市在市区主要道路、场馆周边道路普遍设置灯杆道旗。

C. 各举办地城市在本市各居民小区、社区，旅游景区，机关、医院、学校，文化体育场馆、影剧院，商场、宾馆酒店，社会阅报栏、宣传橱窗，公交车站广告牌等场所以及公交车、出租车和出入陕西省境和省内运营的列车、长途汽车等各种公共交通工具上，普遍张贴布置十一艺节宣传画以及其他形式的广告宣传。

D. 各举办地城市在城市户外电子显示屏系统和露天电视中逐步加大对十一艺节的宣传力度，增加对十一艺节宣传片的播出频率和播放时长。

E. 各举办地城市在出入陕西省境和省内运营的客机、列车、长途汽车的广播和电视，城市交通广播和公交车载电视系统，公共交通工具的电视和电子显示屏系统，宾馆酒店的楼宇电视多媒体广告系统中，播放十一艺节工作指挥部办公室提供的宣传片和宣传资料，并逐步加大对十一艺节的宣传力度。

F. 各举办地城市动员社会各界积极参与，在城市广场、旅游景区、居民社区广泛开展活动；动员各企事业单位和社区张贴十一艺节宣传画和宣传品，制作以迎十一艺节为主题的板报、宣传栏和宣传牌，悬挂宣传横幅和条幅。

G. 省、市各部门的政务公开场所、窗口服务单位、面向群众的办事机构和企事业单位，在电子显示屏和适宜的墙面上布置十一艺节宣传标语、宣传画。省直各系统所属单位（特别是有条件的沿街单位）在门前布置迎十一艺节标语牌、横（竖）幅。

（4）工作要求

A. 提高认识。各市筹委会、省直有关部门高度重视，加强领导，明确责任，抓好落实。坚持点面结合、上下联动的工作机制，一手抓面上全过程社会宣传的整体推进，协调、指导、检查、督促全省迎十一艺节社会宣传工作的落实，一手抓点上阶段性大型群众性宣传活动的开展，确保十一艺节社会宣传各项工作取得扎实成效，营造出热烈祥和的盛会环境。

B. 贯彻落实。各市和省直各有关部门根据十一艺节筹委会的统一部署和要求，研究制定切实可行的迎十一艺节社会宣传工作方案和活动计划，不断丰富和完善工作内容，创新宣传方式。充分调动基层单位、社区居民、大中小学生志愿者积极参与公益宣传活动的热情，充分利用吉祥物、宣传画、宣传标语等开展宣传，进一步加大宣传力度和宣传密度，注重宣传效果，确保十一艺节社会宣传工作不留死角。

C. 搞好社会宣传。通过举办十一艺节倒计时活动、吉祥物征集、各类艺术赛事展演等活动，提高全社会对十一艺节的关注度，营造浓厚的十一艺节氛围。

（5）宣传口号

· 艺术的盛会　人民的节日

· 办好艺术盛会　建设文化强省

· 三秦传雅韵　西安聚知音

· 艺术中国　人文陕西

· 千年古都迎盛会　十一艺节铸梦想

· 文化凝聚中国力量　艺术放飞复兴梦想

· 相约美丽西安　共享艺术盛宴

· 手拉手当好东道主　心连心办好艺术节

· 相约革命摇篮　共享艺术盛宴

- 宝塔迎盛会　延河逢知音
- 精彩艺术节　和美新陕西
- 艺舞神州　陕亮中国
- 艺术传雅韵　三秦迎宾客
- 中华艺术谱华章　汉唐风韵梦飞扬
- 千年古都重启丝绸之路　八方同台梦圆十一艺节
- 歌舞天下　艺悦陕西
- 百花齐放　百姓共享艺术盛会
- 百家争鸣　百鸟朝凤情满三秦

5. 十一艺节的节徽和吉祥物

为彰显十一艺节特色，2016年10月12日，十一艺节官方网站公布了节徽、吉祥物和海报。节徽采用完美的正圆形LOGO，表现了中国古代人民对于日月的原始崇拜。边缘一周采用中国传统的云雷纹样，质朴且古拙，反映了尊重自然的朴素理念，也体现了对古代文化精粹的深厚积淀；将古典与现代元素完美融合，集传统艺术之大成，睹现代艺术之辉煌。LOGO配色采用由紫到红的渐变色，紫色象征优雅尊贵，红色是中华民族最为钟爱的色彩，二者的结合反映了优秀的古代艺术传统与前卫的现代艺术潮流的融合，体现了变通与创新在艺术创作中的重要地位，与艺术节的理念主旨相呼应。

图1-1　十一艺节节徽

永不落幕的艺术节十一艺节吉祥物以秦岭金丝猴为原型，取名"艺宝"，寓意"艺术之宝"。2016年正逢生肖猴年，猴是中国传统吉祥动物，陕西的珍稀动物——秦岭金丝猴是"秦岭四宝"之一。陕北腰鼓舞是陕西省古老的汉族民俗娱乐舞蹈，代表了陕西的红色文化和民俗文化。"艺宝"整体融入了"陕北腰鼓舞、陕西剪纸、城墙纹饰"等陕西元素，出身陕南秦岭，身穿陕北盛装，一南一北，纵横全省，用矫健身躯舞动系着红色飘带的鼓棒，用陕西秦腔吼出"中国梦"的喜悦之声，寓意"腰鼓闹陕西、红绸迎嘉宾"，擂响了中国艺术节的"盛世之鼓"，"鼓"出了党的各项政策取得的伟大成就。

"艺宝"充分体现了陕西作为中华文明发源地之一的深厚文化底蕴，彰显出十一艺节作为国家级文化艺术盛会的重要性，反映出三秦儿女"办一届人民满意的永不落幕的艺术节"的信心。①

图 1-2　十一艺节吉祥物

### （二）十一艺节主要做法

十一艺节着眼繁荣社会主义文艺的历史使命，认真贯彻落实习近平总书记在文艺工作座谈会上的重要讲话提出的新思想、新要求，进行了一系列富有成效的改革实践，确保了十一艺节的精彩圆满。

**1. 讲话精神引领激励，办节定位目标明确**

深刻领会习近平总书记文艺工作座谈会上重要讲话精神，准确把握

---

① 《第十一届中国艺术节节徽和吉祥物》，第十一届中国艺术节官方网站。

办节定位，以"艺术的盛会、人民的节日"为办节宗旨，紧紧围绕中国梦主题，聚焦出精品、攀高峰，文艺创作活力竞相迸发，文艺气象焕然一新，形成了风清气正的文艺生态，涌现出大量有筋骨、有道德、有温度的优秀作品，德艺双馨成为艺术工作者的共同追求。本届艺术节，从作品创作征集到参演参展，聚焦时代主题，把握时代脉搏，弘扬主旋律，充满正能量。现实题材作品，人民性强、泥土味重、百姓情浓，更加有血有肉有情，更能感人启人树人；地方戏曲找到了自信，模仿趋同现象逐渐消失；基层院团唱响时代强音，市县级和民营院团的演员登上国家级艺术盛会的大舞台，优秀青年艺术人才脱颖而出荣获大奖；普通群众演身边百姓事，引发社会各界的强烈共鸣；文化艺术回归本体彰显新魅力，舞美制作返璞归真成为大趋势。美术、书法、篆刻、摄影作品内容丰富，展示时代风貌，彰显中国气派。演艺产品博览交易汇聚佳作，助力优秀艺术作品传播推广。现代公共文化服务体系建设加快推进，社会主义文化的价值引导力、民族凝聚力和精神推动力得到充分发挥。

2. 领导重视靠前指挥，办节指导坚强有力

十一艺节筹办举办工作得到党中央、国务院的关心关怀，刘延东副总理在延安听取十一艺节筹备工作情况汇报并作出重要指示。文化部和陕西省委省政府坚持把办好十一艺节作为深入贯彻落实党的十八大和十八届三中、四中、五中全会精神和习近平总书记系列重要讲话精神、全面提高繁荣社会主义文艺的有力抓手，主官挂帅，部省合力，靠前指挥，真抓实干，确立了"精品、惠民、节俭、可持续"的办节原则和"水平一流、规模适度、节俭办会"的办节准则，明确提出"坚持一流标准，塑造国家艺术形象；坚持办节宗旨，体现文化惠民；坚持勤俭办节，杜绝奢华浪费"的总体要求，努力实现"搭好台、唱好戏、办好节"目标要求。

文化部部长雒树刚在十一艺节第一次部省联席会议上指出，中国艺术节要坚持"精品、惠民、节俭、可持续"，要贯彻落实习近平总书记在文艺工作座谈会上的重要讲话精神，以《中共中央关于繁荣发展社会主义文艺的意见》为引领，努力实现文艺精品创作从高原到高峰的跨越，引导文艺作品聚焦中国梦的时代主题，培育和弘扬社会主义核心

价值观，唱响爱国主义主旋律，传承和弘扬中华优秀传统文化。

3. 积极探索勇于实践，办节模式全面创新

参与十一艺节筹办工作的全体人员发扬争创一流、锐意进取、勇于创新、顽强拼搏的精神，以强烈的使命感、责任感和严谨细致、精益求精的工作态度，积极探索办节模式机制创新，为十一艺节圆满成功作出了积极贡献，展现了过硬的工作作风和良好的精神面貌。认真贯彻转变作风和节俭办节要求，开闭幕式不搞大场面、不搞大制作、不请大明星，简洁质朴、隆重热烈；大幅压缩奖项，文华奖由往届的200余个压缩至10个文华大奖和10个文华表演奖，并取消了多个单项奖；群星奖大幅压缩至20个获奖作品，进一步凸显了政府最高规格艺术奖项的高水准和严肃性，优中选优，提高了含金量；制定大舞美制作扣分制，首次增设群众评委，加大了评论力度，把创作者的目光从评奖转向了评论，有力地促进了艺术创作回归本体；首次举办专业舞蹈专场演出，丰富了艺术种类和演出内容；首次纳入国家级专业书法篆刻作品展览、摄影作品展览，使中国艺术节的内容更丰富，成为中国艺术节的重要品牌；场馆建设着眼长远、规模适度、注重实用、量力而行，依托地方政府以及高校、企业新建改建的51个场馆既满足了办节需要，也为今后更多地举办活动、更好地服务百姓打下良好基础；向特殊群体发放公益票和低价惠民措施相结合，在陕西全省设置自助取票机，很多剧目的票在开演前已经售罄，拉动了城乡群众文化消费。对群星奖决赛、历届群星奖获奖精品展演通过中国文化网络电视的互动播出终端、手机客户端、微信民众号和国家数字文化网进行直播。首次实施了全国文化系统纪检监察大联动机制，中央纪委驻文化部纪检组全程监督，各省（区、市）纪检监察有关人员随团监督，确保了阳光办节。

4. 深入发动全民参与，办节氛围热烈浓厚

认真落实"艺术的盛会，人民的节日"办节宗旨，坚持把文化惠民与筹办十一艺节统筹规划、同步推进，加大社会舆论宣传，开展"惠民生种文化"活动，切实把筹办举办艺术节的过程作为凝聚人心、聚集力量的过程，化为坚定文化自信，大力营造陕西全省办节、全民参与的良好氛围。为进一步提高中国艺术节的影响力，陕西省筹委会办公室在各重要时间节点举办一系列群众文化活动，先后在陕西各地组织纪

念习近平总书记文艺工作座谈会重要讲话发表一周年暨十一艺节倒计时一周年系列活动,开展"百县千乡文化惠民"活动。2016年3月29日在多地同时举办的迎接"十一艺节"倒计时200天系列庆祝活动,在筹备倒计时150天、100天和50天分别举办系列活动,开展了以"共筑中国梦"为主题的人民群众"唱响艺术节"、"舞动艺术节"、"奏响艺术节"等丰富多彩的系列群众文化活动。群星奖全国初选过程中,各地共举办展演选拔1.43万场,观众达1083万人次,市民评价十一艺节就是艺术的奥运会。

陕西省十一艺节筹委会组织协调各级各类媒体对十一艺节进行宣传报道、重点宣传报道了具有时代特色、思想性艺术性相统一的优秀作品,为十一艺节的成功举办和陕西文化事业的繁荣发展营造浓厚的舆论氛围,提供了强有力的舆论支撑。文艺工作者"深入生活、扎根人民",为人民抒写、为人民抒情、为人民抒怀的自觉实践,继承创新、永攀艺术"高峰"的追求精神。

### (三) 十一艺节的主要收获

1. 文艺精品创作成绩斐然

十一艺节共有来自全国各省(区、市)和新疆生产建设兵团、中央军委政治工作部的57台剧目角逐10个第十五届文华大奖,音乐、舞蹈、戏剧、曲艺4个门类的84个作品争夺第十七届群星奖20个奖项。

2. 文化惠民,共享艺术成果

为了让人民群众充分享受文化艺术发展成果,十一艺节群星奖决赛的所有作品分组赴陕西各地进行了20场公益惠民展演,观众达5万多人次;群星奖决赛和历届群星奖获奖精品展演进行网络直播,在线观看人次超过120万,普遍受到基层群众的热烈欢迎和好评。

3. 节俭办节,严守中央八项规定精神

十一艺节从筹办之初到办节结束,严格遵守中央八项规定要求,始终坚持节俭办节、廉洁办节,严格预算和资金管理,严格执行政府采购制度和招投标程序。

4. 可持续理念打造艺术节

十一艺节的成功举办，有力推动了陕西文化强省建设。近年来，陕西省委省政府以筹办十一艺节为契机，相继出台了《繁荣发展社会主义文艺的实施意见》等一系列加强文化建设的政策措施，省文化厅提出并实施了丝绸之路经济带文化先行、文化陕西等文化建设战略。通过加大文化基础设施投入，建设了一批文化场馆；通过实施重点创作项目制等措施，储备了一批精品剧目；通过实施艺术人才专项资助等激励政策，培养了一批艺术人才；通过"国风秦韵"等特色文化扶持，推出了一批文化品牌；通过搭建文化产品交易平台，提升了一批文化产业；通过审核文化体制改革，形成了一套科学机制。艺术节举办期间，为使更多的基层群众看到优秀作品，陕西省全面策划启动优秀剧目展演巡演活动，陆续与获得文华大奖剧目演出单位及其所属的文化厅（局）签订关于优秀剧目展演巡演计划的合约，鼓励各地把优秀剧目纳入政府采购范围，加大公益演出，推动获奖剧目多演，多为基层而演。艺术节票务中心通过各种渠道向社会公开订票服务信息，为十一艺节提供全面的、先进的票务管理和服务，该票务系统将作为公共文化服务建设的重要组成部分，在促进民众文化消费方面持续发挥作用。

## 二 调查缘起及调查的样本描述

为了深入了解十一艺节对陕西经济社会文化的影响，课题组在时间序列上分别对十一艺节节前、节后的情况进行调查，在调查对象上对省内外社会公众开展了调查，节后还对艺术工作者和剧场观演观众进行了抽样调查，结合深度访谈，较为全面地掌握了十一艺节的一手资料。课题组通过全面跟踪节日活动，深入了解十一艺节所产生的实际效果，并总结其成功的经验，找出问题和不足，推动中国艺术节良性发展；同时也推动陕西省文化体制改革进一步深化，促进文化旅游、文化产业的发展，助力陕西文化强省建设。

**（一）调查缘起与经过**

本次调研由陕西省文化厅委托武汉大学国家文化发展研究院负责，

陕西省各分会场所在地文化局配合，共同完成十一艺节的社会影响力调研工作。为了了解广大社会公众及文化系统相关工作人员对中国艺术节以及陕西省举办十一艺节的看法，课题组在艺术节举办的前期以及举办之后分别进行了两次问卷调查。

十一艺节的主会场是西安，陕西省所有地级市均为分会场，有些文化基础良好的县级城市也承担了部分演展工作，延安以其特殊的红色地位承办了艺术节开幕式。因此，本次调研的重点是西安主会场和延安分会场，并对宝鸡、咸阳、渭南、汉中、榆林五个分会场开展调研，全面了解艺术节对区域社会的影响力。

课题组采用实地调研和电子问卷相结合的方式，十一艺节举办的前、后期累积发放问卷1.3万余份，实际回收1.1万余份。调研从艺术节对陕西文化建设、经济带动和社会发展三方面进行问卷设计，调研对象为陕西省内外社会公众、艺术工作者和剧场观众三类参与主体，较全面地搜集到艺术节社会影响力的相关数据。

**（二）本次调研的样本描述**

1. 节前与节后接受调查的社会公众的基本情况

十一艺节节前调查问卷涵盖了陕西省的5个主要会场，主要针对陕西省省内民众进行了问卷调研，并依托网络平台对外省民众发放了电子问卷。在十一艺节圆满落下帷幕后，课题组再次奔赴各地进行问卷调查和实地访谈，范围包括陕西省的各主分会场所在地，同时依托网络平台发放电子问卷，了解北京、湖北、浙江以及第十二届艺术节举办地上海的情况。详见表2-1。

表2-1　　　　　　　调查问卷发放范围及数量　　　　　　单位：份；%

| 调研地点 \ 问卷情况 | 节前 | | 节后 | |
| --- | --- | --- | --- | --- |
| | 有效回收 | 所占百分比 | 有效回收 | 所占百分比 |
| 西安 | 601 | 15.27 | 605 | 9.65 |
| 延安 | 398 | 10.11 | 447 | 7.13 |
| 宝鸡 | 521 | 13.23 | 933 | 14.86 |
| 咸阳 | 358 | 9.09 | 944 | 15.03 |

续表

| 调研地点 \ 问卷情况 | 节前 | | 节后 | |
| --- | --- | --- | --- | --- |
| | 有效回收 | 所占百分比 | 有效回收 | 所占百分比 |
| 渭南 | 500 | 12.70 | 503 | 8.01 |
| 汉中 | 490 | 12.45 | 499 | 7.94 |
| 榆林 | 391 | 9.93 | 555 | 8.84 |
| 电子问卷（陕西省外） | 678 | 17.22 | 1792 | 28.54 |
| 合计 | 3937 | 100 | 6278 | 100 |

（1）节前与节后受访省内民众基本情况

在有效回收的 3259 份节前调查问卷中，从性别上来看，男性占 42.15%，女性占 57.85%，女性比例略大；从年龄上来看，最大的 88 岁，最小的 9 岁，平均年龄 30.3 岁，年龄段主要集中在 19—30 岁。从职业分布上看，受访者的职业分布非常广泛，范围涉及社会各个行业各个领域，如工人、农民、商人、教师、学生、医生、公务员、服务员、职员、营业员、个体户、警察、司机等，其中以学生数量最多，其次是教师和工人。从居住时间来看，临时居住（探亲访友、旅游）的占 6.30%，居住 1 年以内的占 4.86%，居住 1 至 2 年的占 10.56%，居住 3 至 5 年的占 22.71%，居住 5 年以上的占 55.57%。从文化程度上看，初中及以下的占 11.58%，高中（中专）的占 19.50%，大专（高职）的占 17.64%，本科的占 43.89%，研究生及以上的占 7.38%。

在有效回收的 4486 份节后调查问卷中，从性别上看，男性占 36.87%，女性占 63.13%，女性比例较多；从年龄上来看，18 岁及以下的占 7.34%，19—30 岁的占 55.15%，31—40 岁的占 15.01%，41—50 岁的占 9.72%，51—60 岁的占 7.05%，61 岁及以上的占 5.73%。从职业分布上看，受访者的职业分布非常广泛，范围涉及社会各个行业各个领域，如工人、农民、商人、教师、学生、医生、公务员、服务员、职员、营业员、个体户、警察、司机等，其中以学生数量最多，其次是教师和工人。从居住时间来看，临时居住（探亲访友、旅游）的占 5.76%，居住 1 年以内的占 7.19%，居住 1 至 2 年的占 18.04%，居住 3 至 5 年的占 17.40%，居住 5 年以上的占 51.61%。从文化程度上看，初中及以下的占 9.85%，高中（中专）的占 18.24%，大专（高职）的占 16.95%，本科的占 50.38%，研究生及以上的占 4.58%。详见表 2-2：

表 2-2　　　　　陕西省内受访民众基本情况一览　　　　　单位：%

| 一级指标 | 二级指标 | 节前占比 | 节后占比 |
| --- | --- | --- | --- |
| 性别 | 男 | 42.15 | 36.87 |
|  | 女 | 57.85 | 63.13 |
| 职业 | 国家机关、党群组织、企事业单位工作人员 | 15.56 | 15.07 |
|  | 专业、技术人员 | 13.93 | 11.03 |
|  | 商业工作人员 | 6.35 | 8.10 |
|  | 服务性工作人员 | 7.86 | 7.45 |
|  | 生产工作、运输工作和部分体力劳动者 | 4.00 | 3.98 |
|  | 其他劳动者 | 52.31 | 54.37 |
| 文化程度 | 初中及以下 | 11.58 | 9.85 |
|  | 高中（中专） | 19.50 | 18.24 |
|  | 大专 | 17.64 | 16.95 |
|  | 本科 | 43.89 | 50.38 |
|  | 研究生及以上 | 7.38 | 4.58 |
| 年龄结构 | 18 岁及以下 | 9.43 | 7.34 |
|  | 19—30 岁 | 53.49 | 55.15 |
|  | 31—40 岁 | 14.16 | 15.01 |
|  | 41—50 岁 | 10.62 | 9.72 |
|  | 51—60 岁 | 6.94 | 7.05 |
|  | 61 岁及以上 | 5.36 | 5.73 |
| 居住时间 | 临时居住（探亲访友、旅游） | 6.30 | 5.76 |
|  | 1 年以内 | 4.86 | 7.19 |
|  | 1 至 2 年 | 10.56 | 18.04 |
|  | 3 至 5 年（含 5 年） | 22.71 | 17.40 |
|  | 5 年以上 | 55.57 | 51.61 |

注：由于对数据四舍五入，故占比的加总不一定等于 100%，下同。

节前在接受调查的民众中，2015 年度月平均收入在 2000 元及以下的占 47.45%，2001—4000 元的占 30.27%，4001—6000 元的占 14.37%，

6001—8000元的占3.55%，8001—10000元的占1.83%，10001—12000元的占0.72%，12001元及以上的占1.83%。2015年度在文化方面的月平均消费水平在100元及以下的占25.19%，101—300元的占28.58%，301—500元的占17.27%，501—700元的占7.92%，701—900元的占6.37%，901—1100元的占6.37%，1101元及以上的占8.30%。

节后在接受调查的民众中，2015年度月平均收入在2000元及以下的占47.94%，2001—4000元的占28.15%，4001—6000元的占14.94%，6001—8000元的占5.26%，8001—10000元的占1.48%，10001—12000元的占0.99%，12001元及以上的占1.24%。2015年度在文化方面的月平均消费水平在100元及以下的占26.85%，101—300元的占25.26%，301—500元的占15.90%，501—700元的占8.52%，701—900元的占5.07%，901—1100元的占9.12%，1101元及以上的占9.28%。详见表2-3。

表2-3  陕西省内受访民众2015年月均收入与月文化消费情况

单位：元;%

| 一级指标 | 二级指标 | 节前占比 | 节后占比 |
| --- | --- | --- | --- |
| 月平均收入 | 2000及以下 | 47.45 | 47.94 |
|  | 2001——4000 | 30.27 | 28.15 |
|  | 4001——6000 | 14.37 | 14.94 |
|  | 6001——8000 | 3.55 | 5.26 |
|  | 8001——10000 | 1.83 | 1.48 |
|  | 10001——12000 | 0.72 | 0.99 |
|  | 12001及以上 | 1.83 | 1.24 |
| 月均文化消费 | 100及以下 | 25.19 | 26.85 |
|  | 101——300 | 28.58 | 25.26 |
|  | 301——500 | 17.27 | 15.90 |
|  | 501——700 | 7.92 | 8.52 |
|  | 701——900 | 6.37 | 5.07 |
|  | 901——1100 | 6.37 | 9.12 |
|  | 1101及以上 | 8.30 | 9.28 |

(2) 节前与节后省外受访民众基本情况

在有效回收的 678 份节前省外民众调查问卷中，从性别上看，受访者男性占 41.00%，女性占 59.00%，女性比例较多；从年龄上来看，18 岁及以下的占 0.59%，19—30 岁的占 43.07%，31—40 岁的占 27.14%，41—50 岁的占 20.94%，51—60 岁的占 7.67%，61 岁及以上的占 0.59%。从职业分布上看，受访者的职业分布非常广泛，范围涉及社会各个行业各个领域，如工人、农民、商人、教师、学生、医生、公务员、服务员、职员、营业员、个体户、警察、司机等，其中以国家机关、党群组织、企事业单位工作人员数量最多，其次是学生、教师和工人。从文化程度上看，初中及以下的占 2.36%，高中（中专）占的 10.32%，大专（高职）的占 18.73%，本科的占 40.56%，研究生及以上的占 28.02%。

在有效回收的 1792 份节后省外民众调查问卷中，从性别上看，受访者男性占 34.77%，女性占 65.23%，女性比例较多；从年龄上来看，18 岁及以下的占 5.52%，19—30 岁的占 57.03%，31—40 岁的占 9.21%，41—50 岁的占 13.50%，51—60 岁的占 7.87%，61 岁及以上的占 6.86%。从职业分布上看，受访者的职业分布非常广泛，范围涉及社会各个行业各个领域，如工人、农民、商人、教师、学生、医生、公务员、服务员、职员、营业员、个体户、警察、司机等，其中以学生数量最多，其次是教师和工人。从文化程度上看，初中及以下的占 11.55%，高中（中专）的占 10.99%，大专（高职）的占 23.77%，本科的占 37.44%，研究生及以上的占 16.24%。详见表 2-4。

表 2-4　　　　陕西省外受访民众基本情况一览　　　　单位:%

| 一级指标 | 二级指标 | 节前占比 | 节后占比 |
| --- | --- | --- | --- |
| 性别 | 男 | 41.00 | 34.77 |
|  | 女 | 59.00 | 65.23 |
| 职业 | 国家机关、党群组织、企事业单位工作人员 | 36.43 | 20.09 |
|  | 专业、技术人员 | 20.50 | 11.94 |
|  | 商业工作人员 | 6.64 | 5.30 |
|  | 服务性工作人员 | 7.23 | 8.37 |
|  | 生产工作、运输工作和部分体力劳动者 | 1.62 | 4.35 |
|  | 其他劳动者 | 27.58 | 49.94 |

续表

| 一级指标 | 二级指标 | 节前占比 | 节后占比 |
| --- | --- | --- | --- |
| 文化程度 | 初中及以下 | 2.36 | 11.55 |
| | 高中（中专） | 10.32 | 10.99 |
| | 大专 | 18.73 | 23.77 |
| | 本科 | 40.56 | 37.44 |
| | 研究生及以上 | 28.02 | 16.24 |
| 年龄结构 | 18岁及以下 | 0.59 | 5.52 |
| | 19—30岁 | 43.07 | 57.03 |
| | 31—40岁 | 27.14 | 9.21 |
| | 41—50岁 | 20.94 | 13.50 |
| | 51—60岁 | 7.67 | 7.87 |
| | 61岁及以上 | 0.59 | 6.86 |

节前在接受调查的民众中，2015年度月平均收入在2000元及以下的占24.48%，2001—4000元的占35.25%，4001—6000元的占18.88%，6001—8000元的占8.41%，8001—10000元的占5.90%，10001—12000元的占2.21%，12001元及以上的占4.87%。2015年度在文化方面的月平均消费水平在100元及以下的占16.81%，101—300元的占31.56%，301—500元的占17.99%，501—700元的占9.73%，701—900元的占2.65%，901—1100元的占7.67%，1101元及以上的占13.57%。

节后在接受调查的民众中，2015年度月平均收入在2000元及以下的占45.31%，2001—4000元的占30.36%，4001—6000元的占12.83%，6001—8000元的占4.74%，8001—10000元的占2.51%，10001—12000元的占1.45%，12001元及以上的占2.79%。2015年度在文化方面的月平均消费水平在100元及以下的占29.46%，101—300元的占27.46%，301—500元的占14.45%，501—700元的占8.43%，701—900元的占4.24%，901—1100元的占5.25%，1101元及以上的占10.71%。详见表2-5。

表 2-5　　陕西省外受访民众 2015 年月均收入与月文化消费情况表

单位：元；%

| 一级指标 | 二级指标 | 节前占比 | 节后占比 |
| --- | --- | --- | --- |
| 月平均收入 | 2000 及以下 | 24.48 | 45.31 |
| | 2001——4000 | 35.25 | 30.36 |
| | 4001——6000 | 18.88 | 12.83 |
| | 6001——8000 | 8.41 | 4.74 |
| | 8001——10000 | 5.90 | 2.51 |
| | 10001——12000 | 2.21 | 1.45 |
| | 12001 及以上 | 4.87 | 2.79 |
| 月均文化消费 | 100 及以下 | 16.81 | 29.46 |
| | 101——300 | 31.56 | 27.46 |
| | 301——500 | 17.99 | 14.45 |
| | 501——700 | 9.73 | 8.43 |
| | 701——900 | 2.65 | 4.24 |
| | 901——1100 | 7.67 | 5.25 |
| | 1101 及以上 | 13.57 | 10.71 |

2. 节前与节后接受调查的文艺工作者的基本情况

在有效收回的 303 份文艺工作者调查问卷中，从性别上来看，男性占 51.59%，女性占 48.41%，男女比例基本均衡；从年龄上看，最大的 60 岁，最小的 19 岁，平均年龄 33.4 岁。从工作职务上看，高层管理人员占 2.33%，中层管理人员占 21.8%，编剧编导占 2.33%，技术服务人员占 17.44%，演员占 45.06%，后勤服务人员占 8.43%，其他人员占 2.62%。详见表 2-6。

表 2-6　　　　受访文艺工作者基本情况一览　　　　单位：%

| 一级指标 | 二级指标 | 占比 |
| --- | --- | --- |
| 性别 | 男 | 51.59 |
| | 女 | 48.41 |
| 职务 | 高层管理人员 | 2.33 |
| | 中层管理人员 | 21.80 |

续表

| 一级指标 | 二级指标 | 占比 |
| --- | --- | --- |
| 职务 | 编剧编导 | 2.33 |
|  | 技术服务人员 | 17.44 |
|  | 演员 | 45.06 |
|  | 后勤人员 | 8.43 |
|  | 其他人员 | 2.62 |
| 年龄结构 | 18 岁及以下 | 0.00 |
|  | 19—30 岁 | 24.21 |
|  | 31—40 岁 | 36.89 |
|  | 41—50 岁 | 23.05 |
|  | 51—60 岁 | 15.56 |
|  | 61 岁及以上 | 0.29 |

在接受调查的文艺工作者中，2015 年度月平均收入在 1200 元及以下的占 5.3%，1201—3500 元的占 52.2%，3501—5000 元的占 37.9%，5001—10000 元的占 4.3%，10000 元以上的占 0.3%。2015 年度在文化方面的月平均消费水平在 100 元及以下的占 5.7%，101—300 元的占 20.9%，301—500 元的占 19.3%，501—1000 元的占 14.9%，1000 元以上的占 39.2%。分别见图 2-1、图 2-2。

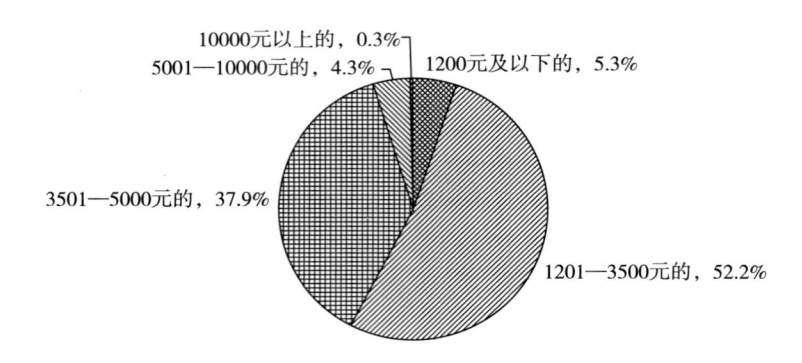

**图 2-1 受访文艺工作者 2015 年度月均收入分布**

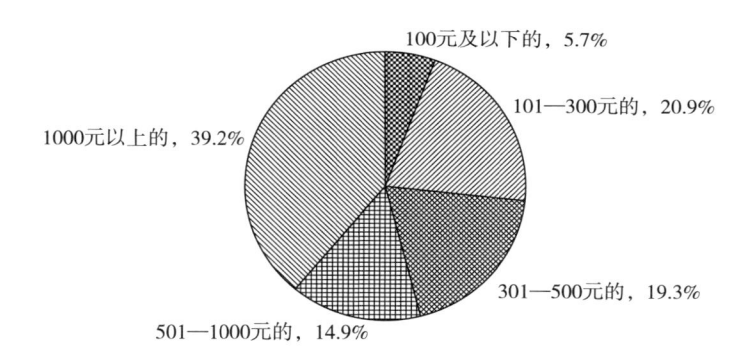

图 2-2　受访文艺工作者 2015 年度月均文化方面消费情况

**3. 受访剧场观众样本描述**

在艺术节期间，课题组在西安、宝鸡、渭南和榆林等会场对在剧场观看艺术节节目的观众进行了调研。在有效收回的 770 份问卷中，男性占 44.7%，女性占 55.3%，女性比例略高。从年龄上看，年龄段主要集中在 19—30 岁。从职业分布上看，受访者的职业分布非常广泛，范围涉及社会各个行业，如工人、农民、商人、教师、学生、医生、公务员、服务员、职员、营业员、个体户、警察、司机等，其中以国家机关、党群组织、企事业单位工作人员数量最多，占比达到 40.1%，其次是其他劳动者，占比 25.1%。详见表 2-7。从居住时间来看，临时居住（探亲访友、旅游）的占 28.6%，居住 1 年以内的占 7.7%，居住 1 至 2 年的占 7.6%，居住 3 至 5 年的占 5.6%，居住 5 年及以上的占 50.5%。

表 2-7　　　　　　　剧场观众样本描述　　　　　　　单位:%

| 一级指标 | 二级指标 | 占比 |
| --- | --- | --- |
| 性别 | 男 | 44.7 |
|  | 女 | 55.3 |
| 职业 | 国家机关、党群组织、企事业单位工作人员 | 40.1 |
|  | 专业、技术人员 | 23.1 |
|  | 商业工作人员 | 4.7 |
|  | 服务性工作人员 | 5.1 |

续表

| 一级指标 | 二级指标 | 占比 |
| --- | --- | --- |
| 职业 | 生产工作、运输工作和部分体力劳动者 | 2.0 |
| | 其他劳动者 | 25.1 |
| 年龄结构 | 18 岁及以下 | 6.6 |
| | 19—30 岁 | 39.6 |
| | 31—40 岁 | 20.3 |
| | 41—50 岁 | 17.7 |
| | 51—60 岁 | 8.5 |
| | 61 岁及以上 | 7.1 |

由此可以看出，到剧场观看十一艺节的民众职业分布较为集中，这在一定程度上表明生产工作、运输工作和部分体力劳动者几乎没有人到剧场观看。从居住地分析，除了长期居住者到剧场观看中国艺术节外，近30%的临时居住者愿意进剧场观看，表明中国艺术节有一定的吸引力。

综上所述，我们可以看出，十一艺节吸引了不同地区、不同行业、不同文化程度、不同收入阶层的民众的关注和参与。艺术节不再只是少数高收入、高学历"精英"阶层的专属活动，而是更庞大群体，尤其是广大中低收入群体共享的文化盛宴，真正体现出"艺术的盛会，人民的节日"这一办节宗旨。

## 三 十一艺节与民众的关系

### （一）总体参与程度分析

1. 总体参与的广泛度

艺术节总体参与广泛度从民众对艺术节的知晓度和观看或参与艺术节的相关活动来说明。十一艺节前，根据调查统计数据，陕西省内民众知道中国艺术节的占47.3%，不知道的占52.7%。十一艺节后，根据调查统计数据，陕西省内4486份有效问卷中，省内民众知道中国艺术节的占50.4%，不知道的占49.6%。节后，省内民众知道中国艺术节的上升了 3.1 个百分点。省外 1792 份有效问卷中,知道十一艺节的占 37.3%,不知道的占 62.7%。省内民众参与度高于省外民众。

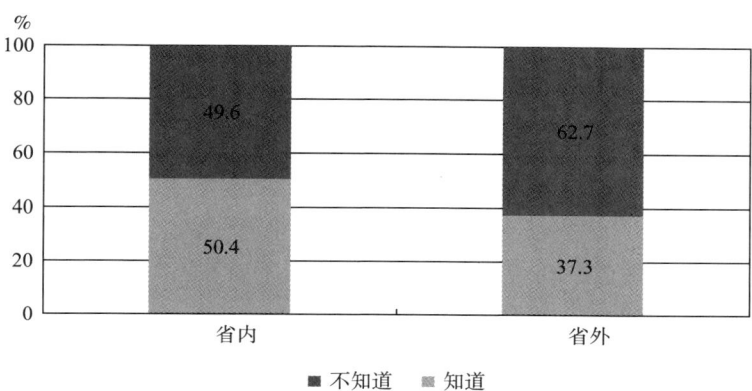

图 3-1 节后省内外受访者知道十一艺节的情况

从参与度来看,调查数据表明,陕西省内观看或参与过十一艺节相关项目活动的民众占受访者的 35.1%,省外受访者中,观看或参与过十一艺节相关项目活动的民众比例为 37.3%。省外民众参与度略高于省内民众,表明中国艺术节经过长时间的积累,其影响力在全国有一定提升。详见图 3-2。

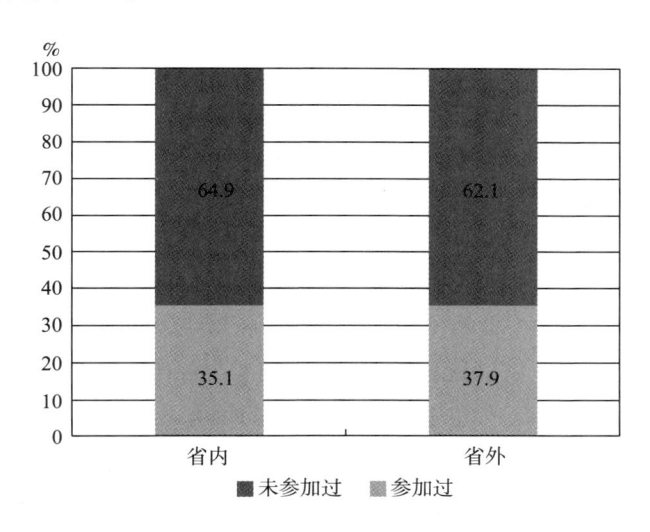

图 3-2 陕西省内外民众参与十一艺节的广泛度分析

2. 总体参与的深刻度

（1）节前节后省内外受访者对十一艺节的了解程度

在节前省内有效回答的问卷中，仅有 3.00% 的受访者非常了解十一艺节，14.10% 的受访者比较了解，有 57.00% 的受访者了解程度一般，有 23.00% 的受访者不了解，仅有 2.90% 的受访者完全不了解；在节后省内有效回答的问卷中，仅有 2.38% 的受访者非常了解十一艺节，15.70% 的受访者比较了解，有 58.38% 的受访者了解程度一般，有 21.34% 民众不了解，仅有 2.20% 的民众完全不了解。通过对比，节前与节后陕西省省内民众对十一艺节的了解程度相差不大，表明艺术节期间宣传深入程度有待加强。详见图 3-3。

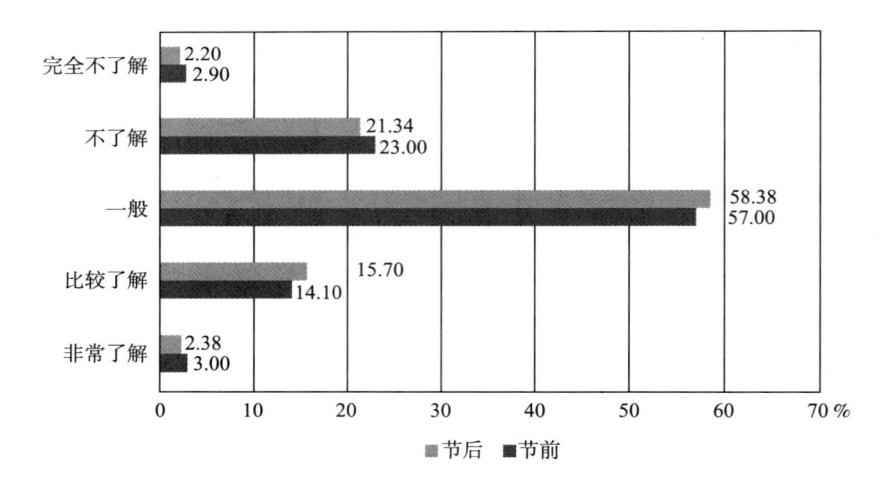

图 3-3 陕西省内民众节前与节后对十一艺节了解程度对比分析

节前在省外有效回答的问卷中，有 7.31% 的民众非常了解十一艺节，21.93% 的民众比较了解，53.26% 的民众了解程度一般，有 15.14% 的民众不了解，仅有 2.35% 的民众完全不了解十一艺节。节后省外有效回答的民众问卷中，有 3.44% 的民众非常了解中国艺术节，10.18% 的民众比较了解，57.93% 的民众了解程度一般，有 26.35% 的民众不了解，仅有 2.10% 的民众完全不了解。通过对比，节后非常了解与比较了解十一艺节的民众低于节前受访民众，不了解十一艺节的民众节后比节前高了 11.21 个百分点，这表明陕西在艺术节的深入宣传方面有待加强。详见图 3-4。

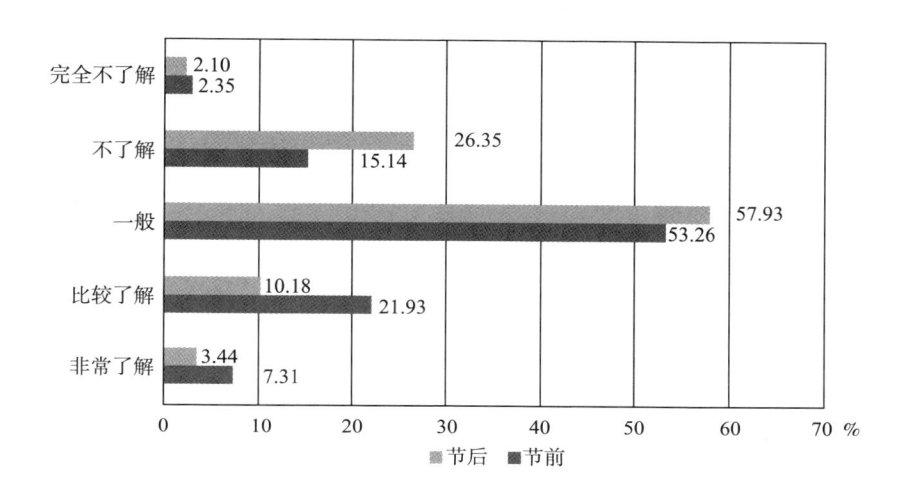

| 了解程度 | 节后 | 节前 |
|---|---|---|
| 完全不了解 | 2.10 | 2.35 |
| 不了解 | 26.35 | 15.14 |
| 一般 | 57.93 | 53.26 |
| 比较了解 | 10.18 | 21.93 |
| 非常了解 | 3.44 | 7.31 |

**图 3-4 陕西省外民众节前与节后对十一艺节了解程度对比分析**

总体来看，节前省内受访民众了解十一艺节的比例为 74.10%，节后省内受访民众了解十一艺节的比例为 76.46%；节前省外受访民众了解的比例达到 82.50%，节后省外受访民众了解的比例为 71.55%。省内民众节前节后相差不大，省外民众节前了解民众比节后高了 10.95 个百分点，这表明陕西省对省外民众的宣传力度不够。

（2）节前社会公众对十一艺节各会场的认知度

通过前期的宣传造势工作，中国艺术节在省内有了一定的知晓度。陕西省内受访者有 47.2% 知道十一艺节的举办地点。对十一艺节各个主、分会场的了解方面，民众对主会场西安的知晓程度最高，其次是开幕式所在城市延安，具体数据见图 3-5。

陕西省外民众与省内民众对十一艺节各会场的认知度基本一致，对主会场西安和举行开幕式的延安两个城市认知度较高，对其余分会场了解程度均不太高。西安的历史文化资源极其丰富，延安的红色文化资源首屈一指，社会公众对这两个城市的认知度本来就高于其他城市。对于艺术节的主、分会场宣传而言，每个会场需要发挥其自身优势，通过对十一艺节的承办进一步提升城市知名度。城市知名度有所提升，也会促进艺术节的宣传效果。

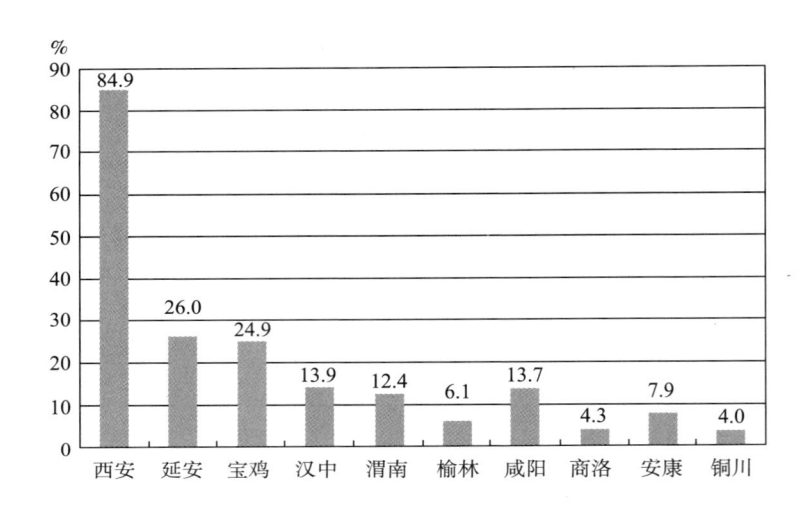

**图 3-5　节前陕西省内民众对十一艺节会场的认知度**

西安 84.9　延安 26.0　宝鸡 24.9　汉中 13.9　渭南 12.4　榆林 6.1　咸阳 13.7　商洛 4.3　安康 7.9　铜川 4.0

（3）受访者对十一艺节举办时间的了解

在省内外有效民众问卷中，分别有 32.2% 和 37.9% 的受访者了解十一艺节的举办时间。（见图 3-6）

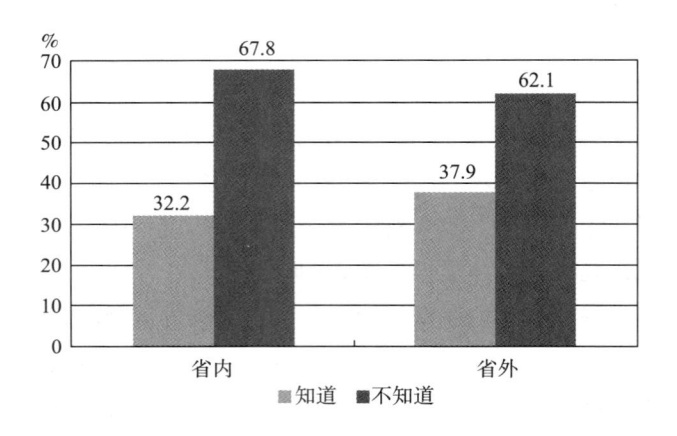

**图 3-6　陕西省内外民众对十一艺节时间的知晓度**

省内：知道 32.2　不知道 67.8
省外：知道 37.9　不知道 62.1

### (二) 分地区参与程度比较分析

1. 问题设计

课题组将民众参与程度的问题由浅及深分为三个问题进行追问，第一，是否曾经参与过中国艺术节？第二，如果参与过，观看的途径或方式是什么？第三，观看过的节目类型是什么？根据这三个问题的回答，可以基本了解民众参与艺术节的深入程度。

2. 观看或参与过十一艺节的情况分析

通过节后调研发现，陕西省内民众对中国艺术节的整体了解程度不太高，观看或参与过十一艺节的民众比例仅为35.1%，这表明本届中国艺术节在宣传上有待加强。

根据节后对西安、延安、宝鸡、咸阳、渭南、汉中和榆林这七个分会场所进行的调查显示：民众对十一艺节的了解程度与参与程度区域差别较大。延安对艺术节的知晓程度最高，达到90.2%，表明延安在艺术节的宣传工作方面做得很好。从5月起，延安相继组织开展了十一艺节倒计时150天揭牌、倒计时100天暨广场舞展演、倒计时50天"鼓舞延安"鼓舞展演、市直机关干部职工书法篆刻展、全国"2016全民健身"延安主会场活动、延安圣地河谷号动车首发仪式等一系列群众文化活动以及中国延安红色旅游季启动仪式、第五届西部帝王陵区域旅游合作联盟年会等重大文化旅游活动，为十一艺节营造了良好的文化氛围。同时，从2016年9月起启动一系列城市环境和氛围营造工作，在延安机场、车站、高速公路出入口、旅游景区、城市街道、公园广场、宾馆饭店、剧院周边以及动车组列车、飞机航班上全面加大广告宣传力度。从倒计时50天开始，在延安电视台、各大网络媒体、市区公交车和城市广告大屏幕上滚动播放艺术节的宣传广告。多形式、高强度的广告宣传造势强化了社会公众对艺术节的知晓程度。榆林和宝鸡的民众知晓度比较高，分别为69.9%和62.4%。西安作为省会城市，艺术节闭幕式举办地，民众知晓度仅为42.5%，紧邻西安的咸阳和渭南的民众知晓度也偏低，说明在对艺术节的宣传以及气氛营造工作中落实不够，方式方法有待改进。详见图3-7。

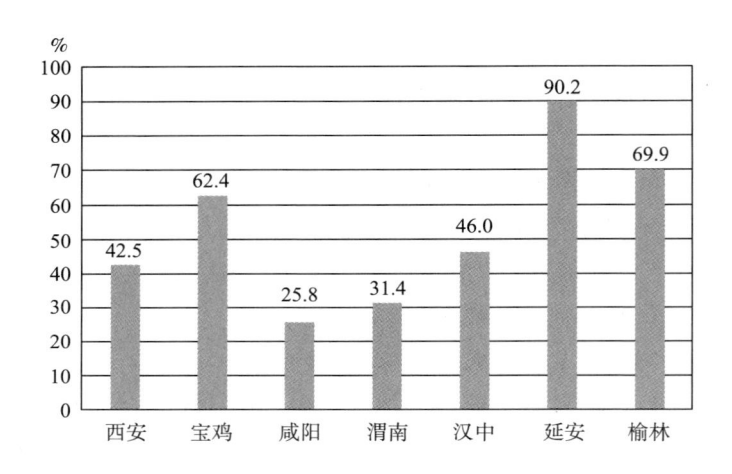

图 3-7 省内民众知晓度分析

在对是否观看或参与过艺术节的调查中，宝鸡民众的参与度最高，有40.7%的受访者观看或参与过，其次是榆林和咸阳，分别有39.5%和39.3%的受访者观看或参与过。而省会西安，相比其他分会场城市展演的节目数量多、质量高，但参与民众的比例却最低，为23.8%。如图3-8所示。

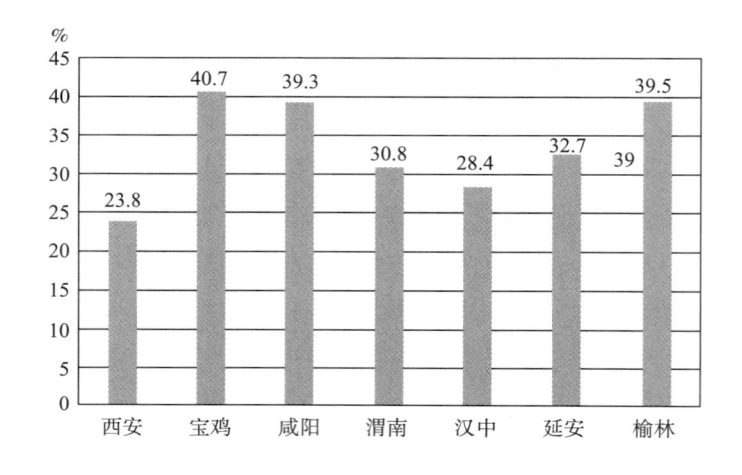

图 3-8 省内民众观看或参与过十一艺节分析

（1）观看渠道

观看渠道包括剧场观看、广场观看、电视、手机、电脑和其他方

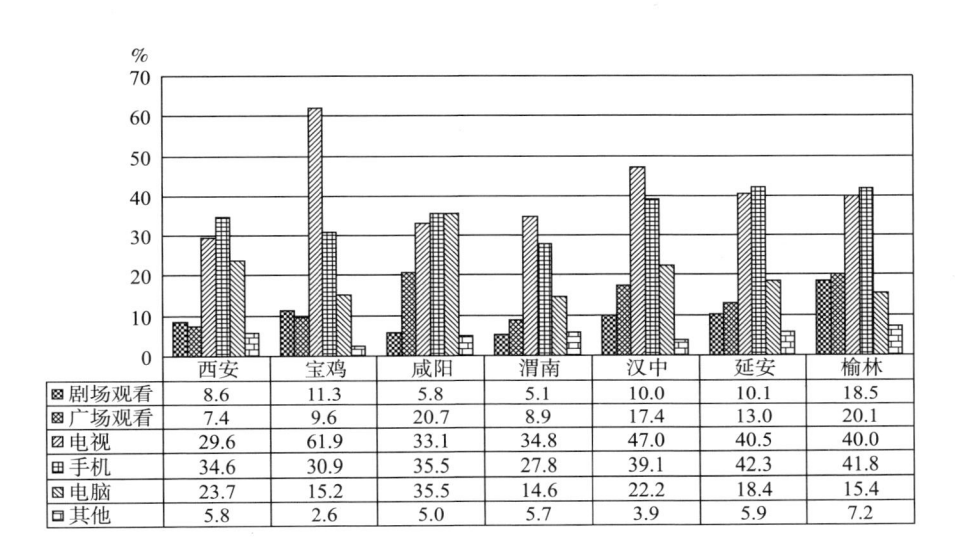

式,受访民众可进行多选。具体见图3-9。

| | 西安 | 宝鸡 | 咸阳 | 渭南 | 汉中 | 延安 | 榆林 |
|---|---|---|---|---|---|---|---|
| 剧场观看 | 8.6 | 11.3 | 5.8 | 5.1 | 10.0 | 10.1 | 18.5 |
| 广场观看 | 7.4 | 9.6 | 20.7 | 8.9 | 17.4 | 13.0 | 20.1 |
| 电视 | 29.6 | 61.9 | 33.1 | 34.8 | 47.0 | 40.5 | 40.0 |
| 手机 | 34.6 | 30.9 | 35.5 | 27.8 | 39.1 | 42.3 | 41.8 |
| 电脑 | 23.7 | 15.2 | 35.5 | 14.6 | 22.2 | 18.4 | 15.4 |
| 其他 | 5.8 | 2.6 | 5.0 | 5.7 | 3.9 | 5.9 | 7.2 |

图3-9 省内受访民众观看十一艺节的渠道分析

从图3-9可以看出,传统媒介——电视仍然是大众最为接受和习惯的观看渠道。在"互联网+"的背景下,手机、电脑等新媒介也成为大众偏爱的观看渠道,西安、咸阳、延安、榆林四地通过手机观看的民众甚至超过了通过电视观看的民众。十一艺节期间,选择到剧场观看的民众整体偏低,榆林民众选择剧场观看比例最高,也仅占18.5%,渭南到剧场观看的民众仅为5.1%。大部分地区到广场观看的民众超过到剧场观看的民众,仅西安和宝鸡剧场观看民众超过广场观看民众,咸阳到广场观看的民众是到剧场观看民众的近4倍。这表明十一艺节节目具有广泛的吸引力,但民众更倾向于选择广场、电视、手机、电脑等免费的观看方式。

(2)观看过的节目类型

十一艺节的节目种类繁多,音乐会、歌舞晚会、曲艺晚会、美术展览、京剧、话剧等均有呈现,满足民众对艺术节目的多种选择。总体来看,歌舞晚会、音乐会和地方戏曲是最受民众欢迎的节目,民众参与比例分别为47.8%、35.6%和25.8%,陕西人更喜欢秦腔,京剧的参与比例最低，仅为6.7%。陕西省民众除了对京剧的参与度很低之外，对别的节目类型参与度相差不大，表明陕西省民众对艺术节绝大部分节目类型都是乐于参与的。由此也可以看出，京剧作为国粹的宣传、普及和推广力度仍有待加强，需要吸引更多民众参与到京剧中来。详见图3-10。

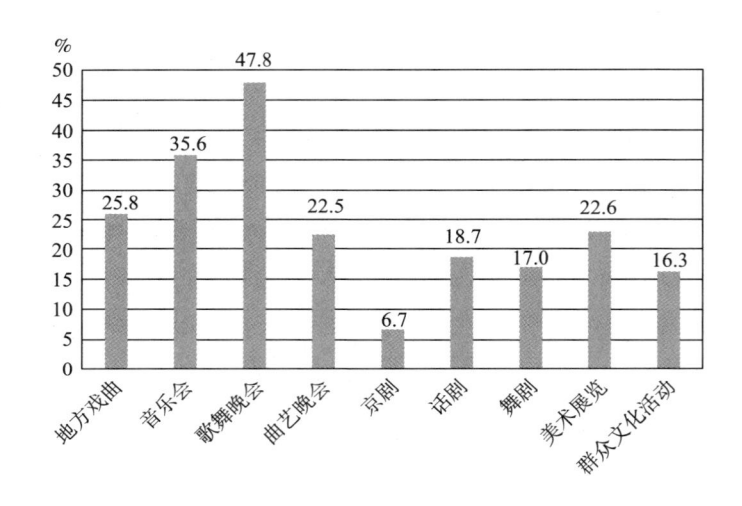

**图3-10 省内受访民众观看的节目类型整体分析**

通过对各分会场数据分析，可以看出不同会场的民众对节目的兴趣还是有所区别的，延安民众对艺术节各种节目类型的参与度都比较高，尤其喜欢参与歌舞晚会和群众文化活动。通过对延安的实地考察，课题组发现延安群众广场舞活动开展得很好，各居委会、街道都将广场舞作为居民主要的文化活动，一个广场舞团队至少有6—8套舞蹈服，其中石油艺术团更是多次在陕西省的广场舞比赛中拔得头筹。西安民众对美术展览的参与度最高，这与西安有陕西省美术馆和西安美术馆有直接关系。宝鸡对地方戏曲、曲艺晚会和京剧的参与度都很高，分别达到29.1%、30.3%和9.1%，表明宝鸡民众对传统戏曲和曲艺最感兴趣。详见图3-11和表3-1。

3. 省内与省外民众参与程度比较分析

在问及"您是通过哪些方式欣赏陕西十一艺节"时，无论省内、省外民众选择通过电视欣赏节目的占大多数，分别为44.2%和55.3%。

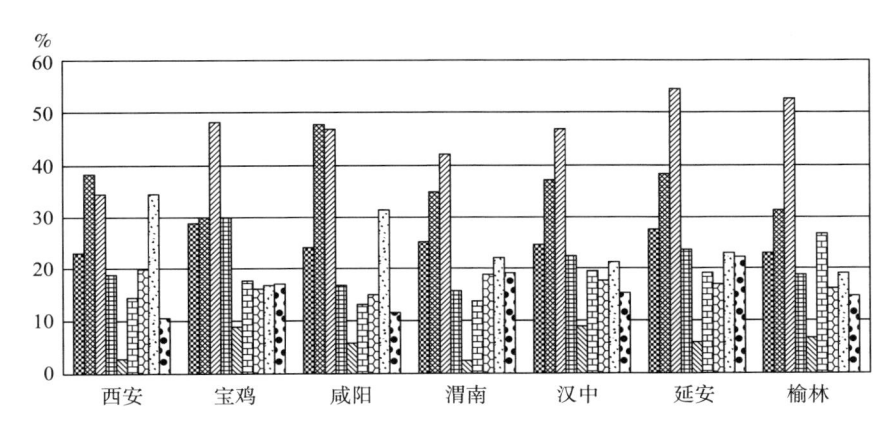

图 3-11　省内部分会场受访民众观看的节目类型分析

表 3-1　　　　　陕西省内民众观看的节目类型分布　　　　单位:%

| 调研地点<br>节目类型 | 西安 | 宝鸡 | 咸阳 | 渭南 | 汉中 | 延安 | 榆林 |
|---|---|---|---|---|---|---|---|
| 地方戏曲 | 23.3 | 29.1 | 24.0 | 25.3 | 24.8 | 27.3 | 22.8 |
| 音乐会 | 38.1 | 29.9 | 47.9 | 34.8 | 37.4 | 38.3 | 31.3 |
| 歌舞晚会 | 34.2 | 48.0 | 47.1 | 41.8 | 47.0 | 54.5 | 52.6 |
| 曲艺晚会 | 18.7 | 30.3 | 16.5 | 15.8 | 22.2 | 23.6 | 19.0 |
| 京剧 | 2.7 | 9.1 | 5.8 | 2.5 | 9.1 | 6.1 | 6.9 |
| 话剧 | 14.4 | 17.8 | 13.2 | 13.9 | 20.0 | 19.4 | 26.9 |
| 舞剧 | 19.8 | 16.2 | 14.9 | 19.0 | 17.8 | 17.2 | 15.9 |
| 美术展览 | 34.2 | 16.8 | 31.4 | 22.2 | 21.3 | 22.9 | 19.0 |
| 群众文化活动 | 10.5 | 17.3 | 11.6 | 19.0 | 15.2 | 22.4 | 14.9 |

其次是通过手机和电脑观看,省内为 36.3% 和 19.6%,省外为 46.5% 和 39.0%。这表明在互联网普及之后,民众利用移动终端观看比例也很大,尤其是省外民众使用移动终端观看十分便捷。省内民众选择其他方式比例最低,仅为 4.9%;省外民众选择其他方式观看比例最低,仅为 10.1%。省外民众选择剧场观看与广场观看的比例均高于省内民众,

分别是 23.9% 与 21.4%，省内民众剧场观看的比例较低，为 10.8%。详见图 3-12 与图 3-13。

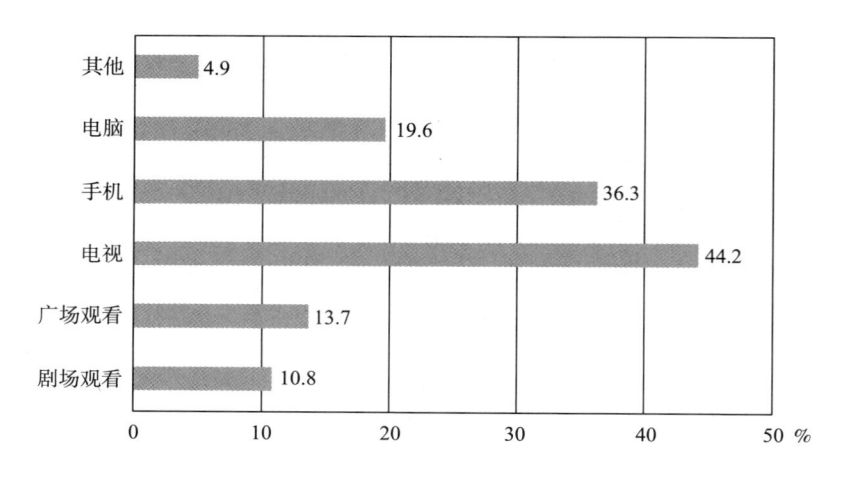

```
其他      4.9
电脑      19.6
手机      36.3
电视      44.2
广场观看  13.7
剧场观看  10.8
```

**图 3-12　节后省内民众观看十一艺节的途径**

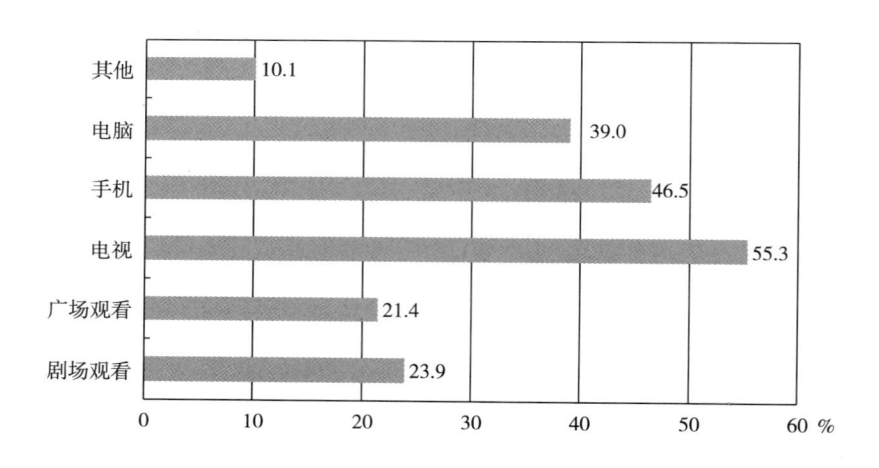

```
其他      10.1
电脑      39.0
手机      46.5
电视      55.3
广场观看  21.4
剧场观看  23.9
```

**图 3-13　节后省外民众观看十一艺节的途径**

4. 省内外民众观看十一艺节节目比较分析

根据图 3-14 所示，我们可以看出，无论是省内民众还是省外民众观看歌舞晚会的比例最大，省内民众达到 47.8%，省外民众达到 51.3%，这类节目更大众化、更贴近老百姓，是老百姓喜闻乐见的文艺形式。音乐会、美术展览和话剧满足不同层次民众的需求，也比较受欢迎。省外民众对地方戏曲非常感兴趣，这展现出地方文化强大的生命力和吸引力。省内外民众对话剧的喜欢程度基本一致。省外民众对京剧的感兴趣程度远高于省内民众，分别占比21.9%和6.7%，这表明作为国粹的京剧仍然有一定的吸引力，但是对陕西民众而言吸引力有限。详见图3-14。

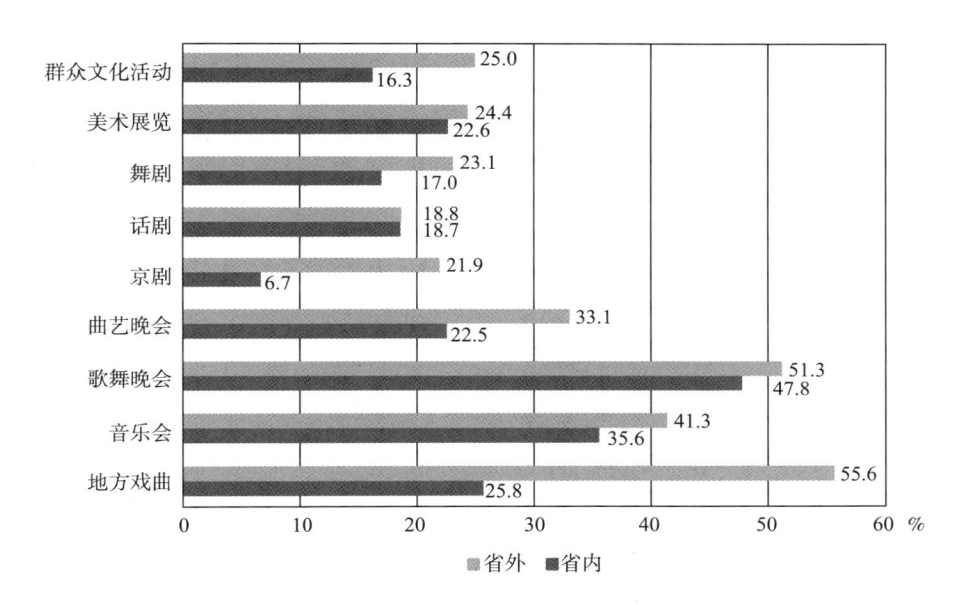

| 节目类型 | 省外 | 省内 |
|---|---|---|
| 群众文化活动 | 25.0 | 16.3 |
| 美术展览 | 24.4 | 22.6 |
| 舞剧 | 23.1 | 17.0 |
| 话剧 | 18.8 | 18.7 |
| 京剧 | 21.9 | 6.7 |
| 曲艺晚会 | 33.1 | 22.5 |
| 歌舞晚会 | 51.3 | 47.8 |
| 音乐会 | 41.3 | 35.6 |
| 地方戏曲 | 55.6 | 25.8 |

图3-14　省内外民众观看过的十一艺术节节目类型

### （三）行业内与行业外参与程度比较分析

**1. 文化艺术工作者与民众参与广泛度比较**

根据节后对民众和文艺工作者进行的调查发现：相对而言，文艺工作者由于其工作性质，对艺术节的参与程度更高。在问及"您是否观看或参与过第十一届之前的中国艺术节"时，文艺工作者的参与程度远高于省内外民众，详见表3-2。

根据上表的数据，我们可以看出，所有受访民众中，观看或参与过中国艺术节的比例为36.5%，未观看或参与过的比例为63.5%，如图3-15所示。

表 3-2　文艺工作者和民众参与往届中国艺术节比较　　　单位：人；%

| 参与情况 | 文化艺术工作者 | | 省内民众 | | 省外民众 | |
| --- | --- | --- | --- | --- | --- | --- |
| | 人数 | 有效比例 | 人数 | 有效比例 | 人数 | 有效比例 |
| 观看过或参加过 | 214 | 71.1 | 795 | 35.1 | 253 | 37.9 |
| 未观看或参加过 | 87 | 28.9 | 1472 | 64.9 | 415 | 62.1 |
| 合计 | 301 | 100 | 2267 | 100 | 668 | 100 |

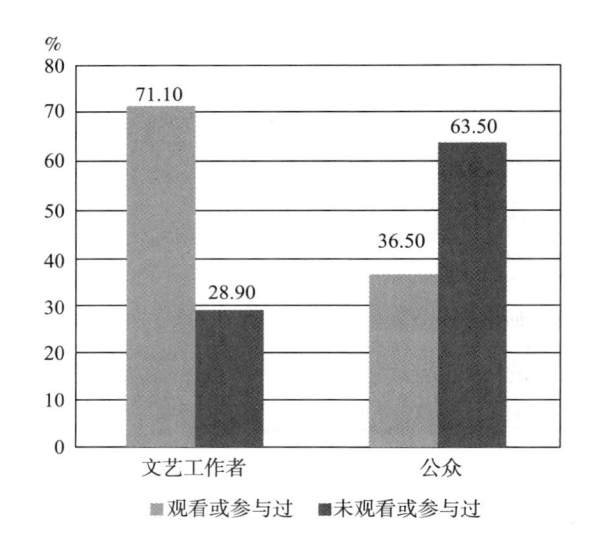

图 3-15　文艺工作者和民众参与往届中国艺术节比较

**2. 文化艺术工作者与民众参与深刻度比较分析**

从图 3-16 我们可以看到，在地方戏曲、舞剧、话剧等专业性较强的节目形式上，文艺工作者的参与度显著高于民众。尤其是舞剧，文艺工作者的参与比例是民众的两倍多。对于美术展览、曲艺晚会和歌舞晚会这三类节目，民众参与热情明显高于文艺工作者，尤其是美术展览，民众参与比例是文艺工作者的三倍多。对于京剧这种节目类型，民众和文艺工作者的参与比例都不高，这表明传统艺术精品曲高和寡、观众流失较为严重。通过对两个群体的比较，文艺工作者更青睐参与艺术性较高的节目类型，这反映了不同群体对文化节目的不同需求。

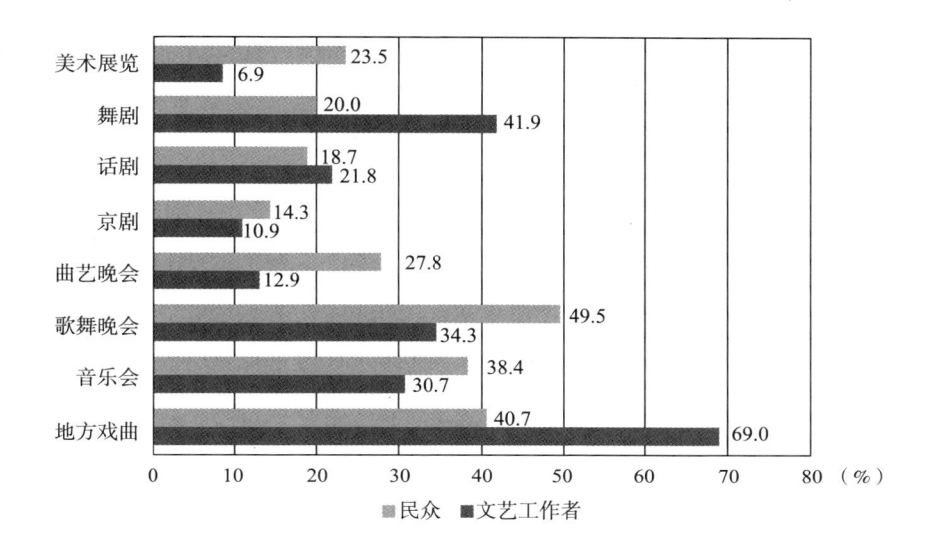

图 3–16  文化艺术工作者与民众参与深刻度对比分析
（省内外民众节后数据合并）

**（四）剧场观众对十一艺节的评价**

1. 剧场观众参与度分析

受访剧场观众认为参与中国艺术节非常方便的占 35.4%，比较方便的占 40.6%，一般的占 14.3%，比较不方便的占 7.0%，非常不方便的仅占 2.7%。认为参与中国艺术节方便的受访民众超过了 75%，这表明本届中国艺术节为民众提供了较为便捷的参与方式。

对计划现场观看几场十一艺节的节目这个问题的回答，计划看 1—3 场的受访民众占 46.9%，计划看 4—6 场的受访民众占 32.7%，计划看 7—9 场的受访民众占 11.6%，计划看 10 场以上的受访民众占 8.8%。从受访民众的回答情况看，十一艺节的节目具有较高的吸引力，到剧场观看后，大部分民众感受到舞台艺术的魅力，愿意观看多场艺术节的节目。

从参与渠道来看，26.9% 的受访观众由单位团体购票，29.3% 的受访观众是个人买票，15.8% 的受访观众是举办方赠票，25.4% 的受访民众是亲戚朋友送票，通过其他途径到现场观看节目的观众占 11.9%。

持赠票（含举办方赠票与亲友赠票）进剧场观看的受访民众占41.2%，单位团体购票比例略低于个人购票，两者共占56.2%。由此可见，本届艺术节剧场售票的市场化程度仍有提升空间。

2. 剧场观众对艺术节影响力评价

剧场观众认为陕西举办中国艺术节，对城市形象提高影响非常大的，占39.4%；比较大的占45.3%；一般的占12.3%；比较小的占0.9%；非常小的仅占0.4%；说不清的占1.6%。剧场观众认为陕西举办中国艺术节后，城市文化基础设施改善的程度非常大的占26.0%；比较大的占41.7%；一般的占24.8%；比较小的占2.3%；非常小的占1.2%；说不清的占4.0%。剧场观众对陕西十一艺节的总体满意度的回答，认为非常满意的占48.1%，比较满意的占44.2%，一般的占7.2%，比较失望和非常失望的占比非常低，仅为0.1%和0.3%。

由以上数据可见，到剧场观看过艺术节的民众，对艺术节的影响力普遍持正面肯定态度。

## 四 十一艺节与文艺发展的关系

### （一）受访民众对于艺术节与文艺发展关系的评价

1. 节前受访民众对艺术节与文化发展关系的评价

（1）节前省内受访民众对举办十一艺节对本省文化事业发展关系的评价

在针对陕西省举办十一艺节在城市文化基础设施改善程度的调查中，省内受访民众认为改善程度很大的占8.7%，比较大的占24%，一般的占39.6%，比较小的占9.6%，很小的占4.4%，说不清的占13.7%。陕西省作为文化大省，其文化设施的基础较好，故而认为艺术节的举办会很大程度改善文化基础设施的民众不多，且本届艺术节秉承"节俭、可持续"的原则，在基础设施的投入上比以往的艺术节有所减少，场馆建设方面以维修和改造为主，在承办城市确有需求的前提下也有新建场馆，如延安新建的东方红大剧院等。详见图4-1。

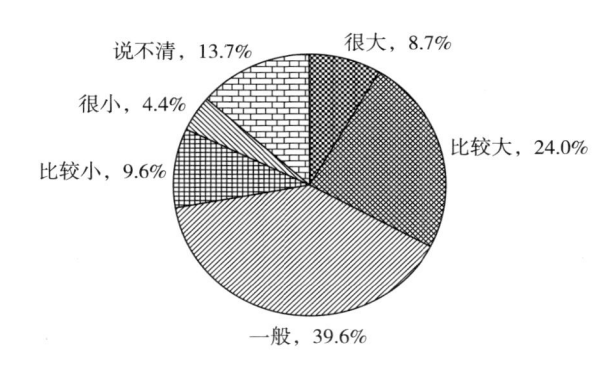

**图 4-1　社会公众评价艺术节举办对城市文化基础设施改善程度情况**

（2）节前省内外民众对举办十一艺节与自身文化生活的关系评价

从下图可知，8.2%的受访民众认为陕西省举办十一艺节与自身文化生活关系很大，21.4%的受访民众人为关系比较大，42.5%的受访民众认为关系一般，13.5%的受访民众认为关系比较小，6.6%的受访民众认为关系很小，7.7%的民众认为说不清。由此可见，陕西省举办十一艺节对民众自身的文化生活产生了一定影响。

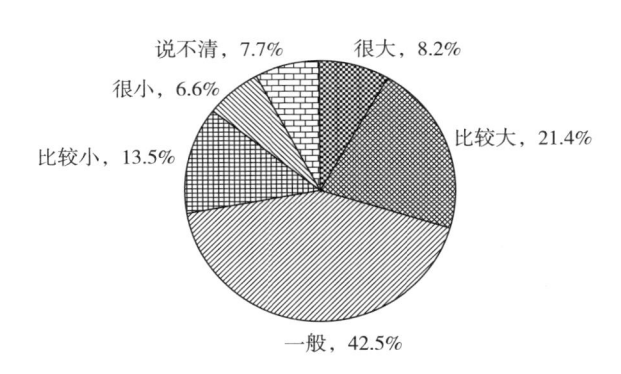

**图 4-2　节前省内民众对举办十一艺节与自身文化生活关系的认识**

2. 节后受访社会公众对艺术节与文艺发展关系的评价

在节后，对省内外民众就"陕西举办中国艺术节后城市文化基础设施改善程度"的看法进行问卷调查时，省内10.5%的受访民众认为改善程度非常大，36.2%的受访民众认为改善程度比较大，仅2.3%的受访民众认为改善程度非常小,还有8.0%的受访民众认为说不清。由此可见,虽然本届艺术节秉承"节俭、可持续"的原则,新建场馆较之以往艺术节有所减少,但对旧有艺术场馆的改造、扩建等的效果还是比较明显的。详见图4-3。

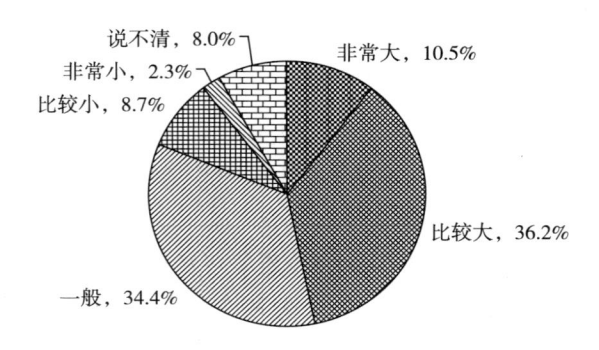

**图4-3 节后省内受访民众对十一艺节后城市文化基础设施改善程度的评价**

根据节前和节后的统计数据,节后有46.7%的受访民众认为十一艺节对陕西省城市文化基础设施改善的程度非常大或比较大,比节前的29.6%高出近18个百分点。这说明十一艺节的成功举办确实使省内民众感受到了文化基础设施的改善。见图4-4。

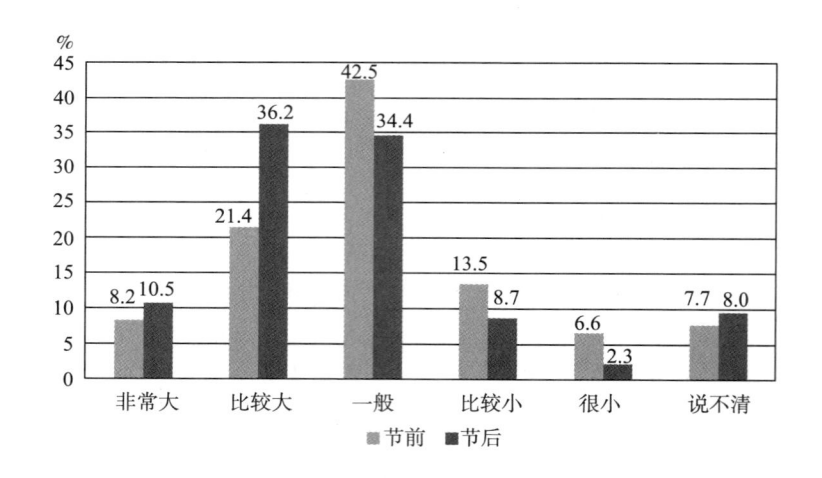

**图4-4 省内民众节前节后对十一艺节后城市文化基础设施改善程度评价对比**

## (二) 受访文艺工作者对艺术节与文艺发展关系的评价

1. 受访文艺工作者对陕西举办十一艺节后城市文化基础设施改善程度的评价

课题组就文艺工作者对"城市文化基础设施改善程度"的评价进行的问卷调查显示，有26.5%和41.9%的文艺工作者认为改善程度非常大或比较大，仅有0.4%的文艺工作者认为改善程度非常小。根据数据，共有68.4%的文艺工作者认为改善程度非常大或比较大，远高于节前民众的29.6%和节后民众的46.7%，这表明文艺工作者从专业的角度对文化基础设施的改善程度感受更深。详见图4－5。

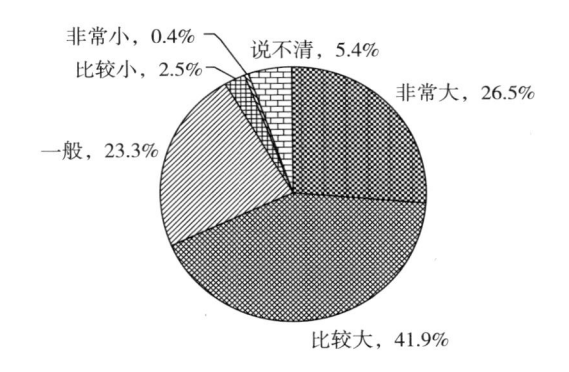

**图4－5 文艺工作者对十一艺节后城市文化基础设施改善程度分析**

2. 文艺工作者就十一艺节对艺术团队的主要影响和作用的评价

在所有接受问卷调查的文艺工作者中，有76.7%的受访者认为十一艺节对艺术团队的主要作用和影响是打造艺术精品，70.3%的受访者认为是提高演出水平，64.3%的受访者认为是加强院团间交流学习，49%的受访者认为是培养锻炼新人，23%的受访者认为是可以提高商业演出机会，只有1%的受访者认为是其他作用。这表明中国艺术节对艺术团队的影响主要集中在打造艺术精品、提高演出水平和加强院团间交流学习上，在商业演出机会方面有一定影响，但影响不大。详见图4－6。

```
其他          | 1.0
提高商业演出机会 | 23.0
加强院团间交流学习 | 64.3
培养锻炼新人    | 49.0
提高演出水平    | 70.3
打造艺术精品    | 76.7
```

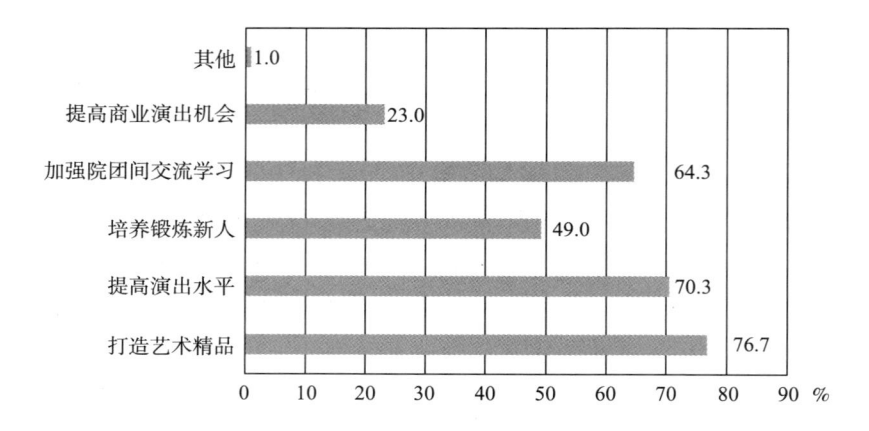

**图 4-6　文艺工作者就十一艺节对艺术团队的主要影响和作用**

**3. 文艺工作者对十一艺节特色的评价**

针对本届中国艺术节的特色，71.9%的受访者认为节目精彩，说明本届艺术节节目质量很高，使得文艺工作者感受到"大量反映现实、弘扬真善美，没有奢华制作的优秀作品，让我们这些文艺工作者看到了文艺工作座谈会重要讲话之后的变化和新风，更加坚定了创作有筋骨、有道德、有温度的艺术作品，奉献给观众和社会的信心"[①]。52.8%的受访者认为组织出色，表明陕西省对十一艺节的重视，在组织方面投入大量精力，打造一届高质量的中国艺术节。40%的受访者认为弘扬社会主义核心价值观是本届艺术节的特色，作为习近平总书记主持召开文艺工作座谈会并发表重要讲话之后举办的第一个艺术节，本届艺术节贯彻落实"艺术的盛会，人民的节日"的办节宗旨，充分展示了在习近平总书记文艺工作座谈会重要讲话精神的指引和激励下，全国文艺工作者植根人民、书写时代、潜心创作、勇攀"高峰"的新气象、新风貌。仅有6.7%的受访者认为纪念品创意好是本届艺术节的特色，这表明在艺术节的纪念品开发上面，还可以做得更好。在今后的艺术节上，在纪念品方面需要更多的创意和投入，这样可以延长艺术节的文化产业链，提升艺术节的影响力。详见图4-7。

---

① 《艺术的盛会　人民的节日——第十一届中国艺术节成果丰硕》，第十一届中国艺术节官方网站，http://www.11yishujie.com/news/show.php?itemid=403。

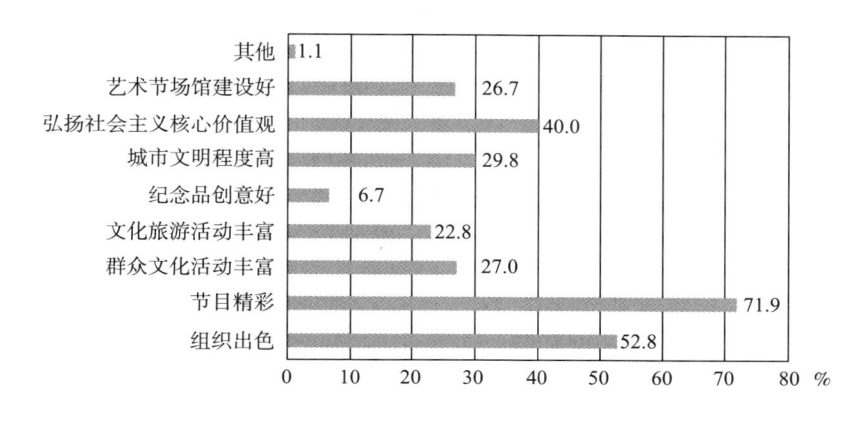

```
其他              1.1
艺术节场馆建设好   26.7
弘扬社会主义核心价值观  40.0
城市文明程度高     29.8
纪念品创意好       6.7
文化旅游活动丰富   22.8
群众文化活动丰富   27.0
节目精彩           71.9
组织出色           52.8
        0  10  20  30  40  50  60  70  80 %
```

图 4-7 文艺工作者认为十一艺节的特色

4. 文艺工作者对举办十一艺节对陕西文化影响的评价

在对文艺工作者进行的"请客观评价中国艺术节对陕西的影响"的评价中，相较于政治和经济，文化影响更高。调查以 5 分为影响非常大，4 分为影响比较大，3 分为影响一般，2 分为影响比较小，1 分为影响非常小，最终对文化方面的影响指数为 4.41 分，对政治和经济方面影响指数基本相同，分别为 4.15 分与 4.16 分。

# 五 十一艺节与区域发展的关系

## （一）受访民众对十一艺节与区域发展关系的评价

1. 节前受访民众对十一艺节与区域发展关系的评价

（1）节前省内民众对陕西省举办十一艺节的感觉描述

节前课题组对省内民众就"您对陕西省举办十一艺节的感觉"进行了问卷调查，超过六成的受访者为陕西省举办十一艺节感到自豪，26.33% 的受访者认为感觉一般，仅 5.66% 的受访者认为无所谓。这表明陕西省的绝大部分民众对十一艺节在本省举办感受是很深的。详见图 5-1。

（2）节前省内民众对于十一艺节主分会场知晓程度样本描述

节前，课题组对省内民众就"您是否知道十一艺节有哪些分会场"

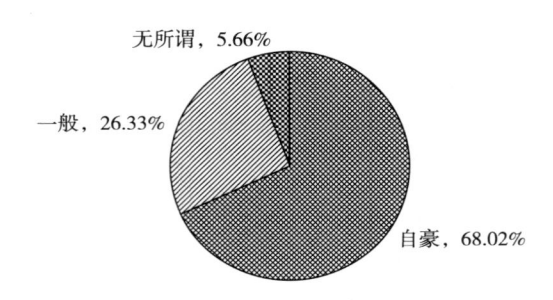

**图 5−1  节前省内受访民众对陕西省举办十一艺节的自豪程度分布**

的知晓程度进行问卷调查，在所有有效问卷中，通过横向比较，主会场的知晓度最高，达到81.5%；其次是举办开幕式的延安，知晓度达到28.9%；再次是宝鸡、汉中、咸阳和渭南，分别是23.22%、13.17%、12.51%和12.07%；其他分会场安康、榆林、商洛和铜川的知晓度普遍不高，均不超过10%（见图5−2）。在进行纵向比较时，课题组发现省内民众对西安主会场的知晓度极高，均超过70%，尤其在电子问卷中94.5%的受访民众知道西安市主会场。省内民众对自己所在地的知晓度也相对较高，比如西安有88.9%的受访民众知道十一艺节西安主会场，43.8%的宝鸡受访民众知道十一艺节宝鸡分会场，40.4%的渭南民众知道十一艺节渭南分会场（见表5−1）。由此可见，陕西省举办十一艺节，西安主会场的影响力最大，各地分会场在受访者中具有相当影响力。

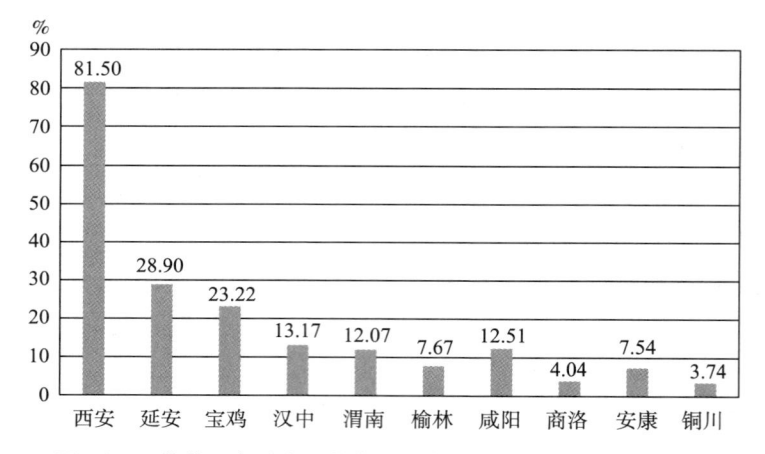

**图 5−2  节前民众对十一艺节主分会场知晓程度总体样本描述**

表 5-1　　　节前民众对十一艺节主分会场知晓程度情况　　　单位:%

| 调研地点<br>分会场 | 西安 | 宝鸡 | 咸阳 | 渭南 | 汉中 | 电子问卷 |
|---|---|---|---|---|---|---|
| 西安 | 88.9 | 75.7 | 71.5 | 77.4 | 87.7 | 94.5 |
| 延安 | 19.6 | 20.8 | 20.7 | 29.5 | 21.7 | 38.4 |
| 宝鸡 | 18.8 | 43.8 | 14.0 | 15.8 | 24.5 | 27.9 |
| 汉中 | 7.6 | 7.1 | 6.1 | 11.6 | 30.7 | 18.8 |
| 渭南 | 7.0 | 4.0 | 4.5 | 40.4 | 7.1 | 18.0 |
| 榆林 | 3.5 | 3.5 | 1.7 | 2.1 | 3.8 | 14.6 |
| 咸阳 | 12.3 | 11.1 | 27.4 | 13.7 | 12.3 | 10.7 |
| 商洛 | 1.5 | 1.3 | 3.4 | 1.4 | 3.8 | 10.4 |
| 安康 | 2.9 | 2.2 | 2.2 | 1.4 | 9.4 | 20.1 |
| 铜川 | 1.5 | 1.8 | 1.1 | 0.7 | 3.3 | 10.4 |

(3) 节前民众就"陕西举办十一艺节对城市有哪些影响"回答的样本分布

节前课题组对省内民众就"陕西举办十一艺节对城市有哪些影响"进行问卷调查。课题组按照肯定回答进行统计,并且可以多选。根据统计数据显示,69.3%的受访者认为举办十一艺节可以提升城市知名度,47.5%的受访者认为可以增强市民认同感,52.7%的受访者认为可以提升市民文化素质,51.1%的受访者认为可以拉动经济与文化消费,51%的受访者认为可以加快城市形象建设。总体来看,受访者普遍认为陕西省举办十一艺节能够带来诸多积极影响。详见图 5-3。

2. 节后民众对十一艺节与区域发展关系的评价

节后课题组对省内外民众就以下几个方面的看法进行了问卷调查,一是对陕西举办中国艺术节的感觉;二是陕西举办中国艺术节后对陕西城市的感觉;三是陕西举办中国艺术节对城市形象提高的影响。下面课题组分别就这三个方面的统计数据进行分析和说明。

(1) 节后省内外民众对陕西举办十一艺节的感受

根据节后对省内民众就"您对陕西举办中国艺术节的感觉"问题进行调查的统计数据,61%的受访者认为很自豪,27.8%的受访者认为

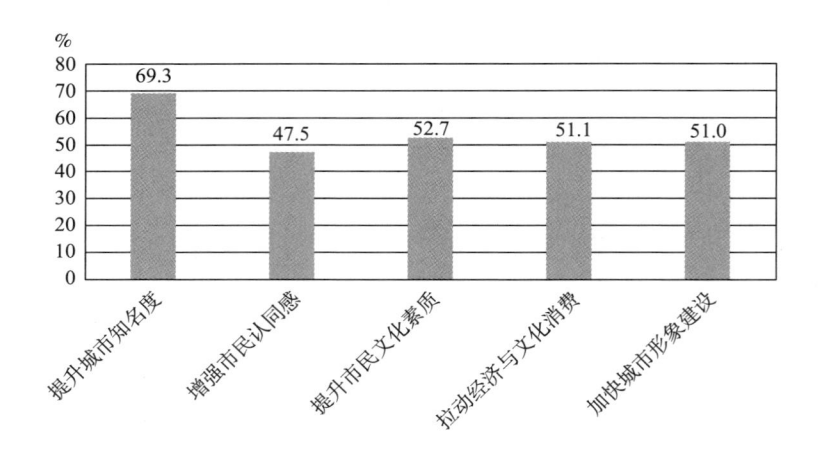

```
  %
80 ┤ 69.3
70 ┤ ┌─┐
60 ┤ │ │      47.5    52.7    51.1    51.0
50 ┤ │ │     ┌─┐     ┌─┐     ┌─┐     ┌─┐
40 ┤ │ │     │ │     │ │     │ │     │ │
30 ┤ │ │     │ │     │ │     │ │     │ │
20 ┤ │ │     │ │     │ │     │ │     │ │
10 ┤ │ │     │ │     │ │     │ │     │ │
 0 ┴─┴─┴─────┴─┴─────┴─┴─────┴─┴─────┴─┴
```

**图 5－3　民众对陕西举办十一艺节对城市发展影响的态度**

一般，仅有 11.2% 的受访者认为没有感觉（无所谓）。详见图 5－4。

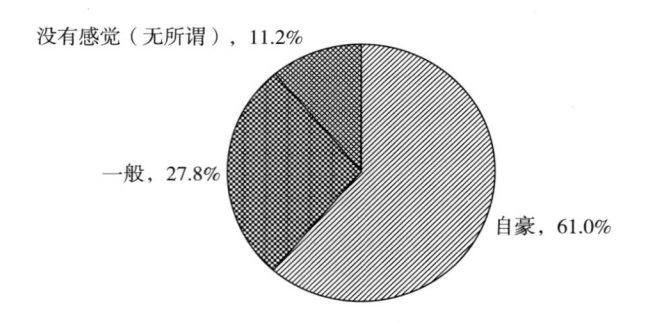

**图 5－4　节后省内民众对陕西举办十一艺节的自豪程度分布**

（饼图：没有感觉（无所谓），11.2%；一般，27.8%；自豪，61.0%）

结合节前省内民众对陕西举办中国艺术节的感受对比分析，节后感觉自豪的民众下降了 7.02 个百分点，感觉一般的民众上升了 1.47 个百分点，感觉无所谓的民众上升了 5.54 个百分点，这表明本届中国艺术节仍有可以提升之处。详见图 5－5。

与第十届中国艺术节举办地山东相比，陕西民众的自豪感远高于山东民众，山东民众仅有 28.4% 的认为自豪，陕西比山东高了 32.6 个百分点。这表明陕西在艺术节期间各方面工作落到了实处，对省内民众影响很深，故而在艺术节结束后，超过六成的民众感觉艺术节的举办是一件很自豪的事情。详见图 5-6。

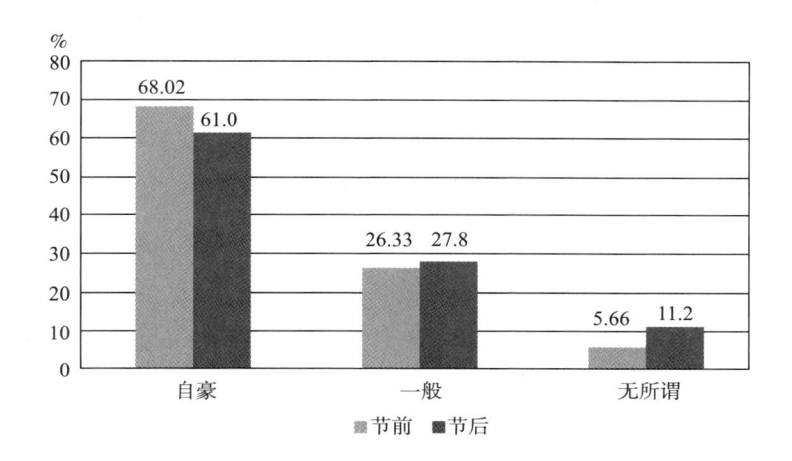

**图 5-5　节前节后省内民众对陕西举办十一艺节的自豪程度对比分析**

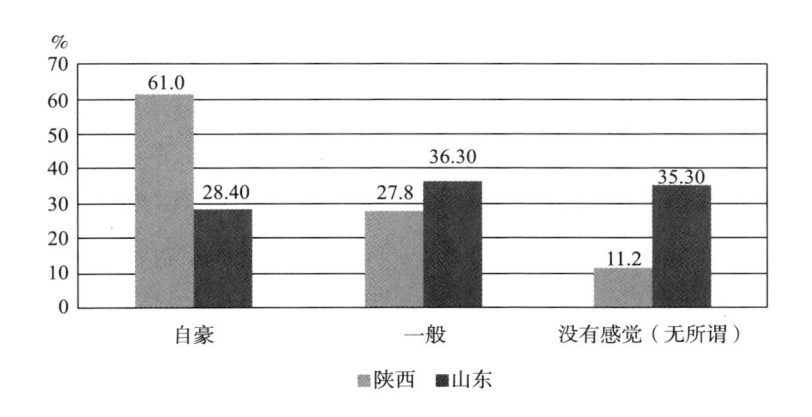

**图 5-6　陕西与山东民众对举办中国艺术节的自豪程度对比分析**

对省外民众就同一问题进行调查时，56.6%的省外受访民众认为陕西抓住了这次机会，20.8%的受访民众为本省没有争取到举办本届中国艺术节的机会而感到遗憾，有 22.6%的受访民众表示无所谓。这表明大部分民众认为能够在自己家乡举办中国艺术节是一种机遇，应该积极争取。因为中国艺术节的举办能够给当地带来综合的社会效益，故而陕西省举办中国艺术节是很明智的选择。由此可见，社会公众对中国艺节带来的经济以及社会效益的认识已经达到一定程度,并以自己的家乡能够举办大型综合性的艺术盛会而感到自豪。详见图5-7。

没有感觉(无所谓),22.6%
陕西抓住了机会,56.6%
本省没有争取到有点遗憾,20.8%

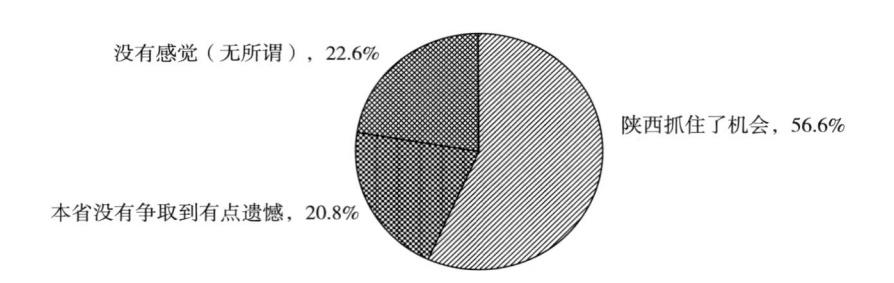

**图5-7 省外民众对陕西能够举办十一艺节的感觉**

(2) 节后省内外民众就"陕西举办中国艺术节后对陕西城市的感觉"的看法

根据节后对省内民众就"陕西举办中国艺术节后,您对陕西城市的感觉"进行调查的统计数据显示,34.2%的受访民众在艺术节结束后,更加喜欢陕西各城市,51.7%的受访民众对这些城市更加了解,仅有14.1%的受访民众持无所谓的态度。这表明中国艺术节的举办,能够加强省内民众对全省各城市的喜爱和了解。详见图5-8。

没有感觉(无所谓),14.1%
更加喜欢陕西各城市,34.2%
更加了解陕西各城市,51.7%

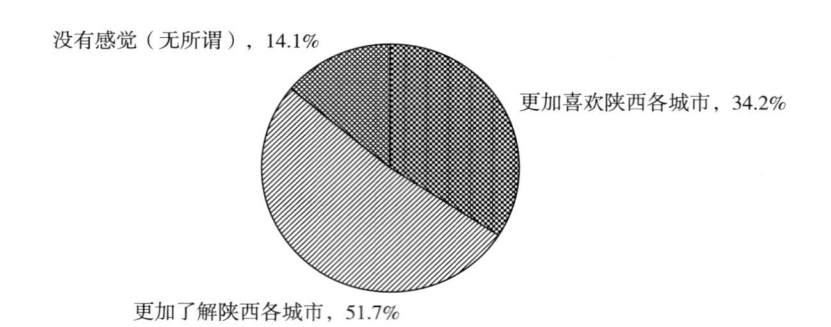

**图5-8 节后省内民众对举办十一艺节后的陕西城市认同感**

课题组对省外民众就同一问题进行问卷调查时,32.1%的受访者认为在举办中国艺术节后会更加关注陕西,45.3%的受访者认为会更加了解陕西。从这方面来说，十一艺节的举办是比较成功的，扩大了陕西省的影响力，加深了民众对陕西各城市了解的深度，为陕西省的发展提供了潜在商机。陕西省应在艺术节结束后，继续加强宣传力度，使更多省外民众了解陕西、喜爱陕西。详见图5-9。

没有感觉（无所谓），22.6%
更加关注陕西，32.1%
更加了解陕西，45.3%

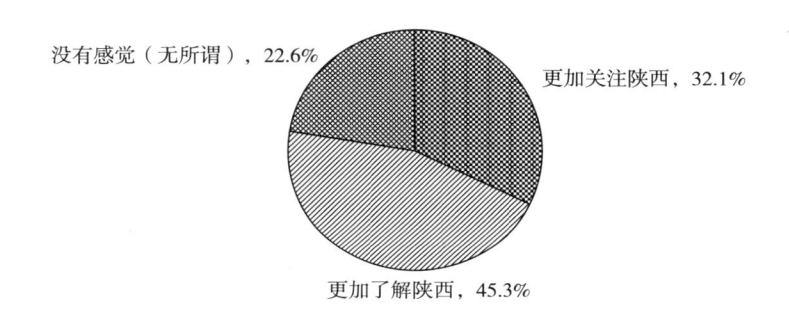

**图5-9 节后省外民众对举办十一艺节后的陕西城市认同感**

（3）节后省内民众就"陕西举办中国艺术节对城市形象提高的影响"的看法

根据节后对省内民众就"您认为陕西举办中国艺术节对城市形象提高的影响"进行调查的统计数据，有39.4%的受访民众认为作用非常大，45.3%的受访民众认为作用比较大，12.3%的受访民众认为作用一般，仅有0.9%和0.4%的受访民众认为作用比较小或非常小。这表明省内民众认为中国艺术节的举办对城市形象的提高作用还是很明显的。详见图5-10。

**（二）文艺工作者对十一艺节与区域发展关系的评价**

1. 文艺工作者就陕西举办十一艺节对城市形象提高影响的看法

课题组对文艺工作者就"您认为陕西举办中国艺术节对城市形象提高的影响"这一问题的看法进行了问卷调查，35.0%的受访者认为影响非常大，48.9%的受访者认为影响比较大，13.9%的受访者认为影响一般，仅有0.7%的受访者认为影响比较小，认为影响非常小的受访者为零。这表明文艺工作者通过参与艺术节，对陕西省城市形象了解的深度和广度均有一定加强。详见图5-11。

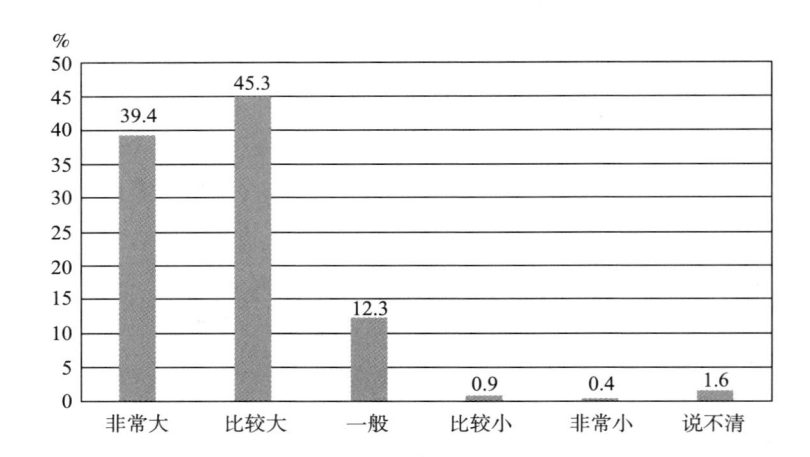

**图 5 – 10　节后省内民众认为陕西举办十一艺节对城市形象提高的影响**

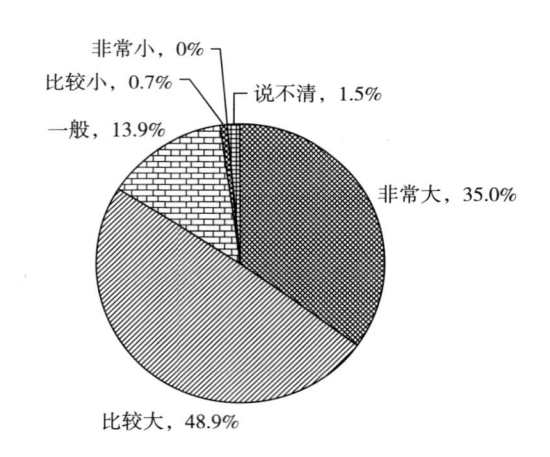

**图 5 – 11　文艺工作者就陕西举办十一艺节对城市形象提高影响的看法**

### 2. 文艺工作者就陕西举办十一艺节对城市文化基础设施改善程度的看法

课题组就文艺工作者对"城市文化基础设施改善程度"的评价进行的问卷调查显示，26.5%的文艺工作者认为改善程度非常大，41.9%的文艺工作者认为改善程度比较大，23.3%的文艺工作者认为改善程度一般，仅有2.5%和0.4%的文艺工作者认为改善程度比较小或非常小。这表明为举办本届艺术节，陕西省在城市文化基础设施的改善上下的工夫是很大的。详见图5-12。

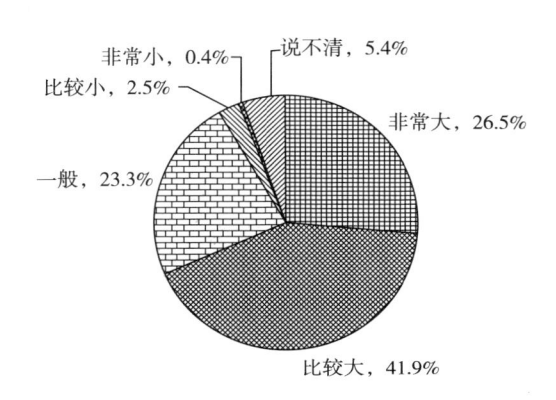

**图5-12　文艺工作者就陕西举办十一艺节对城市文化基础设施改善程度的评价**

3. 文艺工作者就十一艺节对陕西政治、经济、文化所产生影响的评价

在对文艺工作者进行的关于"请您客观评价举办中国艺术节对陕西省的影响"这一问题的问卷调查中，文艺工作者分别就政治、经济和文化三个方面的影响进行了评价。为了将主观的评价进行量化分析，调查以5分为影响非常大，4分为影响比较大，3分为影响一般，2分为影响比较小，1分为影响非常小进行赋值，以百分比为权重进行加权平均计算，得出影响指数。评价结果在文化方面的影响指数为4.41分，在政治和经济方面影响指数基本相同，分别为4.15分与4.16分。说明在文艺工作者的视域，十一艺节对社会的影响是正面的，而且影响力较大。

### (三) 十一艺节对文化消费的影响

1. 十一艺节期间省内外民众及剧场观看民众产生的直接或间消费数额比较

根据节后对省内外民众及剧场观看民众就"艺术节期间，您估计你直接或间接参与艺术节的消费"进行统计数据，39.2%的受访者在艺术节期间没有产生任何直接或间接消费，消费额在50元及以下的受访者占 24.0%，消费额在 51—200 元的受访者占 28.6%，消费额在 301 元及以上的仅有 2.1%。详见图 5-13。

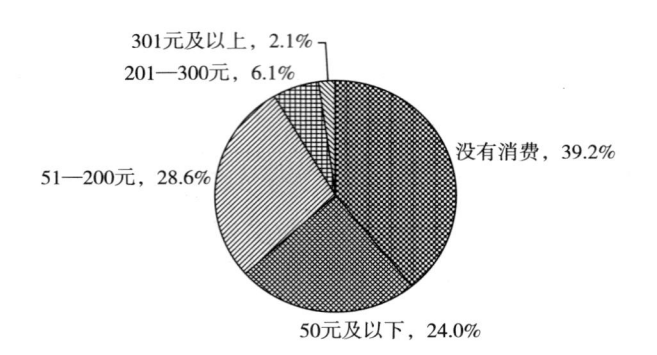

**图 5-13　十一艺节期间省内民众直接或间接参与十一艺节的消费**

在课题组对省外民众就同一问题进行了调查，省外高达 42.4% 的受访者没有直接或间接参与艺术节的消费；消费在 50 元及以下的受访者所占比重为 17.1%；消费额在 51—200 元的受访者占 25.3%，消费额在 201—300 元的受访者占 5.7%；消费额在 301 元及以上的受访者占 9.5%。详见图 5-14。

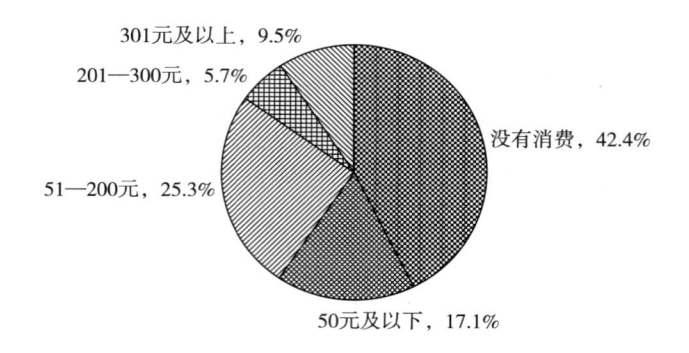

**图 5-14　十一艺节期间省外民众直接或间接参与艺术节的消费**

剧场观众在十一艺节期间，没有消费的受访者占 49.8%，购买艺术节纪念品的占 18.3%，到艺术节举办地旅游的占 22.8%，购买当地特产的占 14.2%，有其他消费行为的占 7.3%。进剧场观看艺术节的民众没有消费的占比近 50%，与前面持赠票观看艺术节（41.2%）的民众相符。

拓展到十一艺节期间与文化艺术相关的消费情况的调查表明，没有消费的受访者为 38.9%，消费在 50 元及以下的占 8.9%，消费在 51—200 元的占 21.1%，消费在 201—500 元的占 14.1%，消费在 501—1000 元的占 8.6%，消费在 1001 元及以上的占 8.4%。

由以上数据可以看出，本届中国艺术节在拉动经济方面动力不足，民众几乎没有艺术节的相关消费，或是消费金额很低。

综合省内外民众和剧场观看民众的直接和间接参与艺术节的消费情况，可以反映出两个方面的问题，一方面本届艺术节真正做到了降低门票门槛，使民众花很少的钱就能享受艺术盛宴；另一方面艺术节期间省内民众直接或间接参与艺术节所产生的消费额相当有限，还有很大的可挖掘的潜力。

2. 省内外民众消费类型比较

课题组对节后省内外民众的具体消费行为进行了进一步的调查。在产生消费行为的全部有效回答中，省内及省外受访民众分别有 20.1% 和 33.1% 的选择购买纪念品，16.0% 和 24.7% 的受访民众选择购票观看节目，14.7% 和 29.7% 的受访民众选择到艺术节举办地旅游。本届艺术节省外民众的消费力度明显高于省内民众，由此可见艺术节的举办能在一定程度上吸引外地民众的消费，同时艺术节在扩大消费者范围、深入挖掘民众消费力度方面仍有待加强。详见图 5-15。

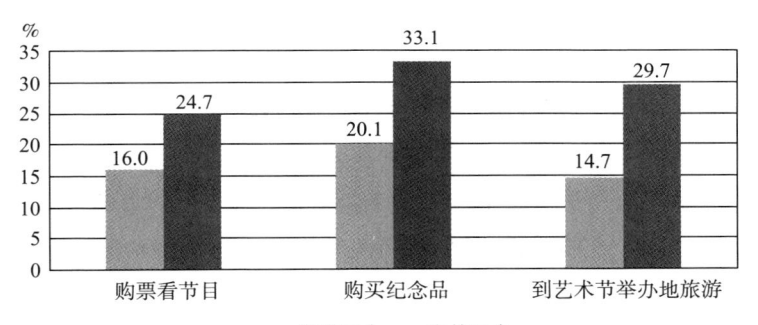

图 5-15 省内外民众消费行为对比

## 六 社会公众与文化行业对十一艺节的总体评价

### （一）民众满意度分析

艺术节结束后，为了深入了解民众对十一艺节的整体评价，课题组再次对省内外民众进行了更为细致深入的问卷调查。

1. 节后民众对十一艺节的总体评价

在对民众对十一艺节的总体评价进行问卷调查时，课题组选取了陕西省内和陕西省外民众对十一艺节的活动组织管理、活动场地、活动规模和活动持续时间四项参数的总体评价进行样本统计和描述分析。采用五点李克特量表（Likert scale）衡量受访者对十一艺节节目的满意度，回答选项分为"非常满意""满意""一般""不满意""非常不满意"五项，依序分别给予5、4、3、2、1分数值标记，以"非常满意"为对节目满意度最高，"非常不满意"为对其满意度最低，借以量化受访者对节目质量的满意度。[①]

省内民众对组织管理最为满意，得分为4.02分；其次是活动规模，得分为3.99分；活动场地的得分是3.98分；活动持续时间得分稍低，为3.86分。

节后对省外民众课题组就同样的问题进行问卷调查，统计数据结果与省内相比，省外民众的满意度普遍稍低于省内民众。省外民众也是对组织管理最为满意，得分为3.86分；活动规模和活动场地得分一致，为3.84分；活动持续时间得分稍低，为3.82分。详见图6-1。

2. 节后省内民众对十一艺节效果的满意度分析

从图6-2可知，有92.4%的省内民众对本届中国艺术节的效果表示满意，7.2%的民众认为本届中国艺术节效果一般，对本届中国艺术节持比较失望和非常失望的民众仅为0.1%和0.3%。由此可见民众对本届艺术节总体效果满意度很高。

---

[①] 全书关于满意度的计算方法均采用李克特五点量表赋值计算，后面不再赘述。

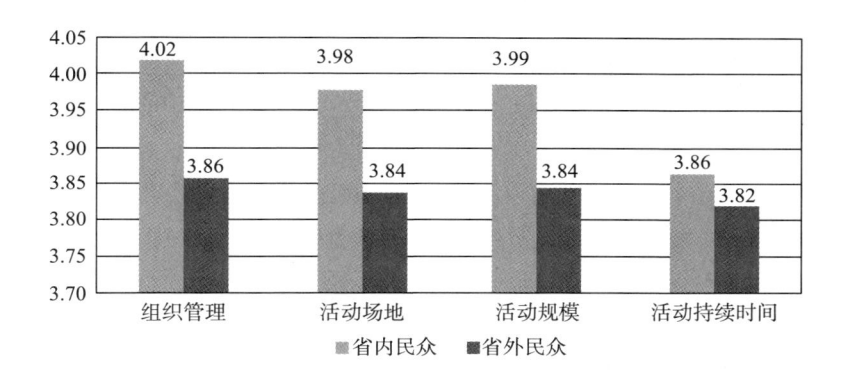

图 6-1　节后省内外民众对十一艺节的总体评价

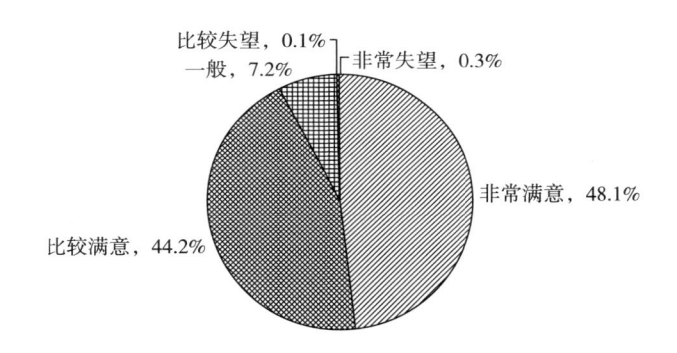

图 6-2　节后省内民众对十一艺节效果的满意度分布

3. 民众对艺术节节目质量的满意度分析

为了深入了解社会公众对十一艺节节目质量的综合评价，课题组从节目类型、节目内容、节目形式和演员水平 4 个维度设计评价指标体系。

省内民众在节目类型方面给分最高，为 4.02 分，演员水平得分其次，为 3.98 分，节目内容和节目形式得分皆为 3.95 分。省外民众在节目类型、节目内容和演员水平方面给分均为 4.01 分，节目形式得分稍低，为 3.97 分。省内外民众给分差异不大，这表明主办方兼顾了十一艺节的传统性与现代性，文化的区域性与整体性，让省内外民众在十一艺节中，感受到艺术之魅力，享受文化之盛宴。

这个得分表明中国艺术节作为我国规格最高、最具影响力的国家级文化艺术盛会，丰富的节目类型和精湛的演员水平给民众带来了艺术的享受，节目内容和节目形式也为民众广泛接受。

### （二）文艺工作者满意度分析

课题组将节后文艺工作者对十一艺节的总体评价分为以下两个方面进行分析：一是对十一艺节活动的总体评价；二是对十一艺节效果的满意度。具体分析如下：

1. 节后文艺工作者对十一艺节活动的总体评价

文艺工作者对活动规模评价最高，得分为 4.50 分；其次是活动持续时间，得分为 4.46 分；对活动场地满意度也较高，得分为 4.41 分；对组织管理稍有不满，得分为 4.36 分。

2. 节后文艺工作者对十一艺节效果的满意度

从图 6-3 可知，81% 的文艺工作者对本届艺术节的效果表示满意，有 15.3% 的文艺工作者认为本届艺术节的效果一般，持比较失望态度的仅有 2.7%，持非常失望态度的仅为 1.0%。由此可见本届艺术节总体来说还是非常成功，但仍然有可以提升的空间。

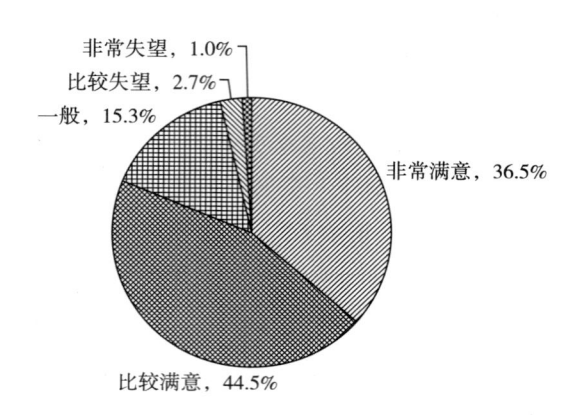

图 6-3　节后文艺工作者对十一艺节效果的满意度分布

3. 节后文艺工作者对十一艺节节目质量的评价

除了省内外民众，文艺工作者对本届艺术节节目质量的意见也很重要。为此，课题组对文艺工作者也进行了同样的问卷调查。在演员水平方面得分最高，为 4.62 分；其次是节目类型，得分 4.53 分；节目内容和形式得分均为 4.48 分。

### （三）民众和艺术工作者的满意度对比分析

对十一艺节的评价，就组织管理、活动场地、活动规模和活动持续时间的统计数据结果与省内外相比，文艺工作者的满意度普遍高于民众。详见图 6-4。

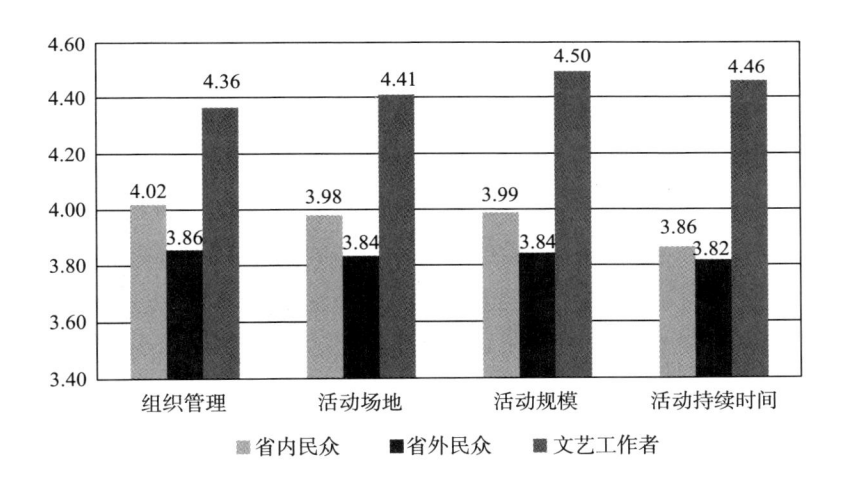

图 6-4 节后省内外民众及文艺工作者对十一艺节的评价

对比省内民众与文艺工作者对本届中国艺术节的效果可知，民众对艺术节效果满意度高于文艺工作者。这表明民众对高水平的艺术盛会满意度较高。对文艺工作者而言，艺术节效果仍有可提升的空间。详见图 6-5。

节后省内民众对节目质量的评价通过对民众得分对比，文艺工作者给分普遍高于民众给分，这表明文艺工作者作为艺术节节目的呈现者，对艺术节更多地持肯定态度。详见图 6-6。

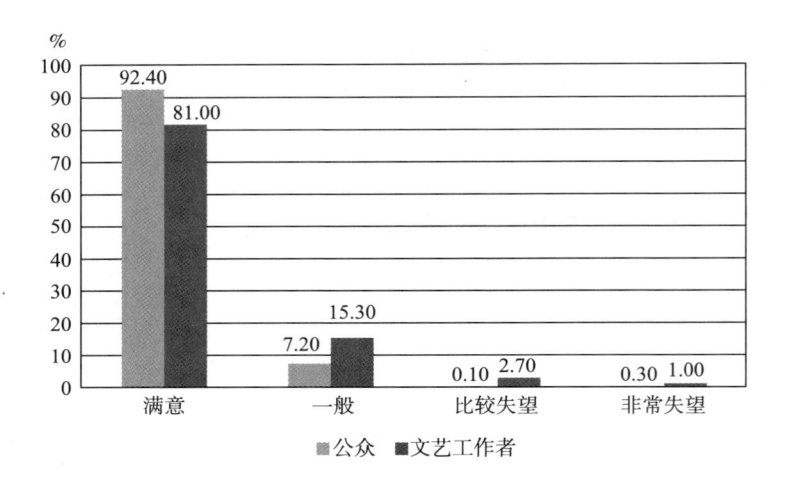

图 6-5　节后民众与文艺工作者对十一艺节效果的满意度对比

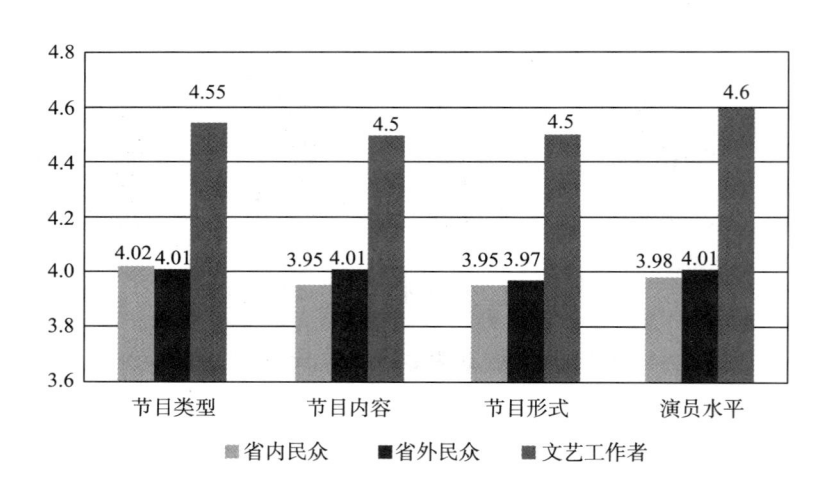

图 6-6　民众与文艺工作者对节目质量评价对比

## 七　中国艺术节优化发展：启示与思考

陕西省举办的十一艺节已经成为历史，但本届艺术节为陕西省带来的影响远超过了艺术节本身。借助十一艺节的契机，陕西省在文化硬件建设和软件建设方面，都提升到了一个新的高度。

本届艺术节的一大"亮点"是对奖项进行了"大瘦身"。就文华奖而言，奖项数量压缩到 20 项，只保留了 10 个文华大奖和 10 个文华表演奖，而往届艺术节的文华奖多达 200 个左右。在压缩评奖的同时，"十一艺节"加强评论的审美价值引领作用。通过评论使更多观众了解这些剧目，并走进剧场观看，起到导赏、导览作用；通过专业评论进一步打磨、提高剧目创作水平，不断提高质量，由"高原"向"高峰"攀登，打造留得下、传得开的艺术精品。本届艺术节为广大人民群众带来了一批接地气、有道德、有温度、显筋骨、受欢迎的优秀文艺作品。

十一艺节在改革评奖的同时，还邀请专家在艺术节期间观摩作品，撰写文章。有专家表示，加强评论"把创作团体和创作人的目光从评奖转向了评论、回归创作本体，对提升创作质量意义重大"。[①] 通过课题组节后对文艺工作者的调查问卷表明，57.5% 的文艺工作者觉得本届艺术节获奖作品是专家和群众意见共同决定的，仅有 7.0% 的受访文艺工作者认为获奖是领导意见为主。详见图 7-1。

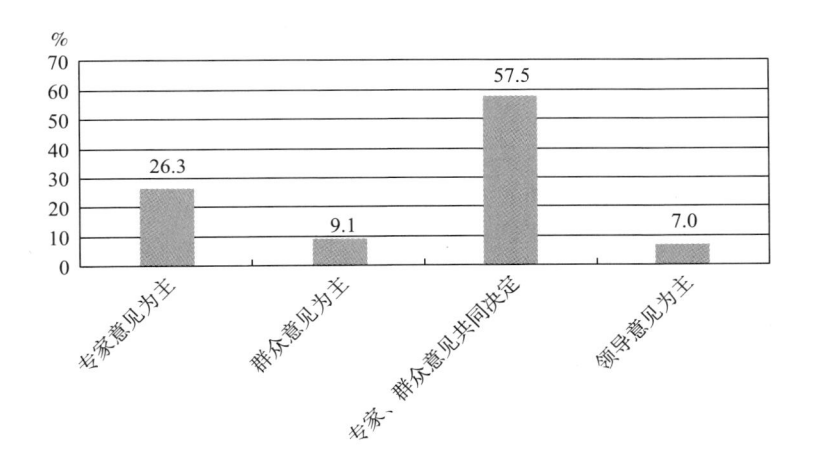

图 7-1　文艺工作者对本届获奖剧目评价标准的看法

本届艺术节在第九届、第十届中国艺术节成功举办全国优秀美术作品展览的基础上，首次将全国性专业书法篆刻作品展览、摄影作品展览

---

① 王立元：《"十一艺节"压缩评奖、增强评论——让优秀作品留得下、传得开》，第十一届中国艺术节官方网站，http://www.11yishujie.com/news/show.php? itemid = 379。

纳入艺术节中，进一步完善了中国艺术节展览格局，使中国艺术节的内容更加丰富。中国书法家协会主席苏士澍表示，此举使近年来书法创作的成果在国家级艺术盛会的平台上得以展示，"不仅体现了文化部对书法篆刻创作繁荣的重视和支持，而且对于促进书法篆刻事业的健康发展具有重要的意义"。中国摄影家协会主席王瑶也深表赞同和支持，她认为，"这次十一艺节摄影展的举办，既是对这段时间摄影创作的回顾、梳理和总结，也体现了国家在搭建更多的平台，使更多优秀摄影人及其作品能够脱颖而出，从而推动摄影艺术的繁荣发展"。[①]

本届艺术节取得了诸多成就，上百台来自国内各家艺术院团的艺术精品上演，集中展示了国内顶级艺术水准，陕西也对外展示了文化发展的新成果、新成就。丰富多彩的文化活动以及仅20元的最低票价，让艺术回到了民间，回到了发展的源头，使本届艺术节真正成为"艺术的盛会，人民的节日"。

课题组通过节后反思，希望通过对本届艺术节在筹备和举办过程中的一些主要问题的总结，能够为后续中国艺术节以及类似的艺术节提供参考范本和经验。

### （一）主要问题

1. 市场化运作能力仍有可提升空间

中国艺术节的发展大致可以划分为四个阶段，分别是中国艺术节的奠基阶段、初步转型阶段、综合性发展阶段以及进一步完善拓展阶段。在不同的发展时期，中国艺术节的组织模式和运作机制有一定区别。不同阶段采取不同的组织模式和运作机制，四个阶段对应着中央主办地方协办，中央与地方政府共同举办，政府主导与市场运营相协调，政府主导、省市联办四种不同组织模式和运作机制。随着组织模式和运作机制的改变，中国艺术节的筹资机制也在不断发展和完善，中国艺术节已经从最初的中央拨款机制发展为以国家财政补贴为主，社会赞助、展演收入、营销收入、广告宣传和彩票公益金收入为辅的多元筹资机制。

---

① 王晓易：《第十一届中国艺术节闭幕》，第十一届中国艺术节官方网站，http://www.11yishujie.com/news/show.php?itemid=401。

本届中国艺术节借鉴了九艺节和十艺节的办节经验，在加大政府资金投入的同时，积极争取社会力量参与艺术节。总体来看，十一艺节在市场化运作方面做了很多的努力，也取得了一定成果：筹资渠道多样，包括省、市财政拨款以及国家专项经费，也包括企业赞助及广告经营收入、社会捐赠、特许商品授权以及经营收入和文化产品展销拍卖收入等。

但必须指出的是，十一艺节的资金来源仍是以财政补贴为主，社会赞助等其他渠道获得的收入仍然有限，十一艺节在资金筹措方面与国内外知名艺术节相比仍存在一定差距。陕西省财政厅按照"突出重点、分级负担、朴实节俭、以奖代补"的原则，多方筹集并拨付十一艺节专项经费，对精品创作、场馆建设、艺术赛事、惠民演出等给予重点支持，其他方面所需经费通过市场运作方式筹措。十一艺节100元以下低票价占总票价的65%，票房收入远不能满足艺术节的资金筹措。上海国际艺术节总成本的80%—90%依靠市场运作筹措，其中约70%来自票房收入，约30%来自企业赞助。

2. 品牌影响力辐射范围有限，与新媒体融合有待加强

中国艺术节自第三届起采取轮流办节的模式，一直以来难以形成稳定增长的影响力。与上海国际艺术节和其他国内外知名艺术节相比，中国艺术节的影响力相对有限。在此背景之下，对中国艺术节的承办省份的宣传工作提出了更高的要求。十一艺节的宣传渠道主要是电视、电台广播、海报、报纸、网络、手机短信、微信、微博等，在手段和模式上均超过历届。从受访民众了解渠道的调研结果来看，传统媒体中电视占比最高，为42%；新媒体中网络所占比重最高，为35.5%；其次是微信，占比22.0%；微博稍弱于微信，为19.2%。详见图7-2。

对前期宣传效果的评价，如图7-3所示，仅有9.9%的受访民众认为效果很好，22.1%的受访民众认为效果比较好，45.5%的受访民众认为效果一般，有7.9%的受访民众认为效果比较差，有1.8%的受访民众认为效果很差。由此可见，在前期宣传上，本届中国艺术节的宣传缺乏亮点，在民众心中未形成品牌印象。

省外宣传工作的欠缺导致省外受访民众对十一艺节会场了解受限于固有的城市印象。十一艺节的整体宣传主要在主、分会场灯光墙体、交

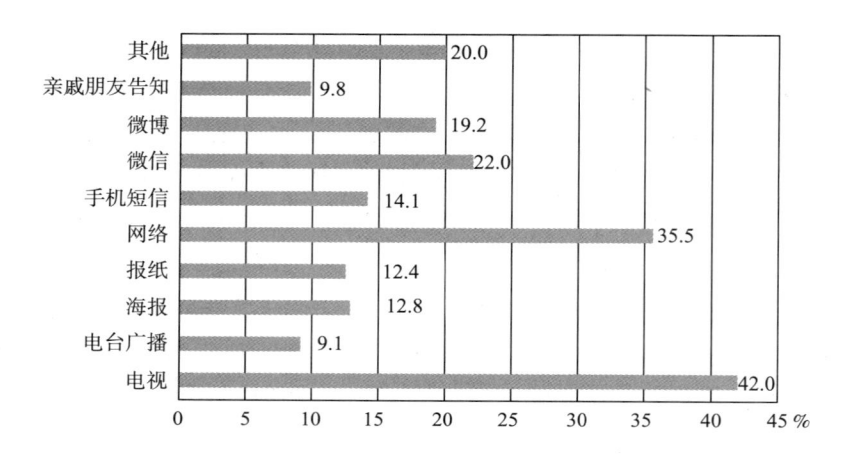

图中数据（省内民众了解十一艺节的渠道分析）：
- 其他：20.0
- 亲戚朋友告知：9.8
- 微博：19.2
- 微信：22.0
- 手机短信：14.1
- 网络：35.5
- 报纸：12.4
- 海报：12.8
- 电台广播：9.1
- 电视：42.0

图7-2 省内民众了解十一艺节的渠道分析

图中数据（省内民众对十一艺节前期宣传效果评价）：
- 很好：9.9
- 比较好：22.1
- 一般：45.5
- 比较差：7.9
- 很差：1.8
- 说不清：12.7

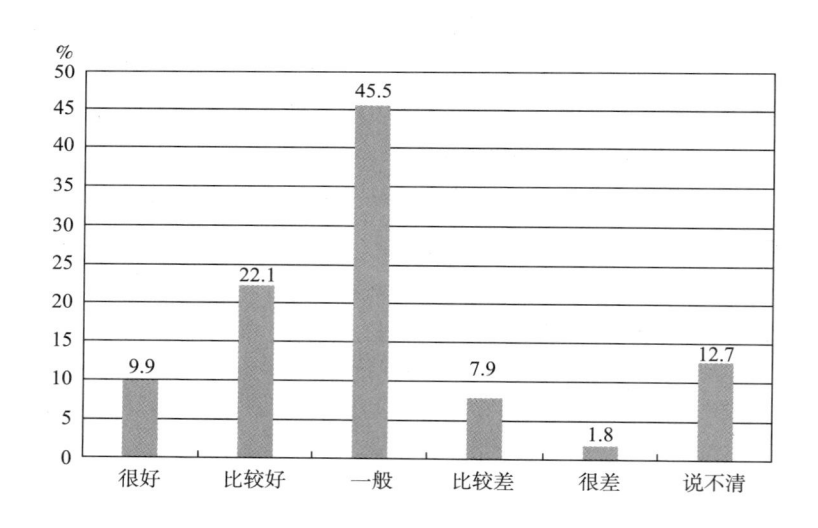

图7-3 省内民众对十一艺节前期宣传效果评价

通主入口、公共电子屏、出租车显示屏、户外广告等，做到会场宣传渠道的全覆盖。但对省外民众更容易获取艺术节相关信息的网络渠道和移动终端等新媒体方面，本届艺术节可提升的空间还很大。本届艺术节开通了十一艺节的官方微博，但其利用率与影响力明显不佳，截至2017年10月31日，仅有127名粉丝，共发微博167条。十一艺节演交会也开通了官方微博，该官方微博自2016年8月25日就停止了更新，粉丝人数更是只有 28 人。详见图 7 – 4、图 7 – 5。

图 7 – 4　十一艺节官方微博截图

图 7 – 5　十一艺节演交会官方微博截图

与之形成鲜明对比的是中国上海国际艺术节的官方微博，其粉丝数量达到 111739 人，发表微博数量为 2392 条，其活跃程度远高于十一艺节的官方微博。详见图 7 – 6。

在移动终端领域，十一艺节的微信民众号和官方 APP 的关注量和下载量也很低，几乎达不到宣传效果。

本届艺术节的节目呈现主要采取现场展演的方式，对于外省乃至国际观众观看都很不方便。目前不少艺术节都与直播平台或视频播放平台相结合，采取售卖节目版权的方式，拓展展演渠道，如 2017 年爱奇艺"尖叫之夜"的在线播放量达到 2201 万次，极大提升了"尖叫之夜"的影响力。

图 7-6　中国上海国际艺术节官方微博截图

宣传上不仅需要重视影响力的提升，更需要从民众体验感的角度出发，提升民众的参与度。爱奇艺"尖叫之夜"特别设置了 VR 机位，通过使用电影级拍摄设备，为线上用户打造出 1080P、4K 超真实 VR 体验。根据介绍，通过特别采用的 4KH265 编码器进行实时编码后，用户在观看直播过程中无论在任何方位都能感受到高品质画质。课题组认为，借助新技术、新平台，注重提升观众体验感，是提升中国艺术节影响力的途径之一。

3. 社会效益凸显，经济拉动作用有限

兼顾社会效益与经济效益成为十一艺节主办方的追求。但与历届中国艺术节一样，十一艺节没有根本改变经济拉动能力不足这一困境，民众的文化消费潜力并没有随着民众参与文化活动的热情得到充分的挖掘。主办方采取的票价策略和数量众多的公益演出凸显了十一艺节的社会效益，但也在一定程度上抑制了民众的文化消费热情。调研数据也显示出了文化消费的疲软，省内民众十一艺节期间文化消费在 300 元以上的仅占 2.1%，省外民众也仅有 9.5%。

十一艺节的衍生文化产品的缺失，使得中国艺术节的文化产业链没有形成，产业化程度很低，经济拉动力自然不明显。十一艺节的展演剧目，几乎没有或是很少制成光碟等文化商品。受到版权保护的影响，中国艺术节的展演剧目也没有进行网络播放。中国艺术节的吉祥物以及带有艺术节标识的产品也很少见。由此可见，十一艺节尚未以展演为杠杆，撬动艺术节文化产品生产，进而促使艺术节文化产品产业链的形成。

**（二）对策建议**

1. 完善组织架构，打造中国艺术节的运作主体

中国艺术节每三年一届，且由各省轮流举办，难以形成长时效且稳定增长的影响力，并且举办中国艺术节对各级地方政府的专业化组织能力有极大的考验。考虑到现阶段固定举办地点的可能性极小，且不利于各省的文化事业发展，因此建议进一步开拓中国艺术节基金会的业务范围，将其打造成为文化部领导下的专业化运作的机构或是咨询机构，并维持其构成人员的专业性和稳定性，以弥补新一届地方主办政府在艺术节筹划和运作中的经验不足。其基本职责是代表文化部具体承办中国艺术节，主要任务是负责筹措办节资金，协助各地方承办省市政府具体运作中国艺术节。

借助这一途径，努力实现中国艺术节的办节模式由政府主办向政府与社会合办转变，切实提升办节效率，推动中国艺术节的发展与国际接轨。同时建议在中国艺术节基金会下设"中国艺术节研究中心"，旨在加强对中国艺术节的理论研究，承担起中国艺术节的前期策划、宣传，中期跟踪调研，后期梳理、反馈，并总结经验和不足等具体任务。

2. 充分利用新媒体，加大宣传力度和广度

中国艺术节由于举办时间短，筹办周期长，所以要求筹办方在短时间内运用一切可用之资源、渠道、手段来加强宣传攻势，强化宣传力度，扩大宣传范围，挖掘宣传深度。从十一艺节的宣传看，其省外宣传效果有限，不仅制约了中国艺术节的长远发展，也不利于陕西省的文化传播和形象塑造，弱化艺术节的社会影响力。从相关数据来看，十一艺节在网络宣传，尤其是新媒体推广方面做得比较欠缺。

因此课题组建议，今后中国艺术节的筹办方若想在国内、国际上提升品牌知名度和影响力，一定要重视新媒体的传播。充分利用微博、微信等移动客户端在宣传上的便捷性、灵活性和易传播性等特点，让民众能够方便、快捷地获得中国艺术节的相关信息，进而了解并参与中国艺术节的活动，是今后中国艺术节在宣传上需要关注并改进之处。同时需要在新媒体上适时制造话题，引起民众的广泛关注与参与。如中国金鹰电视艺术节近几年在新媒体平台上开展"金鹰女神"的评选活动，吸引了大量民众的关注和参与。中国艺术节可在新媒体平台上开展艺术节吉祥物、艺术节分会场代言人等评选活动，提前为艺术节造势预热。

同时应该利用粉丝效应，参加中国艺术节展演的明星们在其微博平台或是微信民众号上发布艺术节相关信息。这样在艺术节举办期间，粉丝们出于对明星的追捧也会积极参与艺术节。

3. 立足于艺术节的大众化宗旨，充分挖掘艺术节的经济效益

中国艺术节作为"人民的节日"，具有公益性，是当前国家公共文化服务体系建设的重要组成部分。作为社会主义文化事业的一部分，其源头活水在于人民群众，只有全心全意为人民群众服务，只有充分调动人民群众的积极性和主创性，让他们参与到艺术节中来，才能真正使艺术节获得生命力，才能真正实现艺术节的价值。在这一方面，十一艺节有许多成功的经验，如举办专场活动，加强大众艺术教育，政府补贴演出门票等。

除此之外，中国艺术节还应充分挖掘艺术节的经济效益，开发并积极宣传艺术节关联产品，宣传当地旅游及文化消费，起到引领文化消费的作用。同时通过成立专门运作机构，加强中国艺术节自身的"造血"功能，加强艺术节的产业化程度，使其在保证社会效益的同时，发挥其经济效益。如通过与视频播放平台的合作，开展中国艺术节展演节目的版权贸易；拓展艺术节的衍生文化产品，延长艺术节的产业链。艺术节的文化商品应融入大众生活的方方面面，除了艺术节的吉祥物，还可以开发参演明星所扮演角色的玩偶，所参演剧目的剧照邮票等衍生文化产品。同时还要看到，考虑到中国艺术节承办城市在艺术节上的巨大投入，民众到剧场观看才是对艺术节最大的支持。艺术节节目在剧场展演是其高制作水准的展现，剧场观看效果显然要好于电视或是电子终端观

看效果。这就如同在家看电影和在影院看电影，两者所带来的视觉、音响感受完全不同。中国艺术节的剧场展演作为节目评审的主要形式，应该吸引更多的民众走入剧场观看。这仅靠艺术节期间的宣传是远远不够的，需要在平时培养民众的文化娱乐消费习惯，这样民众在艺术节期间才会主动走进剧院。中国艺术节三年一届，从民众的满意度可以看到对活动持续时间并不满意。专业艺术团队的展演时间不便延长，群众文艺活动的展演时间可以适当延长，或是以"群星奖"评比为契机，加强民间艺术团体的交流，为更多普通大众参与到中国艺术节创造条件。

第二部分
专题报告

# 中国艺术节与国内外艺术节的比较研究

20世纪初，世界各地区出现了一批以表演艺术为主要内容、在固定的时间段和地点公开举行的艺术节庆活动。随着时间的推移，这批新时代艺术节的包容性和开放性与日俱增，其所涵盖的艺术门类不断增加，从最初表演艺术为主扩展至表演艺术、视觉艺术、艺术展博览以及相关文化活动皆囊括其中。新时代艺术节们承载和记录着人类的艺术文化活动，由此构成了一个庞大驳杂、精彩绝伦的文化集群。目前国内外具有较高知名度的艺术节有爱丁堡艺术节、萨尔茨堡艺术节、林肯艺术节、上海国际艺术节、中国"香港艺术节"等，这些艺术节荟萃了不同的艺术门类，引领世界艺术风潮，同时，艺术节的举办还可以传播地域文化，提升城市品牌，对区域发展的带动性很强。中国艺术节作为中国官方主办的综合性艺术节，应该用世界视野促进文化交流，传播中华文化，不断提升中国艺术的世界影响力，推动中国城市国际化发展的进程。因此，对国内外艺术节进行比较研究，对提升中国艺术节的世界影响力具有重要意义。

## 一 中国艺术节与中国"香港艺术节"的比较

中国"香港艺术节"（Hong Kong Arts Festival）（下文简称香港艺术节），是1973年由查尔斯·哈代发起，并得到冯秉芬爵士及邵逸夫爵士大力支持而创办的具有国际影响力的艺术盛事。其每年2至3月在中国香港地区举行，为期4到5周，迄今已连续成功举办45届。香港艺术节由中国香港艺术发展局、中国香港赛马会及市政局拨款资助，亦接受基金会、各大企业及有关人士的赞助及支持。每年活动由一个非政府、非营利的民间机构运作。这个民间机构有两个称谓：香港艺术节有限公司与香港艺术节协会，下设执行委员会、节目委员会、财务及管理委员会及发展委员会。①

香港艺术节始创于香港演艺文化缺乏建树的年代，港人从世界各地寻找不同艺术领域的顶尖人才，试图借表演探索生活的意义。每一届香港艺术节期间，活跃于各个国家和地区乃至全球的顶尖艺术人才皆受邀到场，向世人展示其独特的艺术作品，传统与现代在此交汇、古典与创新在此碰撞。四十多年来，香港艺术节主办方致力于提高表演水平，重视推动节目类型多元化发展，积极增加参与人数。香港艺术节不仅以国际一流的艺术表演丰富港人的文化生活，更致力于提高大众的艺术兴趣，鼓励艺术创作及文化交流。香港回归后，香港艺术节更成为香港与内地文化沟通的桥梁，内地诸多名作及名家受邀参加香港艺术节，为香港观众所了解，促进了香港和内地文化的交流融合。

图 1-1　第四十五届中国"香港艺术节"宣传海报

---

① 马明：《全球化背景下国际演出市场竞争优势》，知识产权出版社 2013 年版，第 206 页。

图 1-2　第四十五届中国"香港艺术节"展演节目

图 1-3　第四十五届中国"香港艺术节"展演节目

(一) 主题定位比较

香港艺术节是在 20 世纪 70 年代香港经济快速崛起、华商影响力扩大的背景下诞生的。彼时香港已跻身"亚洲四小龙"并成为世界最大的贸易中心，同时香港华商开始改变其以往对政治的漠视态度以及回避立场，主动响应和协助由香港特区政府主办的各种社会活动，并在社会活动中渐显其参与社会治理的功能。1972 年，一班有识商人认为，作为一个正在快速崛起的大都会，香港应该有属于自己的艺术节，遂共同成立了非营利组织——"香港艺术节协会",并在隔年以合资的方式举办了第一届香港艺术节。[①]

香港艺术节的举办,对于加强香港与世界各地的文化艺术交流、繁荣香港文化艺术都有积极的作用。香港艺术节旨在透过提倡民间娱乐,一方面促进东西方文化交流,一方面体现香港社会娱乐水平,经济繁荣稳定的局面。艺术节期间,香港特区政府除了邀请西方舞蹈、音乐等名家在临演唱外,还有本港各类著名剧种的公演。通过公演,东西方文化得以交融,例如借助戏剧艺术等的表演,得以互相观摩,互相借鉴,这对于促进香港社会安定和谐具有极大意义。

中国艺术节是国内规格最高、规模最大、最具影响力的国家级文化艺术盛会。中国艺术节始办于1987年,迄今已经举办十一届,历时30载,中国艺术节坚持"艺术的盛会,人民的节日"定位,通过对某一个时期文艺事业所取得的成果进行集中展示,弘扬民族文化,将艺术的进步、社会的发展与民众的文化需求紧密结合,推动中国文化艺术的繁荣发展。2016年10月,第十一届中国艺术节秉持"政府主导、全民参与、文化惠民、务实节俭"的原则在陕西延安拉开帷幕,全面展示了近三年来中国舞台艺术的丰硕成果。

### (二)内容安排比较

香港艺术节作为国际艺坛重要的表演艺术节之一,在演出内容方面一直坚持提供具有国际水平的艺术节目,鼓励艺术演出和文化交流。香港艺术节的节目单包罗万象,歌剧、戏曲、古典音乐、爵士乐、舞蹈、戏剧及大型特别节目等一应俱全,契合多种艺术爱好者之需要。不少世界级艺术团体及表演者,曾在香港艺术节中登台,艺术团等包括维也纳爱乐乐团、圣彼得堡爱乐乐团、旧金山交响乐团、巴黎歌剧院芭蕾舞团、新日本爱乐乐团、上海昆剧团等,国际知名的大提琴家马友友、歌剧王子何塞·卡雷拉斯等艺术家都参加了香港艺术节的活动。此外,本地艺术团体及艺术家也积极参与其中,中国香港管弦乐团、中国香港民乐团及中国香港小交响乐团都会在艺术节期间演奏节目。除每年基本固

---

① 柏宇:《中外节日纪念日大全》,中国林业出版社2003年版。

定的中外表演节目外，新引进作品亦在其中大放光彩，每年主办方都会推出包含本地原创表演及与外地团体合作的新作，这正是香港艺术节最重要的贡献——给予艺术新作登台机会的同时，也拓宽了观众的艺术视野；以 2017 年 2 月 16 日至 3 月 19 日举办的第 45 届香港艺术节为例，期间来自世界各地的 1700 多名艺术家展示的 180 场表演中，包括 16 部新创作及全球首演作品，另有 14 部作品为亚洲首演。① 此外，香港艺术节亦注重培育本地艺术团体及青年艺术家，每年中国香港管弦乐团、中国香港民乐团及中国香港小交响乐团都会在艺术节期间演奏节目。艺术展览方面，主办方会在每届艺术节期间与各地美术馆合作举办大型展览，如已成功举办的亨利摩尔雕塑展、齐白石画展等。艺术教育及"加料"节目是香港艺术节促进艺术交流、沟通社会的重要途径，每届艺术节都会推出逾 250 场的多元化加料节目和艺术教育活动，如大师班、工作坊、座谈会、后台参观、展览、艺人谈、示范讲座、文化导赏团等，鼓励观众与艺术家互动接触，丰富观众的艺术体验，以期增加大众对艺术的兴趣，培育年轻的观众。多年来，香港艺术节充分利用香港作为国际大都市的资源优势，将最新的艺术创作引入艺术节，其以自身为平台不断促进国内外优秀艺术作品的传播、交流、融合，以积极开放的心态持续推动本土艺术事业走上新高度，以多元丰富的活动扩大群众参与程度，不断向人们传递着艺术的独特魅力。

中国艺术节是由中国政府主办的综合性艺术活动，每三年举办一次，在丰富人民群众的文化生活，促进文化事业不断发展方面发挥着重要作用。每届艺术节既是对中国国内舞台艺术作品进行大规模展演，也是对国内舞台艺术水平的一次评价和总结。奖项评选和入围作品展演是中国艺术节的主要内容，每届艺术节都会评针对专业舞台艺术的文华奖和面向群众文艺作品的群星奖获得剧目，其中参加文华奖评奖的剧目必须正式公演累计五十场以上。此外，群众文艺会演、演艺产品交易会和艺术展览也是艺术节的重要组成部分。以第十一届中国艺术节为例，其在 1 个主会场和 8 个分会场中广泛开展艺术赛事、对外艺术交流、文化交易、展览展示和惠民活动等多项文化活动，有 57 台剧目参评文华奖、

---

① http：//paper.people.com.cn/rmrbhwb/html/2017-03/30/content_1762448.htm.

84个群众文艺作品角逐群星奖。值得一提的是,第十一届中国艺术节首次将全国性专业美术作品展览、书法篆刻作品展览、摄影作品展览纳入其中,三个展览共展示了近三年来中国艺术领域在美术、书法篆刻、摄影创作方面的优秀作品1000余件。与香港艺术节相比,中国艺术节在内容安排上采取了专业艺术表演和群众文艺演出相结合的模式,满足多层次人民的需要,以中国国内的舞台艺术为展示和评价的对象,在鼓励新作、艺术普及、增进艺术交流方面仍有待加强。

### (三)筹措机制比较

公益与商业兼顾、务实与高效并存的风格特质使香港艺术节迥异于内地诸多艺术节庆活动。这不仅与举办地开放的艺术心态有关,更是其成熟的运营机制的完美体现。香港艺术节是一种非营利活动,虽接受政府拨款资助,但实际运营中完全自负盈亏,票房收入和商业及慈善团体赞助构成其主要收入。以2016年举办的第45届香港艺术节为例,年度预算约为1.2亿港元。其中约14%的经费来自香港特区政府经由康乐及文化事务署的拨款,9%的经费来自香港特区政府为庆祝香港特区成立二十周年的特别节目拨款,约28%的经费来自票房收入,约32%的经费来自各大企业、热心人士和慈善基金会(包括香港赛马会慈善信托基金)的赞助及捐款[1],余下的17%来自香港特区政府按捐款及赞助收入而作出的全新配对资助。对于政府而言,近2800万港元投入并为使其获得介入艺术节具体事宜的权力,其给予艺术节的所有演出场地均必须缴纳租金,因而政府投入在艺术节期间即已获得回报。票房收入作为香港艺术节的主要收入之一,一直保持平稳;以第45届香港艺术节为例,可供发售的门票超过107000张,当中售出近100000张门票,平均入座率逾93%,总入座观众近111000(当中包括"青少年之友"的11000观众人次)人次。132场售票演出当中,共104场售出门票数量达90%以上,其中的84场全院满座。资金来源较为分散且平均,使得香港艺术节在公益、艺术、商业上取得了一般节庆活动难以达到的平衡。

---

[1] http://paper.people.com.cn/rmrbhwb/html/2017-03/30/content_1762448.htm.

其他收入，17%　　香港特区政府透过康乐及
　　　　　　　　文化事务署的拨款，14%

香港特区政府为庆祝香港特区成立
20周年的特别节目拨款，9%

各大企业、热心人士和慈善基
金会（包括香港赛马会慈善信
托基金）的赞助及捐款，32%

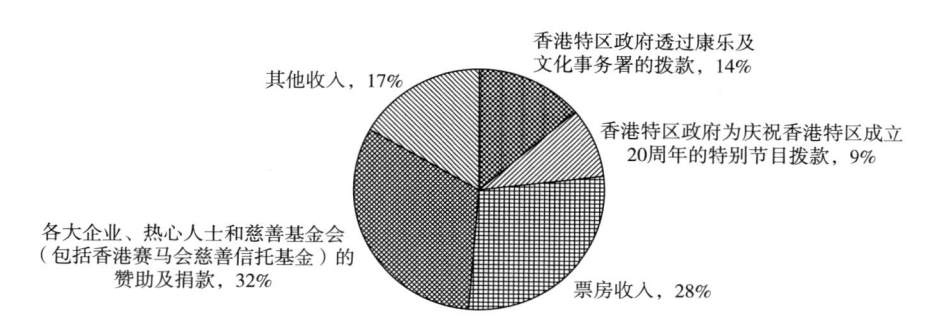

票房收入，28%

图 1-4　2017 年中国"香港艺术节"收入来源

中国艺术节是由中国政府主办的艺术节庆活动，办节经费主要源自国家财政拨款。随着市场化程度的提高，市场运作方式取代了原有的政府主导模式，资金来源逐渐多元化，增加了社会赞助、票房收入、广告营销收入等。财政拨款由文化部和艺术节主办地政府共同承担，文化部下设中国艺术节基金会，依法筹措文化艺术发展资金，支持中国艺术节及相关项目。第十一届中国艺术节期间，地方政府秉持"突出重点、分级负担、朴实节俭、以奖代补"的原则，多方筹集并拨付专项经费，其他方面所需经费则通过市场运作方式筹措。

## 二　中国艺术节与国外艺术节的比较

纵观世界上形形色色的艺术节，大致可以分为两大类：某一艺术领域的节庆活动及综合性的节庆活动。某一艺术领域的节庆活动，一般可分为音乐节、戏剧节、舞蹈节等，部分甚至还会聚焦于该艺术领域内的某一细分类型，如德国拜罗伊特戏剧节，以著名作曲家理查德瓦格纳为灵魂和旗帜，创办至今一直上演瓦格纳创作的作品。综合性的艺术节则涵盖多个艺术领域，在以音乐、戏剧、舞蹈等表演艺术为主的前提下，有的还包括了展览交易等项目。一年一度在莫扎特的家乡萨尔茨堡举办的国际艺术节是世界上最著名的综合性艺术节庆活动，其由多个艺术领域的文化活动构成，如歌剧、戏剧、音乐会、电影等，范围非常广泛，在整个欧洲乃至全球获得了令人瞩目的区域影响力。作为有区域影响力的综合性艺术节，萨尔茨堡艺术节相较于中国艺术节既有相似之处又有

值得借鉴的地方,将二者进行比较,有助于进一步明晰我国艺术节庆活动在国际艺术领域的发展要素。

### (一) 萨尔茨堡艺术节概况

萨尔茨堡艺术节(Salzburg Festival)的前身是莫扎特艺术节,是萨尔茨堡当地的"莫扎特基金会"筹办于1877年、专为演奏莫扎特作品而设立的艺术节庆活动,至20世纪初开始具有一定规模与影响力,后因第一次世界大战爆发停办。

其后,当地艺术界耗时三年筹备建起萨尔茨堡艺术节。马克斯·莱因哈特限于1917年提出了组建萨尔茨堡音乐节的构想。次年,萨尔茨堡艺术委员会成立。之后,青年诗人雨果·冯·霍夫曼斯塔尔于1919年发表了由歌剧与戏剧、以服务欧洲文化遗产为宗旨的活动和莫扎特的作品组成的音乐节节目单草稿。1920年8月12日,萨尔茨堡天主教堂前的广场上,第一届萨尔茨堡艺术节拉开帷幕。由此萨尔茨堡艺术节形成定制,固定于每年的7月底到8月末举行。每一届萨尔茨堡艺术节均会吸引来自全球的顶尖艺术家、乐团和指挥大师们莅临莫扎特的故乡,为艺术节的观众展现其高水平艺术作品。大批名家的表演使得萨尔茨堡艺术节在全球的知名度水涨船高,办节规模越来越大。如今该活动是国际音乐领域的盛事,很大程度上代表了全球世界音乐发展水平。

### (二) 萨尔茨堡艺术节的组织与筹资

萨尔茨堡艺术节的相关组织机构性质为公共机构,该音乐节的部分经费主要来源于萨尔茨堡省政府与市政府,该组织机构的董事局主要针对活动的整体编排进行安排,对于活动中所需经费预先进行计算,全面统筹,最后省政府与市政府双重肯定后落实。早期的萨尔茨堡艺术节董事局包括三人:第一人为音乐节节目统筹,全职受薪;第二人为财政人员,该岗位人员属于兼职性质;第三人为公关部门,同样带有兼职属性。董事局的下属机构分别包括票务、服装、新闻、物业以及舞台技术等主要部门。经过数十年的发展,萨尔茨堡艺术节丰富了自身的管理结构,萨尔茨堡艺术节的组织机构在纵向上分四层,也就是在董事会下分别设置决策层、监管层和执行层。决策层有总经理和艺术总监，总经理负责音乐节的行政事务，而艺术总监负责音乐节的剧目等。其次，萨尔茨堡艺术节在决策层和执行层之间加设监管层，监管层直接对董事会负责，这就保证了具体执行时的稳定高效。萨尔茨堡艺术节在机构设置上纵横结合，纵向突出，相对减少了一些最基层部门，加设了监管层，这样就达到了缩短横向部门设置，而突出纵向管理结构层次的目的，横纵结构协调均衡，既能保证员工的执行力，又能保证权利集中统一，这样就可以避免部门之间分工不均衡且容易脱节的情况，并且可以建立有效的监管机制，对各部门之间的工作协调监督管理，对领导层负责。

艺术不是脱离市场脱离人民而存在的，艺术节的存在亦须接受市场的考验，如果一个艺术节的发展主要靠政府直接的财政支持，那么这个艺术节便不会再去考虑市场、考虑受众的需求，也不会再去考虑艺术本体的发展需求，那么其将成为政府的包袱。西方发达国家非营利性艺术机构的发展已经非常成熟，其依赖政府支持的程度很小。萨尔茨堡艺术节作为具有代表性的艺术节，其直接收入的46%来自票房收入，18%来自赞助及捐款，17%来自联邦政府、州政府和市政府的投入；4%来自萨尔茨堡艺术节之友协会，4%来自旅游业推广基金，11%来自艺术节其他收入（例如衍生产品的销售、媒体转播、广告）。[①]

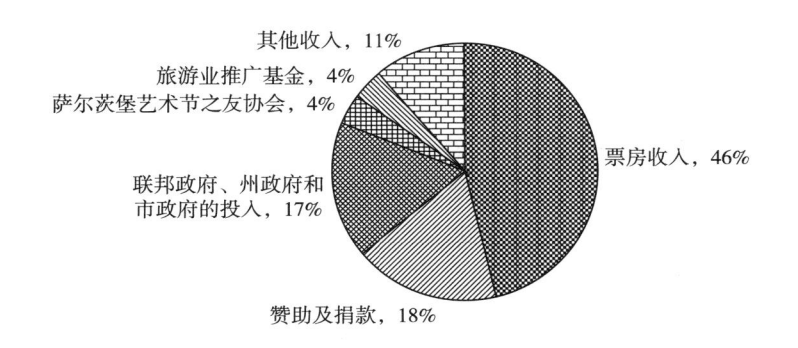

**图2-1 近年萨尔茨堡艺术节收入来源**

---

[①] 罗兰·奥特在"国际艺术节与城市发展高峰论坛暨艺术管理工作坊"的讲座稿。

### (三) 萨尔茨堡艺术节的经济效益

艺术节的经济价值实现于在组织、运转过程中必然发生的那些经济活动①，主要体现在两个方面：直接收益和间接收益。艺术节能为举办地带来相当大规模的人流，庞大的人流不仅带来了艺术领域相关资源，还带来了极旺盛的消费需求，直接拉动了举办地相关服务业的增长。此外，艺术节从培养艺术市场、加强举办地基础设施建设、鼓励本地艺术创新以及活跃当地艺术人才参与等角度发展文化产业，促进举办地旅游及相关行业的可持续发展。

作为世界领先的综合性艺术节，萨尔茨堡艺术节不仅仅产生了财政效应，还是一个有机成长的经济生态系统的中心，具备许多功能。据研究，2016 年萨尔茨堡艺术节在萨尔茨堡和奥地利分别创造了 1.83 亿欧元和 2.15 亿欧元的直接和间接附加值，在萨尔茨堡和奥地利分别提供永久性工作岗位 2800 个和 3400 个，对公共当局的直接和间接影响约为 7700 万欧元的国家财政收入。艺术节本身产生直接经济效益 1.41 亿欧元（不含增值税），包括票房演出收入、投资股份收入等；艺术节游客提供的间接经济效益约为 1.29 亿欧元，其中住宿和食物（旅游）共计 7700 万欧元，商业活动达 2600 万欧元，艺术、文化和休闲支出达 500 万欧元，个人服务（如化妆品、理发师）750 万欧元，流动性行业 400 万欧元，其他行业 900 万欧元。另外，据萨尔茨堡商会（the Salzburg Chamber of Commerce）2016 年 1 月到 5 月间开展的问卷调查结果：95% 的萨尔茨堡游客来此旅游是因为萨尔茨堡艺术节；80% 的游客是艺术节常客，他们至少参加了 6 次；其中接近一半的人（47%）已经参加了这个节日 20 多次；5% 的受访者为新游客；平均每位顾客出席 5 场演出，每人平均花费 550 欧元购买门票。此外，每个节日的游客平均每天花费 319 欧元（不包括门票）。住宿和食品占 191 欧元（59.9%）。每天花费于服装、珠宝等消费品方面的有 64 欧元（20.1%）。另外，萨尔茨堡艺术节还创造出难以衡量的"无形"效应，如形象效应等。

---

① 张敏、张超、朱晴：《城市艺术节：特色化与国际化双向互动——艺术节民众沟通的 ISC 模式》，《艺术百家》2013 年第 3 期。

总而言之，它创造了一个"节日生态系统"。

于举办地而言，萨尔茨堡艺术节在许多方面都有长期的推动作用：它的文化生产能力处于世界领先地位，并产生了多重的形象效应；凭借其经济网络效应，它能在高水平上创造巨大的价值；凭借其能力效应，它为企业的机构提供了专业知识。

## 三 国内外艺术节对中国艺术节的启示

在各领域竞争愈加激烈的当今世界，世界各国对文化发展的重视程度越来越高，发展文化产业已成为提升国家综合实力的重要途径。艺术节虽然在我国的发展历史并不算长，但其作为文化产业发展的领头羊的趋势却日益彰显出来。尤其是伴随着改革开放以来我国经济的迅速发展与当代城市化进程的加快，许多传统城市已经由单纯的行政中心和生产中心向文化、旅游、商贸、科研、艺术普及等全方位社会服务中心转换。艺术节作为城市文化发展的产物，城市的发展势必会为艺术节提供更好的资源保障和更加完善的服务体系。

中国艺术节是中国艺术事业三十年历程里不断探索不断创新的凝聚，在总结往届艺术节成功经验的基础上，立足陕西特色历史文化、红色文化和生态文化进行深度挖掘，创新办节理念、丰富活动内容、增加传播手段。此外，艺术节还注重开展惠民文化活动，扩大群众艺术视野，提升公共文化服务水平及文化设施建设质量，建立科学且高效的艺术节运作机制。然而在与香港艺术节以及萨尔茨堡艺术节的比较发现，中国艺术节在发展上也面临诸多挑战。本书就此提出如下建议：

### （一）重视艺术节对举办地经济的提振作用，实现艺术节与当地相关行业的良性互动

萨尔茨堡艺术节十分注重利用自身影响力推动举办地经济发展，最主要的方式即与当地机构的合作，其中艺术节与当地旅游机构的合作最为紧密[①]。其与萨尔茨堡三个主要的旅游机构合作吸引游客到访，合作

---

① 肖雅婷：《萨尔茨堡艺术节及其与城市发展的相关性》，《音乐传播》2015年第2期。

内容主要包括以下几种：艺术节作为举办地旅游的重点项目在国际旅游交易会中宣传；在所有介绍萨尔茨堡艺术机构的出版物中进行旅游宣传；在报纸和杂志中共同刊登广告；实现官方网站互链；将部分演出票打包在旅游套餐中进行联合销售。萨尔茨堡的旅游业和艺术节深度融合，进一步降低了双方成本，推动彼此长期可持续发展，实现了当地艺术事业和旅游业的双赢。中国艺术节从筹备到正式举办有3年时间，3年的筹备期足够艺术节筹委会在举办地多个领域培养合作伙伴。主办方可从观众的衣食住方面着手，寻找合作酒店、餐厅、文化场所和纪念品销售商；联合举办地公交、出租集团合作推出艺术节观众出行折扣和引导，刺激上座率的同时更方便观众在各表演场地之间的转移；与举办地旅游景点、博物馆合作，推出艺术节—旅游套票，艺术节游客赏毕演出后再进行深度游玩，从而有效延长艺术节游客在地停留时间。将艺术节视为举办地发展的机会而非短时间内的任务，积极引导推动艺术节与举办地产业融合，形成良性互动，才能实现举办地和艺术节的共同发展。

### （二）强化艺术节推广工作，多渠道全方位开展宣传活动

与萨尔茨堡艺术节的推广工作相比，中国艺术节在其宣传周期、宣传方式、宣传渠道、宣传内容等方面都需要进一步提升。在宣传渠道方面，萨尔茨堡艺术节立足传统媒体，在平面纸媒和电视媒介上皆倾注大量人力物力：主动与发行量大、覆盖面广的报纸及杂志合作，制造热点话题，尽可能多地吸引读者；提前将艺术节演出节目单刊登到当地报纸上；分别与国家公共及私人频道合作举办艺术节宣传活动；注重联系外国媒体。值得一提的是，艺术节主办方每年会邀请来自35个国家的653名认证记者，这些记者每年都会在第一时间获得艺术节资料，以确保世界各地对艺术节进行报道。在宣传内容方面，印刷宣传品的设计与投放亦十分重要。印刷品包括三部分：艺术节宣传册、场刊、演出日历。每届艺术节投放宣传册8万份，中间节目单折页印刷30万份，从前一年11月的艺术节新闻发布会起便进行全面投放。主办方每年会从购票者信息库中抽取5万个地址，将艺术节宣传册直接邮寄往这些地

址。① 场刊每年印刷 17.5 万份，设计版本有百种之多，于每年艺术节期间的 7 至 8 月在商店出售。每年印刷 2.5 万份的演出日历则作为艺术节的收藏品，在艺术节开始之际在商店出售。在宣传方式方面，主办方会在萨尔茨堡城内的文化场馆、饭店、商场、青年机构、剧院等场所直接投放宣传品。此外，当年的艺术节结束后，艺术节主办方将艺术节中最精彩的演出制作成音像制品公开出售②，这一方式不仅未对萨尔茨堡艺术节的票房产生负面影响，反而使那些无法到现场观看演出的人们更加向往萨尔茨堡艺术节，在某种层面上延伸了萨尔茨堡艺术节的影响力。

### （三）与举办地民众建立更深层次的联系，培养年轻观众

艺术节虽然繁华热闹，却很可能并没有与举办地的城市文化以及当地民众发生真正意义上的深层次联系，即艺术节并未对城市产生"裹挟"作用。艺术节的策划重心不该是生硬地塑造城市形象，而应该是城市居民的生活。艺术节应该致力于让更多的人通过艺术节受到文化的熏陶，使人民成为最大的受益者。香港艺术节每年举办各项深入社区的"加料项目"，例如示范讲座、大师班、工作坊、座谈会、后台参观、展览、艺人谈、导赏团等，充分给予观众与艺术家面对面交流的机会。拓展观众体验与互动环节，让更多观众在活动中感受艺术的魅力，能有效提升其艺术审美水平。艺术节的可持续发展与观众的参与度密切相关，培养年轻观众对其的情感依附，能极大增强艺术节的活力与生命力。萨尔茨堡艺术节为了吸引更多的青年人参加，每年发放给青年游客的 4000 张票都以较低的折扣出售（原价的 10% 至 15%），这使得艺术节的观众构成更为多元化，即便是低收入人员也可以轻松参与到艺术节活动中；香港艺术节每年亦有类似针对年轻群体的低价票出售。中国艺术节的定位是"艺术的盛会，人民的节日"，在理念上符合当代艺术节发展的趋势，但是文化消费人群的培养和文化环境的营造方面仍有待发

---

① 肖雅婷：《萨尔茨堡艺术节及其与城市发展的相关性》，《音乐传播》2015 年第 2 期。
② 张蓓荔、刘峥：《国际艺术节与城市发展高峰论坛综述》，《天津音乐学院学报》2014 年第 3 期。

展。中国艺术节采取群众文化系列活动和惠民展演等方式与人民建立深层次的联系，但观众的培养需要从青年时期甚至更早抓起，一段时间内的演出活动难以培养艺术的忠实拥趸。艺术节主办方必须以发展年轻观众为未来工作的重点，引入符合年轻人兴趣的剧目、举办针对青少年群体的艺术教育活动、在购票上给予年轻观众优惠等，实现以优秀的文化去引导和提高群众艺术审美水平进而实现整个社会文化素质提高的崇高使命。

### （四）加强对外文化交流，促进本土文化和多元文化共同发展

中国艺术节的举办，是我国文化领域对中华文化的传承、融合和创新，以使国人对中华文化有更全面的认知、比较和思考。中国特色的本土文化是中国艺术节的文化底色。近年来随着对外文化交流的不断增加，艺术节逐渐成为文化交流的平台，国际高水平的文化艺术越来越多地走上中国艺术节的舞台。然而这种"请进来"的文化交流单向化过于明显，中国艺术节并未成为中国文化、中国创作"走出去"的助推器。香港艺术节一方面国际化，一方面又关注港人的生活状态和香港社会的发展。本土文化和多元文化的沟通碰撞擦出了中外文化交流的火花。香港艺术节对粤剧的传承与弘扬让粤剧走出香港，2009年被联合国教科文组织列为世界非物质文化遗产。未来，中国艺术节可与国际艺术节缔结友好关系，由单一的邀请国外艺术展演到互动式的沟通，或联手制作舞台作品分别在各自的平台上展演，或将本国演出作品带到对方的舞台上交换演出。以实现本土文化和多元文化共同发展为目的，走出一条质量高且独具特色的发展道路，实现中国艺术节由大到强的转变。

# 十一艺节和第十三届全运会的比较研究

中华人民共和国全国运动会（以下简称"全运会"）是国内水平最高、规模最大的综合性运动会，是体育界的盛会。俗称"文体不分家"，文艺可以陶冶情操，体育能够强壮身体。文体活动，可以让人身心愉悦，使人生更加幸福。随着我国社会主要矛盾已转变为追求幸福生活，文化、体育活动越来越成为人们提升幸福感的重要途径，办好文化、体育盛会对增强民族自豪感，提升人们的生活幸福指数具有重要意义。我们研究艺术节需要学习体育赛事及节日的举办经验，促进艺术节的发展。

## 一 十一艺节和第十三届全运会的比较

全运会每四年举办一次，一般逢奥运会后的第二年举行，每两届之间的间隔较艺术节的三年长一年。全运会是我国最重要的综合性体育赛事，是竞技体育逐渐受到社会关注的现实背景下衡量我国体育综合水平的竞赛，在提升竞技体育水平、服务国家奥运战略、推动全民健身等方面都具有深远影响。

前九届全运会与中国艺术节的流动性不同，固定由北京、上海、广东三地轮流举办。2001年年初，国务院办公厅正式发布了《关于取消全国运动会由北京、上海、广东轮流举办限制的函》。此后，江苏省、山东省与辽宁省相继承办了第十届、第十一届、第十二届全运会。2017年8月，国家体育总局主办、天津市人民政府承办的中华人民共和国第十三届全运会正式举行，共设31个大项、42个分项、341个小项；新建

图 1-1　第十三届全运会会徽（奔向未来）及吉祥物（津娃）

图 1-2　第十三届全运会开幕式现场

体育场馆 22 个，用于比赛的 21 个；利用既有场馆 27 个，既有场馆提升改造 15 个；全运村建筑面积 71.5 万平方米，新建楼宇 89 栋。期间，来自全国各省区市、港澳台地区和行业体协的约 8500 名运动员，参加 20 多个大项的比赛。表 1-1 显示了近几年来全运会与中国艺术节相关指标的对比。

（一）组织机构比较：组织委员会与省筹委会

天津市政府设立第十三届全运会竞赛组织部，作为组委会中直接管理竞赛工作的一个部门，负责全运会竞赛组织的整体规划和实施工作，

表 1-1　　　　　　近三届全运会与艺术节的对比

| | 名称 | 时间 | 项目 | 规模(人) | 主题 | 举办地 |
|---|---|---|---|---|---|---|
| 全运会 | 第十一届全运会 | 2009年10月16—28日 | 33个大项、43个分项、362个小项 | 12000 | 和谐中国，全民全运 | 山东 |
| | 第十二届全运会 | 2013年8月31—12日 | 31个大项、40个分项、350个小项 | 9000 | 全民健身，共享全运 | 辽宁 |
| | 第十三届全运会 | 2017年8月27—9月8日 | 31个大项、42个分项、341个小项 | 8500 | 全运惠民、健康中国 | 天津 |
| 艺术节 | 第九届中国艺术节 | 2010年5月10—25日 | 剧目约114台，优秀群众文艺作品约150件 | 1000 | 艺术的盛会，人民的节日 | 广东 |
| | 第十届中国艺术节 | 2013年10月11—26日 | 剧目约88台，优秀文艺作品约157件 | 1000 | 办好艺术盛会，建设文化强省 | 山东 |
| | 第十一届中国艺术节 | 2016年10月15—31日 | 剧目约50台，优秀群众文艺作品约100件 | 1000 | 中国梦 | 陕西 |

注：参与人数（规模）指参与全运会的运动员数及各省市参观艺术节派出的代表人数。

从宏观上对全运会各个单项竞赛的联动协同运行进行科学的计划和调控，以推动全运会赛事顺利开展。第十三届全运会竞赛组织部下设综合处、竞赛处、信息编排处、场地器材处、颁奖处、竞委会处、调研处等7个工作机构。主要职责为：制定全运会竞赛组织工作总体方案和重大活动方案；负责各竞赛项目场馆布局，指导、检查竞委会的竞赛筹备工作；负责竞赛器材的招标采购、检查验收；负责测试赛整体方案的制定，并指导各项目测试赛工作；负责颁奖、体育展示方案的制定，指导、监督、检查各项目竞委会实施工作；负责竞赛信息编排工作；负责联络国家体育总局竞技体育司和各运动项目中心和协会；负责建立赛时竞赛指挥系统；负责为国家体育总局及各运动项目协会开展调研工作提供支持；做好与组委会相关部门的沟通协调工作[①]。

---

[①] 第十三届全运会竞赛组织部基本情况介绍，http://www.chinadevelopment.com.cn/news/zj/2017/08/1170337.shtml，读取时间：2018年7月17日22：17。

同时，组委会还设立项目竞委会，在组委会及各部门统一领导和指导下独立运行，并制定了《第十三届全运会项目竞委会组建工作方案》；成立第十三届全运会群众比赛竞赛工作领导小组，负责协调竞委会工作，国家体育总局群体司司长刘国永任小组组长，天津市体育局党委书记、局长李克敏任执行组长。此外，项目竞委会与国家体育总局各项目中心共同组建了 51 个具体项目竞委会，共同进行赛事筹备工作。

此外，天津市政府还建立了第十三届全运会竞赛指挥中心，设立总指挥长、指挥长、副指挥长三级领导机构，下设办公室、竞赛组、安保组、新闻宣传组、接待服务组、全运村组、信息技术组七个工作组，旨在保障赛事工作有序顺利进行，稳妥高效地处理赛时应急事件，为第十三届全运会提供机制保障。

第十三届全运会与十一艺节的组织机构模式类似，都是在特定的城市举办，设立专门的机构负责工作统筹和运行。中国艺术节的组织机构以组织委员会为主，十一艺节组委会主任由文化部部长、党组书记雒树刚担任，副主任由陕西省委常委、宣传部长梁桂担任，领导机制涉及多个行政层级和文化、交通、财政、宣传等各个部门，下设办公室、大型活动部、剧目演出部、群众文化活动部、美术展览部、评奖评论工作部、演艺产品交易部、新闻宣传部、场馆保障部、社会筹资及市场开发部、接待部、志愿者工作部、安全保卫部、医疗保障部、交通保障部、人事部、财务部、审计监察部等[1]，重视行政协调机制的有效性与科学性。

**（二）筹资机制比较：多元筹措和政府为主**

与艺术节主要依靠省、市财政拨款和中央财政专项补助作为经费主要来源不同，第十三届全运会的筹资机制具有多元性特点，基本形成了由政府、发起人、贷款人、承包商、特许经营人以及融资公司等多主体参与、博弈、协同、合作的成熟系统。

---

[1] 中华人民共和国文化部：《第十一届中国艺术节总体方案》，http：//www. sn. xinhuanet. com/16zhuanti/11ysj/news/20160920/3448754_ m. html？jid = 1，读取时间：2018 年 7 月 17 日 22：17。

中央政府支持层面，按照"共同举办、共同负担、地方自筹为主、中央定额补助为辅"的原则，第十三届全运会所需经费预算主要由天津市人民政府自筹，中央财政在一般公共预算和政府性基金预算（中央集中彩票公益金支持体育事业专项资金）中分别给予一次性定额补助。《全国综合性体育运动会定额补助办法》显示，一般公共预算中安排全国运动会9000万元；政府性基金预算按照不低于一般公共预算定额补助标准的二分之一安排补助资金。

天津市人民政府自筹资金的层面，全运会的赞助商级别共分四级，分为合作伙伴、赞助商、独家供应商、供应商，此外在商务开发方面还有特许经营和票务经营。第十三届全运共征集了合作伙伴8家，赞助商1家，供应商（独家、非独家）51家，特许经营商2家，总计62家赞助企业（见图1-3）。其中，第十三届全运会得到了天津市本土企业的大力支持，在62家赞助企业中，天津市企业占34家，比例过半①。数据显示，全运会的50%运动器材来自赞助，如乔丹体育为本届全运会合作提供的现金及装备赞助总价值超过8000万元。

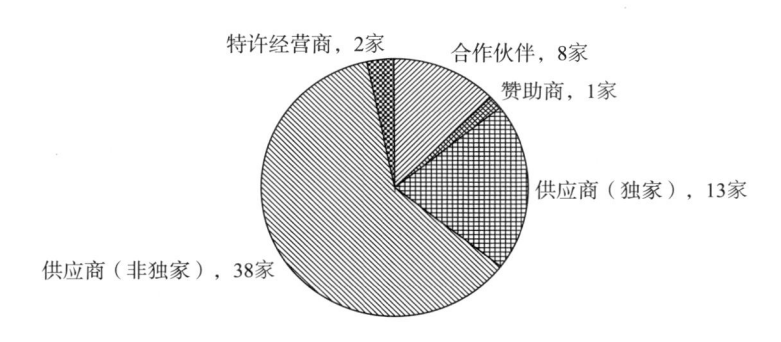

**图1-3 第十三届全运会赞助商情况**

在全运会体育场馆融资的层面，重视与社会力量合作这一特征也较为突出，表现在提供场馆、协助新建场馆以及自筹资金新建场馆等方面。如承办第十三届全运会武术比赛的天津理工大学体育馆，该项目总投资19756万元，所需建设资金由市财政拨款10000万元，其余则全部

---

① 中华人民共和国第十三届全国运动会官方网站，http://www.tianjin2017.gov.cn/。

由学校自筹解决。

十一艺节的资金来源主要是政府拨款,主要经费由文化部和陕西省政府承担,辅以吸纳社会资金、票房营销等手段。如延安市财政秉持着"不搞铺张奢华,不搞重复建设,坚持节俭务实"的原则进行预算安排。尽管在筹资过程中也有一些社会资金进入,但总数量及国内知名企业较少,合作时间一般较短,合作途径略显匮乏。此外,在场馆的设置上,艺术节主要以剧院、文化宫、俱乐部为主,与高校的合作相比于全运会要少,盘活社会资本的效益有进一步提高的空间。

需要指出的是,中国艺术节较全运会更为注重对于社会资源的利用,与诸多运营状况较为良好的剧院的合作也避免了未来可能面对的资源浪费或维护压力等困境。反观全运会,前期的高投资也带来了一定的风险,如第十一届全运会在比赛结束后,除济南奥体中心开放盈利外,相当一部分场馆未能得到充分利用,也没有对民众开放,造成闲置浪费,高昂的维护费用成为地方政府的一项负担。

### (三)社会价值比较:文化价值与经济价值

第十三届全运会所创造的社会价值主要表现在促进经济发展、带动群众体育等方面。根据以往历史数据测算,举办一届全运会对举办地经济每年将产生一个百分点以上的拉动作用。据悉,在体育产业改革的背景下,第十三届全运会物资总投入超过千亿,在产业政策的引导和支持下,民营资本对于布局体育产业的意义越来越大。随着全运会对体育市场开发的不断深入和完善,加之"一带一路"倡议的实施,天津市乃至我国体育优势企业、优势品牌和优势项目融入国际市场的步伐也正在进一步加快。在带动群众体育方面,天津市政府秉持着"全运惠民,健康中国"的主题,积极实施在全运会举办地落实全民健身重大创新试验性项目,在各项改革中当属设立群众项目最具创新意识。全运会赛事涉及场馆47个,新建21个,改造15个,新建馆中10个布局在高校中①,有利于赛后利用。在规划上,场馆都是沿街布局,在赛后均向民众开放,成为群众健身的新场地,实现了设施的高效利用。

---

① 中华人民共和国第十三届全国运动会官方网站,http://www.tianjin2017.gov.cn/。

十一艺节创造的社会价值则以文化价值和社会价值为主,增强了民族文化自信,带动了公共文化活动的完善进程和多样化趋势。为了更好地实现"文化惠民",十一艺节降低门票价格,20 元—100 元的低价票占到总票数的 65%。此外,还关注特殊人群的文化需求,邀请老战士、农民工、环卫工、儿童福利院的孩子、场馆建设者等特殊群体免费观看演出。为充分体现中国艺术节的办节宗旨和办节原则,十一艺节四大主要奖项之一的群星奖强调深入基层进行演出,决赛作品赴西安、延安、榆林、渭南、铜川、咸阳、宝鸡、汉中、安康、商洛等地开展 20 场公益惠民演出,观众达 5 万多人次;7 场决赛网络直播视频观看总人次超过 80 万[①]。

表 1-2　　　　　　　　全运会与艺术节的价值表现

| 类别 | 价值内涵 | 具体表现 |
| --- | --- | --- |
| 全运会 | 经济价值 | 投入资金流入市场,带动经济发展 |
| | 体育惠民 | 完善基础设施建设,场馆对民众免费开放 |
| | 形象塑造 | 彰显国家竞技体育发展成果 |
| 艺术节 | 文化价值 | 汇集多种艺术形式,完善公共文化服务 |
| | 文化惠民 | 设置低价票,开展基层演出 |
| | 形象塑造 | 彰显民族文化自信 |

相比之下,艺术节所创造的文化价值更多地表现在承办艺术节的省份,参与人数与全运会所普及的百万群众也仍有一定的差距;而主要依靠政府财政支持,这一特点也从侧面反映了艺术节对于承办省份及全国消费、经济的带动作用亦不如全运会。

### (四) 影响力比较:一城引领与全民参与

第十三届全运会影响较大、宣传较广,且公民关注度高,是目前规模最大的一届全运会。中共中央总书记、国家主席、中央军委主席习近平出席开幕式并宣布运动会开幕;中共中央政治局常委、国务院总理李

---

① 第十一届中国艺术节官方网站,http://www.11yishujie.com/。

克强出席闭幕式并宣布运动会闭幕。根据百度指数，全运会开幕后 7 天的时间，网络整体搜索指数达到了 6 万余次。以"全运会"为关键词的搜索指数和媒体指数在 2017 年达到高峰期，前 7 天搜索指数对比超过了 2000 万，民众对全运会的关注度越来越高。30—39 岁的人群针对"全运会"这一关键词进行搜索的概率较高，且其中男性所占比例达到 65%。

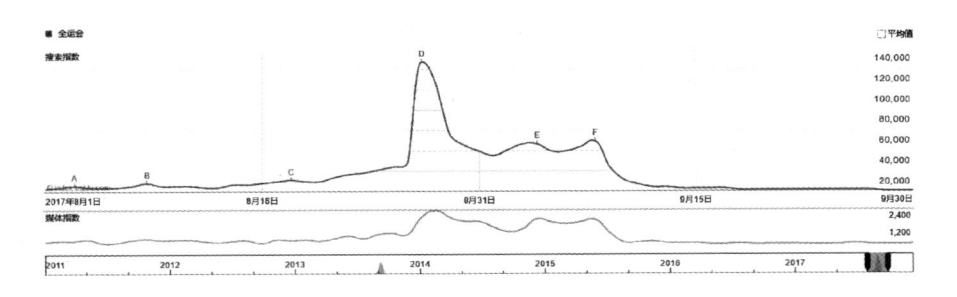

图 1-4 "全运会"搜索指数和媒体指数（2017 年 8 月—9 月）

资料来源：百度指数。

十一艺节也具有较强的影响力，体现在彰显民族文化、促进文化惠民等方面。中共中央政治局委员、国务院副总理、十一艺节组委会主席刘延东在陕西延安出席了艺术节开幕式。

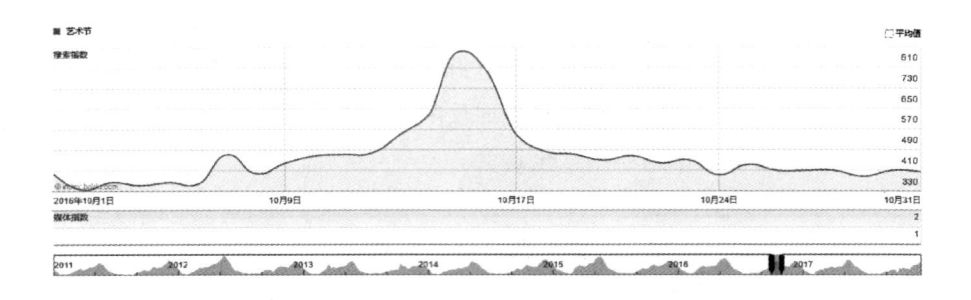

图 1-5 "艺术节"搜索指数和媒体指数（2016 年 10 月）

资料来源：百度指数。

比较而言，十一艺节的搜索指数与媒体指数相对于全运会而言较低，表明艺术节的舆论热度与社会影响力不如第十三届全运会。与此同时，在关注全运会的人群中，大部分均处于北京、天津、广东、上海等经济发达、人口密集地带；关注艺术节的人群则多处于承办地陕西及其带动辐射的中部地区，以及文化艺术活动密集、活跃的华东地区。由此可见，中国艺术节影响力的实现是通过承办地引领，带动、辐射周边区域、吸引艺术产业较为发达地区关注这一模式；全运会影响力的实现则是通过市场开发、媒体推广、舆论宣传、全民关注的手段，将其影响扩大至全国范围。

## 二 全国运动会对中国艺术节的启示

作为我国规格最高、影响最大的艺术节，中国艺术节是向世界展示中国文化的重要文化艺术盛会，彰显和传承中国传统文化的深厚内涵。为了让艺术节秉承"艺术的盛会，人民的节日"的宗旨并不断完善、创新，可以汲取同样规格、不同类别的办节、办会经验，促使中国文化在当前、未来继续显示持久的生命力，不断强化中华民族的文化自信。中国艺术节在习近平新时代中国特色社会主义思想的指引和激励下，继续鼓励全国文艺工作者植根人民、书写时代、潜心创作、勇攀高峰，不断形成新气象、新风貌。

综观全运会的发展历程及第十三届全运会的筹备之路，可知全运会的办会经验十分丰富且正在不断完善，在经济价值挖掘、市场合作开发、推动全民参与等方面对未来艺术节的举办和筹划也具有极为重要的启示意义。

### （一）立足艺术节公益价值，兼顾区域经济发展

中国艺术节重视文化的传承精神和文化的普及性，在诸多活动中都显示着"文化精品""文化均等""文化惠民"的精神。当今世界正处在大发展大变革大调整时期，文化在综合国力竞争中的地位和作用更加明显。因此在未来的发展过程中，艺术节应当继续坚持打造艺术精品、文化成果惠民，发展面向大众、面向国际的社会主义文化，推动文化改革创新，培养民族文化自信，实现社会主义文化的大发展大繁荣。此

外，与全运会相比，中国艺术节作为我国艺术领域的盛会，在与产业的结合、与市场的合作等环节仍然可以进一步开发，以使艺术节经济效益增强、促进艺术节承办省市以及全国文化产业的发展。

首先，艺术节承办方要面对并打破当前艺术节存在的供需不平衡、文化参与度不太高的现状。要深入了解民众需求，促进艺术节的展示展演真正"落地"，让人民群众看到想看的、经典的、优秀的艺术作品，增强优秀原创作品的培育与交流，以创意创新为动力，倡导艺术创造与创意突破。应对艺术节带动公共文化服务体系完善、推动文化市场发展的效果进行界定和评估，是否提高民众参与艺术节的进入频次、是否拉近了民众与艺术的距离、是否得到了民众积极的回应、是否强化了艺术节的社交功能等都应该纳入评估标准之中。

其次，艺术节应当更加重视对地方及区域的经济助推器作用。第一，观众的满意度难以积累并转化为艺术节自身的品牌资产，亟须建构一个鲜明优质品牌形象，以维持其与艺术节观众之间的连续性、稳定性的品牌沟通关系。艺术节应当促进承办省市历史遗迹、传统艺术、民俗文化、风土人情、旅游胜地资源在产业领域的聚集及发展，助力实现从文化资源到文化资本的转变，提高地区优质文化产业品牌效应。以十三届全运会为例，天津市针对全运会带来的旅游产业发展契机，打造杨柳青古镇等特色旅游小镇以及中国北方国际邮轮旅游中心，全面落实"旅游+"战略。该战略涵盖"旅游+文化""旅游+体育""旅游+农业"三个组成部分[1]，提高了体育旅游产业的质量，延伸了文化旅游产业的消费。第二，要增强艺术节举办对承办地经济社会发展的带动作用，在办节期间引入成熟的市场机制，借鉴全运会的方式，寻求与本土企业合作的机会，不断探索加大市场运作份额、减少参政开支办节的发展模式。此外，艺术节承办地还应有广阔的国际眼光，待艺术节形成品牌效应后，利用这一效果吸引民间资本和外国资本参与到城市建设之中来，加强艺术节与高校、通信、出版、文创园等企事业单位的合作，并有意识地将艺术节建立成为推广中国传统文化、民族特色文化走向国际的重要渠道。

---

[1] 于瀠：《天津市以全运会为契机开展体育旅游活动》，《渤海早报》2017年2月26日。

### (二) 谋求多元融资模式，重视社会宣传推广

中国艺术节与全运会相比，筹资渠道较为单一，主要依托中央政府的财政支持和地方政府的财力投入。回顾第十一届艺术节的市场开发状况，尽管主办方与一些艺术剧院、会展中心达成了合作，但总体数量并不多，大多提供的均为场地使用层面的支持，且达成合作意向的媒体类企事业单位数量较少。

全运会在全国范围内的影响力较大，其中一个重要的原因在于媒体报道量极大，曝光度极高。相比之下，艺术节在媒体和社会的热度则略低，关注者多为专业人士或承办艺术节省市的当地居民。第十一届艺术节官网显示，合作的媒体有西部网、陕西传媒网、央广网、腾讯大秦网、三秦网、西安新闻网、华商网7家，官网内收录的媒体报道仅有70则；而第十三届全运会官网内收录的媒体公开报道的相关新闻则有780则。

总的来说，中国艺术节在未来的发展过程中，可以适当吸收全运会的经验，以积极的态度寻求多元筹资渠道、进一步盘活社会力量，摆脱对政府财政支持的过分依赖，并且重视社会舆论的导向作用，运用多种媒体手段向社会宣传推广艺术节活动，以进一步扩大其影响力。具体而言，第一，政府应作为宏观的协调者，不仅要为艺术节的组织筹备提供强有力的支持，还要为承办省市以及相关机构拓宽市场空间。要在把握全局的基础上，将自身从具体繁杂的活动筹备细节和环节中解脱出来。第二，艺术节应加强与媒体类企事业单位的合作。全运会举办时，CCTV1综合频道、CCTV5体育频道、CCTV5+赛事频道都被用于转播全运会赛事，而中国艺术节却没有全国范围内的转播节目。调查显示，27.3%观众希望在将来通过微博获知艺术节的信息，27%的观众选择官方网站，还有20.5%和16.2%的观众选择了电子邮件和移动客户端[①]。这表明艺术节可以通过新媒体方式获取民众的关注。在通过媒体手段进行艺术节宣传时，应注意控制舆论导向，宣传当地特色本土文化与我国

---

① 张敏：《当代国际艺术节公共文化服务的现状与需求——基于第13届中国上海国际艺术节的案例研究》，《艺术百家》2012年第4期。

传统文化，树立国民的文化自信。第三，应建立完整的运营体系，积极吸收社会资本。一方面，艺术节承办方应当搭建起与其他剧目制作商、剧目经纪商、剧院经营商、演出人才库、衍生品开发、演出版权中心、票务及宣传系统等机构部门协同合作的艺术节及艺术节衍生产业的运营体系；另一方面，应当撬动社会资本，激发文化市场。如借鉴全运会应用赞助商品牌运动器材的做法，争取文创企业的资本支持，并予以文化授权，与其合作形成优质的艺术节文创商品，既有利于完善艺术节资本结构，又有利于解决艺术节文博交易博览会上产品缺乏创意、市场过小的问题。

### （三）适当延长办节准备周期，提升艺术节质量

中国艺术节每隔三年举办一届，而全运会一般每隔四年举办一届。举办方的准备时间充裕与否，是赛事或节日质量是否过硬的前提条件。场馆的选址和新建、社会资源的搜集与利用、投融资等多个环节，都需要充足的时间予以支持和保障。

与全运会这一体育赛事不同，中国艺术节有其自身的特殊性。首先，不同于体育比赛项目的固定性和规律性，文化偏好及需求本身是抽象的，也是会随着时间不断改变和更新的。而对于民众来说，艺术节是否能够为其提供满足需求的文化产品或服务、是否能够呈现文化领域内的精品作品以及领域内目标的实现程度则是评判其是否成功的重要因素。因此，艺术节在举办前期需要进行更加深入的需求研究与市场调查，以满足、抓准、跟紧民众的需要，展示领域前沿的、精致的专业表演。其次，不同于全运会，艺术节缺乏行业明星效应，无法在短时间内提高民众的关注度和积极性。第十一届全运会中，王皓与马龙之间进行的乒乓球男单决赛收视率高达 2.25%，体育明星对于带动观众的热情起着极大的作用。但艺术节则不具备这一优势。因此应当在塑造艺术名人的同时，延长办节准备周期，增强宣传的广度和深度，进一步扩大艺术节的影响力。此外，艺术节虽然多以剧目为表现形式，但也不乏大量的优秀文艺作品展演，艺术品的展览对于场地建设的要求具有一定的独特性。因此，艺术节难以避免设计布展、新建场馆的需要，这也对准备时间提出了较高的要求。

以第十三届全运会为例，2011年8月16日天津市就已确定为全运会的承办城市，至2017年举办，约有六年的准备时间。因此，对于中国艺术节申办、确认、筹备、举办整个过程各个环节的规划，则更要立足于艺术节办节的特殊性，考虑到艺术节发展的现实环境，适当延长办节准备周期，提高艺术节的办节质量。比如，提前两届确定新一届中国艺术节的承办方，使其在实际上拥有六年的准备时间，有充足的精力获取筹资的信息、民众的需求、行业的资讯等，用越来越高的办节质量促进艺术节丰富人民群众文化生活、促进文艺事业不断发展、弘扬民族优秀文化、促进地方经济社会发展、增强民族文化自信等重要使命的实现。

# 第三部分
# 会场报告

# 西安主会场调研报告[①]

西安市作为十一艺节的主会场，承担了十一艺节的大量展演及相关文化活动，并且举办闭幕式为艺术节完满收官画上了句号。西安是国务院公布的首批国家历史文化名城，历史上有周、秦、汉、隋、唐等在内的13个朝代在此建都，是世界四大古都之一。在新时期"一带一路"倡议背景下，古丝绸之路的起点将成为丝绸之路经济带战略支点城市，成为丝绸之路经济带的经济、文化、商贸中心。十一艺节的举办增强了西安的文化自信，提升了西安的社会影响力。

为了准确评价中国艺术节举办对主会场经济社会发展的影响，课题组在艺术节举办前期和后期对西安市普通民众进行了问卷调查，以问卷调查为基础，课题组形成了调研报告。报告重点对十一艺节节前、节后西安主会场的情况进行全方位、多层次的探究，以期能分析十一艺节的举办对西安产生的实际影响，总结经验教训，为今后中国艺术节的举办提供可借鉴之处，同时为发挥中国艺术节最大功用提供建议。

## 一　西安主会场准备工作

中国艺术节在西安举办，直接推动了西安的专业艺术创作和群众文化活动，一批精品剧目和作品脱颖而出，群众文艺和美术创作方面有新的突破。十一艺节有特色、有影响，是一场充分展示了西安整体形象和精神风貌的高水平的盛会。

---

[①] 本报告执笔：莫晟，黄冈师范学院文学院教师，华中师范大学历史文化学院博士。

西安是十一艺节闭幕式举办地和主会场,在艺术节期间,举办了"文华奖"全国新剧目评比演出、展演活动,社会文化"群星奖"评选展演活动,全国优秀美术、书法、摄影作品展评等活动和赛事。西安是陕西省省会、关中平原城市群核心城市、中国西部地区重要的国家中心城市。西安是中国四大古都之一,地处关中平原中部,北濒渭河,南依秦岭,八水润长安。西安作为千年古都,文化资源禀赋得天独厚,在传承优秀传统文化、增强文化自信、彰显文明大国形象中发挥着不可替代的作用。在承办中国艺术节之前,西安已经成功举办了第八届中国西部文化产业博览会、中央电视台中秋晚会、第三届丝绸之路国际电影节等众多大型文化活动,具有丰富的办会经验。

**(一)组织分工**

西安市委、市政府高度重视十一艺节,以"办好艺术盛会、建设美丽西安"为目标,按照"政府主导、全民参与、文化惠民、务实节俭"的原则,集全市之力,打造一批艺术精品,建设一批文化设施,培养一批优秀艺术人才。通过艺术节这个国家级文化盛事,充分展示西安经济社会发展新成就、艺术创作新成果和群众文化生活新风貌,把艺术节办成"老百姓的艺术盛会"。

为确保本届中国艺术节各项筹备工作有序推进,西安市成立了十一艺节西安市筹备工作委员会(以下简称市筹委会),主任由西安市市长董军担任;副主任由市委常委、宣传部长吴键,副市长吴义勤担任;由市级各相关部门、各相关区县及开发区主要负责人担任筹备工作委员会委员。市筹委会办公室设在市文广新局,负责日常工作。市筹委会各成员单位要按照职责分工,明确任务,落实责任,切实做好艺术节各项筹备工作。西安市人民政府颁布了《西安市人民政府办公厅关于做好第十一届中国艺术节筹备工作的通知》,并多次召开筹备工作领导小组会议,制定工作方案,细化工作任务,层层落实责任,扎实有效做好保障工作。市委宣传部负责十一艺节宣传活动的总体协调工作;市发改委、市文广新局等市级有关部门,负责场馆建设和维修改造工作;市财政局负责十一艺节市属场馆(西安广电大剧院)财政补助资金、剧(节)目创作经费、美术作品创作经费、举办活动经费的筹措和监管工作;市文广新局负责"文华奖"、"群星奖"优秀剧（节）目、参展作品的创作和相关活动的组织工作及其他日常工作；市文联负责美术、书法、摄影作品的创作展览工作；西安广播电视台负责十一艺节期间电视广播的宣传工作；西安日报社负责两报的宣传报道工作；市外侨办、市文广新局负责十一艺节涉外演出活动相关手续的协调办理工作；市文物局、市旅游局负责十一艺节期间文物景点、旅游景区的服务工作；曲江新区管委会负责易俗大剧院、新城剧场、曲江国际会议中心、西安美术馆、陕西大剧院等场馆的建设、维修改造配套资金的筹措监管工作；临潼区政府负责秦皇大剧院的建设和配套资金的筹措监管工作；其他市级相关部门负责十一艺节各自职责范围内有关工作；各区县政府、各开发区管委会负责做好各自辖区内艺术创作、群众文化活动的组织和相关场馆建设工作，做好十一艺节期间安全保卫、环境美化、交通保障、接待服务等工作。

### （二）文化活动

西安市作为主会场，参与十一艺节的相关文化活动准备充分。在文华奖重点剧目筹备方面，西安市加大文艺创作力度，努力抓好艺术精品生产，推出了6台优秀剧目作为参加十一艺节的陕西省重点剧目，分别为民族舞剧《传丝公主》、豫剧现代戏《秦豫情》（原名《长安梦》）、话剧《麻醉师》、大型秦腔现代戏《易俗社》、大型儿童剧《公主的头花》以及大型秦腔音乐剧《七彩哈达》。自各剧目陆续首演后，西安市文化广电新闻出版局、西安曲江新区管委会便安排大范围的公演和巡演，边演边打磨、边演边惠民。各级主管部门、各创排单位，组织业界专家把脉剧目提升的全过程，不断梳理各方意见，打磨提升作品。与此同时，西安在组织优秀剧目进京展演的同时，邀请中宣部、文化部和省市相关领导以及北京等地的戏剧专家、新闻媒体观摩，并召开研讨会，努力提高艺术水准，打造文艺精品，回馈人民群众。2016年7月话剧《麻醉师》、舞剧《传丝公主》先后受邀献演国家大剧院，刮起"西安旋风"。9月底，大型原创现代豫剧《秦豫情》又再度在全国地方戏演出中心（原中国评剧大剧院）上演，掌声雷动，反响热烈，西安文艺的口碑持续走高。此外，在群众文艺创作方面，西安市充分发挥群星奖繁荣群众文艺创作的作用，积极组织优秀文艺作品参加第十七届群星奖展演评比活动。通过层层选拔，西安市推选的戏剧小品《情感营销》、音乐剧《清风盈门》也入围第十七届群星奖复赛。最终话剧《麻醉师》和歌剧《大汉苏武》获得文华大奖，占所有获奖作品的五分之一。

在筹备十一艺节过程中，西安市相继组织开展了1年倒计时、倒计时150天揭牌、倒计时100天暨广场舞展演、倒计时50天陕西省锣鼓展演活动等一系列重大文化旅游活动，为十一艺节营造了良好的文化氛围。

### （三）场馆建设

为了办好十一艺节，西安市多方筹措资金，新建和维修改造8个场馆作为艺术节的演出展览剧院和展馆投入使用。按照《关于印发第十一届中华人民共和国艺术节场馆建设和维修改造奖励补助方案的通知》（陕文财务〔2014〕19号）要求，"场馆建设和维修改造属地负责"、"市县场馆建设和维修改造所需经费由本级政府负担"，各相关区县政府、曲江新区管委会、市级各相关部门作为艺术节场馆建设和维修改造的责任主体，严格按照《第十一届中国艺术节场馆建设和维修改造参考标准》（十一艺节筹办发〔2014〕3号）建设施工。西安市新建陕西大剧院、大唐西市剧院、秦皇大剧院三所剧院，维修改造了西安广电大剧院、易俗大剧院、新城剧场、曲江国际会议中心、西安美术馆。陕西文化艺术博物院、西安市美术馆等场馆还承担了美术展览、十一艺节演艺产品博览交易会等展览工作。为确保艺术节期间所有场馆使用正常，自2016年8月起，西安的易俗大剧院、曲江大礼堂、人民剧院、秦皇大剧院等19个场馆陆续举行了各类热身演出，一方面为艺术节开幕营造氛围，另一方面对剧场软硬件设施进行检验，确保场馆正常运行。

### （四）宣传造势

中国艺术节是我国规格最高、规模最大、最具影响力的国家级艺术盛会。办好艺术节对提升西安市文化影响力和城市形象，繁荣西安市文化艺术创作，活跃人民群众文化生活，改善西安市文化设施条件，都具有十分重要的意义。各相关新闻单位都高度重视对艺术节的宣传工作，由市委宣传部、西安日报社、西安广播电视台负责，制定了相应的宣传工作方案，在报纸、电视台、广播电台、网站等新闻媒体开展专题报道，加大宣传力度，扩大了社会影响力，营造了艺术节良好的文化氛围，提高了社会各界的关注度和参与度。为了更好地承办十一艺节，西安市成立了艺术节筹委会。筹委会下设办公室，负责日常工作，为了更好地配合宣传工作，办公室主任由市文广新局副局长兼任。在宣传工作方面，市委宣传部负责艺术节宣传活动的总体协调工作，西安日报社负责两报的宣传报道工作，西安广播电视台负责艺术节期间电视广播的宣传工作。

**（五）经费筹措**

西安市由市财政局、曲江新区管委会、莲湖区政府、临潼区政府分别负责本届中国艺术节的经费筹措工作。具体而言，各单位按照政府主导、市场运作、社会参与的办法，多渠道筹措艺术节经费，将艺术创作、举办活动、场馆建设等办节经费纳入财政预算，为西安市参加艺术节提供经费保障。同时在场馆建设、举办活动等各项工作中，严格落实了"节俭办节"的要求，未出现追求排场、铺张浪费等现象。

市财政局负责市属场馆（西安广电大剧院）财政补助资金、剧（节）目创作经费、美术作品创作经费、举办活动经费的筹措和监管工作；曲江新区管委会负责易俗大剧院、新城剧场、陕西大剧院、曲江国际会议中心、西安美术馆等场馆的建设、维修改造和配套资金的筹措监管工作；莲湖区政府负责大唐西市剧院的建设和配套资金的筹措监管工作；临潼区政府负责秦皇大剧院的建设和配套资金的筹措监管工作。

本届艺术节西安市所有的场馆，无论是改造维修或是新建，经费均由各地方财政配套资金。具体而言，西安广电大剧院改造维修由市财政配套资金，易俗大剧院改造维修由曲江新区财政配套资金，新城剧场改造维修由曲江新区财政配套资金，新建陕西大剧院由曲江新区财政配套资金，曲江国际会议中心改造维修由曲江新区财政配套资金，西安美术馆改造维修由曲江新区财政配套资金，新建大唐西市剧院由莲湖区财政配套资金，新建秦皇大剧院由临潼区财政配套资金。

## 二 西安市调查的样本描述

### （一）问卷设计

2016年10月15日至31日，十一艺节在陕西省举行。本书从理论与现实的双重角度研究第十一届艺术节对西安社会经济文化发展的作用和影响，采用实证调研获取研究的第一手资料。调查以分类抽样为主要方法，辅以必要的访谈，深入了解被调查者对艺术节的认识。为了尽可能全面了解陕西西安的民众对十一艺节的参与、感受、评价以及十一艺节对西安的实际社会影响力，课题调查组先后在节前（2016年9月）和节后（2016年11月）分别对西安市的普通市民进行了问卷调查。节前的调查问卷设计分为两个部分：第一部分，针对被调查者的基本情况进行相关问题的设计；第二部分，针对节前市民对于中国艺术节的知晓情况进行设计。节后的调查问卷设计分为两个部分：第一部分，针对被调查者的基本情况进行相关问题的设计；第二部分，针对市民对于十一艺节的知晓情况、参与情况以及具体评价进行相关问题的设计。调研时间及问卷数量如表2-1所示。

表2-1　调研时间及问卷数量一览　　　　　　单位：份；%

| | 节前（2016年9月） | 节后（2016年11月） |
| --- | --- | --- |
| 发放问卷 | 601 | 605 |
| 回收问卷 | 601 | 605 |
| 回收率 | 100 | 100 |

### （二）样本描述

调查对象包括工人、农民、国家干部、医生、律师、教师、学生、军人、个体工商户、公司职员、农民工等，从性别比例、政治面貌、文化程度、宗教信仰以及年龄分布上都符合抽样调查要求。详见表2-2。

表 2-2　　　　　　　调查对象基本情况一览　　　　　　单位:%

| 基本情况 | | 节前占比 | 节后占比 |
|---|---|---|---|
| 性别 | 男 | 48.75 | 38.51 |
| | 女 | 51.25 | 61.49 |
| 职业 | 国家机关、党群组织、企事业单位工作人员 | 10.15 | 11.92 |
| | 专业技术人员 | 18.64 | 19.37 |
| | 商业工作人员 | 7.49 | 10.10 |
| | 服务性工作人员 | 7.65 | 6.13 |
| | 生产工作、运输工作和部分体力劳动者 | 3.33 | 1.99 |
| | 其他劳动者 | 52.75 | 50.50 |
| 文化程度 | 初中及以下 | 4.84 | 2.81 |
| | 高中（中专） | 17.36 | 14.21 |
| | 大专 | 19.37 | 14.05 |
| | 本科 | 49.75 | 53.39 |
| | 研究生及以上 | 8.68 | 15.54 |
| 年龄结构 | 18 岁及以下 | 10.32 | 12.23 |
| | 19—30 岁 | 63.56 | 70.25 |
| | 31—40 岁 | 12.48 | 12.89 |
| | 41—50 岁 | 6.66 | 3.47 |
| | 51—60 岁 | 3.83 | 0.17 |
| | 61 岁及以上 | 3.16 | 0.99 |
| 居住时间 | 临时居住（探亲访友、旅游） | 5.84 | 5.45 |
| | 1 年以内 | 6.84 | 10.41 |
| | 1 至 2 年 | 11.52 | 13.06 |
| | 3 至 5 年 | 23.54 | 18.68 |
| | 5 年以上 | 52.25 | 52.40 |

注：由于对数据四舍五入，故占比的加总不一定等于 100%。下同。

调查对象的收入状况一般，中低收入者比例较高。据节前节后对民众的调查结果看，月平均收入在 2000 元及以下的节前节后分别占 42.43% 和 41.36%，2001—4000 元的分别占 31.11% 和 31.56%，4001—6000 元的分别占 16.81% 和 17.44%，6001—8000 元的分别占 5.16% 和 4.65%，8001—10000 元的分别占 2.00% 和 2.33%，10001—12000 元的分别占 0.17% 和 1.00%，12000 元以上的分别占 2.33% 和 1.66%（见图 2-1）。节前节后民众 2015 年在文化方面的月平均消费，

100 元及以下的分别占 18.00% 和 16.89%，101—300 元的分别占 24.50% 和 28.81%，301—500 元的分别占 20.17% 和 19.04%，501—700 元的分别占 9.83% 和 9.11%，701—900 元的分别占 5.33% 和 5.96%，901—1100 元的分别占 10.33% 和 8.28%，1100 元以上的分别占 11.83% 和 11.92%。

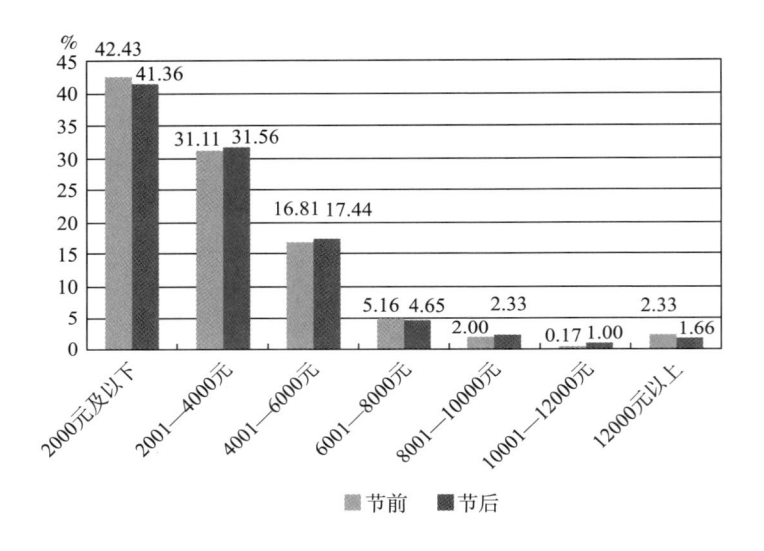

图 2-1 节前节后受访民众年收入对比

## 三 十一艺节与民众的关系

### （一）西安市总体参与度分析

十一艺节于 2016 年 10 月 31 日圆满结束，艺术节多渠道、全方位的、多角度的宣传报道与多种多样的群众文化活动进一步激发了人民群众关注、参与艺术节的热情，在一定程度上也提高了中国艺术节的社会知晓度。

1. 西安民众总体参与广泛度分析

根据调查统计结果，在节前调查的 601 份问卷中，知道中国艺术节的占 56.50%；在节后调查的 605 份问卷中，知道中国艺术节的占 42.48%。节后知晓度比节前下降了 14.02 个百分点，且节后知晓度低于全省平均水平（50.40%），无论节前还是节后知道中国艺术节的受访者都没有超过 60%，这表明西安作为十一艺节主会场的影响力不足，民众对艺术节的参与度不足。

通过节前及节后的对比来看，仅就西安市的情况而言，作为主会场，在扩大中国艺术节整体影响力方面效果不太明显。十一艺节在西安市内的整体宣传效果有待提升，节后民众的整体关注反而低于节前民众，且知道中国艺术节的民众占比较低。根据统计数字显示，在持续关注中国艺术节的这部分人群中，曾经直接参与或观看过往届中国艺术节节目的比例也比较低，节前为 25.07%，节后比节前略低，为 23.83%。这表明西安民众对中国艺术节的了解程度也不太高（见图 3-1）。

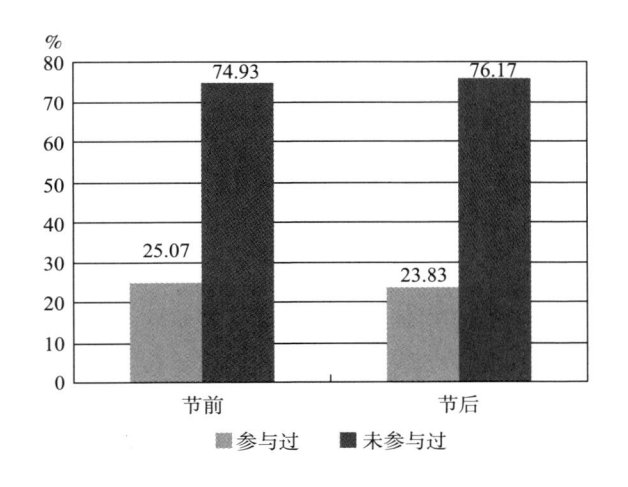

**图 3-1 西安民众对十一艺节参与度分析**

在观看往届中国艺术节节目的途径方面，选择传统传媒电视的最多，占 57.89%，其次为使用电脑观看的占 39.77%，通过移动工具手机观看的占 30.70%，现场观看的观众较少，占 9.38%，通过其他途径（13.16%）和影碟（3.81%）观看往届艺术节的民众很少。由此可见，电视这一传统媒体仍然在艺术节的传播方式上，扮演主要角色。受"互联网+"时代的影响，使用手机和电脑观看的民众人数增加，可见新媒体的作用日益凸显。到现场观看的民众比例偏低,通过光碟观看的人数最少,这表明光碟等艺术节的延伸文化产品民众接受度不高。

此外,节后的调查数据显示,有4.44%的西安民众认为能够非常方便地参与此次中国艺术节,有21.77%的民众认为比较方便,有55.65%的民众选择了一般,还有11.69%和6.45%的民众认为参与艺术节比较不方便或者很不方便。

总而言之,西安民众对参与十一艺节的态度比较积极,但是参与艺术节不太方便。

2. 西安民众总体参与深刻度分析

在对中国艺术节的了解程度方面,选择一般了解的最多,占50.88%;比较了解的占9.71%,非常了解的仅占3.53%,不了解的占31.76%,完全不了解的占4.12%。由此可见,西安民众对中国艺术节的整体了解程度一般,可见中国艺术节的宣传还有进一步提升的空间。

针对民众对陕西十一艺节节目的了解程度而言,对中国艺术节举办的各种活动,知道有专业艺术活动的受访民众占34.60%,知道有群众文化活动的受访民众占29.91%,知道有展览活动的受访民众占27.94%,知道有演艺产品博览会的受访民众占18.18%,知道有开幕式与闭幕式的受访民众占比分别是32.84%和27.86%,知道有经贸活动和旅游活动的受访民众占比很低,仅为6.16%和5.28%,不清楚中国艺术节各种活动的民众占比35.48%。由此可见,中国艺术节的宣传语"艺术的盛会"深入人心,民众认为中国艺术节有专业艺术活动的人数高于对其他活动的了解。同时,中国艺术节的经济影响力不足,了解有旅游活动和经贸活动的民众很少。有35.48%的受访民众不了解本届艺术节的各种活动,且作为闭幕式的承办城市,知道闭幕式的民众不足30%,这表明西安在中国艺术节的宣传上还有待加强。

### (二) 西安市参与程度交叉分析

1. 西安民众总体参与广泛度交叉分析

在节后对知晓度的调查中,以性别、年龄、职业作为自变量,以对十一艺节的知晓度为因变量,作交叉分析(详见图3-2)。

如图3-3所示,女性对于十一艺节的知晓程度达到了42.20%,

与男性的 42.92% 基本持平，其中受访者年龄在 61 岁及以上的知晓度最高，占比 50.00%，这说明十一艺节对 61 岁及以上这个年龄段的人吸引力最高，而 31—40 岁的知晓程度最低，为 23.08%，这说明对于这一群体十一艺节的影响力非常小。在不同职业的民众调查中，其他劳动者的知晓度最高，占比 44.92%。其次是国家机关、党群组织、企事业单位工作人员，占比 44.44%，这与该类民众的职业性质密不可分，他们是接触十一艺节的最直接者。整体来看，西安的民众对十一艺节的知晓度比较低，无论是性别、年龄还是职业交叉分析，知晓度均低于50%，这说明十一艺节的影响力不够广泛。

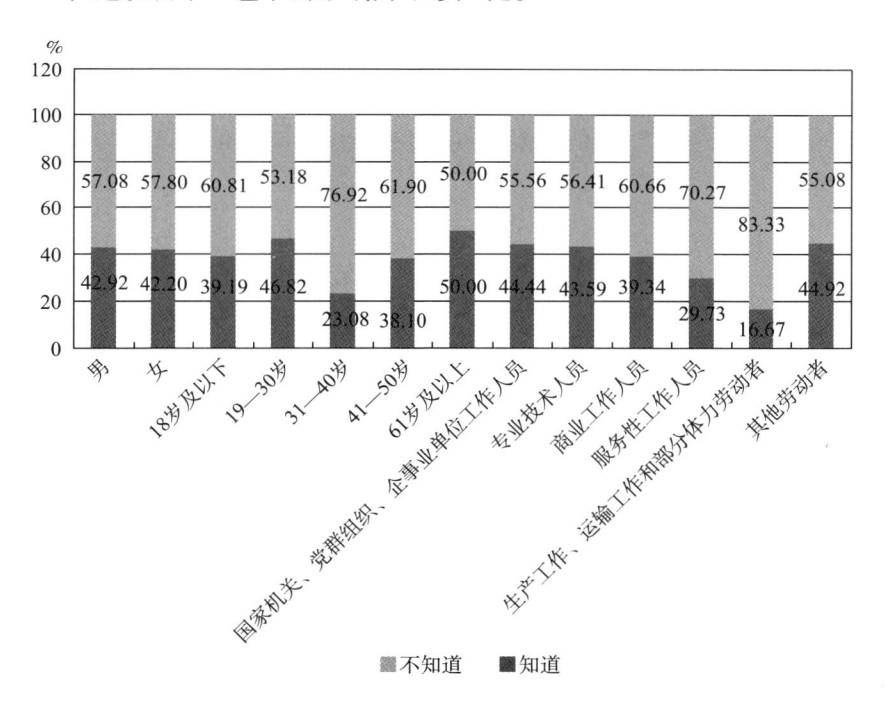

图 3-2　节后西安民众对十一艺节知晓度的交叉分析

注：无 51—60 岁的数据。

2. 西安市民众总体参与深刻度交叉分析

但是，在通过对知晓十一艺节人群的基础上做进一步调查发现（详见图 3-3 与图 3-4）。男性有 30.00% 的受访者观看或参与过十一艺节的项目或活动，女性仅有 19.87% 的受访者观看过，男女都比知晓

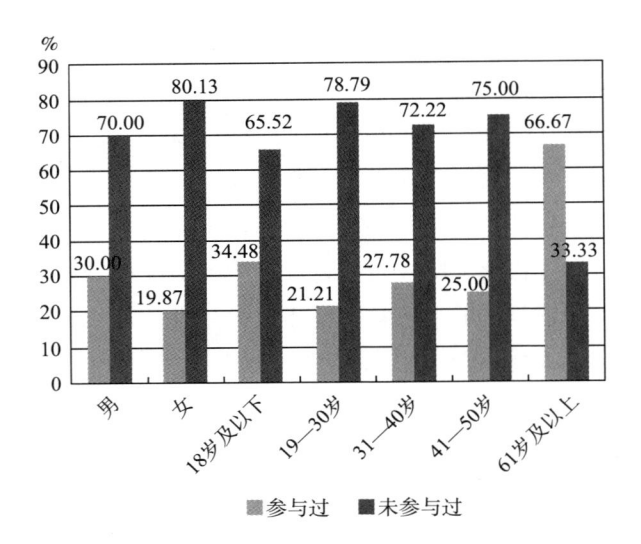

图 3-3 节后西安民众参与十一艺节的交叉分析

注：无 51—60 岁的数据。

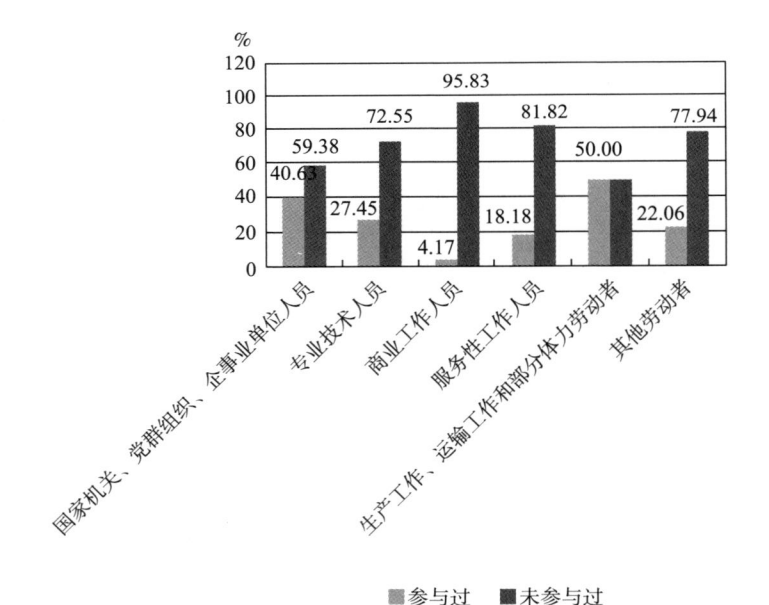

图 3-4 节后西安民众参与十一艺节的交叉分析

十一艺节的比例要低，这表明在知晓十一艺节的民众中，有相当一部分是没有观看过十一艺节的，这证明十一艺节在宣传上有一定效果。在对不同年龄民众是否观看十一艺节的调查中，61 岁及以上的民众观看十一艺节的比例最高，达到 66.67%，而 19—30 岁的民众观看比例最低，为 21.21%。整体来看，各年龄层次观看十一艺节的比例除了 61 岁及以上民众超过了六成外，其余均在 30% 上下，这表明西安民众观看十一艺节的积极性不太高。在不同职业的民众调查中，生产工作、运输工作者观看十一艺节的比例最高，这说明他们参与热情最高，也间接说明艺术节对于他们而言，是一种增加生活乐趣的娱乐方式。

关于十一艺节相关活动的喜好程度上，不同年龄的民众对艺术节的喜欢程度各不相同，除了 18 岁及以下的民众最喜欢展览活动以外，其余民众最喜欢的都是专业艺术活动，这说明专业艺术活动深受当地民众的喜爱，充分展现了艺术节是"艺术的盛会，人民的节日"办会宗旨（详见图 3-5）。

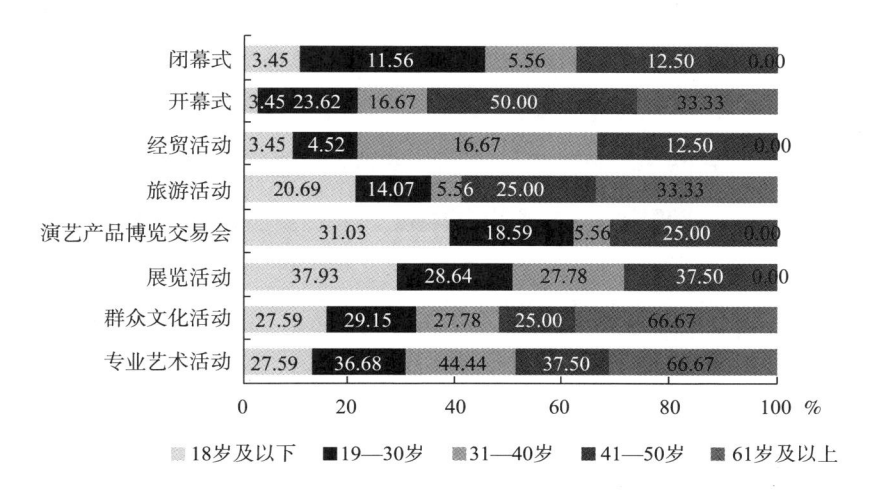

| 活动 | 18岁及以下 | 19—30岁 | 31—40岁 | 41—50岁 | 61岁及以上 |
|---|---|---|---|---|---|
| 闭幕式 | 3.45 | 11.56 | 5.56 | 12.50 | 0.00 |
| 开幕式 | 3.45 | 23.62 | 16.67 | 50.00 | 33.33 |
| 经贸活动 | 3.45 | 4.52 | 16.67 | 12.50 | 0.00 |
| 旅游活动 | 20.69 | 14.07 | 5.56 | 25.00 | 33.33 |
| 演艺产品博览交易会 | 31.03 | | 18.59 | 5.56 | 25.00 | 0.00 |
| 展览活动 | 37.93 | 28.64 | 27.78 | 37.50 | 0.00 |
| 群众文化活动 | 27.59 | 29.15 | 27.78 | 25.00 | 66.67 |
| 专业艺术活动 | 27.59 | 36.68 | 44.44 | 37.50 | 66.67 |

**图 3-5　不同年龄民众对十一艺节活动的喜好程度分布**

注：无 51—60 岁的数据。

不同职业的民众对艺术节的喜欢程度也不尽相同，如图 3-6 所示，国家机关、党群组织、企事业单位工作人员、专业技术人员、商业工作人员和其他劳动者对专业艺术活动最为喜爱，表明十一艺节的举办满足了民众对专业艺术活动的需求。服务性工作人员的爱好最为广泛，除了对经贸活动不感兴趣外,对其余活动都抱一定热情。生产工作、运输工作和部分体力劳动者喜欢群众文化的占比最高,这表明他们在工作结束后,更喜欢参与群众文化活动以放松。职业性质的不同在较大程度上会影响民众对于艺术节活动的喜好程度。作为闭幕式举办城市,除了服务性工作人员对闭幕式有较高热情外,其余职业对闭幕式热情都不太高,这可能受节俭办会理念的影响,闭幕式活动简化后,降低了民众对闭幕式的热情。

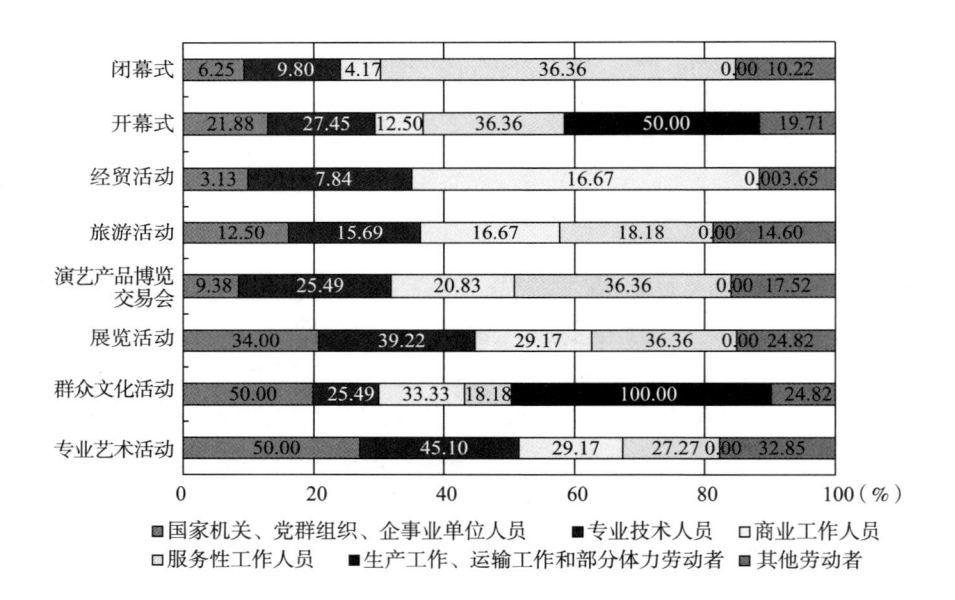

**图 3-6 不同职业的民众对艺术节活动的喜好程度分布**

如图 3-7 所示,民众的不同月平均文化娱乐方面消费程度在选择喜欢艺术节的活动中,较为集中地反映了经济收入对文化需求的影响程度。在文化娱乐方面月均消费在 100 元及以下的最喜欢群众文化活动,消费在 101—300 元的最喜欢展览活动,消费在 301—500 元的最喜欢专业艺术活动,消费在 501—700 元的最喜欢专业艺术活动和群众文化活动,消费在 701—900 元的最喜欢开幕式,消费在 901—1100 元的最喜欢专业艺术活动,消费在 1100 元以上的最喜欢的是专业艺术活动。

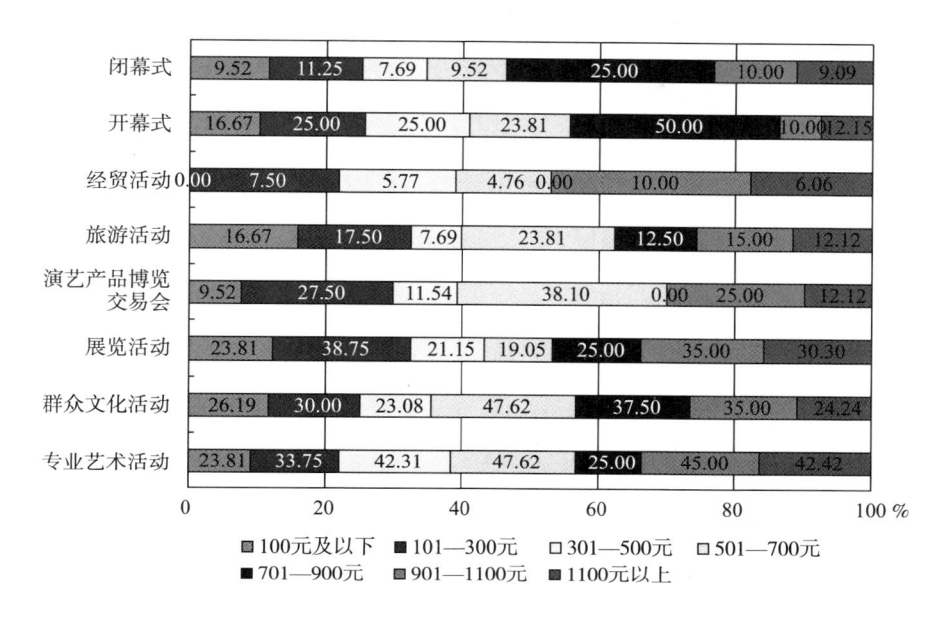

```
              闭幕式  9.52  11.25   7.69  9.52      25.00        10.00  9.09
              开幕式  16.67   25.00    25.00   23.81       50.00      10.00 12.15
           经贸活动 0.00  7.50    5.77   4.76 0.00   10.00          6.06
           旅游活动  16.67   17.50   7.69   23.81   12.50   15.00  12.12
      演艺产品博览
           交易会    9.52   27.50   11.54     38.10    0.00  25.00  12.12
           展览活动  23.81    38.75    21.15  19.05   25.00    35.00    30.30
         群众文化活动 26.19   30.00   23.08    47.62    37.50    35.00  24.24
         专业艺术活动 23.81   33.75   42.31    47.62   25.00   45.00   42.42
                 0      20      40      60      80     100 %
                ■ 100元及以下  ■ 101—300元  □ 301—500元  □ 501—700元
                ■ 701—900元   ■ 901—1100元  ■ 1100元以上
```

**图 3-7　不同收入的民众对艺术节活动的喜好程度分布**

从整体而言，不同年龄、不同职业、不同文化消费的民众喜欢程度各有侧重，但专业艺术活动是普遍受到民众喜欢的艺术节活动。这充分体现了民众文化需求的差异性和多样性，也充分说明了民众参与艺术节的程度较为深刻。

## 四　十一艺节与文艺发展的关系

### （一）十一艺节对民众文化生活的影响

针对十一艺节对于文艺发展方面的影响，调查组在十一艺节举办之前和之后分别对西安民众做了相关调查。

节前调查显示，有 5.82% 的受访民众认为十一艺节对其文化生活产生很大的影响，有 19.27% 的受访民众认为十一艺节对其文化生活产生较大的影响，认为影响一般的受访民众占 40.36%，认为影响较小的占 20.36%，认为影响很小的占 7.64%，说不清的占 6.55%。这表明，十一艺节对大部分西安民众的文化生活产生了一定影响。

节后调查显示，十一艺节对民众的文化生活产生了一定影响。仅有3.92%的受访民众认为艺术节对自身的文化生活带来很大的影响，认为影响比较大的占20.39%，认为影响一般的占44.31%，有16.86%和7.84%的受访民众认为影响比较小或很小，有6.67%的受访民众说不清。详见图4-1。

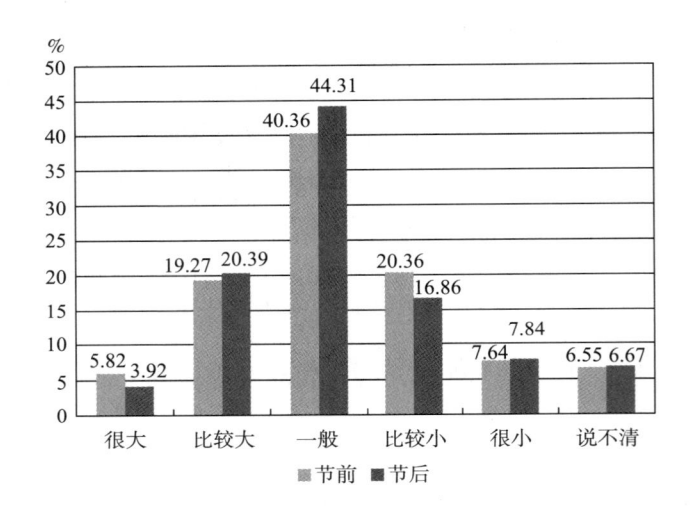

**图4-1 节前节后十一艺节对民众文化生活影响对比**

数据显示，在十一艺节举办期间，有13.28%的受访民众和朋友交往机会增多，有18.36%的受访民众与家人观赏剧目或参观展览，有14.06%的受访民众受十一艺节的影响经常谈论艺术节相关话题，有54.30%的受访民众不太关注艺术节，在十一艺节举办期间，他们的生活与平常一样没什么特别。

由此可见，就西安市的具体情况而言，在十一艺节举办之前，有相当一部分民众对中国艺术节抱有一定期望，他们希望借助中国艺术节多形式、高水平的文化节目来改善自己的业余文化生活。调查结果显示，十一艺节在人际交往、文华奖与群星奖的评选以及文化产品展览等方面，对西安民众产生了一定影响。但仍然需要看到的是，相当一部分受访民众感觉艺术节对其文化生活没有太大影响，这与节前民众对艺术节的期待形成了反差。

## （二）十一艺节对城市文化基础设施的影响

节前，针对十一艺节对西安市文化基础设施改善程度的调查结果反映，认为改善程度很大的受访民众占 6.91%，认为改善程度比较大的受访民众占 23.27%，认为改善程度一般的受访民众占 41.82%，认为十一艺节对城市文化基础设施改善程度比较小和很小的受访民众比例分别占 12.00% 和 6.18%，有 9.82% 的受访民众认为说不清。

节后问卷数据显示，有 3.13% 的受访民众认为十一艺节对当地城市文化基础设施改善的程度非常大，27.34% 的受访民众认为改善程度比较大，40.23% 的受访民众认为改善程度一般，认为十一艺节对城市文化基础设施改善程度比较小和非常小的受访民众分别占比 16.02% 和 4.30%，有 8.98% 的受访民众认为说不清。通过节前与节后数据对比，表明十一艺节的举办，使大部分西安民众对文化基础设施改善度较为满意，认为改善程度比较大和很大的受访民众节后高于节前。详见图 4-2。

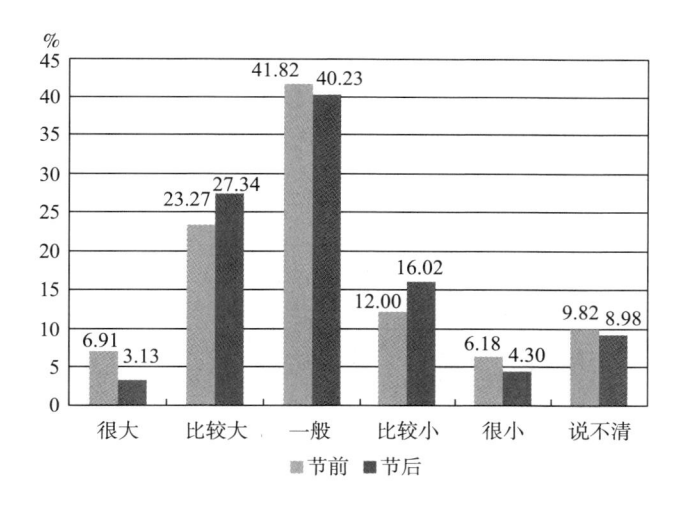

图 4-2　十一艺节对城市文化基础设施改善程度分析

## 五 十一艺节与区域发展的关系

### （一）民众对于十一艺节与区域发展关系的看法

节前对民众进行的调查数据显示，在西安有61.09%的受访民众对陕西举办十一艺节感到自豪，认为一般的有30.55%，仅有8.36%的受访民众认为无所谓。这表明绝大部分民众为十一艺节的举办感到自豪。

在对城市形象影响方面，41.45%的受访民众认为，举办十一艺节能够很好地加快城市形象建设；认为将会提升城市知名度的占58.03%，认为能够增强市民认同感的占35.64%，认为能够提升市民文化素质的占45.09%，认为将会拉动经济与文化消费的占38.18%。节后47.7%的受访民众认为能够加快城市形象建设，认为将会提升城市知名度的占64.2%，认为能够增强市民认同感的占38.9%，认为能够提升市民文化素质的占38.9%，认为将会拉动经济与文化消费的占34.6%。节前与节后数据差距不大，部分数据节后略有上升，这表明十一艺节在西安举行对城市建设有一定影响，但是在提升市民文化素质与拉动经济与文化消费这两个方面，节后数据比节前略有下降，表明本届中国艺术节在西安这两个方面还有可以提升的地方。详见图5-1。

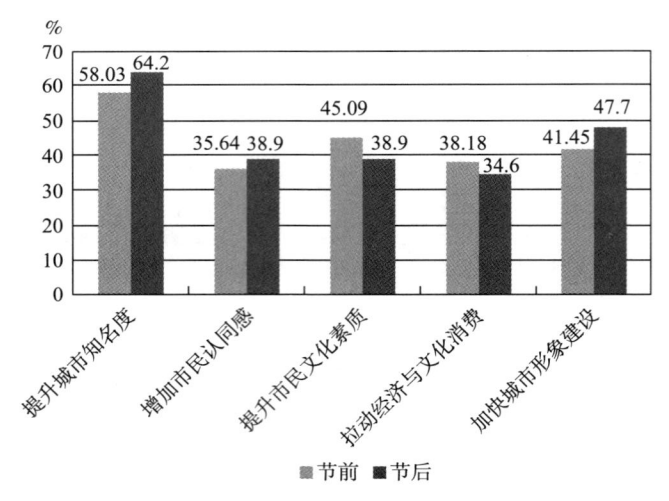

图5-1 十一艺节对城市形象影响力分析

节后对民众进行的调查数据显示，有24.6%的受访民众在陕西举办了十一艺节之后，更加喜欢陕西各城市，有52.3%的受访民众更加了解陕西各城市，有23.0%的受访民众认为没有感觉（无所谓）。

在喜爱陕西各个城市方面，西安低于全省平均数近10个百分点；在了解陕西各个城市方面，西安略高于全省平均数0.6个百分点；在没有感觉（无所谓）方面，西安高于全省平均数8.9个百分点。（详见图5-2）西安市在举办十一艺节后，调查发现更多的受访者对陕西的关注度和了解度都有一定增加。近七成的受访者认为：他们通过艺术节的形式喜欢或更加了解陕西各城市，可以证明十一艺节对于陕西的推广作用和宣传作用。

在对陕西举办十一艺节的感觉方面，数据显示，西安民众对陕西举办十一艺节有48.64%的感到自豪，有33.07%的感觉一般，仅有18.29%的没有感觉（无所谓）（详见图5-3）。通过实地访问，绝大部分受访民众表示希望陕西今后还承担类似活动。由此可见，虽然西安作为十一艺节的主会场，具备了很好的群众基础，而且民众对于类似活动有很高的参与期望。

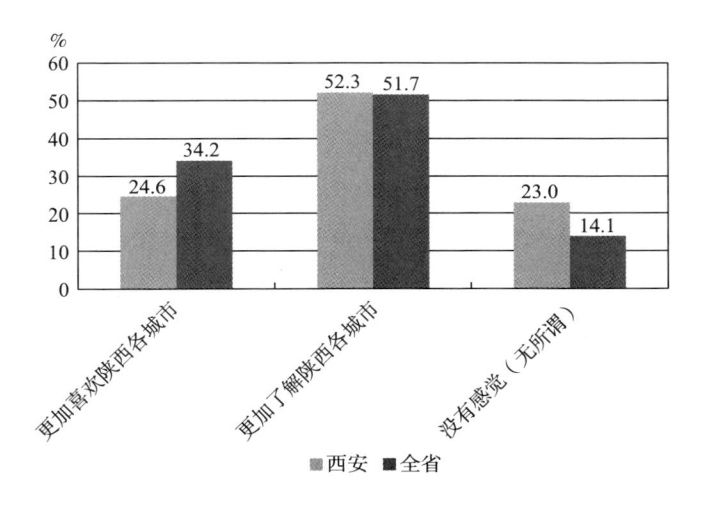

图5-2 西安民众对陕西主办十一艺节的态度

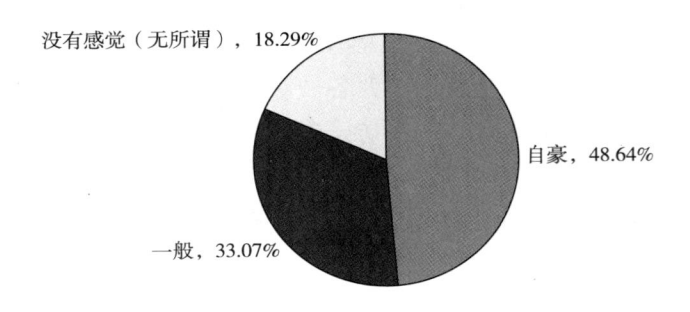

图 5-3 民众对陕西举办十一艺节的直观感受

**（二）民众对于十一艺节与文化消费关系的看法**

针对门票价格的调查显示：节前 19.61% 的受访者接受 50 元以下的价位，接受 50—100 元的占 49.02%，接受 101—200 元的占 23.53%，接受 201—300 元的占 5.88%，接受 300 元以上的占 1.96%。节后 20.59% 的受访者接受 50 元以下的价位，接受 50—100 元的占 55.88%，接受 101—200 元的占 20.59%，接受票价在 201—300 元的占 0%，接受票价在 300 元以上的 2.94%。节前与节后大部分民众都是对低票价持支持态度。（详见图 5-4）

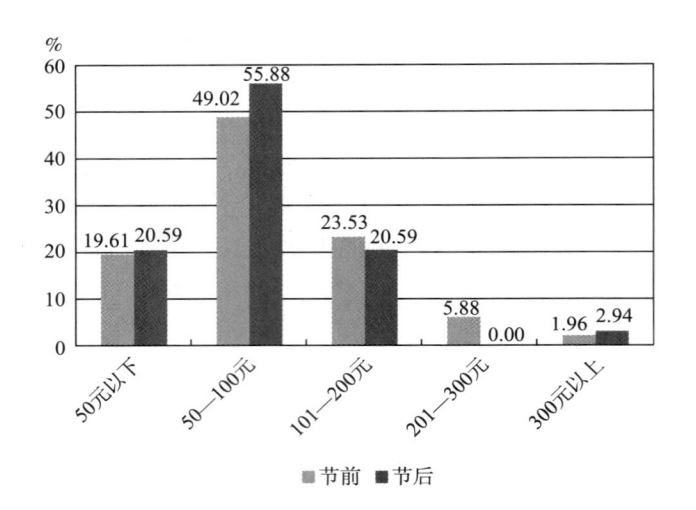

图 5-4 西安民众节前节后对门票价格的接受度

节后的数据显示：十一艺节期间，直接或者间接参与艺术节消费金额在 50 元以下的占 17.65%，50—200 元的占 29.80%，201—300 元的占 6.27%，300 元以上的占 2.75%，有 43.53% 的受访者没有消费（详见图 5-5）。西安民众 50 元以下的消费能力低于全省平均水平 6.39 个百分点，在 50—200 元档消费能力略高于全省平均水平 1.22 个百分点，在 201—300 元档消费能力略高于全省平均水平 0.2 个百分点，在 300 元以上档消费能力略高于全省平均水平 0.68 个百分点，没有消费的民众高于全省平均水平 4.29 个百分点（详见图 5-6），这表明西安民众在十一艺节举办期间，在节日的消费上积极性不高。

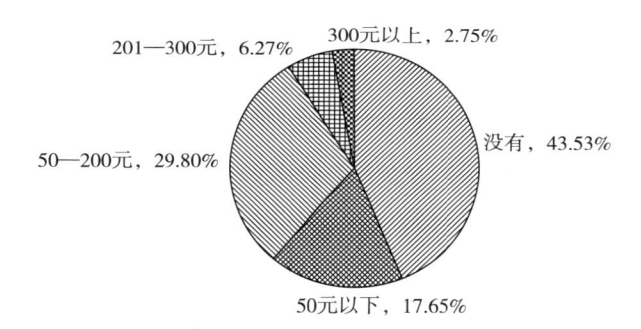

图 5-5 西安民众节后实际消费情况

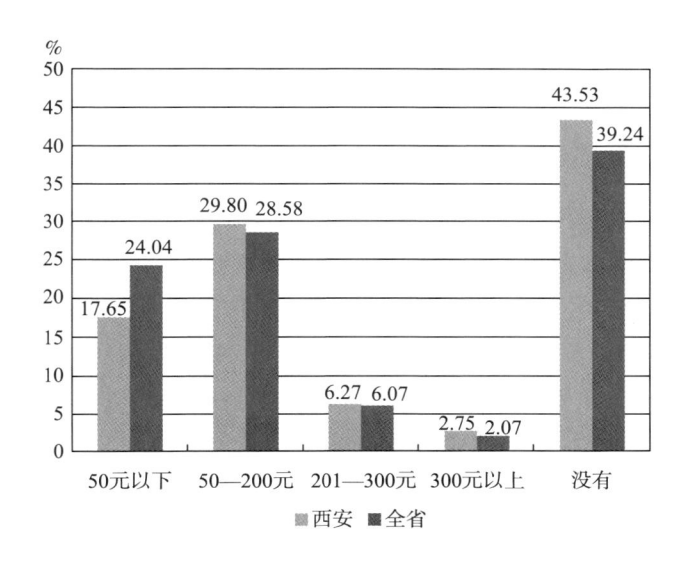

图 5-6 西安民众节后消费情况与全省平均情况对比

针对民众的消费类型调查显示：没有消费的占 50.4%，购票看节目的占 11.4%，购买纪念品的占 17.6%，到举办地旅游的占 12.2%，选择其他消费类型的占 15.6%（详见图 5-7）

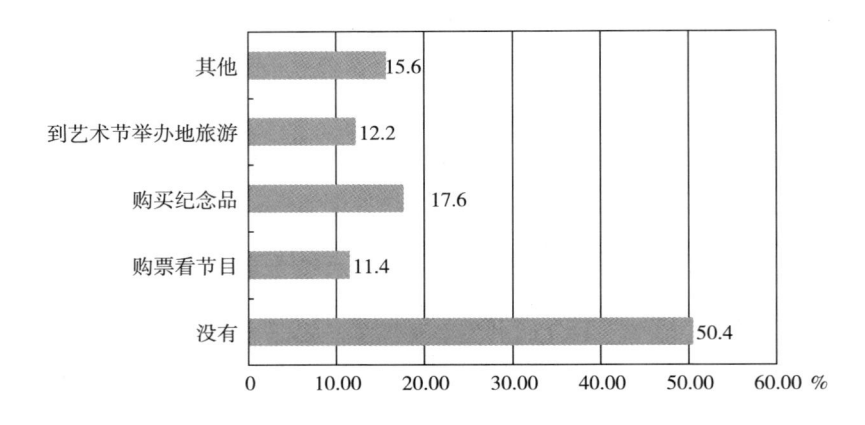

```
其他              15.6
到艺术节举办地旅游  12.2
购买纪念品         17.6
购票看节目         11.4
没有              50.4
      0   10.00  20.00  30.00  40.00  50.00  60.00 %
```

图 5-7 艺术节期间民众的消费类型

综合以上数据分析，西安市民众对参与十一艺节的消费热情不高，有 50.4% 的民众没有消费，同时大部分民众接受观看低票价的演出。在购票、购买纪念品、旅游和其他选项中，购买纪念品的比例最高，达到 17.6%。西安市民众在十一艺节期间的实际消费水平远远未达到节前的预期，其消费潜力还有待于进一步挖掘和提升。

## 六 民众对于十一艺节的总体评价

### （一）民众对于十一艺节宣传工作的满意度

节前，在对十一艺节前期宣传工作的调查中，有 6.20% 的受访民众认为艺术节的前期宣传工作做得很好，有 24.09% 的受访民众认为比较好，44.53% 的受访民众认为一般，认为比较差和非常差的分别占 7.66% 和 3.28%；节后的调查数据显示，认为陕西十一艺节的宣传效果非常好的占 5.53%，比较好的占 31.23%，一般的占 47.43%，认为比较差的占 11.46%，认为非常差的占 4.35%。（详见图 6-1）

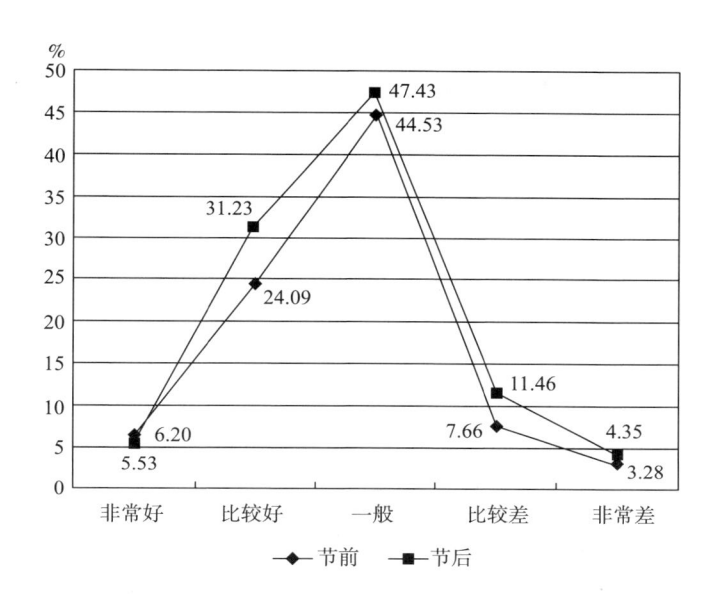

图 6-1　民众对于十一艺节宣传工作的评价

西安节后民众对十一艺节宣传工作的正面评价高于节前，节前认为非常好和比较好的共占 30.29%，节后认为非常好和比较好的共占 36.76%，比节前提升了 6.47 个百分点，这说明在艺术节举办之后，西安民众对十一艺节宣传工作的认可度提升明显。

### （二）民众对于十一艺节节目质量的满意度

从观众的角度看，十一艺节节目质量主要包括节目类型、节目内容、节目形式、演员技术四个方面，因此课题组将民众对十一艺节的满意度按照节目类型、节目内容、节目形式、演员技术四个维度设计评价指标体系，量化受访者对节目的满意度。

节后对西安民众的调查显示：节目类型满意度为 4.02 分，节目内容满意度为 3.90 分，节目形式满意度为 3.98 分，对演员水平满意度为 3.97 分。根据调研数据，西安民众整体上对十一艺节节目质量满意度各方面与全省平均值基本持平，这表明西安民众比较满意节目质量。详见表 6-1。

表6-1　　　　　　　西安民众对十一艺节节目满意度的评价

| 指标 | 西安得分 | 全省平均分 |
| --- | --- | --- |
| 节目类型 | 4.02 | 4.02 |
| 节目内容 | 3.90 | 3.95 |
| 节目形式 | 3.98 | 3.95 |
| 演员水平 | 3.97 | 3.98 |

## （三）民众对于十一艺节的总体评价

十一艺节是由文化部和陕西省人民政府共同主办，这对地方政府及文化部门的组织管理能力来说无疑是一次考验。为了更好地获取社会各界的评价，为以后的工作积累经验，课题组通过问卷调查方式对社会公众进行广泛的调查，从不同角度来客观分析政府及各个相关部门的表现。

课题组将民众对十一艺节的满意度按照活动组织管理、活动场地、活动规模和活动持续时间四个维度设计评价指标体系，以量化受访者对节目的满意度。详见表6-2。

表6-2　　　　　　　西安民众对十一艺节的整体评价

| 指标 | 西安得分 | 全省平均分 |
| --- | --- | --- |
| 组织管理 | 3.92 | 4.02 |
| 活动场地 | 3.94 | 3.98 |
| 活动规模 | 3.90 | 3.99 |
| 活动持续时间 | 3.79 | 3.86 |

如表6-2所示，西安民众对于十一艺节的活动场地满意度最高，对活动持续时间满意度最低，这表明民众还是希望如此大规模的艺术节能持续更长时间。数据显示，西安的整体满意度均低于全省平均分，表明西安民众对政府及相关部门在十一艺节中的整体表现认可度仍有待提升。

## 七 十一艺节社会影响力评估

### （一）十一艺节对西安民众的影响力

**1. 节前民众对十一艺节的知晓程度**

通过节前的调查发现，41.23%的西安受访民众知道十一艺节举办地，32.46%的受访民众知道具体举办时间，可见十一艺节前宣传效果不佳，宣传的广度和深度还有待拓展。

对于西安民众而言，电视是其了解十一艺节的主要途径，网络、微信、微博、报纸等传播途径也起到一定的作用。值得注意的是：互联网开始成为信息传播的主要手段，依托互联网技术的微信、微博等互联网移动端在宣传艺术节的过程中所起的重要作用正日益凸显。这表明在"互联网＋"的时代背景下，艺术节的宣传需要用好互联网平台。正是借助于多样化的宣传方式，使得民众知晓十一艺节。详见图7-1。

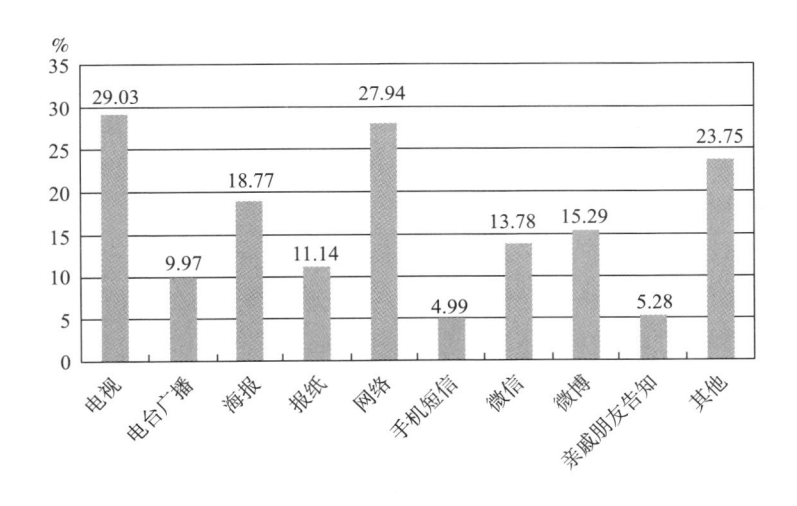

图7-1 西安民众知晓十一艺节的途径分析

民众知晓的深入性也可以通过其对十一艺节活动的知晓情况得到佐证。详见图7-2。

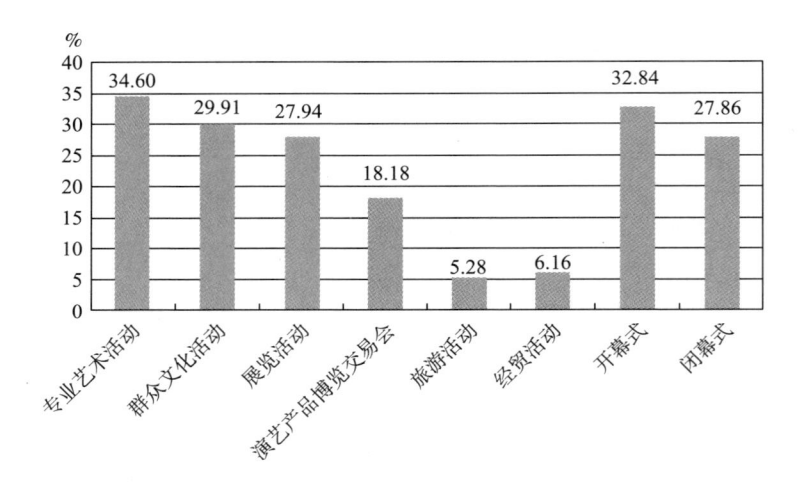

```
  %
40 ┐
   │ 34.60                              32.84
35 ┤                                    
30 ┤      29.91  27.94                         27.86
25 ┤
20 ┤                    18.18
15 ┤
10 ┤
 5 ┤                          5.28  6.16
 0 ┴
   专业  群众  展览  演艺  旅游  经贸  开幕  闭幕
   艺术  文化  活动  产品  活动  活动  式    式
   活动  活动        博览
                    交易会
```

图7-2 西安民众对十一艺节活动知晓度分析

在艺术节的各项活动中，受访民众对专业艺术活动知晓度最高，达到34.60%，这表明西安作为十一艺节主会场，已经有过多次举办专业艺术活动的经验，民众对专业艺术活动的认同度较高。其次是开幕式和群众文化活动，分别是32.84%和29.91%。知晓度最低的是旅游活动，仅有5.28%。西安民众对艺术节的活动知晓度整体不高，均没有超过40%，尤其是作为闭幕式的举办地，民众对闭幕式的知晓度只有27.86%，这表明在艺术节举办之前，西安民众对各项活动缺乏广泛而深入的了解。

2. 节后西安民众对十一艺节的知晓程度

通过节后的针对西安民众对十一艺节会场设置的调查显示：有89.49%的受访者选择主会场省会西安，31.52%的受访者选择开幕式城市延安，16.73%的受访者选择宝鸡，咸阳、汉中和榆林的知晓度相近，分别为9.73%、7.39%和6.23%，渭南、安康、铜川和商洛的知晓度较低，分别为5.84%、4.26%、3.50%和2.72%。西安作为十一艺节的主会场，西安民众对其知晓度最高，近90%，表明西安作为主会场影响力较大（详见图7-3）。

在有关十一艺节节目欣赏方式的调查中，到剧场观看的受访者占8.56%、通过电视观看的占29.57%、手机占34.63%、电脑占23.74%、

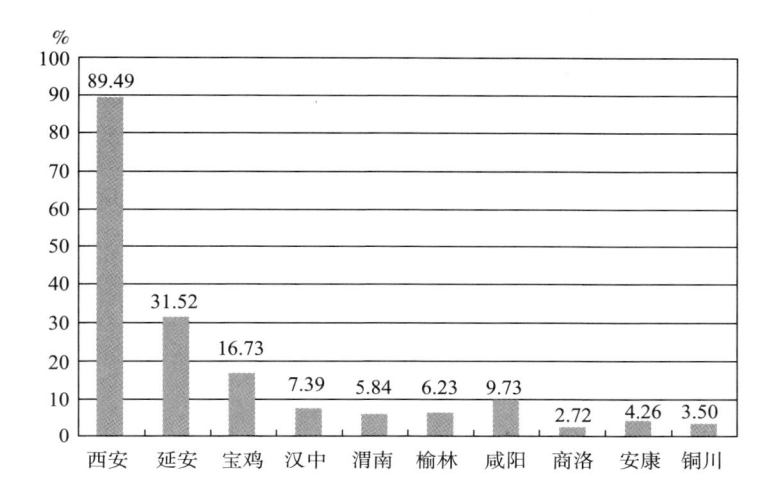

```
%
100 ┤ 89.49
 90 ┤
 80 ┤
 70 ┤
 60 ┤
 50 ┤
 40 ┤
 30 ┤    31.52
 20 ┤         16.73
 10 ┤              7.39  5.84  6.23  9.73       4.26  3.50
                                          2.72
  0 └─────────────────────────────────────────────────────
     西安  延安  宝鸡  汉中  渭南  榆林  咸阳  商洛  安康  铜川
```

图 7-3 西安民众对十一艺节主会场的知晓度

广场观看占 7.39%、其他占 5.84%。以上数据与"您是通过哪种渠道到现场观看节目"的调查数据较为吻合，没有到现场观看的受访者的比例占 69.26%，而对于到现场观看的民众而言，其他渠道（包含个人买票）和亲戚朋友送票是主要方式。以上数据显示，在西安通过新途径（手机）观看的民众人数最多，通过电视和电脑观看的也占有一定比例。

针对十一艺节的票价，3.20% 的受访者认为票价非常贵，认为票价比较贵的占 12.40%，认为一般的占 33.60%，认为票价比较便宜的占 4.40%，认为非常便宜的占 1.60%，还有 44.80% 的选择说不清（详见图 7-4）。由此可见，票价的高低并非是影响民众参与艺术节的最主要因素，况且，33.60% 的受访者认为艺术节的门票价格处在一般水平，而对中国艺术节的知晓度整体偏低才是导致没有更多的民众到现场参与艺术节的关键因素。

**（二）十一艺节对西安整体社会的影响力**

**1. 十一艺节节前社会影响力分析**

节前调查显示，在观众最希望看到的节目类型中，音乐会和歌舞晚会比较受欢迎，比例分别为 47.08% 和 40.06%；其次受欢迎的为地方

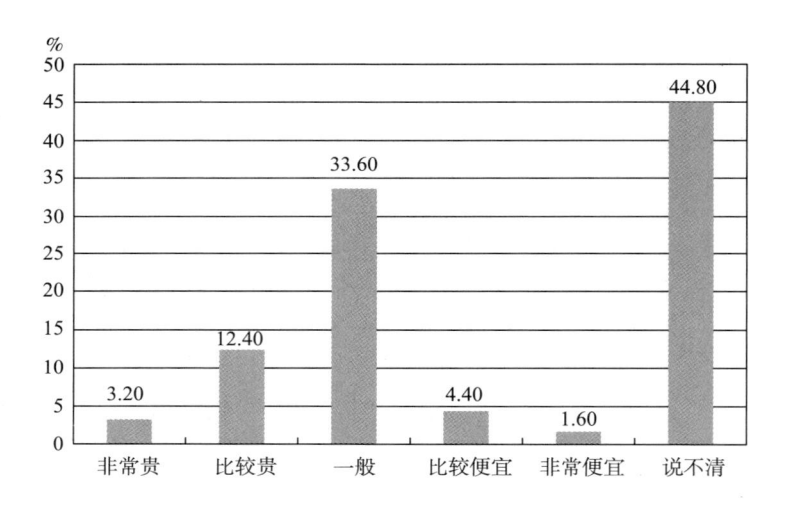

```
       %
    50
    45                                           44.80
    40
    35              33.60
    30
    25
    20
    15       12.40
    10
     5  3.20                  4.40
                                      1.60
     0
       非常贵  比较贵   一般   比较便宜  非常便宜  说不清
```

**图 7-4　西安民众对十一艺节门票价格看法**

戏曲和美术展览，分别占 34.50% 和 32.75%；曲艺晚会和话剧的受欢迎程度相近，分别为 23.98% 和 22.22%；舞剧和群众文化活动的受欢迎程度相近，分别为 17.54% 和 16.08%；对京剧的喜爱程度最低，仅为 9.65%（详见图 7-5）。同样是戏曲，西安民众对地方戏曲的欢迎程度远高于对京剧的欢迎程度，这表明喜爱京剧的民众非常少，京剧缺乏广泛的群众支持。

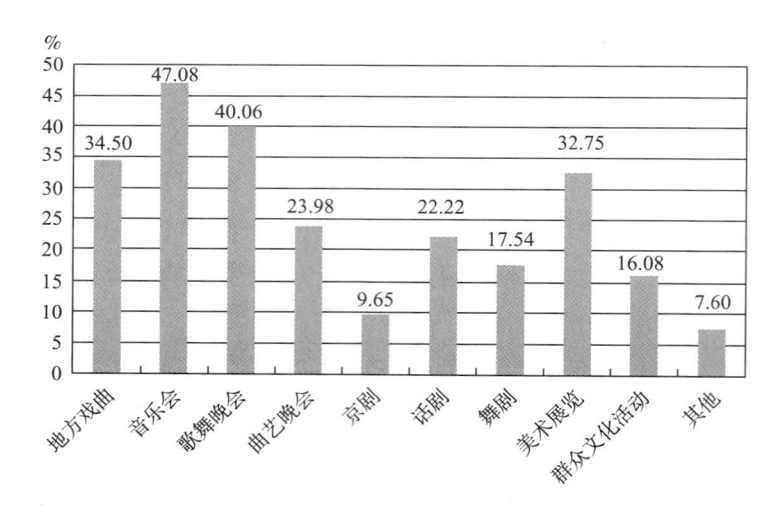

```
       %
    50         47.08
    45
    40              40.06
    35  34.50                                32.75
    30
    25                   23.98
                              22.22
    20                              17.54
    15                                            16.08
    10                        9.65
     5                                                     7.60
     0
      地方  音乐  歌舞  曲艺  京剧  话剧  舞剧  美术  群众  其他
      戏曲  会    晚会  晚会                  展览  文化
                                                 活动
```

**图 7-5　节前西安民众喜欢十一艺节的活动**

西安民众无论是认知度、参与度还是喜欢程度,歌舞晚会等大众化节目的比例都较高,音乐会、美术展览、京剧等专业性较强节目的知晓度较高,但是实际参与度和喜欢程度与知晓度都有较大差别。

2. 十一艺节节后社会影响力分析

节后,针对民众比较喜欢的艺术节活动调查结果显示,对十一艺节丰富的节目类型,喜欢音乐会的民众最多,占38.13%;喜欢歌舞晚会和美术展览的观众次之,占34.24%;地方戏曲占23.35%;舞剧、曲艺晚会、话剧和群众文化活动分别占19.84%、18.68%、14.40%和10.51%;喜欢京剧的仅占2.72%(详见图7-6)。如图所示,西安民众对于节目类型的喜好程度各有侧重,各种类型的节目都一定比例的民众参与其中。西安民众对歌舞晚会和美术展览的喜好程度无论节前还是节后都是很高的,但喜欢京剧的民众无论节前还是节后几乎都是最少的,这表明在秦腔广受欢迎的西安地区,京剧影响力非常有限。

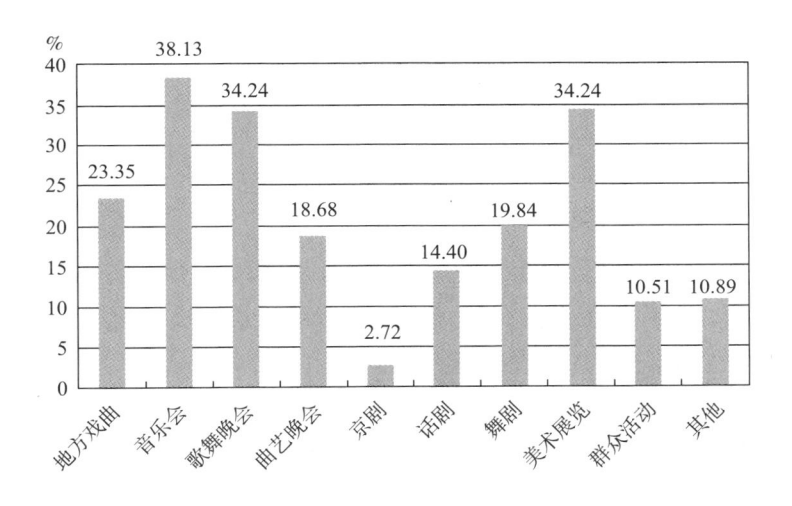

图 7-6 节后西安民众喜欢十一艺节的活动

不管是对艺术节活动的认知程度还是喜欢程度,专业艺术活动所占的比例都较高;对于艺术节所有活动而言,观众的认知程度都要高于喜欢程度。

## 八 启示与思考

### (一) 主要问题

1. 宣传力度不够，未能充分展示举办地的特色文化

十一艺节的成功举办在陕西产生了广泛影响，很多陕西省的民众都直接参与到了艺术节的活动中，充分体现了中国艺术节作为"人民的节日"这一特色。西安主会场成立了由宣传、文化、公安等多个相关部门组成的十一艺节筹备工作小组，按照各部门、单位的工作安排和任务分工，完成了西安市主要路段的道旗广告宣传和广场大型广告牌的设置，通过在区级四大机关办公场所、辖区单位、文化经营场所悬挂标语、张贴宣传画、播放 LED 宣传等方式开展多种形式、全方位的宣传活动。

但是通过调查发现，西安对十一艺节的宣传力度仍有待提高。数据显示：节后，在针对民众是否知道中国艺术节的调查中，仅有 42.48% 的民众表示知道，在所有会场中排名倒数第三。尤其西安作为十一艺节的主会场和闭幕式举办地，知晓艺术节的民众却如此之少。在观看过或参与过中国艺术节的项目或活动的调查方面，西安市为 23.83%，排名倒数第一。这表明在知道艺术节的民众中，有一部分民众参与或观看过艺术节的活动，但由于宣传不到位，绝大部分民众完全不知道中国艺术节，也就直接影响到民众参与艺术节的积极性。同时在艺术节的宣传上，西安作为千年古都的特色文化宣传不足，未能充分展现地域特色文化。虽然在艺术节期间，西安市作为陆上丝绸之路的起点，同时举办了"一路一带"的相关活动，但是未能形成"1+1>2"的宣传效果。

2. 关注度不高限制民众的消费潜力

从整体上看，西安民众对十一艺节的关注程度不够理想，不仅影响了西安民众参与中国艺术节的积极性，在某种程度上也限制了民众的消费潜力。

不管是节前还是节后，西安民众对十一艺节的知晓度节前只有

56.50%，节后下降为42.48%，在持续关注中国艺术节的这部分人群中，仅有13.23%的受访者有购票的计划，在本届艺术节所有举办城市中排名倒数第二。

十一艺节期间，直接或间接参与艺术节消费金额在50元以下的占17.65%，50—200元的占29.80%，201—300元的占6.27%，300元以上的占2.75%，有43.53%的受访者没有消费。由此可见，西安民众在十一艺节期间的消费潜力还没有被完全挖掘。结合西安的经济社会发展水平，对于艺术节缺乏足够的关注度，会直接影响民众的消费水平。

3. 门票定价制度合理性有待提升

调查中了解到，虽然十一艺节采取了很多惠民措施，但大多数受访者仍认为艺术节门票过高是限制民众现场观看艺术节节目的主要因素。从调研情况来看，相较于现场观看艺术节节目而言，西安市民众多数更愿意通过电视和手机欣赏十一艺节节目。数据显示，节前希望通过现场观看的方式欣赏艺术节节目的受访者占32.16%，选择电视观看的占51.57%；但节后实际上选择现场观看的观众只有8.56%，选择手机、电脑和电视观看的民众占八成以上。（详见图8-1）

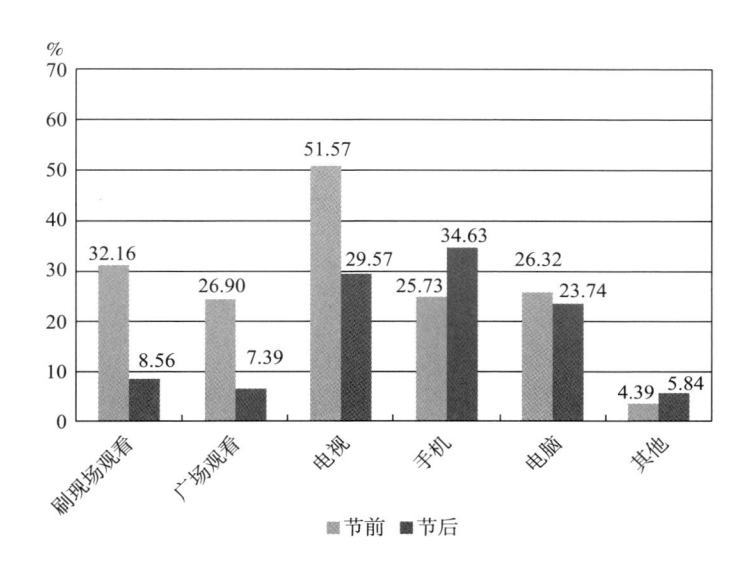

图8-1 民众希望欣赏十一艺节节目的方式

调查数据显示，节前有购票意愿的受访民众仅有 19.01%，节后购买了门票消费的受访民众仅有 13.23%，可见受访民众对艺术节门票消费的意愿不强。节前选择 50 元以下门票与 50—100 元门票的受访民众，占比分别为 19.61% 与 49.02%，节后实际消费门票在 50 元以下与 50—100 元的受访民众，比节前略高，分别占 20.6% 与 55.9%。节后门票消费 101—200 元的受访民众，比节前下降了 2.94 个百分点。

不管是节前的心理预期还是节后的现实情况，对西安受访者而言，通过现场观看欣赏十一艺节节目的始终不占主流；受访者对十一艺节节目门票价格的心理预期在 50 元以下，超过 200 元以上的节目门票价格是民众不太接受的。因此，十一艺节票价过高，超出民众普遍预期是将民众挡在剧场之外的主要原因之一，这也在一定程度上阻碍了民众参与的热情，限制了艺术节宗旨的践行。

4. 存在一定程度"一阵风"的现象

在调查过程中，部分民众感觉活动日期过于集中，活动过后影响较小，就像"一阵风"。这种看法虽有一些偏激，但也引出了如何扩大与深化艺术节影响这一问题。

艺术节期间大量专业性表演艺术节目集中上演，在艺术节结束后，专业性艺术节目难以如此集中上演，民众的艺术欣赏需求难以长期被满足。

### （二）对策建议

1. 充分运用现代传媒手段拓宽宣传渠道，积极主动展现主办地特色文化

中国艺术节具有举办时间短、周期长的特点，因此前期的宣传工作就显得尤为重要。必须在艺术节宣传上下更多的工夫，除了电视、平面广告等传统宣传方式外，主办方要在较短时间内调动一切可以利用的资源和手段来加强宣传，宣传部门应更好地利用互联网和移动网络这些新兴的宣传渠道，扩大宣传范围，强化宣传力度。

从对十一艺节的数据分析来看，大多数民众仍然是通过电视、电台广播、报纸等传统传播手段来获取信息，西安市的调研数据显示，电视、报纸、海报仍是民众获取十一艺节相关信息的主要途径，但已经有

一部分民众选择通过手机、电脑等新媒体渠道来获取关于艺术节的信息。随着近年来网络媒体的迅速发展，互联网在信息传播过程中所起的作用越来越重要。因此，在宣传中国艺术节时，不仅要发挥传统媒体的作用，还应充分利用现代传播手段，扩展宣传渠道，要充分发挥微博和手机客户端（APP）在宣传上的便捷性、灵活性以及易传播性等特点，让民众能够更方便、更快捷地获得中国艺术节的宣传信息，进而了解并参与到中国艺术节的活动当中去，扩大艺术节的社会影响力。艺术节期间陕西省大量优秀独特的地域文化并未充分展示，这些文化具有丰富的历史信息，具有独特的文化魅力。西安应积极、主动展示自己，将陕西文化及十一艺节相关信息全面、自信地展示出来，以提升文化档次，树立陕西在中国文化领域中的地位，借助"一带一路"的宣传，进一步带动文化、经济社会的全面发展，实现中国艺术节办节宗旨的同时，也促进了社会效益的提升。

2. 引入经营理念，全方位挖掘消费潜力

任何节庆，不管其规模多大，其举办时间都是固定的，如何克服节庆举办时间的有限性与地方发展可持续要求的长期性矛盾，发挥节庆的长期效应，是举办节庆的关键问题。而艺术节产业化的前提条件是把节庆作为一个品牌来运作。因此中国艺术节要多花时间去思考如何进行营销，逐步建立起一套行之有效的市场营销模式，尽可能地挖掘消费需求和消费潜力。

首先，艺术节应建立品牌化战略，把节庆产品化：将其打造成为城市营销的品牌；把节庆制度化：建立和完善节庆产品开发与创新体系；把节庆产权化：要特别注重节庆品牌的注册与知识产权保护。其次，艺术节应建立市场化的运作策略，政府应在现有的会展办公室、大型活动办公室的基础上成立专业的节庆管理部门，设立节庆专项资金，为节庆提供公共服务保障，来适应市场经济的要求，建立市场化的节庆运作模式。再次，艺术节应建立节庆价值延伸化的运作策略，每届举办的形式和内容需要获得社区群众与地方政府的双重支持，即事先论证，通过放大节庆价值，赢取政府、赞助商、民众的信赖，从而拉动餐饮、运输、广告、金融等城市多种相关产业的发展，最终实现市场运作为主的办节方式。

3. 立足于艺术节宗旨，降低民众参与门槛，培养民众文化消费习惯

中国艺术节作为"人民的节日"，具有公益性，是当前国家公共文化服务体系建设的重要组成部分。虽然本届艺术节采取了很多便民措施，尽可能使更多的民众接触、参与艺术节，但是根据课题组调查情况看，本次艺术节的门票相对于普通市民仍然过高，门票价格使很多市民被拒之门外，阻碍了市民参与热情，削弱了艺术节功能的施展，进而可能背离中国艺术节的办节宗旨。在艺术节举办过程中，为了扩大和拓展人民群众的参与面和参与深度，第一，举办专场活动，如组织大学生、农民工、工人、教师、农民、老年人、少儿的专场演出。第二，把模式化活动和群众性活动结合起来，即按一定程式举办如开幕式、闭幕式、展览展示、舞台演出以及各种比赛性活动，也举办一些群众能自由参与的文娱活动，可根据举办地的民俗风情、地域特色，配套举办一些传统的节日活动，特别是非物质文遗产活动。第三，通过政府补贴，降低演出票价。针对特殊群体，应该加大财政投入，降低高票价。西安市大力推动书画展览等展出形式，使得西安地区民众在书画展览的参与度上明显高于全省平均水平，这一经验值得借鉴。第四，培养民众文化消费习惯，鼓励民众去现场观看高水平文艺表演。可以推出艺术节套票或是节目套餐等方式，吸引民众参与艺术节。

4. 克服"一阵风"现象

西安市政府应充分利用举办艺术节这一契机，在大力发展文化基础设施建设的同时，组织文娱活动，丰富群众文化生活。打"文化牌"、发展经济的重点是下长期工夫，在现有社会经济水平上，建立日常化的文化供给体制，满足民众对于文化艺术产品的渴求，不要让这股"艺术旋风"变为"一阵微风"，要让艺术节的益处惠及每一位市民。

# 延安调研报告[①]

2016年10月15日,第十一届中国艺术节(以下简称"十一艺节")在延安市延安大剧院开幕,本报告旨在通过对十一艺节延安分会场节前、节后两个阶段调研数据的分析,了解民众对中国艺术节的知晓度和参与度以及十一艺节给延安经济社会发展所带来的影响,力求获取不同时间段、不同群体对十一艺节的评价与认识,做到客观公正的分析,并以此为依据,探索中国艺术节今后更加有效的发展之路。

## 一 延安分会场准备工作

作为十一艺节开幕式举办地的延安,位于陕西省北部,是举世闻名的中华民族圣地、中国革命圣地,千百年来,世世代代的延安儿女在这里繁衍生息,创造出了灿烂的传统文化和民间艺术。延安市作为全国历史文化名城、中国优秀旅游城市和爱国主义、革命传统、延安精神三大教育基地,有着"中国革命博物馆城"的美誉。而延安作为地市级城市,能够成为艺术节开幕式举办地,在全国尚属首次,筹办好本届艺术节开幕式对于全面展示延安对外形象、扩大对外交流、促进延安文化旅游事业及经济社会发展具有十分重要的意义,这充分体现了党中央、国务院对圣地延安文化艺术事业的关心和支持。

---

[①] 本报告执笔:李朝晖,洛阳师范学院文化产业管理系主任,讲师;付鑫,华中师范大学国家文化产业研究中心研究生。

## （一）组织分工

延安市委、市政府高度重视十一艺节，以"建设标准演出场馆、创作优秀艺术精品、提供一流服务保障、打造良好圣地形象、丰富群众文化生活"为目标，按照"政府主导、全民参与、文化惠民、务实节俭"的原则，严格把关，精心部署，努力将艺术节办成一个高质量、高水平、有特色、接地气、出成果、促发展的艺术盛会，充分展示圣地延安的新风貌和文化艺术事业的新成就。[①]

十一艺节在延安举行开幕式，在艺术节举办史上尚属首次，对延安来说，这无疑是一件展现延安经济、文化、社会发展的文化盛事。对此，延安市委、市政府高度重视十一艺节的各项筹备工作，按照省、市要求专门印发了《延安市迎接十一艺节工作方案》，成立由各单位主要领导为成员的第十一届中华人民共和国艺术节延安市筹备工作领导小组，办公室设在市文广新局。领导小组下设总指挥部，内设综合协调、

**图 1-1　十一艺节倒计时 30 天延安市筹备工作动员大会**

---

① 延安文明网：《相约艺术节　走进新延安》，http：//sxya. wenming. cn/tp/201610/t20161014_ 2877530. shtml。

剧目创作、场馆建设、环境保障、会务接待、文化交流、宣传工作、安全维稳 8 个专项工作小组,并多次召开十一艺节筹备工作领导小组会议,制定工作方案,细化工作任务,层层落实责任,扎实有效做好保障工作。①

### (二) 文化活动

延安市坚持以"艺术的盛会,人民的节日"为主题,结合纪念建党 95 周年、长征胜利 80 周年,举办了对外文化交流活动、系列文化艺术活动、纪念毛泽东同志"5·23"《讲话》发表 74 周年系列活动、红色电影节、美术摄影书法展览、优秀电视剧展播、中国延安红色旅游节、延安大剧院开幕式演出活动共 8 大项、不少于 100 场的文化艺术活动,为十一艺节营造了良好、热烈的氛围。其中,舞剧《兰花花》、陕北民歌剧《延河谣》、红色舞台剧《延安保育院》等剧目参加"文华奖"的比赛或优秀剧目展演,大型蒲剧《河魂》入选十一艺节优秀展演剧目;按照"群星奖"评奖要求,延安市共创作推出了四大门类 164

图 1-2 舞剧《兰花花》

---

① 中共延安市委办公室 (延市办字 [2016] 38 号):《关于印发〈延安市迎接第十一届中华人民共和国艺术节工作方案〉的通知》。

件优秀作品，其中 20 件作品进入陕西省初赛，居全省第一位，舞蹈《岁月拴马桩》、陕北民歌《天下黄河九十九道弯》2 个重点作品成功入围参加全国比赛。①

在十一艺节筹备过程中，延安相继组织开展了倒计时 150 天揭牌、倒计时 100 天暨广场舞展演、中国延安红色旅游季启动仪式、2016 全民健身延安主会场活动、延安圣地河谷号动车首发仪式、纪念毛泽东《在延安文艺座谈会上的讲话》发表 74 周年文艺晚会、《山丹丹开花红艳艳》交响音乐会、延安市首届诗歌朗诵大赛、第十一个"全国文化遗产日"、首届延安市合唱节、中央芭蕾舞团《红色娘子军》、江苏淮剧《小镇》、情景朗诵剧《一代楷模——周恩来》、全国名家书画艺术大展暨陕西采风活动、央视七套《乡约》栏目走进延安、第五届西部帝王陵区域旅游合作联盟年会、第二届延安国际钢琴节、"十一艺节"开幕式倒计时 50 天"鼓舞延安"演出、江西赣州于都县《长征组歌》来延安演出、4D 电影《长征》等一系列重大文化旅游活动，为"十一艺节"营造了良好的文化氛围。

图 1-3　十一艺节倒计时 50 天展演活动《鼓舞延安》

---

① 《延安人民热情高涨　迎接中国艺术节到来》，凤凰网，http：//sn.ifeng.com/a/20160914/4975667_0.shtml。

### (三) 场馆建设

为推进十一艺节场馆建设，延安市委办、市政府办印发《延安市迎接第十一届中国艺术节工作方案》，根据方案要求，延安市成立场馆建设组，主要由市文广新局、新区管委会、志丹县政府、宜川县政府、延安文投公司等单位协同负责，主要职责为负责督促延安大剧院、东方红剧院、市文化艺术中心剧院、志丹县文化艺术中心剧院和宜川县文体中心剧院5个剧院的参建方，在确保工程质量和施工安全的情况下，加快剧院建设、维修改造，竣工验收等各项工作。艺术节场馆是具有特殊功能要求的公共建筑，场馆建设不仅仅是为了满足各种规格、等级的演出和比赛，它更是我国公共文化服务体系构建中的重要环节。在十一艺节期间承担演出的剧院都如期完工，承担开幕式演出的延安大剧院更是引人关注。

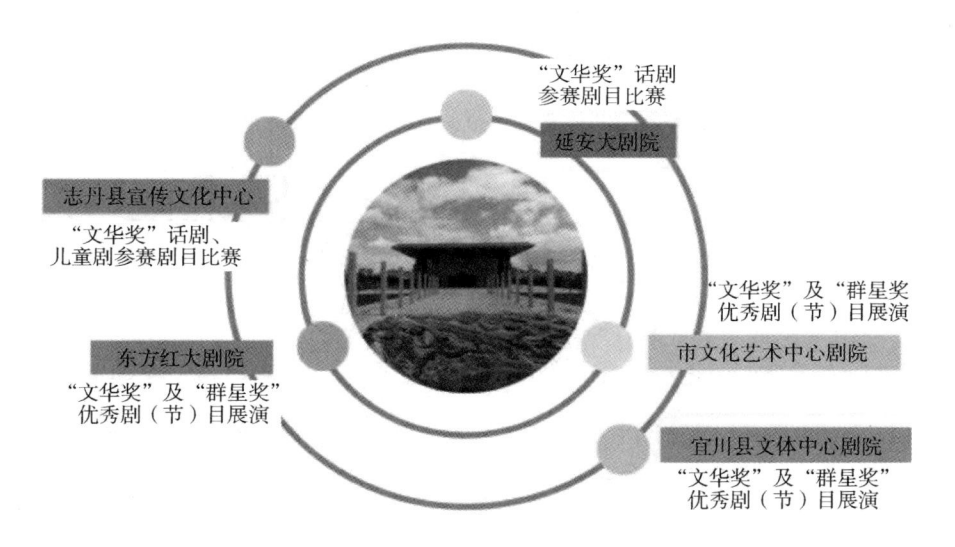

图 1-4　延安分会场剧院设置

作为丰富延安市群众精神文化生活的重大民生工程和完善城市公共服务功能的省、市级重点文化建设项目，延安大剧院位于延安新区北区南北中轴线上，占地面积105亩，总建筑面积33134平方米，建筑高度为 34.8 米，抗震设防为 6 度，框架—剪力墙结构。该建筑由大剧场、戏剧厅和音乐厅三大主功能厅组成，其中剧场可容纳 1211 人，戏剧厅可容纳 431 人，音乐厅可容纳 474 人。① 延安大剧院是延安首个国际化、专业化、综合性的大剧院，也是展示延安文化魅力的最高艺术殿堂。

图 1-5 延安大剧院

图 1-6 延安大剧院内部装潢

① 百度百科，https://baike.baidu.com/item/延安大剧院/20145370。

剧院内有多间大型会议室、展厅、办公室、培训室、化妆间、排练厅、贵宾接待休息室等，可满足各类会议、教育培训的使用，是集剧场演出、会议、培训于一体的综合性公共建筑，延安大剧院是延安首个国际化、专业化、综合性的标志性建筑。

此外，为了迎接第"十一艺节"，延安大剧院顺利完工后，陆续举行了7场各类热身演出，一方面为艺术节开幕营造出浓烈的氛围，另一方面对剧场内各种软硬件设施进行检验，确保十一艺节期间场馆各项机能能够正常运行。

**（四）会务组织**

在会务组织方面，综合协调组按照"统一指挥、对口接待、分组负责"的原则，制定印制了详细的会务和接待服务手册，做好了接待服务的其他各项联络协调工作方案，并与市商务局配合，对城区所有酒店、饭馆进行检查，对工作人员进行培训指导，保障了接待服务质量，提高了接待服务水平。

市交运局也对公交车、出租车进行了全面彻底的安全大检查，在一个月内进行了整改，从源头上杜绝了无证上岗、证照不全、车辆"带病"运营等现象的发生。同时利用轮休、早晚班闲暇时间对出租车、公交车司乘务人员开展为期一个月的培训，重点强调普通话、礼仪礼节、文明用语、延安市情和旅游知识等方面的培训。此外，组织专人对出租车、公交车车身、车厢卫生进行检查，实行奖罚措施，确保司乘人员文明服务、礼貌迎客，车厢干净整洁，为游客提供一个良好舒适的乘车环境。艺术节举办期间延安市交通局提供了850辆出租车、435辆公交车和34条公交线路，100多辆大巴、中巴车驾驶员联系方式，并制定了详细应急方案。在住房方面，延安市区有三星级以上酒店28家，客房3800多间，床位7000多张，餐位10000多个，能充分满足开幕式来宾接待需求。①

---

① 《延安人民热情高涨　迎接中国艺术节到来》，凤凰网，http：//sn.ifeng.com/a/20160914/4975667_0.shtml。

图1-7　开幕式期间会务布展

图1-8　十一艺节期间的延安街景

志愿服务工作团也制定了详细方案，面向社会招募500多名志愿者，并对志愿者统一培训，确保志愿服务质量和水平。电信公司、移动公司、联通公司做好通信保障工作，开幕式当天在新区大剧院周边均设置有相关通信设施,确保通信信号畅通无阻。

各责任单位纷纷强化大局意识和责任意识,按照各自分工和业务范围,加强协调、密切配合,在各单位的共同努力下,本届艺术节的会务和接待服务工作都得以顺利完成。

## 二 延安分会场的样本描述

### (一)调研过程

2016年10月15日至10月31日,十一艺节在陕西省举行。课题组先后在节前(2016年8月)和节后(2016年10月)对延安市普通市民进行了问卷调查。节前调查问卷设计分为两个部分:(1)被调查者的基本情况;(2)市民对十一艺节的知晓情况及具体评价。节后调查问卷设计分为两个部分:(1)被调查者的基本情况;(2)市民对于十一艺节的知晓情况、参与以及具体评价等。课题组节前共发放《第十一届中国艺术节社会影响调查问卷(民众卷)(省内节前)》400份,回收有效问卷398份,有效率99.5%。节后共发放《第十一届中国艺术节社会影响调查问卷(民众卷)(省内节后)》454份,回收有效问卷447份,有效率98.5%。在问卷调查的基础上,同时对参与现场观看的市民、艺术工作者、剧团成员以及艺术节的主办方相关工作人员进行了深度访谈。在问卷调查法和访谈法的基础上进行分析论述,形成了本报告。

### (二)样本描述

十一艺节受众分布广泛,为保证抽样调查中样本的质量以准确测算艺术节的综合影响力,在实地调研的过程中,抽取的样本尽量做到均衡分布,因此选取的样本具有代表性。

在有效回收的398份节前调查问卷中,从性别上来看,男性占52.9%,女性占47.1%;从年龄上来看,受访者的年龄大多分布在19—50岁,其中,18岁及以下的占8.56%,19—30岁的占43.07%,31—40岁的占21.16%,41—50岁的占13.60%,51—60岁的占

9.07%，61岁及以上的占4.53%；从职业来看，国家机关、党群组织、企事业单位工作人员占17.4%，专业技术人员占16.4%，商业工作人员占8.6%，服务性工作人员占10.3%，生产工作、运输工作和部分体力劳动者占6.1%，其他劳动者占41.3%；从文化程度上来看，初中及以下的占14.39%，高中（中专）的占30.30%，大专的占22.73%，本科的占29.29%，研究生及以上的占3.28%。

在有效回收的447份节后调查问卷中，从性别上来看，男性占32.2%，女性占67.8%；从年龄来看，18岁及以下的占8.9%，19—30岁占的63.1%，31—40岁的占8.5%，41—50岁的占7.2%，51—60岁的占5.6%，61岁及以上的占6.7%。从职业分布来看，国家机关、党群组织、企事业单位工作人员占11.4%，专业技术人员占7.4%，商业工作人员占4.0%，服务性工作人员占6.0%，生产工作、运输工作和部分体力劳动者占2.2%，其他劳动者占68.9%；从文化程度来看，初中及以下的占11.0%，高中（中专）的占14.5%，大专的占4.7%，本科及以上的占65.8%，研究生及以上占4.0%。（见表2-1）

表2-1　　　　　　　　受访民众基本状况　　　　　　　　单位：%

| 一级指标 | 二级指标 | 节前占比 | 节后占比 |
| --- | --- | --- | --- |
| 性别 | 男 | 52.90 | 32.2 |
| | 女 | 47.10 | 67.8 |
| 年龄 | 18岁及以下 | 8.56 | 8.9 |
| | 19—30岁 | 43.07 | 63.1 |
| | 31—40岁 | 21.16 | 8.5 |
| | 41—50岁 | 13.60 | 7.2 |
| | 51—60岁 | 9.07 | 5.6 |
| | 61岁及以上 | 4.53 | 6.7 |
| 文化程度 | 初中及以下 | 14.39 | 11.0 |
| | 高中（中专） | 30.30 | 14.5 |
| | 大专 | 22.73 | 4.7 |
| | 本科 | 29.29 | 65.8 |
| | 研究生及以上 | 3.28 | 4.0 |

注：由于对数据四舍五入，故占比的加总不一定等于100%。下同。

从居住地情况来看,节前调研中,在本地临时居住(探亲访友、旅游)的占8.3%,在本地居住半年的占5.5%,在本地居住1至2年的占4.5%,在本地居住3至5年的占7.6%,在本地居住5年以上的占74.1%。节后调研中,在本地临时居住(探亲访友、旅游)的占9.9%,在本地居住1年以内的占18.6%,在本地居住1至2年的占27.6%,在本地居住3至5年的占15.0%,在本地居住5年以上的占28.9%。(见表2-2)

表2-2 受访民众居住地情况 单位:%

| 一级指标 | 节前占比 | 节后占比 |
| --- | --- | --- |
| 临时居住(探亲访友、旅游) | 8.3 | 9.9 |
| 一年以内 | 5.5 | 18.6 |
| 1至2年 | 4.5 | 27.6 |
| 3至5年 | 7.6 | 15.0 |
| 5年以上 | 74.1 | 28.9 |

文化与经济相互渗透、相互促进,影响民众文化消费的因素有很多,其中经济收入是非常重要的影响因素之一,因此,在调研过程中,我们特别关注了样本的月平均收入及月平均文化消费情况。

在节前受访民众中,2015年月平均收入在2000元及以下的占32.5%,2001—4000元的占38.8%,4001—6000元的占21.2%,6001—8000元的占3.5%,8001—10000元的占1.8%,10001—12000元的占1.0%,12001元及以上的占1.3%;2015年文化消费月均在100元及以下的占20.7%,101—300元的占29.5%,301—500元的占18.1%,501—700元的占9.1%,701—900元的占16.6%,901—1100元的占3.5%,1101元及以上的占2.5%。

在节后受访民众中,2015年月平均收入在2000元及以下的占74.0%,2001—4000元的占15.7%,4001元—6000元的占8.3%,6001—8000元的占1.3%,8001—10000元的占0.4%,10001—12000元的占0.2%,12001元及以上的占0%;2015年文化消费月均在100元及以下的占30.2%,101—300元的占32.2%,301—500元的占

11.6%，501—700 元的占 7.6%，701—900 元的占 3.1%，901—1100 元的占 6.0%，1101 元及以上的占 9.2%。（见表 2-3）

表 2-3　受访民众 2015 年月均收入及月均文化消费情况

| 一级指标 | 二级指标 | 节前百分比（%） | 节后百分比（%） |
| --- | --- | --- | --- |
| 月平均收入 | 2000 元及以下 | 32.5 | 74.0 |
| | 2001—4000 元 | 38.8 | 15.7 |
| | 4001—6000 元 | 21.2 | 8.3 |
| | 6001—8000 元 | 3.5 | 1.3 |
| | 8001—10000 元 | 1.8 | 0.4 |
| | 10001—12000 元 | 1.0 | 0.2 |
| | 12001 元及以上 | 1.3 | 0 |
| 月均文化消费 | 100 元及以下 | 20.7 | 30.2 |
| | 101—300 元 | 29.5 | 32.2 |
| | 301—500 元 | 18.1 | 11.6 |
| | 501—700 元 | 9.1 | 7.6 |
| | 701—900 元 | 16.6 | 3.1 |
| | 901—1100 元 | 3.5 | 6.0 |
| | 1101 元及以上 | 2.5 | 9.2 |

## 三　十一艺节与民众的关系

### （一）延安民众对十一艺节知晓度分析

**1. 延安民众对十一艺节的整体知晓度**

根据调查统计结果，在节前调查的 398 份问卷中，知道十一艺节的占 52.7%，不知道十一艺节的占 47.3%；在节后调查的 447 份问卷中，知道十一艺节的占 90.2%，不知道十一艺节的占 9.8%（见图 3-1）。

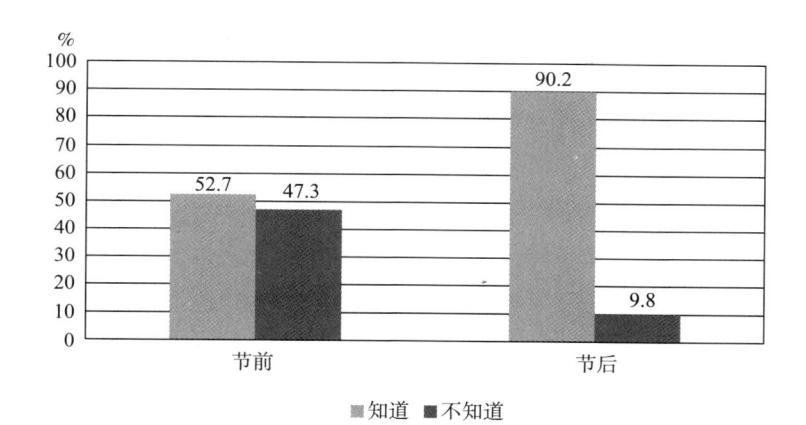

```
       %
      100                              90.2
       90
       80
       70
       60     52.7
              ┌──┐  47.3
       50     │  │ ┌──┐
       40     │  │ │  │
       30     │  │ │  │
       20     │  │ │  │                 9.8
       10     │  │ │  │                ┌──┐
        0     └──┘ └──┘                └──┘
               节前                     节后
                  ■知道  ■不知道
```

**图 3-1　延安民众知晓度分析**

通过节前及节后的对比来看，仅就延安市的情况而言，节后民众对十一艺节的知晓度明显高于节前，比例增高 37.5% 个百分点。由此可见，延安市通过参与十一艺节使更多的民众走近、了解十一艺节，扩大了十一艺节的整体影响力，因此节后市民对于十一艺节的知晓度相对高于节前。统计数字显示，在持续关注十一艺节的这部分人群中，曾经观看或参与过十一艺节的比例也有所增加，节前为 24.2%，节后为 32.7%，增加 8.5 个百分点。

2. 延安民众对十一艺节的知晓度对比分析

在问及十一艺节在哪里举办这一问题时，延安市节前有 57.8% 的受访者选择知道，42.2% 的受访者选择不知道；在问及十一艺节在何时举办这一问题时，延安市节前有 45.2% 的受访者选择知道，54.8% 的受访者选择不知道。

在问及您知道十一艺节有哪些分会场时，延安民众在节前知道西安的受访者为 45.9%，知道延安的受访者为 87.8%，知道宝鸡的受访者为 1.4%，知道汉中的受访者为 1.4%，知道渭南的受访者为 6.8%，知道榆林的受访者为 2.7%，知道咸阳的受访者为 0，知道商洛的受访者为 1.4%，知道安康的受访者为 0，知道铜川的受访者为 0。

节后知道西安的受访者为 65.1%，知道延安的受访者为 97.5%，知道宝鸡的受访者为 16.7%，知道汉中的受访者为 6.1%，知道渭南的受访者为 10.8%，知道榆林的受访者为 11.8%，知道咸阳的受访者为 10.8%，知道商洛的受访者为 5.7%，知道安康的受访者为 3.7%，知道铜川的受访者为 3.9%。（见图 3-2）

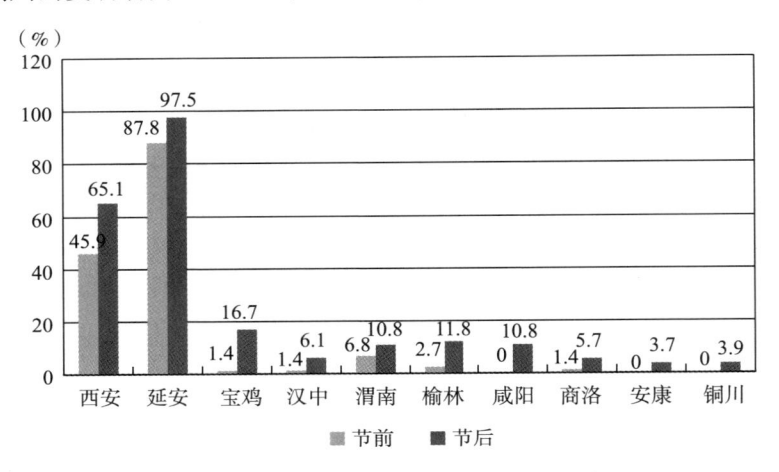

```
(%)
        西安    延安    宝鸡   汉中   渭南   榆林   咸阳   商洛   安康   铜川
节前    45.9   87.8   1.4    1.4    6.8   2.7    0      1.4    0      0
节后    65.1   97.5   16.7   6.1    10.8  11.8   10.8   5.7    3.7    3.9
```

图 3-2 十一艺节分会场知晓情况

**（二）延安民众对十一艺节参与度分析**

1. 延安民众参与广泛度分析

统计数字显示，在持续关注十一艺节的这部分人群中，曾经观看或参与过十一艺节的比例节前为 24.15%，节后为 32.7%，增加了 8.55 个百分点，未观看或参与过十一艺节的受访者则从 75.85% 降低到了 67.3%，降低了 8.5 个百分点。（见图 3-3）

在观看十一艺节节目的方式方面，选择手机的最多，占 42.3%，其次为电视，占 40.5%，到剧场观看者占 10.1%，广场观看占 13.0%，电脑占 18.4%，其他占 5.9%，没有观看占 15.5%。与十艺节相比较，互联网时代，手机显然已成为十一艺节最重要的传播载体，其快捷、方便的特征获得越来越多人的青睐，与此相对应，选择现场观看的民众比例仍然偏低。

节后的调查数据显示，14.3% 的延安民众认为能够很方便地参与十一艺节，26.9% 的认为比较方便，40.5% 的选择一般，14.6% 的认为比较不方便，3.7% 的认为很不方便。

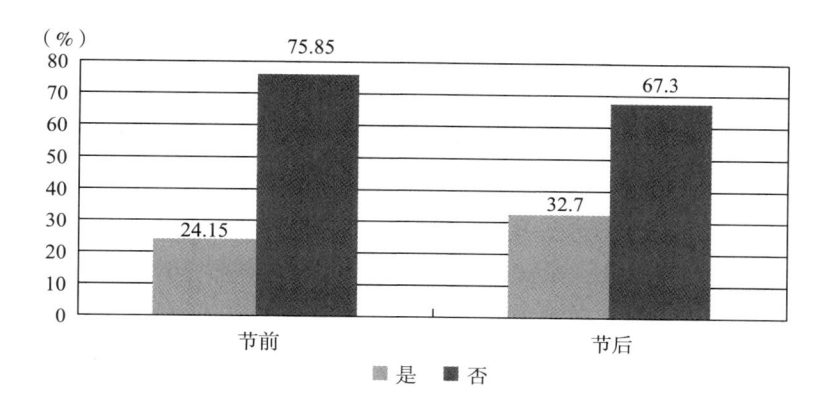

图 3-3　民众对十一艺节参与度情况

### 2. 延安民众参与深刻度分析

节前调研中，在对十一艺节的了解程度方面，选择一般的民众最多，占53.4%，非常了解的占1.9%，比较了解的占22.6%，不了解的占19.7%，完全不了解的占2.4%。在节前，民众对于十一艺节的整体了解程度不高，大部分民众都选择了一般。在十一艺节举办过后，非常了解十一艺节的民众占6.6%，比较了解十一艺节的民众占17.9%，一般了解十一艺节的民众占56.3%，不了解十一艺节的民众占18.4%，完全不了解十一艺节的民众占0.7%（见图3-4）。

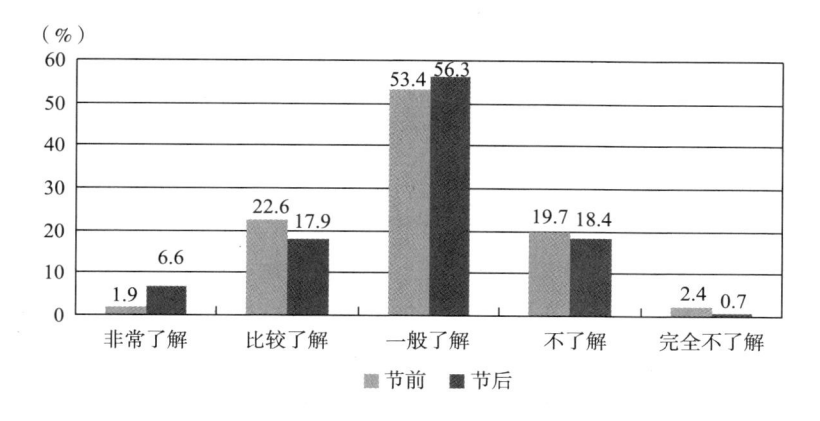

图 3-4　民众对于十一艺节的了解程度

在节前调研中，关于民众对陕西十一艺节节目的了解程度，知道开幕式和群众文化活动的人数分别占54.4%和52.2%，知道专业艺术活动的占32.9%，知道展览活动的占31.9%，知道闭幕式的占31.2%，知道旅游活动的占15.5%，知道演艺产品博览交易会的占8.1%，知道经贸活动的占7.7%，不清楚的占17.6%。其中，知道开幕式的民众最多，此调查结果说明：延安作为开幕式举办地，其对于开幕式的宣传工作做得比较好，但是对于十一艺节的其他节目，宣传力度仍然不到位。（见图3-5）

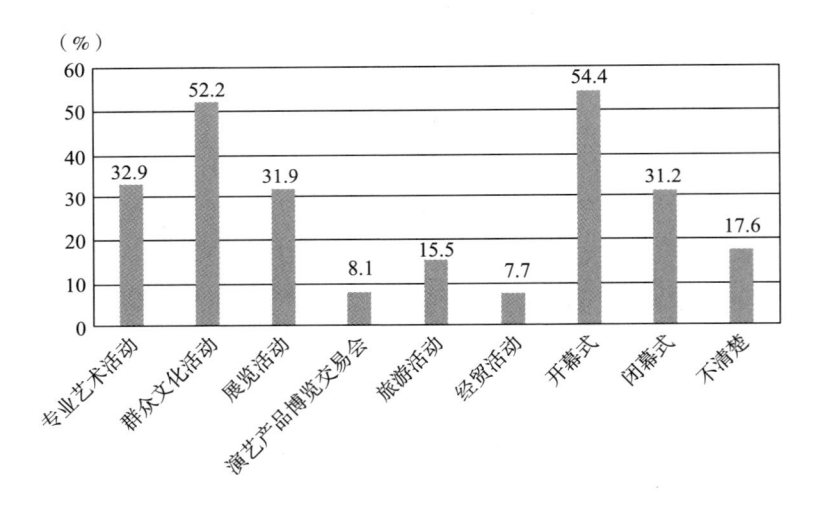

图3-5 民众对十一艺节活动的知晓度

### （三）延安市民众参与程度交叉分析

**1. 延安民众总体参与广泛度交叉分析**

在节后对延安民众知晓度调查中，以性别、年龄、职业作为自变量，以对艺术节的知晓度为因变量，作交叉分析，详见图3-6。

如上图所示，女性对于艺术节的知晓度达到了91.7%，高于男性的86.8%，这说明女性对于艺术节更加关注，更加了解。从年龄层次看，51—60岁民众的知晓度最高，达到100%，41—50岁民众的知晓度也高达96.9%，这说明中老年群体的文化需求相对较为旺盛，文化生活也相对丰富，因此对艺术节的知晓程度最高。同时，数据表明，

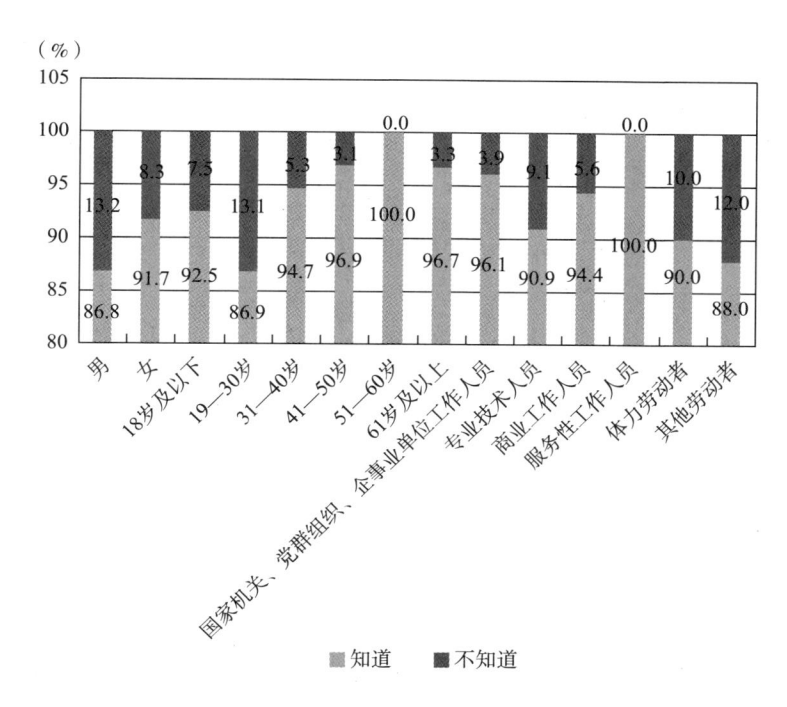

```
（%）
105
100  ▆8.3 ▆7.5      3.1  0.0  3.3  3.9  9.1  5.6  0.0  10.0
 95 13.2         13.1 5.3                            12.0
 90      91.7 92.5     94.7 96.9 100.0 96.7 96.1 90.9 94.4 100.0 90.0
 85 86.8        86.9                                      88.0
 80
    男  女 18岁及以下 19—30岁 31—40岁 41—50岁 51—60岁 61岁及以上 国家机关、党群组织、企事业单位工作人员 专业技术人员 商业工作人员 服务性工作人员 体力劳动者 其他劳动者

            ▆ 知道    ▆ 不知道
```

**图 3-6　节后延安民众对艺术节知晓度的交叉分析**

19—30 岁民众的知晓度最低，仅有 86.9%，这说明对于年轻人而言，学习和工作会占用自己大量的时间和精力，因此对文化艺术的需求和关注较弱。在不同职业的民众调查中，服务性工作人员对于艺术节的知晓度最高，占比 100%，国家机关、党群组织、企事业单位工作人员的知晓度为 96.1%，商业工作人员的知晓度为 94.4%，专业技术人员的知晓度为 90.9%，体力劳动者和其他劳动者的知晓度较低，分别为 90.0% 和 88.0%，说明艺术节对这一群体的影响力有限。

2. 延安市民众总体参与深刻度交叉分析

中国艺术节是具有全国性、群众性的重要国家文化艺术节日，因此有关部门的宣传工作一定要做好，同时对于民众而言，中国艺术节是一场文化盛宴，更重要的是可以参与其中，享受其中，在节日的喜庆氛围中满足自己的文化需求。但是，在通过对知晓十一艺节人群的基础上做进一步调查发现：男性有 31.5% 的受访者观看或参与过十一艺节的项目或活动，女性有 33.2% 的受访者观看过。因此，民众观看或参与过艺术节的项目或活动的比例皆低于对艺术节知晓度的比例，这说明很多民众仅仅停留在知晓的层面上，并未真正参与到十一艺节中。在对不同年龄的民众是否观看艺术节的调查中，51—60 岁的民众观看艺术节的比例最高，达到 64.0%，61 岁及以上的民众观看艺术节的比例达到 62.1%，19—30 岁民众的比例最低，为 25.1%。在对不同职业民众的调查中，体力劳动者虽然知晓度低，但观看艺术节的比例最高，达到 56.7%，这说明体力劳动者积极参与到十一艺节中，也间接说明艺术节对于体力劳动者而言，是一种增加生活乐趣的娱乐方式（见图 3-7）。

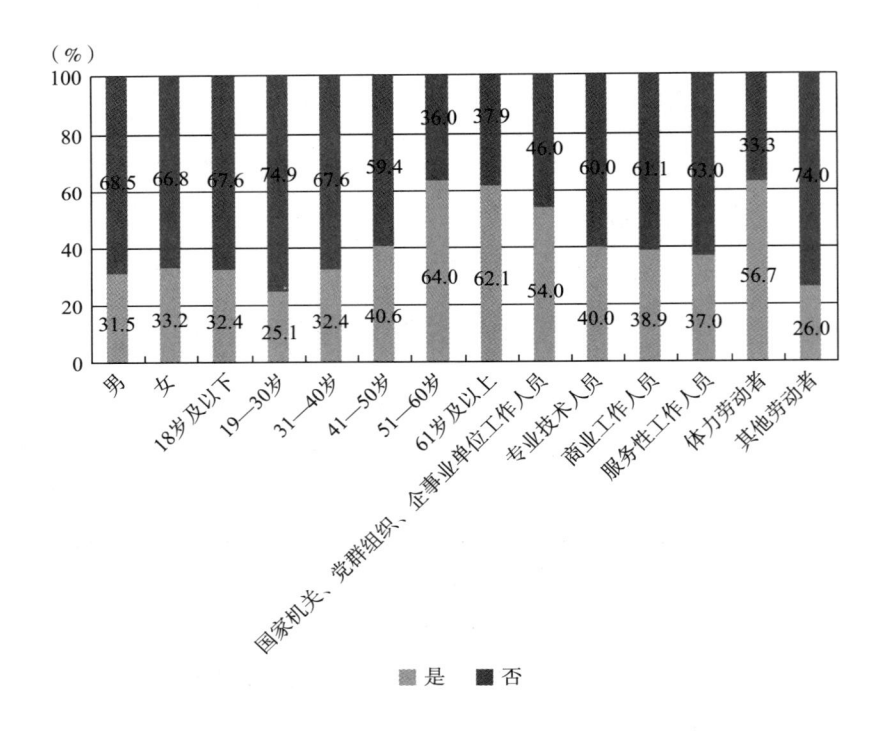

图 3-7　节后延安民众是否观看十一艺节的交叉分析

关于十一艺节相关活动的喜好程度，不同年龄的民众对艺术节的喜欢程度各不相同，其中 18 岁及以下的民众最喜欢的是专业艺术活动和开幕式，占比均达到 37.8%，19—30 岁民众最喜欢的是开幕式，占比达到 45.7%，31—40 岁民众最喜欢的是群众文化活动，占比达到

78.4%，41—50岁民众最喜欢的是群众文化活动，占比达到65.6%，51—60岁民众最喜欢的是群众文化活动，占比达到68.0%，61岁及以上民众最喜欢的是群众文化活动，占比达到86.2%。综上所述，选择群众文化活动的占比最高，说明民众最喜欢的活动是群众文化活动。群众文化活动在空间上具有开放性，内容上具有丰富性，形式上具有多样性，因此深受当地民众的喜爱，这充分展现了艺术节"艺术的盛会，人民的节日"这一办节宗旨。（见图3-8）

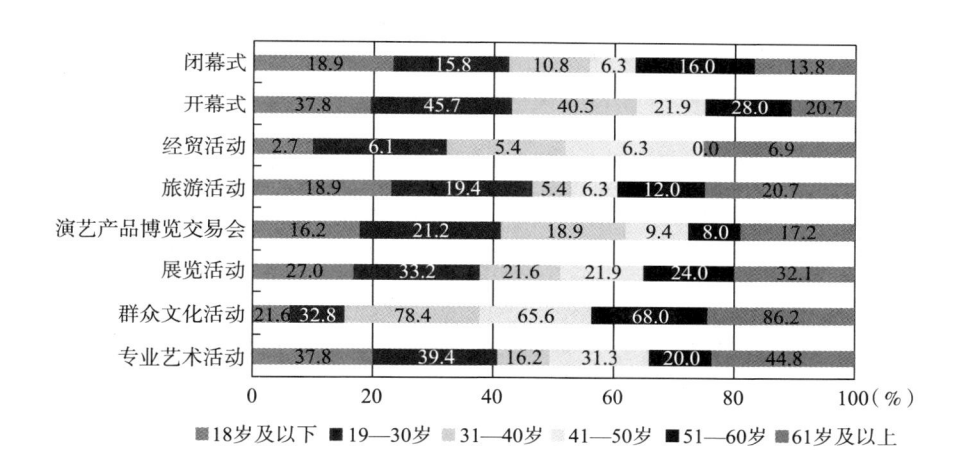

图3-8 不同年龄民众对艺术节活动的喜好程度分布

不同职业的民众对艺术节活动的喜欢程度也不尽相同，如图3-10所示，国家机关、党群组织、企事业单位人员工作人员，喜欢群众文化活动的最多，占比为64.0%，专业技术人员也对群众文化活动的喜欢程度最高，占比为53.3%，商业工作人员最喜欢的活动为群众文化活动和开幕式，占比均为61.1%，服务性工作人员最喜欢的活动是群众文化活动，占比为55.6%，体力劳动者最喜欢的活动也是群众文化活动，占比为77.8%，其他劳动者最喜欢的活动为开幕式，占比为42.1%。职业性质的不同在较大程度上会影响民众对于艺术节活动的喜好程度，但以上数据表明，群众文化活动和开幕式仍然是不同职业的民众喜欢程度最高的艺术节活动。（见图3-9）

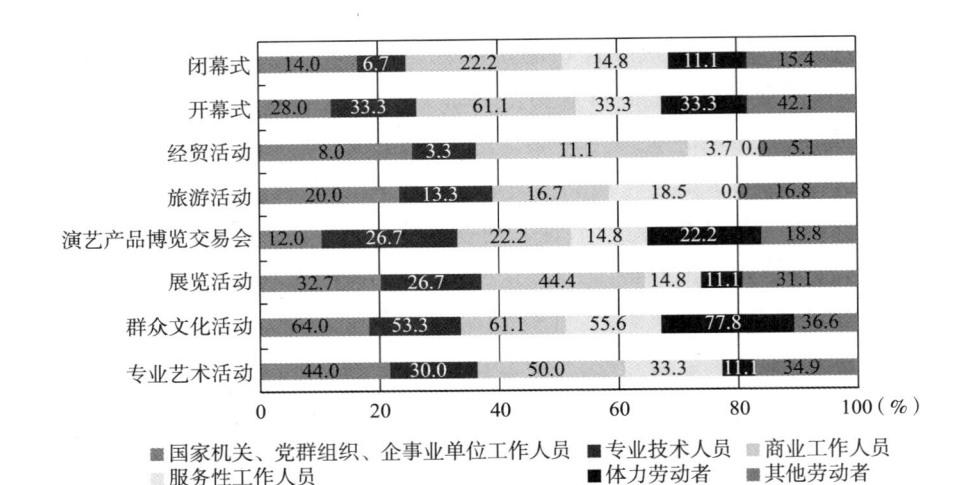

图 3-9 不同职业的民众对艺术节活动的喜好程度分布

如图 3-10 所示，不同收入的民众在选择喜欢艺术节的活动中，较为集中地反映了经济收入对文化需求的影响程度。年均收入在 2000 元及以下的最喜欢开幕式和群众文化活动，月均收入 2001—4000 元的民众最喜欢群众文化活动和开幕式，4001—6000 元的最喜欢群众文化活动，6001—8000 元的最喜欢群众文化活动，8001—10000 元的最喜欢群众文化活动。

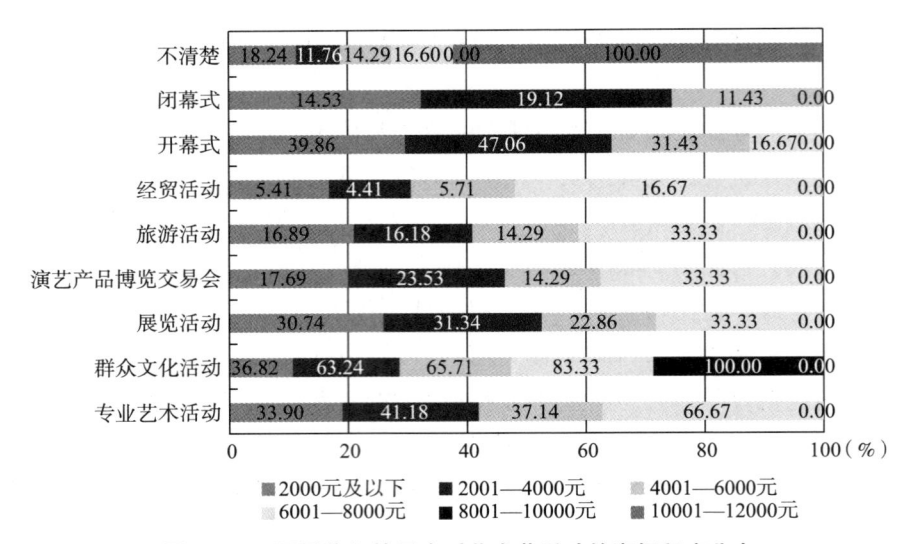

图 3-10 不同收入的民众对艺术节活动的喜好程度分布

从整体而言，不同年龄、不同职业、不同收入的民众喜欢程度各有侧重，但群众文化活动和开幕式是最受欢迎的艺术节活动。这充分体现了民众文化需求的差异性和多样性，也充分说明了延安作为十一艺节开幕式所在地对民众的影响比较大。

## 四　十一艺节与文艺发展的关系

### （一）十一艺节对民众文化生活的影响

关于中国艺术节对于文艺发展的影响，课题组在十一艺节之前和之后分别对延安市民众做了相关调查。

节后，针对民众比较喜欢的艺术节活动调查结果显示，对于延安民众而言，选择观看歌舞晚会的比重最大，为54.5%，其次为音乐会，占38.3%，地方戏曲占27.3%，曲艺晚会占23.6%，美术展览占22.9%，群众文化活动占22.4%，话剧占19.4%，舞剧占17.2%，京剧占6.1%，其他占9.6%。延安民众对于节目类型的喜好程度各有侧重，大家都可以根据自己的爱好参与到不同类型的活动中，但相比之下，话剧、舞剧等专业性较强的节目类型以及我国的传统经典国粹——京剧，喜欢的人则相对较少。这表明京剧在延安的影响力有限。（见图4-1）

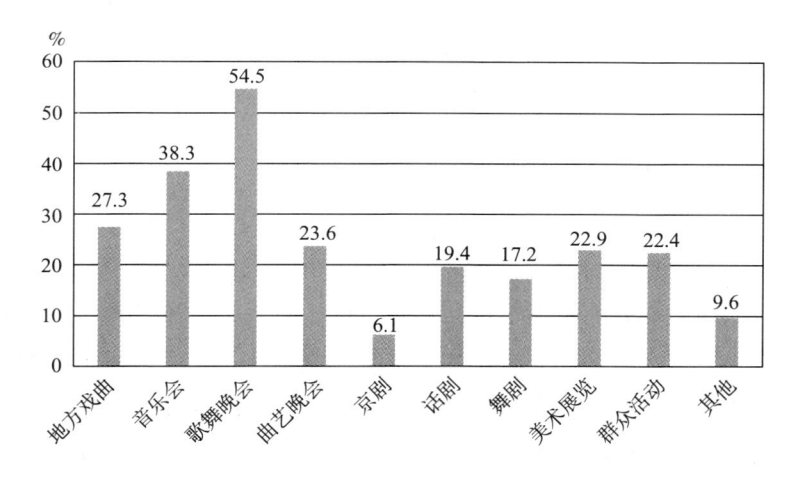

**图4-1　节后民众对十一艺节活动的喜好程度**

针对十一艺节对民众文化生活影响程度的节前调查结果显示：有9.8%的受访者认为十一艺节将对其产生很大影响，有39.5%的受访者认为十一艺节将对其文化生活产生比较大的影响，认为一般的有41.5%，认为比较小的占5.9%，认为很小的占1.5%，认为说不清的占2.0%。

节后调查结果显示：有21.2%受访者认为艺术节对自身的文化生活带来很大影响，认为影响比较大的占45.2%，有25.7%的认为影响一般，认为比较小的占4.7%，认为很小的占1.2%，认为说不清的占2.0%。（见图4-2）

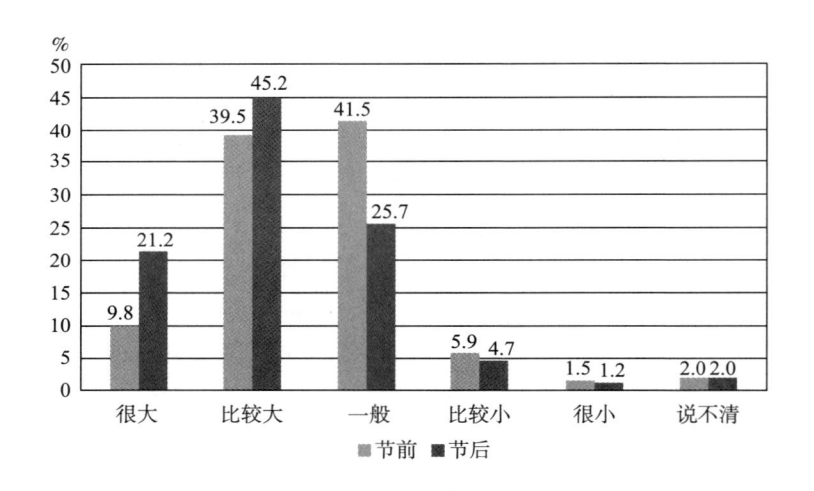

**图4-2 十一艺节民众文化生活影响的程度**

十一艺节期间，31.4%的受访者因为受十一艺节影响而经常谈论艺术节相关话题，21.5%的受访者和朋友交往机会增多，16.0%的受访者与家人一起观赏剧目或参观展览。但是，仍有31.1%的受访者认为十一艺节期间，他们的社会生活与平常一样，没什么特别。（见图4-3）

十一艺节之前，延安有相当一部分民众对于艺术节抱有较高期望，他们希望借助于中国艺术节多形式、高水平的文化节目来改善自身的业余文化生活。节后的调查数据也刚好印证了这一点，节前认为十一艺节将对其文化生活产生很大和比较大影响的民众共占49.3%，节后这一

```
经常谈论艺术节相关话题   31.4
与家人观赏剧目或参观展览  16.0
和朋友交往机会增多      21.5
没什么特别          31.1
```

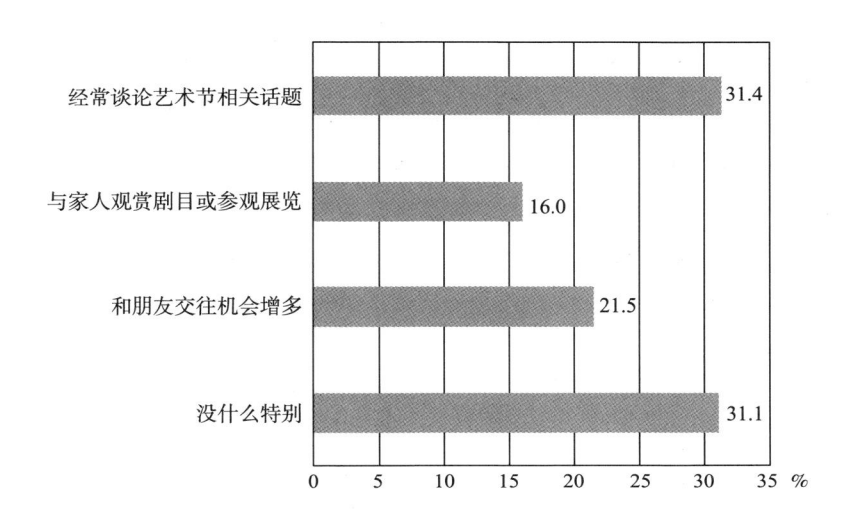

**图4-3 民众在十一艺节期间文化生活发生何种变化的统计**

数据上涨到了66.4%，增加比例为17.1个百分点。大多数人觉得十一艺节对自身的文化生活产生了一定影响，由此可见，十一艺节在对延安民众文化生活产生了重大影响，这些数据充分体现出民众对于十一艺节的认可。

在对不同年龄的民众在艺术节期间文化生活发生变化的交叉分析中（见图4-4），认为自己生活没什么特别变化占比最高的群体为19—30岁民众，该数据与民众对艺术节的知晓度成正相关，再次论证对于年轻人而言，学习和工作会占用自己大量的时间和精力，因为对十一艺节的关注较少，所以为19—30岁民众认为十一艺节对自己的生活没有产生很大的影响。（见图4-4）

### （二）十一艺节对城市文化基础设施的影响

艺术节的举办，不仅可以丰富人们的文化生活，满足人们的文化需求，同时还可以通过节日来改善城市文化基础设施、完善城市功能分区、提升城市形象，提高城市竞争力。节前，在针对十一艺节对其所在城市文化基础设施改善程度的调查中，认为改善程度很大的占10.7%，比较大的占35.0%，一般的占41.7%，比较小的占7.8%，很小的占1.5%，说不清的占3.4%。节后数据显示：认为十一艺节对其所在城

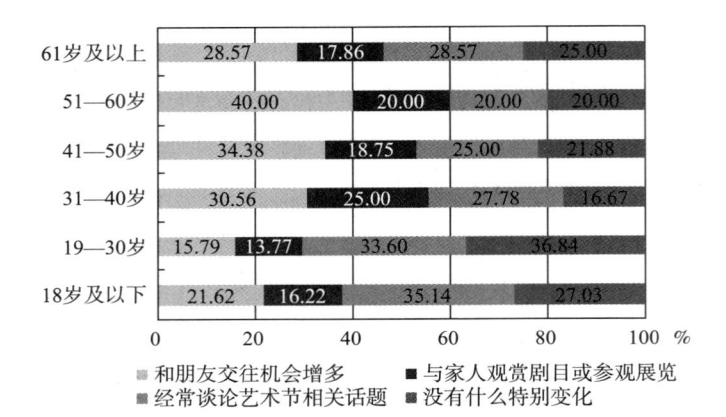

图中数据(图4-4 不同年龄的民众在艺术节期间文化生活发生变化分布)：

| 年龄 | 和朋友交往机会增多 | 与家人观赏剧目或参观展览 | 经常谈论艺术节相关话题 | 没有什么特别变化 |
|---|---|---|---|---|
| 61岁及以上 | 28.57 | 17.86 | 28.57 | 25.00 |
| 51—60岁 | 40.00 | 20.00 | 20.00 | 20.00 |
| 41—50岁 | 34.38 | 18.75 | 25.00 | 21.88 |
| 31—40岁 | 30.56 | 25.00 | 27.78 | 16.67 |
| 19—30岁 | 15.79 | 13.77 | 33.60 | 36.84 |
| 18岁及以下 | 21.62 | 16.22 | 35.14 | 27.03 |

**图 4-4　不同年龄的民众在艺术节期间文化生活发生变化分布**

市文化基础设施改善程度非常大的占 19.0%，比较大的占 48.6%，一般的占 23.7%，比较小的占 4.0%，很小的占 0.7%，说不清的占 4.0%。（见图 4-5）

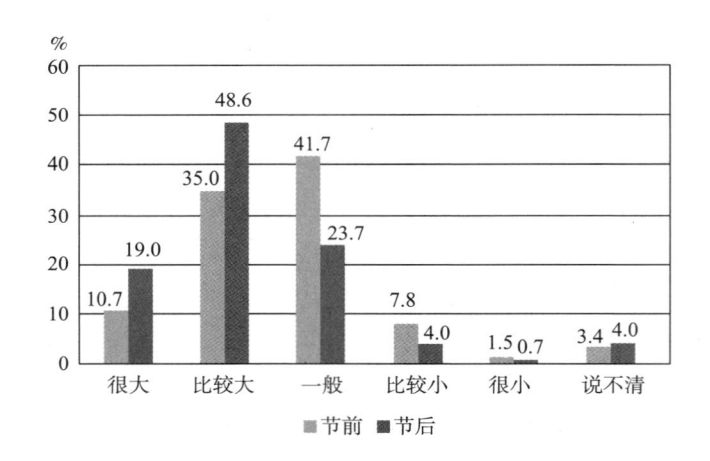

图4-5数据：

| | 很大 | 比较大 | 一般 | 比较小 | 很小 | 说不清 |
|---|---|---|---|---|---|---|
| 节前 | 10.7 | 35.0 | 41.7 | 7.8 | 1.5 | 3.4 |
| 节后 | 19.0 | 48.6 | 23.7 | 4.0 | 0.7 | 4.0 |

**图 4-5　十一艺节对城市文化基础设施的改善程度**

节前节后数据对比说明，节后受访者认为十一艺节将会对延安市的城市文化基础设施带来很大程度改善的比例从 10.7% 提高到 19.0%，增加 8.3 个百分点，认为十一艺节将会对延安市的城市文化基础设施带来比较大程度改善的比例从 35.0% 提高到 48.6%，增加 13.6 个百分点。这一对数据表明，延安市通过举办十一艺节，城市文化基础设施得到了很大改善。

## 五 十一艺节与区域发展的关系

### （一）民众对于十一艺节与区域发展关系的看法

根据节前对民众进行的调查数据显示：在延安有77.5%的受访者对举办十一艺节感到自豪，认为一般的有18.6%，有3.9%的民众认为无所谓。关于对城市形象的影响，受访者认为举办十一艺节能够很好地提升延安的城市形象，其中，认为可以提升城市知名度的占23.6%，能够增强市民认同感的占13.6%，能够提升市民文化素质的占13.6%，能够拉动经济与文化消费的占7.8%，能够加快城市形象建设的占6.8%，其他占0.3%（见图5-1）。

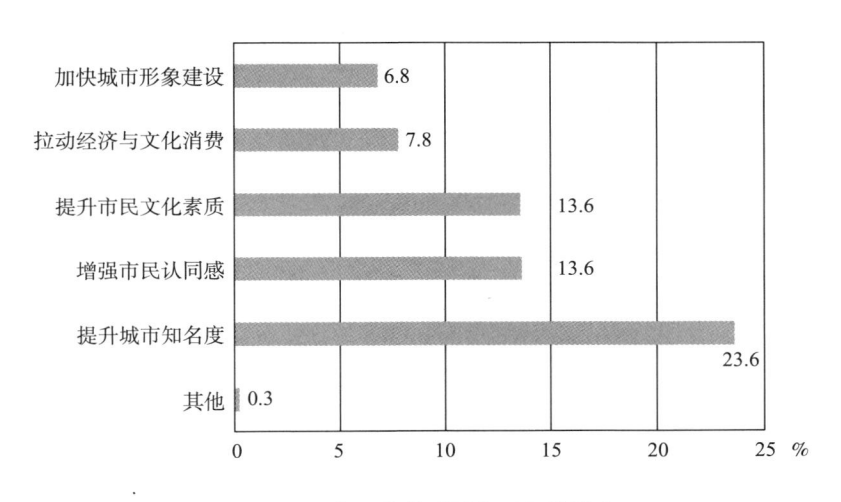

图5-1 十一艺节对城市形象的影响

节后调查数据显示：52.3%的受访者十一艺节在陕西举办后更加了解陕西各城市，39.3%的受访者更加喜欢陕西各城市，有8.4%的受访者认为没有感觉（无所谓）（见图5-2）。

没有感觉（无所谓），8.4%
更加喜欢陕西各城市，39.3%
更加了解陕西各城市，52.3%

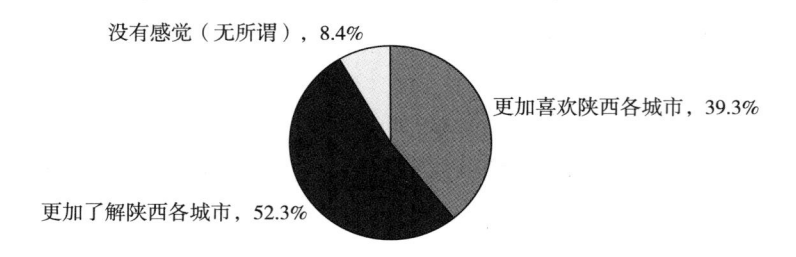

**图 5-2　民众对陕西主办十一艺节的态度**

在举办十一艺节后，有 74.1% 的受访者对陕西举办十一艺节感到自豪，认为一般的有 19.0%，有 6.9% 的民众认为无所谓（见图 5-3）；关于是否还希望陕西今后承担类似活动的调查中，92.6% 的延安受访者选择希望，6.7% 的受访者选择无所谓，仅有 0.7% 的人选择不希望（见图 5-4）。

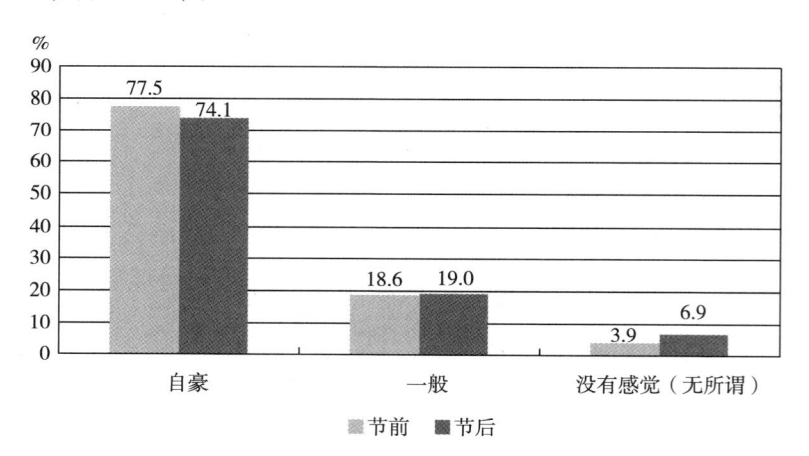

**图 5-3　节前节后民众对陕西举办十一艺节的直观感受对比**

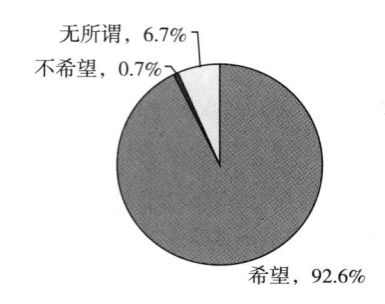

无所谓，6.7%
不希望，0.7%
希望，92.6%

**图 5-4　民众对陕西举办类似节目的期望态度**

如图 5-3、图 5-4 所示，74.1% 的延安受访者对陕西举办十一艺节感到自豪；92.6% 的受访者表示希望陕西今后还举办类似活动。由此可见，虽然延安只是十一艺节的一个分会场，但十一艺节在延安已经具备了很好的群众基础，民众对于类似活动具有很高的参与期望。

### （二）民众对于十一艺节与文化消费关系的看法

节前，在问及您是否有购买门票现场观看十一艺节节目的计划时，41.7% 的民众选择了有，58.3% 的民众选择了没有。针对有计划购买门票现场观看十一艺节的节目的民众关于门票价格的调查显示：接受 50 元及以下价位的受访者占 17.2%，接受 50—100 元的占 50.6%，接受 101—200 元的占 29.9%，接受 201—300 元的占 2.3%，接受 301 元及以上的占 0%。（见图 5-5）

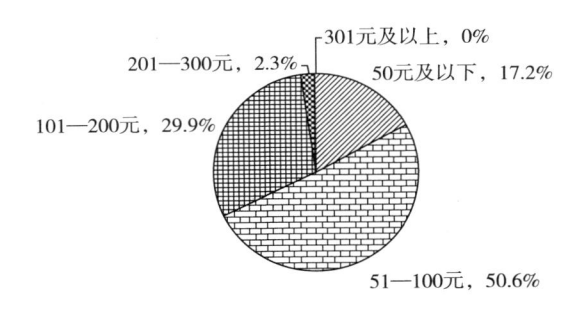

**图 5-5　民众节前门票预期价格**

节后，在问及您是否有购买门票到现场观看十一艺节节目的计划时，19.2% 的民众选择了有，还有 80.8% 的民众选择了没有。（见图 5-6）

针对有计划购买门票现场观看十一艺节的节目的受众关于门票价格的调查显示：接受 50 元及以下价位的受访者占 39.8%，接受 51—100 元的占 43.4%，接受 101—200 元的占 12.0%，接受 201—300 元的占 4.8%，接受 301 元及以上的占 0%。（见图 5-7）

节后的数据显示：十一艺节期间，没有参与艺术节消费的受访者占 43.0%，直接或者间接参与艺术节消费金额在 50 元及以下的占 22.2%，51—200 元的占 27.4%，201—300 元的占 5.2%，301 元及以上的占 2.2%。（见图 5-8）

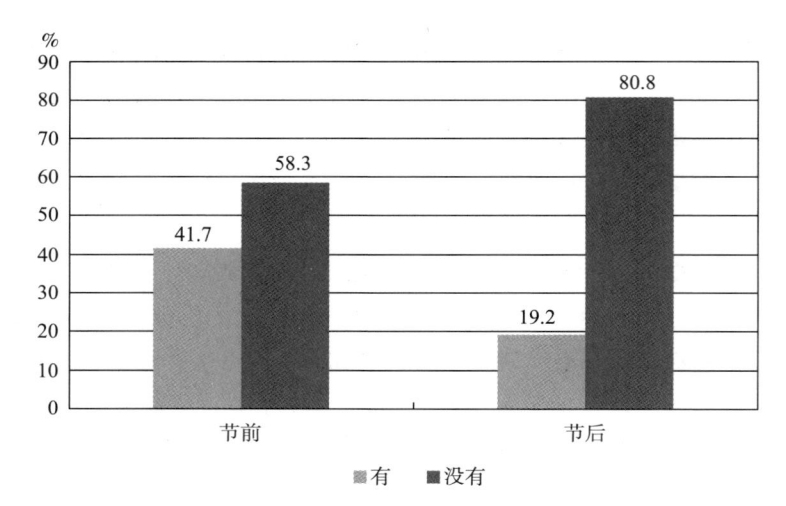

图 5-6　民众是否有购买门票现场观看十一艺节节目的计划

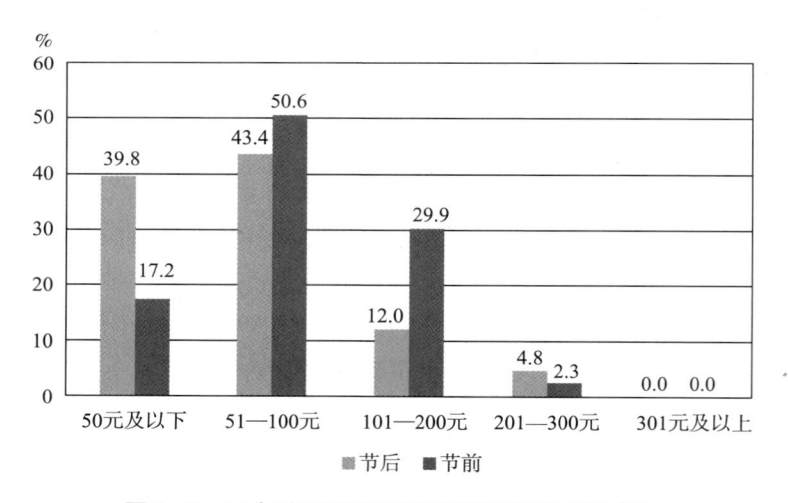

图 5-7　民众到剧场观看节目能够接受的门票价格

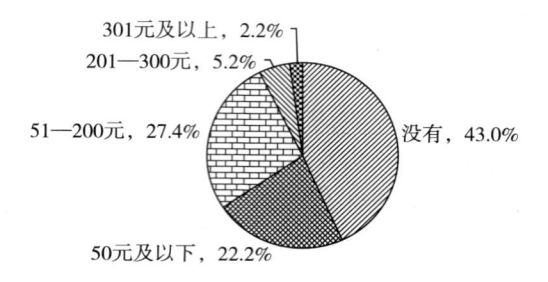

图 5-8　民众节后实际消费情况

通过对不同收入的民众节后实际消费的交叉分析（见图5-9），可以发现收入在6001—8000元的民众，有16.7%的受访者在艺术节期间文化消费在300元以上，是文化消费300元以上的主要人群。年均收入在2001—4000元之间的民众，有39.7%的受访者文化消费为51—200元。年均收入在2000元及以下的有22.6%的民众文化消费在50元及以下。而收入在10001—12000元以上的民众文化消费为在50元及以下，这种结果可能是样本中高收入人群所占比例不多导致的，并不能完全说明随着收入的增长，在文化方面的消费就会随之增高。虽然不同收入的人群在艺术节期间的文化消费并没有呈现出明显的阶梯分布，但是这也从侧面说明在艺术节期间民众的文化消费并不高，也可以说明艺术节对于促进文化消费的提升并没有直接作用。

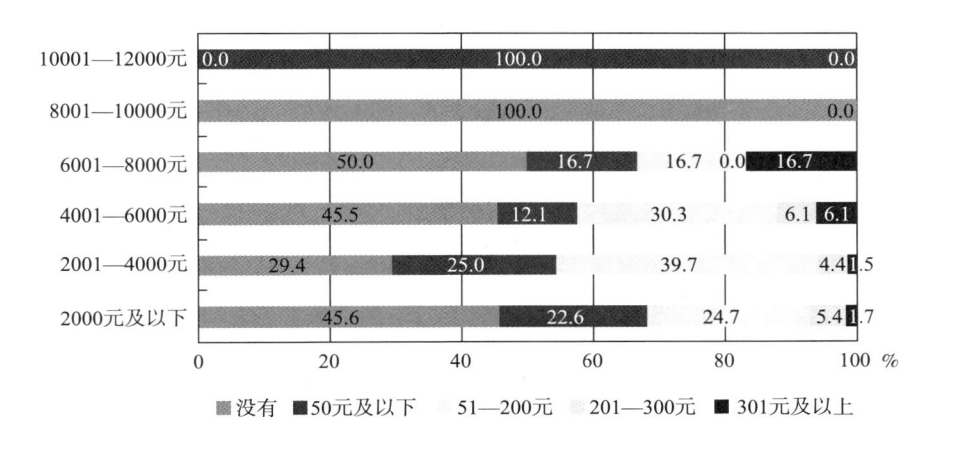

图 5-9　不同收入的民众节后实际消费的交叉分析

节前，受访者对于十一艺节门票预期的心理价位大多集中于51—200元，有97.7%的受访者能接受200元以下消费水平，但节后调查表明，实际消费金额在200元以下的比例只有55.4%。

针对民众的消费类型调查显示：没有消费的占41.7%，购票看节目的占12.8%，购买纪念品的占19.8%，到艺术节举办地旅游的占21.5%，选择其他消费类型的占15.8%。

虽然节前受访者对十一艺节表达了较高的消费需求意愿，但是十一艺节期间有 41.7% 的民众未参与消费活动。在购票看节目、购买纪念品、到艺术节举办地旅游和其他选项中，到艺术节举办地旅游所占比例最高，达到 21.5%。综合分析表明：延安市民众在十一艺节期间的实际消费水平远远未达到节前的预期，其消费潜力还有待于进一步挖掘。

针对十一艺节的票价，受访者认为票价非常贵的占 3.2%，认为票价比较贵的占 9.4%，认为一般的占 12.4%，认为票价比较便宜的占 1.1%，认为非常便宜的占 0.2%，还有 73.6% 的选择说不清（见图 5-10）。由此可见，票价的高低并非是影响民众参与艺术节的最主要因素，仍然有 73.6% 的受访者选择了说不清，该数据表明还有大量民众对艺术节票价不够了解，因此，对十一艺节的知晓度整体偏低才是导致没有更多的民众到现场参与艺术节的关键因素。

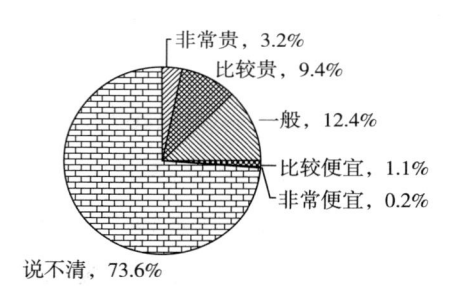

**图 5-10　民众对陕西十一艺节门票价格的看法**

## 六　民众对于十一艺节的评价

1965 年，美国学者 Cardozo 首次将"顾客满意"概念引入商业领域，服务质量研究在西方国家逐渐兴起。感知质量满意度是对服务效果进行评价的有效方法，因此，课题组采用民众满意度指标对艺术节进行总体评价。

### （一）民众对于十一艺节宣传工作的满意度

在对十一艺节前期宣传工作的调查中，认为十一艺节前期宣传工作做得很好的受访者有 10.7%，认为比较好的占 34.5%，一般的占 46.6%，认为比较差和很差的分别占 5.3% 和 1.0%，认为说不清的占 1.9%。（见图 6-1）

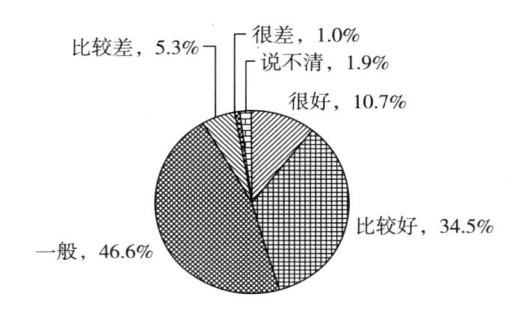

**图 6-1　节前民众对于十一艺节宣传工作的评价**

节后调查数据显示：认为十一艺节宣传效果非常好的占 32.8%，比较好的占 42.0%，一般的占 23.0%，认为比较差的占 1.5%，认为非常差的占 0.7%（见图 6-2）。

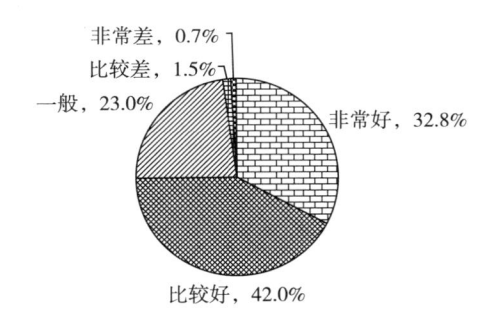

**图 6-2　节后民众对于十一艺节宣传工作的评价**

受访者在节前和节后对十一艺节宣传工作的评价存在差距，基本持平，但是节前认为非常好和比较好的占 45.2%，而节后认为非常好和比较好的比例升高，为 74.8%，提高了 29.6 个百分点，节后认为宣传效果非常好的比例有明显提高。表明十一艺节成功举办之后，延安民众对于陕西十一艺节宣传工作的认可度有所提升。

### (二) 民众对于十一艺节节目质量的满意度

十一艺节节目质量主要包括节目类型、节目内容、节目形式、演员水平等四个方面，因此课题组将民众对陕西十一艺节的满意度按照这四个维度设计评价指标体系。该问题共有五个选项，其中认为非常好的为5分，认为比较好的为4分，认为一般的为3分，认为比较差的为2分，认为非常差的为1分。调查结果显示：延安民众对于十一艺节节目类型的评分为4.29分，对于十一艺节节目内容的评分为4.30分，对于十一艺节节目形式的评分为4.24分，对于十一艺节演员水平的评分为4.33分。（见表6-1）

表6-1　　　　　　　　民众对陕西十一艺节节目的评价

| 评价指标 | 得分 |
| --- | --- |
| 节目类型 | 4.29 |
| 节目内容 | 4.30 |
| 节目形式 | 4.24 |
| 演员水平 | 4.33 |

以上数据显示：受访者对于节目质量的满意度相当高，无论是节目类型、节目内容、节目形式，还是演员水平，各个方面的正面评价都在4.2分以上，充分说明了民众对十一艺节节目质量所持有的肯定态度。

在问及您认为陕西十一艺节最大的特色时，14.1%的受访者选择了组织出色，51.2%的受访者选择了群众文化活动丰富，16.3%的受访者选择了节目精彩，18.3%的受访者选择了说不清。（见图6-3）

### (三) 民众对于十一艺节的总体评价

民众对十一艺节总体评价主要包括活动组织管理、活动场地、活动规模和活动持续时间等四个方面。见表6-2。

以上数据显示，延安受访者对于十一艺节活动组织管理、活动场地、活动规模、活动持续时间的评分都在4.1以上，充分说明延安受访者对十一艺节的总体评价较高。

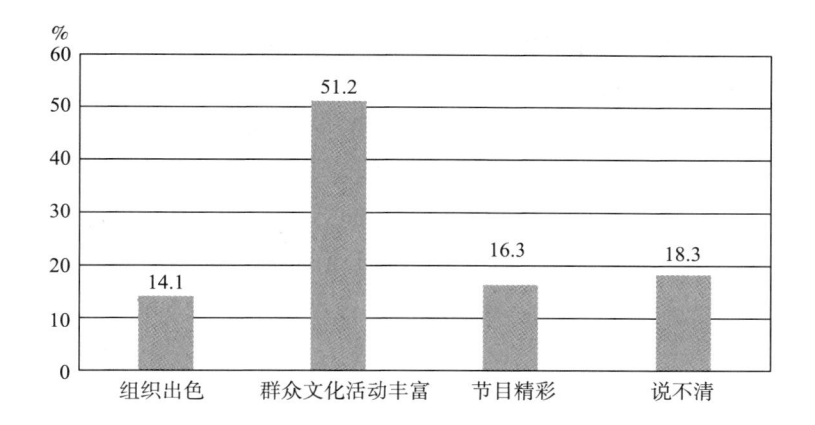

图 6-3　民众认为陕西十一艺节最大的特色

表 6-2　　　　　　　民众对陕西十一艺节的整体评价

| 评价指标 | 得分 |
| --- | --- |
| 组织管理 | 4.31 |
| 活动场地 | 4.29 |
| 活动规模 | 4.29 |
| 活动持续时间 | 4.11 |

# 七　启示与思考

十一艺节在陕西省的举办获得圆满成功，延安首次以地级市和分会场的身份承办开幕式更是为未来中国艺术节的发展留下宝贵经验。

## （一）深化惠民活动，注重借力"互联网+"手段

加快构建完善的公共文化服务体系，保障人民群众的基本文化权益是各级政府文化建设的重要内容。中国艺术节自创办以来，始终坚持"为人民服务，为社会主义服务"的方向和"百花齐放，百家争鸣"的方针，与人民群众共享文化生活，共建和谐社会。大量的惠民活动是十一艺节的一个重要特点。降低门票价格，票价最低 20 元，100 元以下的低价票占到总票数的 65%；除了降低票价外，本届艺术节还关注特

殊人群，邀请老战士、农民工、环卫工、儿童福利院的孩子、场馆建设者等特殊群体免费观看演出。

为了进一步提升文化精品惠民的力度，参加群星奖决赛的所有作品分别于 2016 年 10 月 18 日至 22 日分赴西安、延安、榆林、渭南、铜川、咸阳、宝鸡、延安、安康、商洛等地进行了 20 场惠民展演，覆盖陕西全省，观众达 5 万多人次。所有演出均为公益性演出，受到基层群众的热烈欢迎和广泛好评。群星奖决赛进行网络直播，观看人次达 80 万。此外，十一艺节举办的全国优秀美术、书法篆刻和摄影作品三个展览项目的展期均延续至 12 月中旬，持续向观众免费开放。在两个月的展期中，美术馆举办了专家讲座、艺术讲堂、亲子活动等公共教育项目，吸引更多的观众走进美术馆，使这一批从全国范围内精选出来的优秀作品惠及更广泛的人民群众。

但针对延安的调研也发现问题，首先，有些民众仍对十一艺节的惠民活动和措施不太了解，直接导致通过现场观看欣赏节目的民众仍只是少部分。比如，只有 39.2% 的受访者知道可以购买优惠票，还有 60.8% 的受访者不知道可以购买优惠票，知道可以购买优惠票的受访者中只有 26.2% 购买了优惠票，还有 73.8% 的受访者没有购买优惠票。其次，民众对如何更好地参与十一艺节的文化惠民活动仍不太清楚，很多人并不知道可以购买优惠票。数据显示：在问及没有购买优惠票的原因时，"不知道在哪里购买"的占 67.6%，"不符合购买优惠票的条件"的占 14.7%，"优惠票席位偏远，不利于欣赏节目"的占 5.9%，"出手慢了，没买到"的占 11.8%。

中国艺术节是一种文化商品，因此具有文化和经济的双重属性。十一艺节的成功举办，首先吸引了众多的观众，从而产生了巨大的经济效益，带动了本地及周边地区的经济增长；其次十一艺节的成功举办也产生了巨大的社会效益，满足了民众的文化需求，提升了民众的文化素养，更增强了本地区民众的文化自信。十一艺节节目精彩纷呈，其中不乏老一辈艺术家们的精品力作。节目评选出的重大奖项更是对于艺术工作者们的尊重和认可。因此，收取演出门票无疑是对艺术节目的一种肯定，同时也是市场条件下的相对合理选择。而且数据显示，在文化惠民政策的引导下，票价已经不是限制民众参与艺术节活动的最重要因素。

如图 7-1 所示，17.2%的受访者接受 50 元及以下的价位，接受 50—100 元的占 50.6%，接受 101—200 元的占 29.9%，接受 201—300 元的占 2.3%。也就是说将近七成的民众都可以接受 100 元以下的票价。

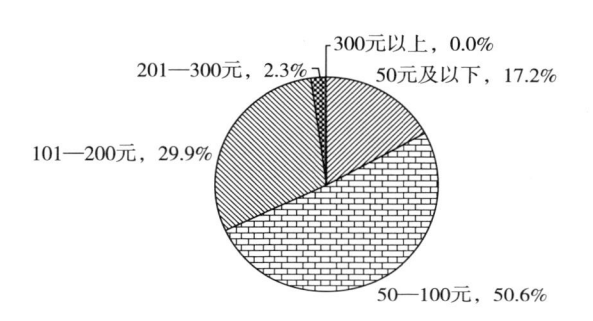

**图 7-1　民众节前门票预期价格**

由此可见，对惠民活动的宣传、购票的方便程度等问题已成为目前限制民众参与艺术节文化活动的重要因素，而在信息化的时代背景下，借助网络化手段打造中国艺术节的 APP、创造"互联网+宣传"模式，利用微信、支付宝等大众化平台创造"互联网+支付"模式，将会尽快打通十一艺节文化惠民活动的"最后一公里"。

### （二）丰富艺术节节目，满足民众"接地气"期待

十一艺节举办了全国优秀美术、书法篆刻、摄影作品三个展览，共汇集了近三年以来中国美术、书法篆刻、摄影创作的优秀作品 1000 余件，丰富了艺术节的门类和内容。但中国艺术节的专业表演艺术节目还是以舞台表现形式为主，具有较强的专业性。因此，对观众而言，不仅存在门票上的门槛，也同时存在认知和欣赏门槛。如果民众没有一定的文化艺术修养，则很难对其产生共鸣。调查数据显示：民众的注意力普遍集中在音乐会、地方戏曲、曲艺晚会等大众化的节目类型，而对于其他专业性较强的节目类型缺乏足够的关注，致使十一艺节呈现出小众化的特点。（见图 7-2）

对于延安民众而言，选择观看歌舞晚会音乐会的比重最大，为 54.5%，其次为音乐会，占 38.3%，地方戏曲占 27.3%，曲艺晚会占

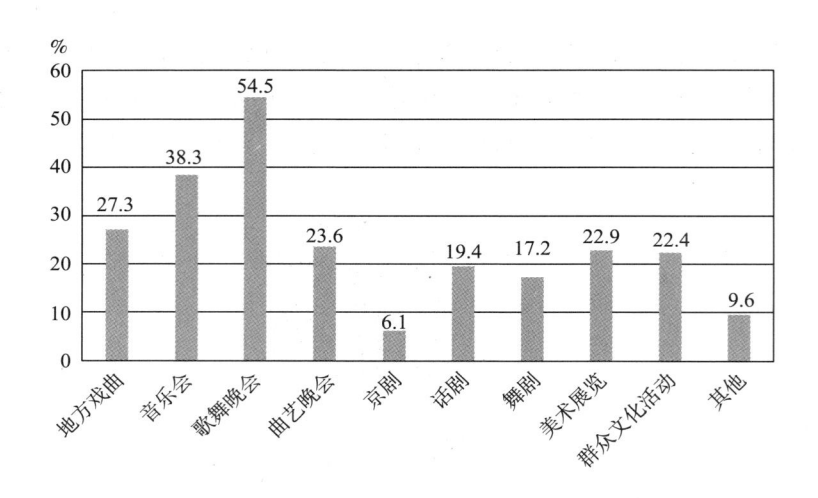

```
        %
     60
                        54.5
     50
                38.3
     40
        27.3
     30                      23.6           22.9  22.4
                                      19.4
                                   17.2
     20
                                                        9.6
     10              6.1
      0
        地  音  歌  曲  京  话  舞  美  群  其
        方  乐  舞  艺  剧  剧  剧  术  众  他
        戏  会  晚  晚           展  文
        曲     会  会           览  化
                                  活
                                  动
```

**图 7-2 民众对十一艺节不同节目的喜爱程度**

23.6%，美术展览占 22.9%，群众文化活动占 22.4%，话剧占 19.4%，舞剧占 17.2%，京剧占 6.1%，其他占 9.6%。相比之下，话剧、舞剧等专业性较强的节目类型以及我国的传统经典国粹——京剧，喜欢的人相对较少，这一现象反映出这些专业性较强的艺术形式曲高和寡、观众日趋流失的问题。

人民群众是艺术节的主体，未来只有充分调动人民群众的积极性和主创性，让他们参与到艺术节中来，才能真正实现艺术节的价值。首先，在保存节后展览展示、舞台演出等基本活动类型之外，建议再开办一些群众能够亲自参与的大众文艺活动，从而激发群众参与艺术节的热情。其次，针对民众参与的专业门槛问题，建议丰富艺术节节目内容和形式，将大众艺术节目和小众艺术节目合理分配，向大众展示适合各种年龄阶层、适合各种群体的艺术节目，同时应普及大众艺术教育，提高国民整体艺术素质，通过举办各种形式的艺术活动大力培育民众的艺术鉴赏力，特别要注意培养青少年对艺术活动的参与兴趣，以便最大化地提高民众的参与度，使中国艺术节成为真正意义上的"人民的节日"。

### （三）发展文化产业，更好利用"演交会"平台

近年来，延安市委、市政府对发展文化旅游产业高度重视，明确了

延安作为"中国革命圣地、历史文化名城、优秀旅游城市"的城市定位，确立了"文化引领，旅游带动"的发展战略。延安依托资源优势，大力发展文化旅游产业，加快建设宝塔山、清凉山、枣园、杨家岭等十大红色景区，以及黄帝文化园区、黄河文化园区、黄土风情文化园区、桥儿沟文化创意产业园、文安驿知青文化园区和圣地河谷文化旅游产业园区等六大文化产业园区，积极推进延安"5·23"文化创意产业园建设项目、100集陕北风情系列动画片制作项目和"数字红色延安"高科技情景体验项目、陕北民间艺术产业化开发项目等68个重点文化产业项目，着力打造文化旅游业、文化会展业、影视动漫业、文化创意业、出版传媒业、民间艺术品加工贸易业等八大文化产业体系，构筑"一核、两廊、三山、四区、五条线、六园区"立体化、辐射式文化旅游产业格局，努力把延安建设成为全世界炎黄子孙朝圣地、全国红色旅游首选地、陕北黄土风情文化体验地、黄河自然遗产观光地以及资源型城市转型示范基地和城乡文化一体化发展示范基地。①

2016年10月15—17日，演艺产品博览交易会在西安曲江国际会展中心举办，通过成果展览、剧目展演、项目推介、器材展示等形式，集中展示全国优秀舞台艺术作品，特别是党的十八大以来涌现的最新创作成果。相较于以前，本届"演交会"有以下特色：一是参展参会规模齐全。演交会覆盖了文化部直属国家院团、全国30个省市自治区的文艺团体以及91家组团参演团体，组织特装展位44个，标准展位149个。同时，为搭建文化演艺博览交易平台，推动优秀演艺产品走进市场，培育良性演艺市场，演交会邀请了230余家国内知名演出经纪机构、演出院线、剧场联盟、演艺单位的有关负责人观摩考察，交流推介优秀作品。二是突出演艺项目、机构和产品的全方位展示。本届演交会着力全方位展示党的十八大以来广大文艺工作者创作生产的优秀舞台艺术作品，并联合中国演出行业协会、中国舞台美术学会、中国演艺设备技术协会等多家专业协会，推动这些优秀作品更好地在行业内起到导向和示范作用。三是推动互联网与演艺的融合。打造优秀演艺产品平台传

---

① 《相约艺术节，走进新延安》，人民网，http://sn.people.com.cn/GB/n2/2016/1014/c378346-29140342.html。

播概念，利用线上线下互动，推动优质演艺产品交易服务更便捷，更持续，采用OTO的模式，让更多优秀文化产品发挥积极的传播作用，展示中国文化形象，传播中华文化精神。

在发展文化产业已经纳入我国宏观发展战略布局和文化产业正朝着我国"支柱性产业"发展的今天，中国艺术节的发展也要实现与文化产业的融合，而"演交会"恰恰为艺术和市场搭建起联通的桥梁。

# 咸阳调研报告[①]

2016年10月,第十一届中国艺术节(以下简称十一艺节)在陕西省成功举行。本届艺术节全省12个市均设分会场,咸阳作为分会场承办了本届艺术节的多项展演活动。本报告重点对十一艺节节前、节后咸阳分会场的情况进行全方位、多层次的探究,以期分析第十一届艺术节的举办对咸阳产生的实际影响,总结经验教训,为今后中国艺术节的举办提供可借鉴之处,提升中国艺术节的区域影响力。

## 一 咸阳分会场准备工作

咸阳,位于陕西省八百里秦川腹地,渭水穿南,嵕山亘北,山水俱阳,故称咸阳。咸阳2016年年末全市常住人口498.66万,中心城区人口91.5万,位居陕西省第三位,仅次于西安、宝鸡。[②]咸阳市获得了中国甲级对外开放城市、国家级历史文化名城、中国魅力城市、全国十佳宜居城市等称号。咸阳历史悠久,建置始于夏代,公元前21世纪,市境西部为有邰氏封地,东南部为有扈氏管辖,属禹贡九州之雍州。秦始皇统一中国后,定都咸阳。咸阳距离西汉都城长安仅十余里,咸阳北原为西汉皇室的陵区。元代建省后,咸阳一直隶属陕西。在历次土地权属的争夺中,发生了无数征战厮杀、影响中国历史进程的重大事件,涌

---

[①] 本报告执笔:莫晟,黄冈师范学院文学院教师,华中师范大学历史文化学院博士。
[②] 百度百科:https://baike.baidu.com/item/%E5%92%B8%E9%98%B3/183345?fr=aladdin#1。

现出了众多彪炳千秋的历史人物,留下了不少珍贵的历史印记。咸阳遍地秦砖汉瓦,境内文物景点多达4951处,五陵塬上有汉高祖长陵、汉景帝阳陵、汉武帝茂陵、唐太宗昭陵、唐高宗和武则天合葬的乾陵等28位汉唐帝王陵寝,被誉为"中国的金字塔之都"。

### (一) 组织分工

十一艺节咸阳分会场由中共咸阳市委、咸阳市人民政府主办,中共咸阳市委宣传部、咸阳市文化广电新闻出版局、咸阳市公安局等部门承办,由咸阳市歌舞剧团、咸阳市群众艺术馆、咸阳广播电视台、市住管局等部门和单位共同组成"第十一届中国艺术节"咸阳组委会。咸阳市各级领导十分重视中国艺术节的筹办工作,全力保证艺术节的顺利举办。[①]

一是加强领导,精心部署艺术节筹备工作。在山东省举办第十届中国艺术节期间,根据陕西省文化厅的安排,咸阳市委、市政府组织市文广局及部分县市区文广局负责人、市直文化单位专业人员及相关负责同志共14人赴山东济南观摩学习第十届中国艺术节主会场活动的经验和做法,观摩考察团向市委、市政府专题报告了观摩学习的体会和感受,全力做好筹备工作。咸阳市被确定为艺术节分会场之后,市委、市政府立即成立了以主管文化工作的副市长为组长,市直有关部门及各县市区主管文化工作的副县长为成员的领导小组,并在市文化广电新闻出版局设立专门办公室,由文广局主要负责人担任办公室主任,全面负责艺术节的各项筹备工作。为了加快文化场馆建设进度,市政府先后两次召开了政府常务会,确定由市委常委常务副市长惠进才同志任文化场馆建设领导小组组长,副市长孙亚政同志担任副组长,全力抓好文化场馆建设工作。与此同时,市里加大财政支持力度,一次性给市民文化中心安排3个亿的启动资金,给大秦剧院拨付3000万元的装修经费,促进场馆建设快速开展。

二是倾心尽力,切实加快艺术节筹备工作进度。在对全市各县市

---

① 咸阳市文化广电新闻出版局官网,http://www.xywgj.gov.cn/html/yishujie/1530/4052.html。

区、大专院校、厂矿企业及市级单位剧场进行认真摸底排查的基础上，咸阳市重点推荐了市民文化中心、大秦剧院、陕西秦峰美术馆、兴平市剧院、礼泉县剧院、彬县剧院、三原剧院作为艺术节演出剧场，经省文化厅领导带领相关专家进行现场考察后，确定大秦剧院、陕西秦峰美术馆、市民文化中心和礼泉县剧院为艺术节演出剧场。咸阳大秦剧院于2008年动工建设，是咸阳市文化广电中心总体建筑的重要组成部分，因资金不足等问题，工程用了6年时间。大秦剧院原为演播大厅，为了迎接艺术节在陕西省举办，确保把大秦剧院建成一个安全、实用、美观的一流剧院，先后考察了兰州大剧院、正在建设的渭南大剧院、深圳大剧院等，并邀请省文化厅剧院、中孚泰剧院、长安大学声学研究所、西安建筑科技大学等单位的全国知名专家，召开了两次图纸评审会，进行了评审，将演播大厅按A类剧院标准进行维修改造，重新进行工程设计，面向社会公开招投标，按照艺术节演出要求严格施工。咸阳市民文化中心项目位于北塬新城文化功能区内咸北大道以西，规划路以北，建设用地约占428亩。由文化场馆、文化广场、文化公园及文化产业园四个功能区组成。文化场馆包括科技馆、图书馆、档案馆、防震减灾科普馆、群艺馆、非物质文化遗产陈列馆、规划展览馆、青少年宫、妇女儿童活动中心和多功能影剧院。总建筑面积约15.5万平方米，总投资约12亿元。其中：多功能影剧院按照A类标准设计，面积5666.9平方米，设计座位800个。陕西秦峰美术馆（清渭楼）是市委、市政府确定的市级重点工程建设项目，属民办公助性非企业文化单位。工程建设已全部完工并投入使用。总建筑面积24000平方米、计划投资3.5亿元、实际投资4亿元，现有员工200多人。作为艺术节美术品展馆，咸阳市全力推进馆内改造，使之适应艺术节布展要求。新建礼泉大剧院于2011年10月开始建设，完成主体工程后，建设一度比较缓慢。确定为十一艺节演出场馆后，市县合力，推进工程进展，项目建设基本符合艺术演出的要求。为了促进艺术节分会场场馆建设工作，分管市长多次到建设单位视察调研，现场办公，协调解决工程进展中的困难和问题。

为了推进戏剧艺术创作、群文创作和书画艺术创作，为十一艺节筹办工作营造浓厚的文化艺术氛围，2015年，在全市举办了17项文化艺术赛事，组织引领全市广大文化艺术工作者和文艺爱好者广泛参与，活动期间重点推出一批特色文化交流、优秀电影展映、主题读书活动、原创音乐会、广场文艺演出等文化惠民活动，锻炼了文艺队伍，培育了文艺人才，热络了艺术创作，繁荣了艺术生产，有效地推进了咸阳市十一艺节的各项筹备工作。

三是强化措施，进一步夯实艺术节筹备工作责任。省政府办公厅《关于做好第十一届中国艺术节筹备工作的通知》和《关于分解落实第十一届中国艺术节筹备工作任务的通知》印发后，咸阳市立即认真贯彻落实，迅速成立工作机构，分解任务，落实责任，在场馆建设上下硬任务，立军令状，签订责任书，形成落实机制、推进机制、督查机制。先后召开任务落实会、现场办公会、项目推进会30多次。为了有效推进筹备工作，要求艺术节筹备工作承办单位每月向市艺术节筹备工作办公室汇报一次工作进展情况，市政府每季度对艺术节筹备工作进行一次专项督查，形成了强有力的工作推进机制。

四是分会场场馆建设推进有序。咸阳市承担的十一艺节场馆建设任务有5个项目：咸阳大秦剧院、陕西秦峰美术馆、礼泉县剧院、市民文化中心剧院、泾阳县大剧院。

咸阳大秦剧院建筑面积及辅助设施用房总面积为4600多平方米，内设座位1001个。剧场投入使用一年来，已经承接各类大型文化艺术演出活动60多场次。演出道具运送畅通、安全通道畅顺、舞台音画设施满足各类艺术剧情节展示需求、厅座视听效果良好。

陕西秦峰美术馆按照十一艺节书画艺术展馆的有关标准和要求，已经对展厅及相关设施全面进行改造提升，并向社会免费开放，承办各类书画艺术展览展示活动30多场次，具备承担大型书画艺术品展览展示的潜能。

礼泉县剧院总建筑面积8600平方米，剧院设计座椅727个，为新建项目。礼泉县剧院投入试运行后恰逢陕西省承办第十一届中国艺术节，纳入分会场建设后按照省上要求进行了升级改造，改造工程完全到位。

市民文化中心剧院，剧院包括一个816座主观演厅、一个400座的多功能厅，可容纳观众1200余人；一组服务于整个建筑群的贵宾接待区及剧院相关配套用房，能满足各类大型文艺演出需求。

泾阳县大剧院，建筑面积 1495.83 平方米，其中观众厅面积约 895 平方米，设计座位 850 席，主舞台宽度 33 米，进深 22.5 米，净高 24 米，舞台台口宽 16 米，高 9 米，项目总投资 2.3 亿元。

表 1－1　　　　咸阳市参加十一艺节筹备工作一览

（截至 2016 年 7 月 26 日）

| 项目类别 | 项目名称 | 项目内容 | 承办单位 | 进展情况 | 演出展示获奖情况 | 补充说明 |
|---|---|---|---|---|---|---|
| 场馆建设 | 咸阳大秦剧院 | 艺术节分会场舞台艺术剧目演出场馆 | 咸阳市文广局 | 筹备到位 | 已承办各类大型文艺演出和大型会议 80 余场次 | 整体消防验收进入收尾阶段 |
| | 礼泉县剧院 | 艺术节分会场舞台艺术剧目演出场馆 | 礼泉县政府 | 筹备到位 | 剧场试运营已承办各类大型艺术演出大庆典和大型会议百余场 | 正在进行消防验收 |
| | 陕西秦峰美术馆 | 艺术节分会场书画艺术作品展示场馆 | 陕西秦峰美术馆 | 筹备到位 | 承办各类大型书画艺术品展示活动百余场 | |
| | 咸阳市民文化中心大剧院 | 艺术节分会场舞台艺术剧目演出场馆 | 咸阳市文广局 | 主体完成，正在装饰装修 | | |
| | 泾阳县大剧院 | 艺术节分会场舞台艺术剧目演出场馆 | 泾阳县人民政府 | 项目准备就绪 | | 土建工程开工 |

续表

| 项目类别 | 项目名称 | 项目内容 | 承办单位 | 进展情况 | 演出展示获奖情况 | 补充说明 |
|---|---|---|---|---|---|---|
| 戏剧创作 | 大型秦腔历史剧《白居易》 | 演绎唐代著名诗人白居易诗话人生的原创剧目 | 咸阳市演艺公司 | 用原编导团队打磨提升 | 陕西省第七届艺术节参加展演，获优秀剧目奖及多项演出奖 | 公开演出60余场次 |
| | 弦板腔现代戏《范紫东》 | 反映著名戏曲编剧范紫东先生生活轶事的原创弦板腔戏 | 乾县人民政府 | 请陕西省剧协专家修改剧本打磨提升 | 陕西省第七届艺术节参加展演，获优秀剧目奖及服装音乐舞美演出等单项奖 | 用政府购买形式演出100多场次 |
| | 大型秦腔历史剧《秦直道》 | 艺术再现秦直道修筑历史的大型秦腔原创剧目 | 淳化县人民政府 | 用原编导团队打磨提升 | 陕西省第七届艺术节参加展演，获剧目奖及多项演出奖 | 惠民演出20场，市场商业演出60场 |
| | 大型情景歌舞剧《永远的马栏》 | 艺术再现陕甘宁边区关中分区历史的原创剧目 | 旬邑县人民政府 | 依据观众意见完善提升 | 公开演出10余场，观众热捧，反映良好 | |
| | 大型秦腔历史剧《大汉苏武》 | 以苏武牧羊故事为蓝本创作排导的一部新剧目 | 民营民众剧团 | 在演出中调整完善提升 | 市场商业演出60余场，观众反映良好 | |
| | 大型秦腔现代戏《骆驼巷》 | 以地域文化推介茯茶产业的原创剧目 | 泾阳县人民政府 | 斥资300万元，聘请陕西戏剧界高端创作排导团队聚力打造，利用AB角排导模式重拳出击，正在创作之中 | | |

续表

| 项目类别 | 项目名称 | 项目内容 | 承办单位 | 进展情况 | 演出展示获奖情况 | 补充说明 |
|---|---|---|---|---|---|---|
| 群文创作 | 《梦秦岭》 | 原创歌曲 | 市群艺馆 | | 已获陕西省群星奖入围奖 | |
| | 《望丝路》 | 原创歌曲 | 市群艺馆 | | 已获陕西省群星奖入围奖 | 获陕西省"五个一工程奖" |
| | 《我家在秦岭》 | 原创歌曲 | 市群艺馆 | | 已获陕西省群星奖入围奖 | |
| | 《花馍娃娃》 | 原创舞蹈 | 市群艺馆 | | 已获陕西省群星奖入围奖 | |
| | 《中国妈妈》 | 原创故事 | 市群艺馆 | | 已获全国故事比赛二等奖 | |
| | 《关中十探妹》 | 原创表演唱 | 市群艺馆 | 创作排导已完成,正在打磨中 | | |
| 书画创作 | 人物画 | 创作团队(12人):陈恩惠 王东峰 郭雨璇 刘旭 李文龙 张伟 王猛 孙化良 耿舜学 王芳 梁勃 陈琳 | | | | |
| | 山水画 | 创作团队(19人):李烈民 何永宁 郭峰 任致远 来冰 武学文 许永周 王军 赵曼 黄越 王光熔 罗元刚 穆海荣 李成岗 季子泉 郭超群 姜枫 刘瑞琴 韩顺英 | | | | |
| | 花鸟画 | 创作团队(20人):成中艾 王小舟 邓俊鸿 王瑞 龚大卫 王新团 尹军 王峰 闫西京 岳晖 陈武 张平 李荃林 李伟 房珍英 赵娜 董莹 韩竹莹 雷长虹 杨俊岭 | | | | |
| | 西画 | 创作团队(19人):门亚军 郝一甲 顾东升 归宝军 李冠生 高红艳 许鹏 张鹏 张小进 季承 赵晓曦 李鹏 郭晨 李亚东 沈明 强淑芳 桂明明 王焱 王伟 | | | | |
| | 书法 | 创作团队(44人):马炳刚 王桂琴 车迎春 邓宇春 叶炳喜 刘志霞 刘思凯 刘泉 刘喜斌 吕伟涛 孙域 江野 米鹏 齐旭峰 余敬安 张力 张延风 张健康 张逸 张辉 张嘉屏 李凯轩 李林 杨智敏 陈云龙 陈天民 陈丽 范鹏军 姜志俭 赵安 赵海军 唐永平 席乔 徐战文 徐曼娜 高克强 崔敬义 梁镛 淡高武 强华 葛超 解仁强 薛小舟 魏邯 | | | | |

### (二)文化活动

咸阳市参与十一艺节的相关文化活动准备充分。为了与西安主会场和各市分会场呼应联动，咸阳市2016年5至10月举办"第十一届中国艺术节·咸阳市艺术节"。本次艺术节举办文学、音乐、舞蹈、戏剧、书法、美术、摄影等各文艺类别23项艺术活动。其中，全市性文艺作品比赛展演活动4项，县市区文艺展演活动13项，特色文艺展演活动6项。通过比赛和展演，发动和吸引全市广大文艺工作者和文艺爱好者踊跃参与，评选出一批优秀文艺作品，培养一批文艺新人，展示全市文化艺术事业发展新面貌。8—9月，咸阳市13个县区将举办60余场专项展演活动，内容丰富、门类多样的文化艺术精品齐聚咸阳，精彩亮相，为十一艺节营造了良好的文化氛围。十一艺节筹办一周年倒计时活动，咸阳市各县区市文化部门都举行了启动仪式，开展了惠民活动，围绕"艺术的盛会，人民的节日"开展文艺展演，好戏连台，亮点纷呈。既让群众实实在在地享受到了丰厚的文化艺术大餐，又为艺术节筹办营造了浓厚的文化氛围。同时咸阳还注重打造自己的文艺精品，艺术精品创作特色明显。

一是书画艺术品创作势头良好。为了切实推进参加十一艺节书画精品创作，以市画院为基础组建了组委会和专业创作小组，制定了筹备工作方案，多次召开会议部署安排，并联合市书协、美协召开了动员会，重点安排了一批书画家，结合文化下乡、三区人才培训活动开展系列写生活动，书画作品准备工作比较扎实，形成了书画艺术精品创作的浓厚氛围，一批革命历史题材、地域文化题材、自然风情题材书画创作粗具雏形。从市区到县乡书画创作迎接十一届中国艺术节的气氛很浓。

二是戏剧艺术精品打磨加工工作扎实。戏剧艺术创作有三部重点剧目：《范紫东》《白居易》《秦直道》。

乾县弦板腔现代戏《范紫东》请陕西省戏剧家协会主席甄亮执笔改编加工，新的排导剧本在秦腔核心期刊《当代戏剧》上全文刊发，向社会各界广泛征求意见。

市演艺公司大型秦腔历史剧《白居易》邀请原编剧、原导演和省市戏剧理论家专题研讨，形成加工排导方案，利用冬季演出淡季集中力量对该剧再排导，再提升。

淳化县秦腔历史剧《秦直道》在各乡镇巡演，征求观众意见，为剧目二度加工提升奠定了基础，县上积极筹措经费，对该剧加工打磨，提升了剧目舞台演出效果。

艺术节筹备活动大大激发了咸阳市各级各类演艺团体艺术生产积极性，民营的民众剧团新创作的大型秦腔历史剧《大汉苏武》、旬邑县创作的大型情景歌舞剧《永远的马栏》成功上演，深受戏迷观众广泛好评；泾阳县委县政府结合地域文化和茯茶产业发展，深挖历史题材，拟投入300万元左右，邀请省上知名编导创作团队，创作排导大型秦腔现代戏《骆驼巷》。打造地方戏剧艺术精品，力争使该剧作为冲击十一艺节的重点剧目。

市文广局多次召开剧本研讨会、改稿会、重点剧目讨论会，有力地推动了戏剧艺术创作，征集优秀剧本24部，形成了《公刘立豳》《颜门忠烈》《剪花娘子》《迟到的忏悔》《带着母亲当村官》等一批重点剧目。

三是群文作品创作后发优势明显。群文作品创作结合全市艺术节群文创作大赛分类指导，分步推进，选出了一批优秀作品。市群艺馆创作的歌曲《我家在秦岭》、舞蹈《花馍娃娃》、泾阳县文化馆创作的歌曲《陕西乡党》获"群星奖"陕西赛区入围奖。群艺馆以此为契机，聚力打造冲击群星奖。精选小戏节目，集中排导具有咸阳地域文化特色的精品，作为咸阳市参加十一艺节"群星奖"的参评节目。

在艺术节期间，咸阳分会场进一步激发和调动了广大干部群众建设文化名市的热情，推动了咸阳文化艺术事业加速发展，为艺术节成功举办营造了热烈祥和的节日氛围和盛会环境，更加彰显了咸阳文化的魅力，使咸阳分会场体现出"艺术的盛会，人民的节日"这一宗旨。

## 二　咸阳市调查的样本描述

### （一）问卷设计

2016年10月15日至31日，十一艺节在陕西省举行。本书从理论与现实的双重角度研究十一艺节对咸阳社会经济文化发展的作用和影响，采用实证调研获取研究的第一手资料。调查以分类抽样为主要方法，辅以必要的访谈，深入了解被调查者对艺术节的认识。为了尽可能全面了解陕西咸阳的民众对十一艺节的参与、感受、评价以及十一艺节对咸阳的实际社会影响力，课题调查组先后在节前（2016年9月）和节后（2016年11月）分别对咸阳市的普通市民进行了问卷调查。节前的调查问卷设计分为两个部分：第一部分，针对被调查者的基本情况进行相关问题的设计；第二部分，针对节前市民对于中国艺术节的知晓情况进行设计。节后的调查问卷设计分为两个部分：第一部分，针对被调查者的基本情况进行相关问题的设计；第二部分，针对市民对于十一艺节的知晓情况、参与情况以及具体评价进行相关问题的设计。调研时间、调研对象及问卷数量如表2–1。

表2–1　　　　　　　　社会公众调研问卷发放情况　　　　　　　单位：份；%

| 问卷情况 \ 调研时间 | 节前（2016年9月） | 节后（2016年11月） |
|---|---|---|
| 发放问卷 | 358 | 944 |
| 回收问卷 | 358 | 944 |
| 回收率 | 100 | 100 |

**（二）样本描述**

调查对象包括工人、农民、国家干部、医生、律师、教师、学生、军人、个体工商户、公司职员、农民工等，从性别比例、政治面貌、文化程度、宗教信仰以及年龄分布上都符合抽样调查要求。详见表2–2。

表2–2　　　　　　　　调查对象基本情况一览　　　　　　　　单位：%

| | 样本指标 | 节前占比 | 节后占比 |
|---|---|---|---|
| 性别 | 男 | 43.6 | 44.3 |
| | 女 | 56.4 | 55.7 |
| 职业 | 国家机关、党群组织、企事业单位工作人员 | 12.0 | 9.6 |
| | 专业技术人员 | 14.8 | 14.2 |
| | 商业工作人员 | 4.7 | 14.4 |
| | 服务性工作人员 | 5.0 | 5.1 |
| | 生产工作、运输工作和部分体力劳动者 | 1.4 | 7.2 |
| | 其他劳动者 | 62.0 | 49.5 |

续表

| 样本指标 | | 节前 | 节后 |
|---|---|---|---|
| 文化程度 | 初中及以下 | 12.8 | 5.9 |
| | 高中（中专） | 20.4 | 11.7 |
| | 大专 | 35.5 | 19.3 |
| | 本科 | 28.8 | 57.0 |
| | 研究生及以上 | 2.5 | 6.1 |
| 年龄结构 | 18 岁及以下 | 15.4 | 3.8 |
| | 19—30 岁 | 58.4 | 59.1 |
| | 31—40 岁 | 10.3 | 22.2 |
| | 41—50 岁 | 5.9 | 9.1 |
| | 51—60 岁 | 3.4 | 3.0 |
| | 61 岁及以上 | 6.7 | 2.8 |
| 居住时间 | 临时居住（探亲访友、旅游） | 13.1 | 5.1 |
| | 一年以内 | 10.9 | 3.6 |
| | 1 至 2 年 | 19.3 | 28.8 |
| | 3 至 5 年 | 15.9 | 30.9 |
| | 5 年以上 | 40.8 | 31.6 |

注：由于对数据四舍五入，故占比的加总不一定等于100%。下同。

调查对象的收入状况一般，中低收入者比例较高。据节前节后对社会公众的调查结果看，月平均收入在 2000 元及以下的节前节后分别占 54.2% 和 45.0%，2001—4000 元的分别占 30.4% 和 10.7%，4001—6000 元的分别占 11.5% 和 23.2%，6001—8000 元的分别占 2.2% 和 15.1%，8001—10000 元的分别占 0.3% 和 3.0%，10001—12000 元的分别占 0.8% 和 1.7%，12000 元及以上的分别占 0.6% 和 1.3%（见图 2－1）。节前节后社会公众 2015 年在文化方面的月平均消费，100 元及以下的分别占 35.2% 和 30%，101—300 元的分别占 38.7% 和 44.2%，301—500 元的分别占 15.3% 和 14.6%，501—1000 元的分别占 5.7% 和 7.1%，1000 元的以上分别占 5.1% 和 4.2%。

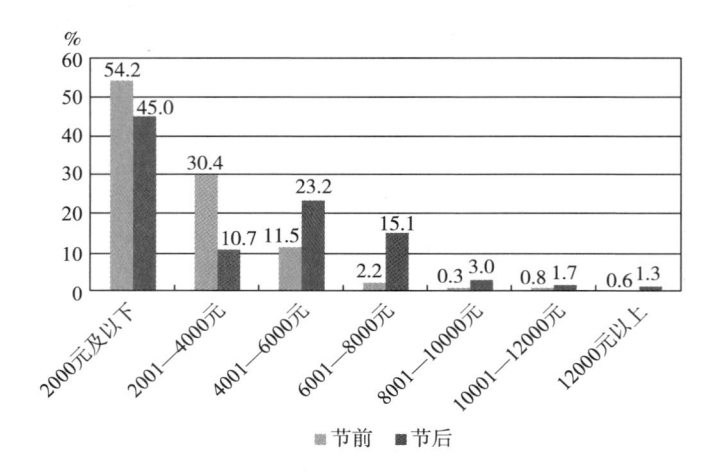

图 2-1　节前节后受访民众月收入对比

## 三　十一艺节与民众的关系

### （一）咸阳市民众总体参与度分析

十一艺节于 2016 年 10 月 31 日圆满结束，艺术节多渠道、全方位、多角度的宣传报道与多种多样的群众文化活动进一步激发了人民群众关注、参与艺术节的热情，在一定程度上也提高了中国艺术节的社会知晓度。

**1. 咸阳市民众总体参与广泛度分析**

根据调查统计结果，在节前调查的 358 份问卷中，知道中国艺术节的占 50%；在节后调查的 944 份问卷中，知道中国艺术节的占 25.8%。节后知晓度比节前下降了 24.2 个百分点，这表明咸阳作为十一艺节分会场的影响力不足，民众对艺术节的参与度不高。

通过节前及节后的对比来看，仅就咸阳市的情况而言，作为分会场，在扩大中国艺术节整体影响力方面效果不太明显。十一艺节在咸阳市内的整体宣传效果有待提升，节后民众的整体关注度反而低于节前的关注度。根据统计数字显示，在持续关注中国艺术节的这部分人群中，曾经直接参与或观看过往届中国艺术节节目的比例也比较低，节前为

31.80%，节后为 39.30%。这表明咸阳市民众对中国艺术节的参与程度也不太高。

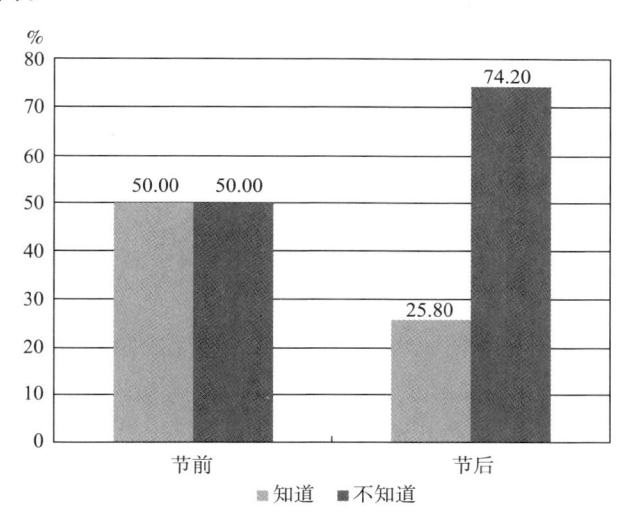

**图 3-1　咸阳民众知晓度分析**

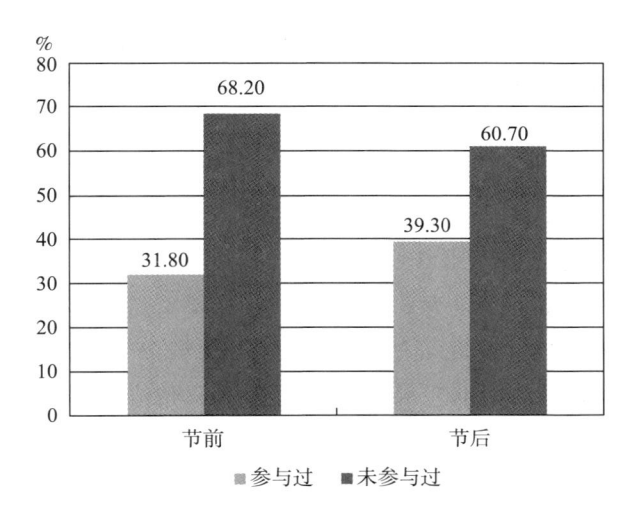

**图 3-2　咸阳民众对往届中国艺术节参与度分析**

在观看往届中国艺术节节目的途径方面，选择传统传媒电视的最多，占 63.1%，其次为通过移动工具手机观看的占 36.3%，使用电脑观看的占 25.1%，现场观看的观众较少，占 11.2%，通过其他途径

（6.1%）和影碟（1.7%）观看往届艺术节的民众很少。由此可见，电视这一传统媒体仍然在艺术节的传播方式上，扮演主要角色。受"互联网＋"时代的影响，使用手机和电脑观看的民众人数增加，可见新媒体的作用日益凸显。选择现场观看的民众比例偏低，选择影碟观看的民众很少，这表明影碟等艺术节的延伸文化产品民众接受度不高。

此外，节后的调查数据显示，有3.6%的咸阳民众认为能够非常方便地参与此次中国艺术节，有19.8%的民众认为比较方便，有45%的民众选择了一般，还有18.0%和13.5%的民众认为参与艺术节比较不方便或者很不方便。

总而言之，咸阳民众对参与十一艺节的态度比较积极，但是参与艺术节不太方便。

### 2. 咸阳市民众总体参与深刻度分析

在对中国艺术节的了解程度方面，选择一般了解的最多，占67.6%；比较了解的占12.3%，非常了解的仅占2.2%，不了解的占17.9%，没有人完全不了解。由此可见，咸阳民众对中国艺术节的整体了解程度一般，可见中国艺术节的宣传还有进一步提升的空间。

针对民众对陕西十一艺节节目的了解程度而言，对中国艺术节举办的各种活动，知道有专业艺术活动的受访民众占31.8%，知道有群众文化活动的受访民众占25.7%，知道有展览活动的受访民众占22.9%，知道有演艺产品博览会的受访民众占22.3%，知道有开幕式与闭幕式的受访民众占比分别是28.5%和24.6%，知道有旅游活动和经贸活动的受访民众占比很低，仅为3.9%和2.2%，不清楚中国艺术节各种活动的民众占40.2%。由此可见，中国艺术节的宣传语"艺术的盛会"深入人心，民众认为中国艺术节有专业艺术活动的人数高于对其他活动的了解。同时，中国艺术节的经济影响力不足，了解有旅游活动和经贸活动的民众很少。有40.2%的受访民众不了解本届艺术节的各种活动表明，咸阳市在中国艺术节的宣传上还有待加强。

## （二）咸阳市民众十一艺节参与程度交叉分析

### 1. 咸阳民众总体参与广泛度交叉分析

在节后对咸阳民众知晓度调查中，以性别、年龄、职业作为自变

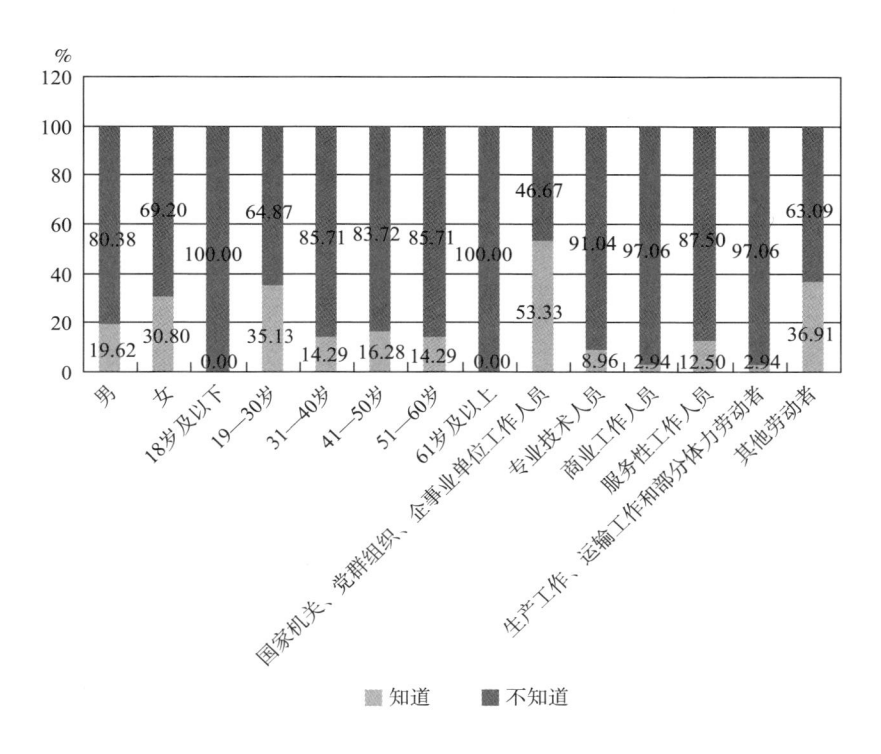

量，以对艺术节的知晓度为因变量，作交叉分析，见图3-3。

**图3-3 节后咸阳民众对艺术节知晓度的交叉分析**

如图3-3所示，女性对于艺术节的知晓程度达到了30.80%，要高于男性的19.62%，其中受访者年龄在19—30岁的民众知晓度最高，占比35.13%，这说明艺术节对19—30岁这个年龄段的人吸引力最高，而18岁及以下和61岁及以上年龄段的民众对艺术节的知晓度程度最低，没有人知晓，这说明对于年轻人和老年人，艺术节的影响力较小。在不同职业的民众调查中，国家机关、党群组织、企事业单位工作人员对于艺术节的知晓度最高，占比53.33%，这与该类民众的职业性质密不可分，他们是接触艺术节的最直接者，但是其他职业的民众知晓度占比均没有超过50%，最低的只有2.94%，这说明艺术节的影响力不够广泛。

2. 咸阳民众总体参与深刻度交叉分析

在通过对知晓中国艺术节人群的基础上做进一步调查发现，（见图

3-4）：男性有36.59%的受访者观看或参与过中国艺术节的项目或活动，女性有40.74%的受访者观看过，占比皆高于于对艺术节知晓度的比例。这表明在知晓艺术节的民众中，有相当一部分是观看过艺术节的。在对不同年龄的民众是否观看艺术节的调查中发现，41—50岁的民众观看艺术节的比例最高，而18岁以下和61岁以上的民众则没有人观看。在不同职业的民众调查中，服务性工作人员观看艺术节的比例最高，这说明服务性工作者参与热情最高，也间接说明艺术节对于他们而言，是一种增加生活乐趣的娱乐方式。

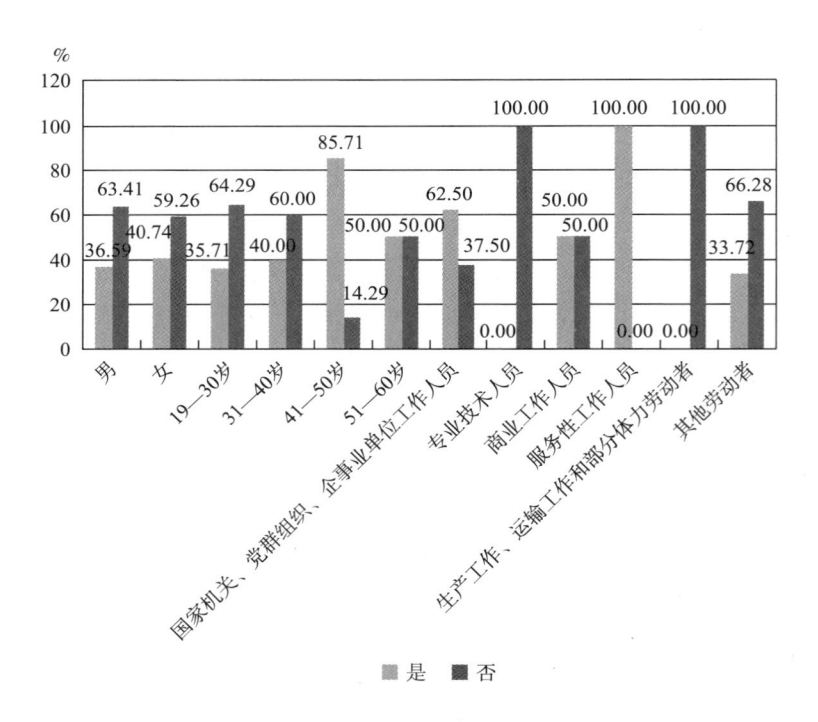

图3-4 节后咸阳民众是否观看中国艺术节的交叉分析

关于十一艺节相关活动的喜好程度上，不同年龄的民众对艺术节的喜欢程度各不相同，其中51—60岁的民众最喜欢的是专业艺术活动，占比达到100%，其他年龄的民众最喜欢的也是专业艺术活动，这说明专业艺术活动深受当地民众的喜爱，充分展现了艺术节是"艺术的盛会，人民的节日"的办节宗旨，见图3-5。

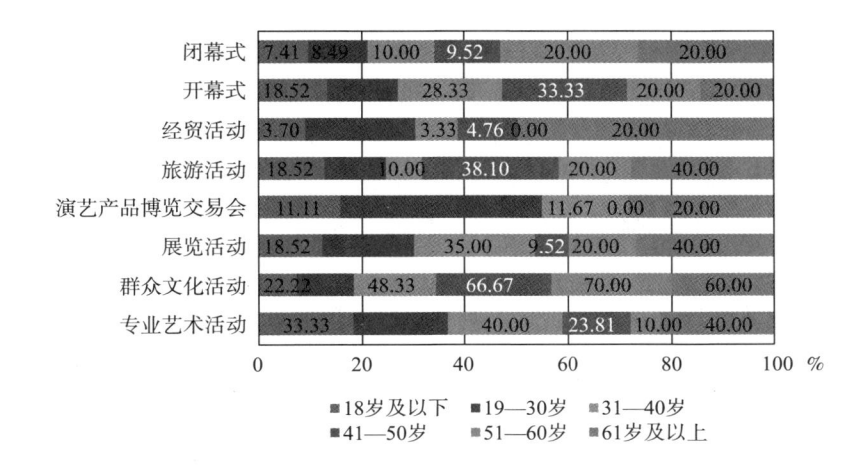

```
闭幕式    7.41 8.49  10.00   9.52    20.00       20.00
开幕式    18.52      28.33   33.33   20.00   20.00
经贸活动  3.70       3.33 4.76 0.00   20.00
旅游活动  18.52      10.00   38.10   20.00   40.00
演艺产品博览交易会  11.11         11.67 0.00   20.00
展览活动  18.52      35.00   9.52 20.00   40.00
群众文化活动  22.22  48.33   66.67   70.00   60.00
专业艺术活动  33.33       40.00   23.81 10.00 40.00
```

■ 18岁及以下　■ 19—30岁　■ 31—40岁
■ 41—50岁　■ 51—60岁　■ 61岁及以上

**图 3-5　不同年龄的民众对艺术节活动的喜好程度分布图**

不同职业的民众对艺术节的喜欢程度也不尽相同，如表 3-1 所示，生产工作、运输工作和部分体力劳动者喜欢群众文化的占比最高，这表明劳动者在工作结束后，更喜欢参与群众文化活动以放松。服务性工作人员对于专业艺术活动和展览活动喜欢程度最高。职业性质的不同在较大程度上会影响民众对于艺术节活动的喜好程度，但群众文化活动仍然是不同职业的民众都喜欢的艺术节活动。

**表 3-1　不同职业的民众对艺术节活动的喜好程度分布**　　单位:%

| 活动名称 \ 职业 | 国家机关、党群组织、企事业单位人员 | 专业技术人员 | 商业工作人员 | 服务性工作人员 | 生产工作、运输工作和部分体力劳动者 | 其他劳动者 |
|---|---|---|---|---|---|---|
| 专业艺术活动 | 50.00 | 33.33 | 50.00 | 66.67 | 0.00 | 43.53 |
| 群众文化活动 | 33.33 | 50.00 | 50.00 | 0.00 | 100.00 | 35.29 |
| 展览活动 | 16.67 | 0.00 | 0.00 | 33.33 | 0.00 | 29.41 |
| 演艺产品博览交易会 | 16.67 | 16.67 | 0.00 | 33.33 | 0.00 | 29.41 |
| 旅游活动 | 8.33 | 33.33 | 0.00 | 0.00 | 0.00 | 25.88 |
| 经贸活动 | 12.50 | 0.00 | 0.00 | 0.00 | 0.00 | 1.18 |
| 开幕式 | 25.00 | 16.67 | 0.00 | 0.00 | 0.00 | 34.12 |
| 闭幕式 | 4.17 | 0.00 | 0.00 | 0.00 | 0.00 | 14.12 |

如表3-2所示，不同收入的民众在选择喜欢艺术节的活动中，较为集中地反映了经济收入对文化需求的影响程度。月均收入在2000元及以下的最喜欢专业艺术活动，2001—4000元的则最喜欢群众文化活动，4001—6000元的喜爱活动类型分布多样，最喜欢专业艺术活动，6001—8000元的则最喜欢开幕式，收入在8001—10000元的最喜欢专业艺术活动。

从整体而言，不同年龄、不同职业、不同收入的民众喜欢程度各有侧重，但群众文化活动是最受欢迎的艺术节活动。这充分体现了民众文化需求的差异性和多样性，也充分说明了民众参与艺术节的程度较为深刻。

表3-2　　　　不同收入的民众对艺术节活动的喜好程度分布　　　　单位:%

| 活动名称＼月均收入 | 2000元及以下 | 2001—4000元 | 4001—6000元 | 6001—8000元 | 8001—10000元 |
| --- | --- | --- | --- | --- | --- |
| 专业艺术活动 | 43.68 | 20.00 | 52.63 | 57.14 | 100.00 |
| 群众文化活动 | 35.63 | 40.00 | 36.84 | 42.86 | 0.00 |
| 展览活动 | 25.29 | 20.00 | 21.05 | 28.57 | 0.00 |
| 演艺产品博览交易会 | 29.89 | 0.00 | 15.79 | 28.57 | 0.00 |
| 旅游活动 | 25.29 | 20.00 | 10.53 | 14.29 | 0.00 |
| 经贸活动 | 3.45 | 0.00 | 5.26 | 0.00 | 0.00 |
| 开幕式 | 33.33 | 0.00 | 5.26 | 71.43 | 0.00 |
| 闭幕式 | 14.94 | 0.00 | 0.00 | 0.00 | 0.00 |

## 四　十一艺节与文艺发展的关系

### （一）十一艺节对民众文化生活的影响

针对中国艺术节对于文艺发展方面的影响，调查组在十一艺节举办之前和之后分别对咸阳市民众做了相关调查。

节前调查显示，有6.7%的受访民众认为十一艺节对其文化生活产生很大的影响，有21.8%的受访民众认为十一艺节对其文化生活产生比较大的影响，认为影响一般的受访民众占47.5%，认为影响比较小的占12.3%，认为影响很小的占3.4%，说不清的占8.4%。这表明十一艺节对大部分咸阳民众的文化生活产生了一定影响。

节后调查显示，十一艺节对民众的文化生活产生了一定影响。有3.6%的受访民众认为艺术节对自身的文化生活带来很大的影响，认为影响比较大的占32.1%，认为影响一般的占34.8%，有14.3%和5.4%的受访民众认为影响比较小或很小，有9.8%的受访民众说不清。

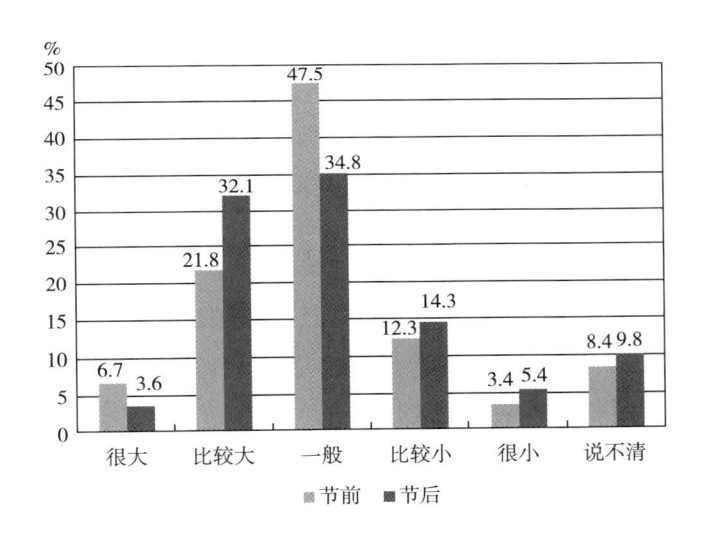

**图4-1 节前节后艺术节对民众文化生活影响对比**

数据显示，在十一艺节举办期间，有20.5%的受访民众和朋友交往机会增多，有17.9%的受访民众与家人观赏剧目或参观展览，只有8.9%的受访民众受中国艺术节的影响经常谈论艺术节相关话题，有52.7%的受访民众不太关注艺术节，在十一艺节举办期间，他们的生活与平常一样，没什么特别。

由此可见，就咸阳市的具体情况而言，在十一艺节举办之前，有相当一部分民众对中国艺术节抱有一定期望，他们希望借助中国艺术节多形式、高水平的文化节目来改善自己的业余文化生活。调查结果显示，十一艺节在人际交往、文华奖与群星奖的评选以及文化产品展览等方面，对咸阳民众产生了一定影响。但仍然需要看到的是，相当一部分受访民众感觉艺术节对其文化生活没有太大影响，这与节前民众对艺术节的期待形成了反差。

### （二）十一艺节对城市文化基础设施的影响

节前，针对十一艺节对咸阳市文化基础设施改善程度的调查结果反映，认为改善程度很大的受访民众占5.6%，认为改善程度比较大的受访民众占25.7%，认为改善程度一般的受访民众占44.1%，认为十一艺节对城市文化基础设施改善程度比较小和很小的受访民众比例分别占6.70%和2.2%，有15.6%的受访民众认为说不清。

节后问卷数据显示，有1.8%的受访民众认为十一艺节对当地城市文化基础设施改善的程度很大，35.7%的受访民众认为改善程度比较大，37.5%的受访民众认为改善程度一般，认为十一艺节对城市文化基础设施改善程度比较小和很小的受访民众分别占14.3%和3.6%，有7.1%的受访民众认为说不清。节前与节后数据对比表明十一艺节的举办，并没有使大部分咸阳市民众对文化基础设施改善度很满意，认为改善程度比较小和很小的受访民众节后高于节前。详见图4-2：

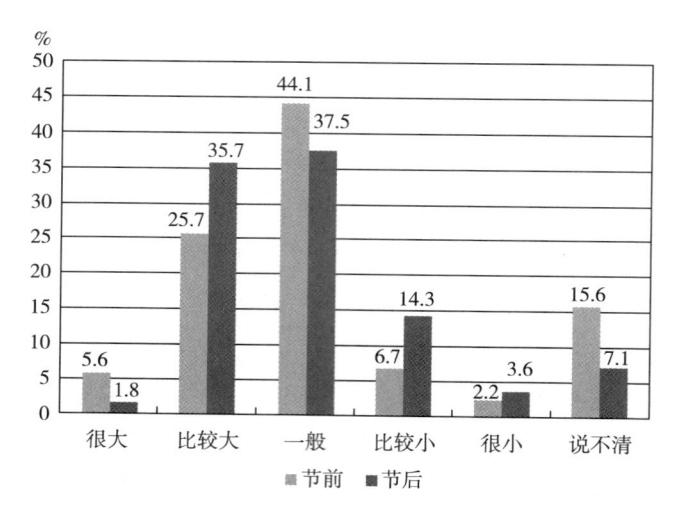

图4-2　十一艺节对城市文化基础设施改善程度分析

## 五 十一艺节与区域发展的关系

### (一) 民众对于十一艺节与区域发展关系的看法

节前对民众进行的调查数据显示,在咸阳有60.3%的受访民众对陕西举办十一艺节感到自豪,认为一般的有35.2%,仅有4.5%的受访民众认为无所谓。这表明绝大部分民众为中国艺术节的举办感到自豪。

在对城市形象方面的影响,45.8%的受访民众普遍认为,举办十一艺节能够加快城市形象建设;认为将会提升城市知名度的占54.7%,认为能够增强市民认同感的占44.1%,认为能够提升市民文化素质的占48.0%,认为将会拉动经济与文化消费的占34.6%。节后44.6%的受访民众认为能够加快城市形象建设,认为将会提升城市知名度的占58.9%,认为能够增强市民认同感的占48.2%,认为能够提升市民文化素质的占40.2%,认为将会拉动经济与文化消费的占42.0%。节前与节后数据差距不大,部分数据节后略有上升,这表明十一艺节在咸阳举行对城市建设有一定影响。

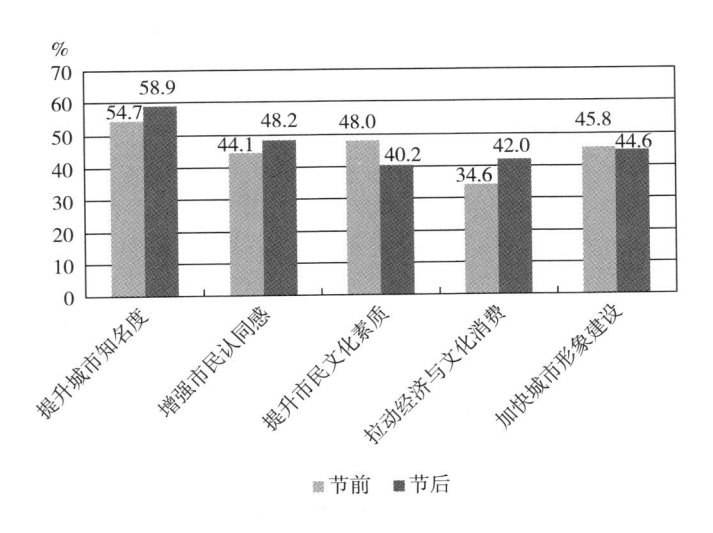

图5-1 十一艺节对城市形象影响力分析

节后对民众进行的调查数据显示，有27.7%的受访民众在陕西举办了十一艺节之后，更加喜欢陕西各城市；有50.9%的受访民众更加了解陕西各城市，有21.4%的受访民众认为没有感觉（无所谓）。在喜爱和了解陕西各个城市方面，咸阳略低于全省平均数；在没有感觉（无所谓）方面，咸阳高于全省平均数7.3个百分点（详见图5-2）。与第十届中国艺术节分会场淄博相比，在喜爱和了解举办省份各个城市方面均有所提升，分别高了0.7个百分点和9.5个百分点。咸阳市在举办十一艺节后，调查发现更多的受访者对陕西的关注度和了解度都显著增加。近8成的受访者认为：他们通过艺术节更加喜欢或更加了解陕西各城市，充分证明了十一艺节对于陕西的推广作用和宣传作用。

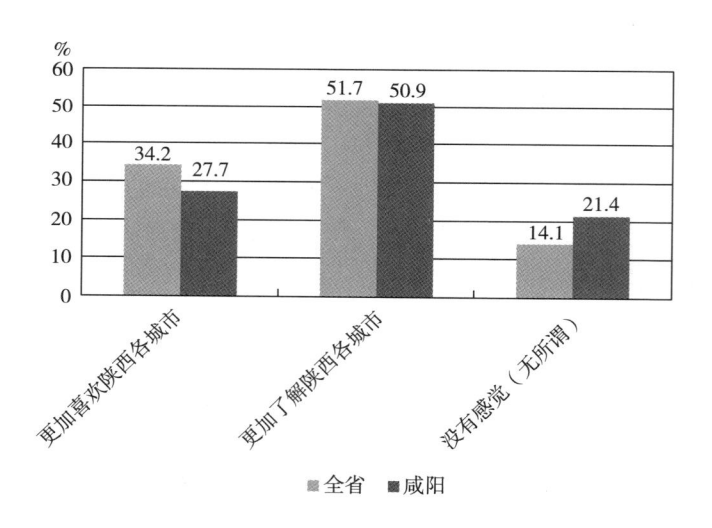

**图5-2 民众对陕西主办十一艺节的态度**

在对陕西举办十一艺节的感受方面，数据显示，咸阳民众对陕西举办中国艺术节有60.3%的感到自豪，有35.2%的感觉一般，仅有4.5%的没有感觉（无所谓）（详见图5-3）。通过实地访问，绝大部分受访民众表示希望陕西今后还承担类似活动。由此可见，虽然咸阳作为十一艺节的一个分会场，具备了很好的群众基础，而且民众对于类似活动有很高的参与期望。

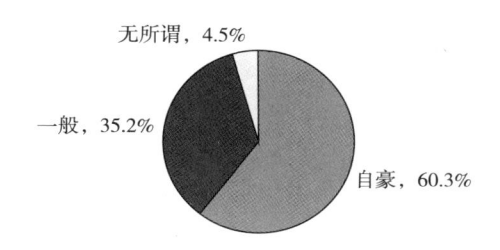

图 5-3　民众对陕西举办十一艺节的直观感受

（二）民众对于十一艺节与文化消费关系的看法

针对门票价格的调查显示：节前 30.8% 的受访者接受 50 元以下的价位，接受 50—100 元的占 38.5%，接受 101—200 元的占 30.8%，没有人接受票价在 200 元以上的。节后 47.4% 的受访者接受 50 元以下的价位，接受 50—100 元的占 47.4%，接受 101—200 元的占 5.3%，没有人接受票价在 200 元以上的。节后更多的民众对低票价持支持态度。详见图 5-4：

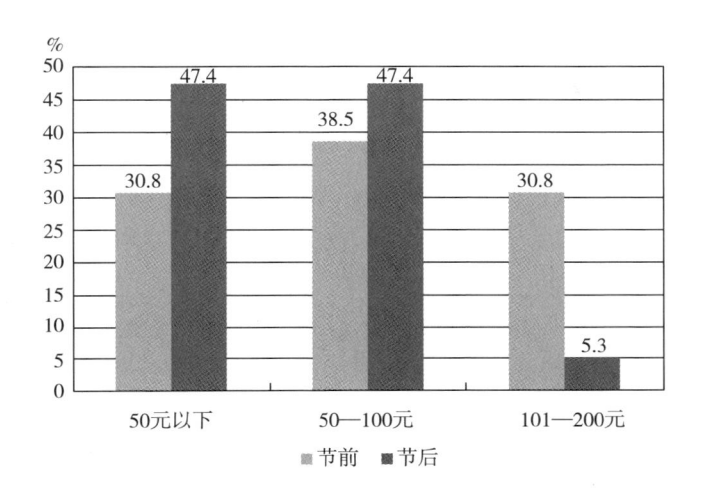

图 5-4　咸阳民众节前节后对门票价格的接受度

节后的数据显示：十一艺节期间，直接或者间接参与艺术节消费金额在 50 元以下的占 27.7%，50—200 元的占 23.2%，201—300 元的占

8.0%，300 元以上的占 1.8%，有 45.5% 的受访者没有消费。这表明咸阳市民在中国艺术节举办期间，消费不太积极。

针对民众的消费类型调查显示：在艺术节期间，购票看节目的占 15.2%，购买纪念品的占 22.3%，到举办地旅游的占 13.4%，选择其他消费类型的占 16.1%。

综合以上数据分析，咸阳市民众对参与十一艺节的消费热情不高，有 45.5% 的民众没有消费，同时只接受观看低票价的演出。在购票、购买纪念品、旅游和其他选项中，购买纪念品的比例最高，达到 22.3%。咸阳市民众在十一艺节期间的实际消费水平远远未达到节前的预期，其消费潜力还有待进一步挖掘和提升。

## 六　民众对于十一艺节的总体评价

### （一）民众对于十一艺节宣传工作的满意度

节前，在对十一艺节前期宣传工作的调查中，有 9.5% 的受访民众认为艺术节的前期宣传工作做得很好，有 26.8% 的受访民众认为比较好，46.4% 的受访民众认为一般，认为比较差和很差的分别占 4.5% 和 1.1%，认为说不清的则占 11.7%；节后的调查数据显示，认为陕西十一艺节的宣传效果很好的占 2.7%，比较好的占 26.8%，一般的占 53.6%，认为比较差的占 11.6%，认为很差的占 5.4%。（见图 6-1）

节前、节后民众对于十一艺节宣传工作的评价基本持平，节前认为很好和比较好的共占 36.3%，略高于节后的 29.5%，说明在艺术节举办之后，咸阳民众对陕西十一艺节宣传工作的认可度有所降低。

### （二）民众对于十一艺节节目质量的满意度

课题组将十一艺节节目质量按照节目类型、节目内容、节目形式、演员水平四个方面设计评价指标体系，以量化受访者对节目的满意度。

节后对民众的调查显示：咸阳民众对节目类型满意度得分 3.91 分，对节目内容满意度得分 3.80 分，对节目形式满意度 3.81 分，对演员水平满意度 3.88 分。根据调研数据，咸阳民众整体上对十一艺节节目质

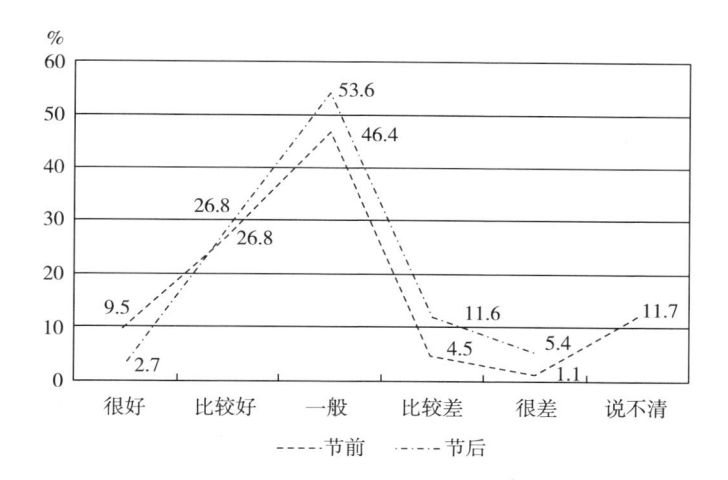

图 6-1  民众对于十一艺节前期宣传工作的评价

量满意度各方面均低于全省平均值,这表明咸阳民众对节目质量满意度不高。(见表 6-1)

表 6-1  咸阳民众对十一艺节节目的评价

| 指标 | 咸阳得分 | 全省平均得分 |
| --- | --- | --- |
| 节目类型 | 3.91 | 4.02 |
| 节目内容 | 3.80 | 3.95 |
| 节目形式 | 3.81 | 3.95 |
| 演员水平 | 3.88 | 3.98 |

(三) 民众对于十一艺节的总体评价

十一艺节是由文化部和陕西省人民政府共同主办,这对地方政府及文化部门的组织管理能力来说无疑是一次考验。为了更好地获取社会各界的评价,为以后的工作积累经验,课题组通过问卷调查方式对民众进行广泛的调查,从不同角度来客观分析政府及各个相关部门的表现。

课题组将民众对陕西十一艺节的满意度按照活动组织管理、活动场地、活动规模和活动持续时间 4 个维度设计评价指标体系,以量化受访者对节目的满意度。(见表 6-2)

表 6-2　　　　　　　　咸阳民众对十一艺节的整体评价

| 指标 | 咸阳得分 | 全省平均得分 |
| --- | --- | --- |
| 组织管理 | 3.82 | 4.02 |
| 活动场地 | 3.77 | 3.98 |
| 活动规模 | 3.84 | 3.99 |
| 活动持续时间 | 3.61 | 3.86 |

如表 6-2 所示，咸阳民众对于十一艺节的活动规模满意度最高，对活动持续时间满意度最低，这表明民众还是希望如此大规模的艺术节能持续更长时间。数据显示，咸阳的整体满意度均低于全省平均分，表明咸阳民众对政府及相关部门在十一艺节中的整体表现认可度仍有待提升。

## 七　十一艺节社会影响力评估

### （一）十一艺节对咸阳民众的影响力

#### 1. 节前民众对十一艺节的知晓程度

通过节前的调查发现，33.5%的受访民众知道十一艺节举办地，24.0%的受访民众知道具体举办时间，可见十一艺节前期宣传效果不佳，深入广泛宣传还有待提高。对十一艺节了解途径的调查见图 7-1：

对于咸阳民众而言，电视是其了解十一艺节的主要途径，报纸、电台广播、海报、手机短信等传播途径也起到一定的作用。值得注意的是：互联网开始成为信息传播的主要手段，依托互联网技术的微信、微博等互联网移动终端在宣传艺术节的过程中所起的重要作用正日益凸显。这表明在"互联网+"的时代背景下，艺术节的宣传需要用好互联网平台。正是借助于多样化的宣传方式，使得民众知晓十一艺节。

民众知晓的深入性也可以通过其对十一艺节活动的知晓情况得到佐证（见图 7-2）。

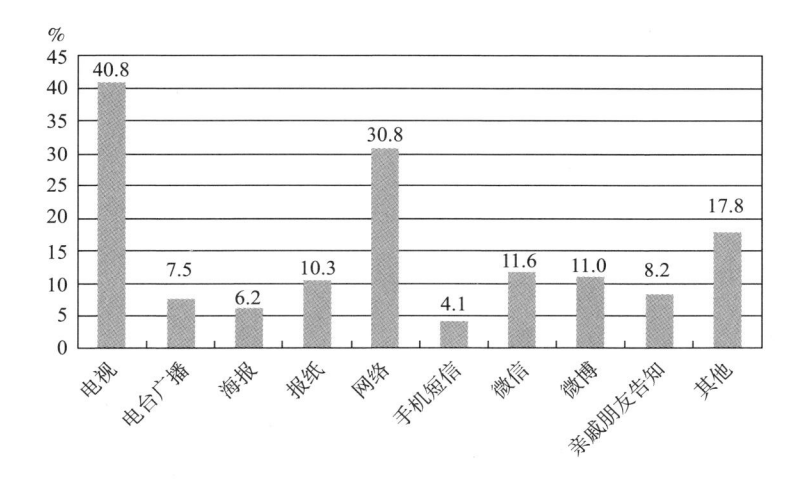

图7-1 咸阳民众知晓十一艺节的途径分析

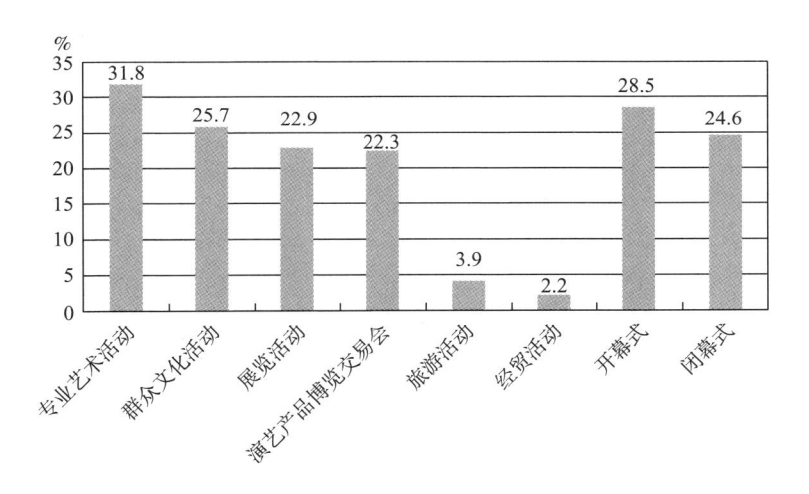

图7-2 咸阳民众对十一艺节活动知晓度分析

从上图可以看出，在艺术节的各项活动中，受访民众对专业艺术活动知晓度最高，达到31.8%，这表明民众对中国艺术节主要展演专业性艺术活动的认知度很高。其次是对开幕式和闭幕式的知晓度，分别是28.5%和24.6%。知晓度最低的是经贸活动，仅有2.2%。咸阳民众对艺术节的活动知晓度整体不高，均没有超过半数，这表明在艺术节举办之前，咸阳民众对各项活动缺乏广泛而深入的了解。

## 2. 节后咸阳民众对十一艺节的知晓程度

通过节后的针对咸阳民众对十一艺节会场设置的调查显示：有88.4%的受访者选择省会西安，32.2%的受访者选择开幕式城市延安，宝鸡为28.9%，咸阳为16.5%，汉中、渭南和榆林比例相近，分别为7.4%、8.3%和7.4%，商洛、安康和铜川的知晓度较低，分别为4.1%、2.5%和3.3%。咸阳作为分会场之一，民众对其作为分会场的知晓度低于开幕式和闭幕式的城市，表明咸阳在中国艺术节的宣传方面仍有可提升空间。（见图7-3）。

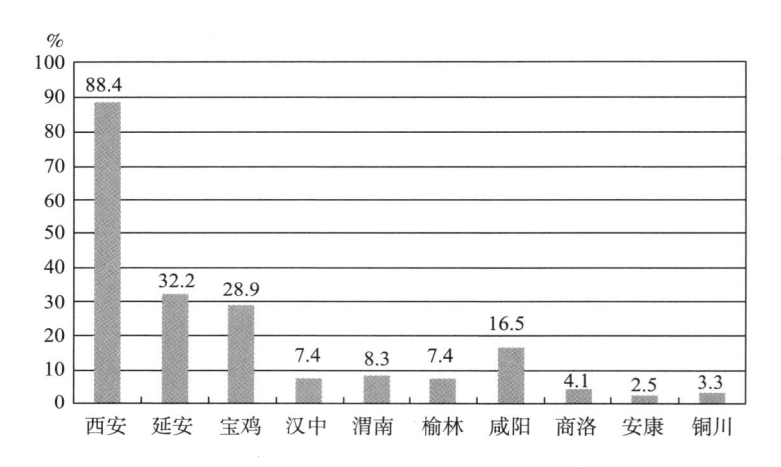

图7-3 咸阳民众对十一艺节分会场的知晓度

在有关十一艺节节目欣赏方式的调查中，剧场观看的受访者占5.8%，通过电视观看的占33.1%，通过手机看的占35.5%，通过电脑看的占35.5%，到广场观看的占20.7%，其他占5.0%。以上数据与"您是通过哪种渠道到现场观看节目"的调查数据较为吻合，而对于到现场观看的民众而言，其他渠道（包含个人买票）（25.9%）和举办方赠票（12.5%）仍然是获取参与现场演出的主要方式（单位团体购票占比7.1%，亲戚朋友送票占比4.5%）。以上数据显示，在咸阳通过手机和电脑观看艺术节的民众超过了传统的电视观看人数，到广场观看的也占一定比例，选择到现场观看的民众人数很少。

针对十一艺节的票价，0.9%的受访者认为票价非常贵，认为票价比较贵的占 21.4%，认为一般的占 29.5%，认为票价比较便宜的占 5.4%，认为非常便宜的占 1.8%，还有 41.1% 的选择说不清（见图 7-4）。由此可见，票价的高低并非是影响民众参与艺术节的最主要因素，况且，29.5% 的受访者认为艺术节的门票价格处在一般水平，而对十一艺节的知晓度整体偏低才是导致没有更多的民众到现场参与艺术节的关键因素。

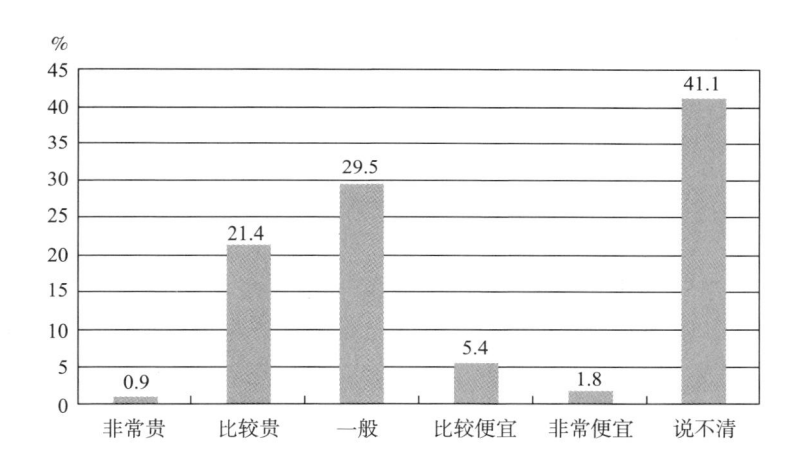

图 7-4　咸阳民众对十一艺节门票价格看法

### （二）十一艺节对咸阳整体社会的影响力

1. 十一艺节节前社会影响力分析

节前调查显示，在观众最希望看到的节目类型中，歌舞晚会和音乐会比较受欢迎，比例分别为 41.90% 和 40.8%；其次受欢迎的为美术展览和地方戏曲，分别占 26.3% 和 23.5%；舞剧、曲艺晚会和话剧的受欢迎度基本一致，分别为 20.7%、20.2% 和 19.0%；对京剧和群众文化活动的喜爱程度较低，分别为 9.5% 和 8.9%（见图 7-5）。

对咸阳民众而言，无论是认知度、参与度还是喜欢程度，歌舞晚会等大众化节目的比例都较高，音乐会、美术展览、京剧等专业性较强节目的知晓度较高，但是实际参与度和喜欢程度与知晓度都有较大差别。

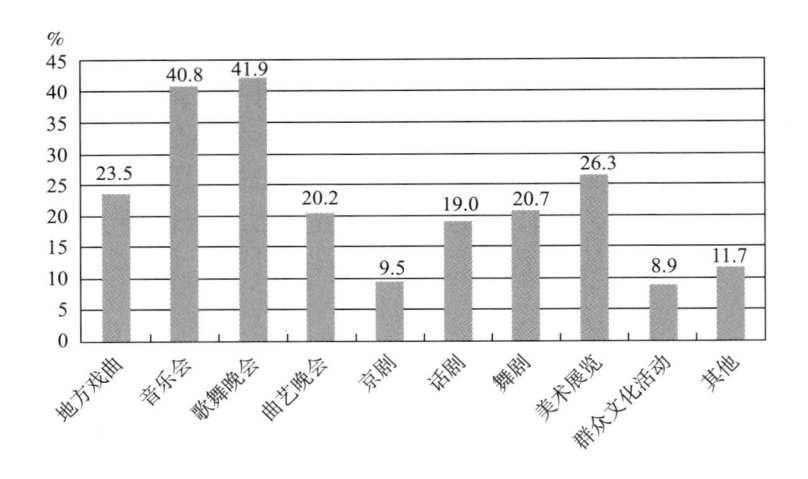

图 7-5　节前咸阳民众喜欢十一艺节的活动

**2. 十一艺节节后社会影响力分析**

节后，针对民众比较喜欢的艺术节活动调查结果显示，对中国艺术节丰富的节目类型，调查结果显示，喜欢音乐会的观众最多，占47.9%；歌舞晚会紧随其次，占47.1%；美术展览占31.4%；地方戏曲、曲艺晚会、舞剧、话剧和群众文化活动分别占24.0%、16.5%、14.9%、13.2%和11.6%；喜欢京剧的仅占5.8%（见图7-6）。如图所示，咸阳民众对于节目类型的喜好程度各有侧重，各种类型的节目都有一定比例的民众参与其中。咸阳民众对音乐会的喜好程度无论节前还是节后都是很高的，甚至超过了对歌舞晚会的喜爱，但喜欢京剧的民众无论节前还是节后几乎都是最少的，这表明在秦腔广受欢迎的咸阳地区，京剧影响力非常有限。

不管是对艺术节活动的认知程度还是喜欢程度，专业艺术活动所占的比例都较高；而且，对于艺术节所有活动而言，观众的认知程度都要高于喜欢程度。咸阳民众对群众文化活动的喜爱程度不太高，节前调查认为群众文化活动丰富的占8.9%，节后略有上升的为11.6%。节前认为节目精彩的民众占29.5%，说不清的也占29.5%。这表明在对艺术节的宣传方面咸阳市还有提升空间。

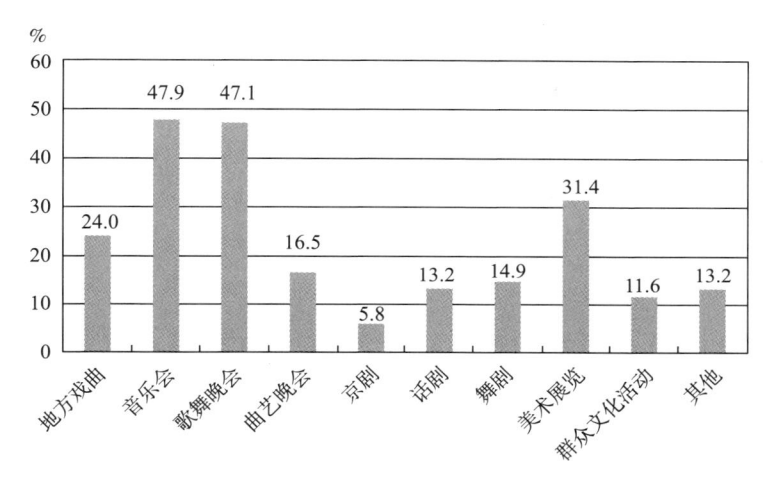

图中数据(从左至右):地方戏曲 24.0、音乐会 47.9、歌舞晚会 47.1、曲艺晚会 16.5、京剧 5.8、话剧 13.2、舞剧 14.9、美术展览 31.4、群众文化活动 11.6、其他 13.2

**图 7-6 节后咸阳民众喜欢十一艺节的活动**

## 八 启示与思考

### (一) 主要问题

**1. 宣传力度不够,民众参与积极性低**

十一艺节的成功举办在陕西产生了广泛影响,很多咸阳民众都直接参与到了艺术节的活动中,充分体现了中国艺术节作为"人民的节日"这一特色。咸阳分会场成立了由宣传、文化、公安等 19 个相关部门组成的十一艺节筹备工作小组,按照各部门、单位的工作安排和任务分工,完成了咸阳市主要路段的道旗广告宣传和广场大型广告牌的设置,在区级四大机关办公场所、辖区单位、文化经营场所悬挂标语、张贴宣传画、播放宣传片等方式开展多种形式、全方位的宣传活动。

但是,调查发现,在宣传力度上还有待提升。数据显示:节后,在针对民众是否知道中国艺术节的调查中,仅有 25.8% 的民众表示知道,在十一艺节全部会场中排名最后。在观看过或参与过中国艺术节的项目或活动的调查方面,咸阳市为 39.3%,排名靠前。这表明在知道艺术节的民众中,有一部分民众参与或观看过艺术节的活动,但因宣传方式较为传统,宣传内容不够生动活泼,从而降低了宣传力度,绝大部分民众完全不知道中国艺术节。宣传力度关乎艺术节的影响力,也就直接导致民众参与艺术节的积极性较低。

2. 参与积极性低影响民众的艺术节文化消费

从整体上看,咸阳市受访者对十一艺节的参与度偏低,使得民众的艺术节文化消费偏低。

艺术节前咸阳民众对十一艺节的知晓度有50%,节后下降到25.8%,在持续关注中国艺术节的这部分人群中,仅有14.0%的受访者有购票的计划。

十一艺节期间,直接或间接参与艺术节消费且金额在50元以下的占27.7%,50—200元的占23.2%,201—300元的占8.0%,300元以上的占1.8%,45.5%的受访者没有消费。由此可见,在十一艺节期间,咸阳民众的文化消费潜力几乎没有挖掘,整体文化活动消费偏低。

调查中了解到,本届艺术节采取了很多惠民措施,但大多数受访者仍认为艺术节门票过高。从调研情况来看,相较于现场观看艺术节节目而言,咸阳民众多数更愿意通过电视和手机欣赏十一艺节节目。数据显示,节前希望通过剧场观看的方式欣赏艺术节节目的受访者占30.7%,选择电视占44.7%;但节后实际上选择剧场观看的观众只有5.8%,选择手机、电脑和电视观看的民众共占八成以上。(见图8-1)

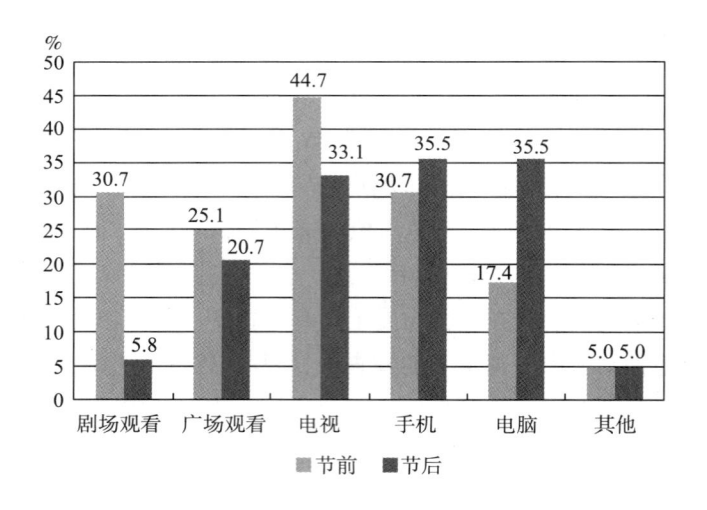

图8-1 民众希望欣赏十一艺节节目的方式节前节后对比

调查数据显示，节前有购票意愿的民众仅有14%，无论是50元以下的，还是50—100元的，在节后调查都是要高于节前门票实际消费的，节后购买了门票的消费者仅有15.7%，而选择101—200元门票的，受访者比例较节前相比，下降了25.5个百分点。

不管是节前的心理预期，还是节后的现实情况，对咸阳受访者而言，现场观看欣赏十一艺节节目的方式始终不占主流；受访者对十一艺节节目门票价格的心理预期在50元以下，200元以上的节目门票价格是民众无法接受的。因此，十一艺节票价过高，超出民众普遍预期是将民众挡在剧场之外的原因之一。

另外，民众在艺术节中更多地被放置在观众的位置，而不是参与者的位置，使民众参与艺术节的热情受到打击。民众难以认同艺术节参与者的身份，将自己置身于买票看演出的观众位置，故而现场参与艺术节活动的民众少。

3. 专业性较强使艺术节呈现小众化特点

十一艺节的专业表演艺术节目以舞台表现形式为主，具有较强的专业性。因此，对观众而言，不仅存在门票上的门槛，也同时存在认知和欣赏门槛。如果受众没有一定的文化艺术修养，则很难对其产生兴趣。

根据调查数据，课题组发现：民众的注意力普遍集中在音乐会、歌舞晚会、曲艺晚会等大众化的节目类型，而对于其他专业性较强的节目类型缺乏足够的关注，致使中国艺术节呈现出小众化的特点。

对于咸阳民众而言，选择观看歌舞晚会的比重最大，其次为音乐会和地方戏曲。相比之下，话剧、舞剧等专业性较强的节目类型以及我国的传统经典国粹——京剧，似乎正在逐渐淡出人们的视野，从一个侧面反映出这些专业性较强的艺术形式曲高和寡、观众日趋流失的问题。

**（二）对策建议**

1. 运用现代传媒手段，提升民众参与积极性

中国艺术节具有举办时间短、间隔周期长的特点，因此前期的宣传工作就显得尤为重要。必须在艺术节宣传上下更多的工夫，除了电视、平面广告等传统宣传方式外，主办方要在较短时间内调动一切可以利用的资源和手段来加强宣传，宣传部门应更好地利用互联网和移动网络这

些新兴的宣传渠道，以提升民众参与积极性。

从对十一艺节的数据分析来看，大多数民众仍然是通过电视、电台广播、报纸等传统传播手段来获取信息，咸阳市的调研数据显示，电视、报纸、海报仍是民众获取十一艺节相关信息的主要途径，但已经有一部分民众选择通过手机、电脑等新媒体渠道来获取关于艺术节的信息。随着近年来网络媒体的迅速发展，互联网在信息传播过程中所起的作用越来越重要。因此，在宣传中国艺术节时，不仅要发挥传统媒体的作用，还应充分利用现代传播手段，扩展宣传渠道，发挥微博和手机客户端（APP）在宣传上的便捷性、灵活性以及易传播性等特点，让民众能够更方便、快捷地获得中国艺术节的宣传信息。

除采用现代传媒手段外，还需要在宣传内容上给民众以新奇感，从而造就民众关注的兴趣点。同时需要在宣传内容上给民众以预期的审美愉悦，从而迎合民众的审美需求。更需要在宣传内容上注意民众的文化层次差异，由浅入深，有明确的民众针对性，满足不同文化层次民众的需求，进而全面提升民众参与艺术节的积极性。

2. 以满足和引导消费者为艺术节营销理念

将艺术节产业化，前提是将艺术节作为一个文化品牌来运作，逐步建立起一套行之有效的市场营销模式，尽可能创造民众消费需求，挖掘民众消费潜力。这就要求将营销主体定位于文化消费者，并在满足消费者需求的基础上引导消费者。

中国艺术节应实施品牌化战略，除了注重艺术节前和艺术节举办期间的宣传影响，更重要的应该是在平时做好中国艺术节的品牌运营。这样无论中国艺术节在哪个城市举办，都会有民众积极参与。这就需要建立中国艺术节的品牌运营体系，将每一届的中国艺术节整合起来作为一个品牌，扩大其影响力。如奥运会四年一次，被称为"奥运周期"，中国艺术节也应该形成"艺术节周期"。在品牌维系中要注重艺术节品牌的注册与知识产权保护，要完善中国艺术节的系列产品开发，形成艺术节产品的产业链，同时带动相关产业的发展，为艺术节的市场化运作奠定基础。

要实现中国艺术节的市场化运作，需要树立满足民众消费需求的营销理念。无论从艺术节的形式、内容、宣传、广告，或与艺术节相关的产业发展，都需要从消费者的文化需求出发，满足消费者多样的文化需求。各个承办城市应尽可能扩大本地民众参与，通过在本地的宣传，吸引更多的外来参与者。在办节前，可以充分了解民众文化消费需求，并以民众文化需求为标准挑选参赛剧目，在剧目挑选上要注意平衡大众需求与小众需求。以剧目的创新作为引领消费者文化需求的突破口，如上海电影制片厂和上海京剧院联合摄制的 3D 电影版京剧《霸王别姬》，在美国获得第六届国际立体先进影像协会颁发的"年度最佳 3D 音乐故事片奖"。以京剧电影为依托，上海京剧院在美国多地举办了《霸王别姬》的京剧展演和京剧文化交流活动。无论是在形式上还是在内容上，3D 电影版《霸王别姬》都在引领消费者的文化需求。

满足民众文化需求的营销理念，能够极大地提升民众参与的积极性，激发民众的文化消费热情。

3. 增加互动，让民众成为艺术节的参与者

中国艺术节作为"人民的节日"，具有公益性，是当前国家公共文化服务体系建设的重要组成部分。本届艺术节采取了很多便民措施，尽可能使更多的民众接触、参与艺术节。但是根据课题组调查情况看，由于本届艺术节与民众互动太少，使民众认为即使到现场也只能当观众，在家看电视、看手机同样是当观众，故而认为门票价格过高，不愿意到现场参与艺术节活动。通过互动活动，让民众成为艺术节的参与者，就能使到现场参与艺术节活动的人数大大增加。

在艺术节举办过程中，为了提升与民众的互动性，可以举办专场活动，如组织大学生、农民工、工人、教师、农民、老年人、少儿的专场演出，并根据民众的年龄特点、职业特点和文化层次制定相应的互动活动。同时把模式化活动和群众性活动结合起来，即按一定程式举办如开幕式、闭幕式、展览展示、舞台演出以及各种比赛性活动，也举办一些群众能自由参与的文娱活动，如可根据举办地的民俗风情、地域特色，配套举办一些传统的节日活动，特别是非物质文化遗产活动。咸阳市大力推动书画展览等展出形式，使得咸阳地区民众在书画展览的参与度明显高于全省平均水平，这一经验值得借鉴。通过对互动活动的宣传，吸引更多的参与者，进而形成艺术节参与者的良性循环。

4. 根据不同文化需求，推行"分层分类"制度

文化消费是一种差异性消费，要满足不同群体对文化消费的需求，需要采取"分层分类"的体系和制度。中国艺术节是"人民的节日"，人民群众既是艺术节的参与者，也是艺术节的消费者。双重身份对艺术节提出了差异化的要求。差异既表现在形式上，也表现在内容上，内容和形式的差异需要以观众的差异来进行分层分类，可以从三个方面进行：

首先可以从年龄上进行分层，不同年龄层次的人有不同的生活阅历，有不同的审美情趣和价值认同，故而不同年龄的人会成为不同艺术活动的参与者。针对年轻民众，在艺术节目演员选择上，可以起用青年演员，包括流量明星；在内容上，可以展现流行文化，包括二次元文化等；在表现形式上，可以以最新科技为支撑，呈现多样化的表现形式。第二，从职业属性分类，职业的差异会形成生活经历差异，会形成不同的艺术偏好。同时，不同从业者在闲暇时间上也有差异。在安排艺术节活动时，应考虑不同职业的闲暇时间。第三，从艺术素养上分类分层，按照艺术素养的高低，安排不同的艺术节活动，使每个人都有适合自己参与的艺术节活动，起到培养和提升群众的艺术素养的作用。针对目前艺术节某些参演剧目专业性较强，民众难以欣赏的问题，应普及大众艺术教育，在艺术节期间可以举办艺术普及性活动，帮助民众提升艺术鉴赏能力。

既要分层分类，又要在差异性中找到共性，这样通过共性的包容使差异性得到表现。尊重差异性，施行分层分类才能提升民众参与艺术节的积极性，增加参与艺术节的民众人数。

# 渭南调研报告[①]

2016年10月15日至31日，第十一届中国艺术节（以下简称十一艺节）在陕西省成功举办，十一艺节将渭南设为分会场，是对渭南文化工作的一次检阅，更是推进渭南文化发展繁荣的难得机遇。本报告重点对十一艺节节前、节后渭南分会场的情况进行全方位、多层次的探究，以期能分析十一艺节的举办对渭南产生的实际影响，总结经验教训，为今后中国艺术节的举办提供借鉴。

## 一 渭南分会场准备工作

渭南，依渭水而居，傍华山而立，是中华民族的重要发祥地。华夏之根、文化之源、三圣故里、将相之乡都是渭南的美誉。汉代韩城司马迁，隋朝华阴杨坚，唐朝下邽白居易、中兴名将华州郭子仪，北宋名相寇准，还有爱国将军蒲城、杨虎城都是渭南人，自周秦到汉唐两千多年间，渭南是十二个朝代的京畿之地。作为第二批国家公共文化服务体系示范区，渭南有乡镇文化站193个，重点镇综合文体中心17个，行政村文化活动室2650个，社区文化活动室164个，社区文化活动中心15个，信息资源共享支中心11个，乡镇电子阅览室149个，社区电子阅览室121个，给1630个行政村配送了文化活动器材。[②] 渭南市按照

---

[①] 本报告执笔：莫晟，黄冈师范学院文学院教师，华中师范大学历史文化学院博士。
[②] 陈圣强、田建：《渭南市创建国家公共文化服务体系示范区纪实》，http://wn.ishaanxi.com/2014/1103/281665.shtml。

"文化惠民、文化乐民、文化育民"主旨,以创建国家公共文化示范区和十一艺节为契机,创排了《忠保国》《三娘教子》《银镯鉴》等以优秀传统文化为题材的传统剧目 20 多部,并围绕社会主义核心价值观、"中国梦"、渭南历史文化、社会经济发展情况编排了《家园》《洽川人家》《金果梦》等唱响时代主旋律,弘扬社会正能量,集思想性、艺术性于一体的作品 10 余部。①

### (一) 积极推进筹办工作,繁荣群众文化生活

渭南市将十一艺节的举办当作是对全市文化工作的一次检阅,更是当作推进渭南文化发展繁荣的难得机遇。市委市政府高度重视,健全组织机构建设,营造宣传氛围,筹办工作稳步推进。

为了推进筹办工作顺利进行,渭南市成立了市长担任主任的筹备委员会,多次召开专题会议,协调解决相关问题,陕西省领导也多次赴渭南对各项工作进行了具体的指导和对接,有力推动了十一艺节筹办工作扎实有序进行。同时,按照"注重实用、厉行节约、不搞铺张奢华、不搞重复建设"的原则,经专家团队多次调研考察,确定渭南大剧院、市文化艺术中心多功能厅、富平县文化中心、合阳大剧院等为演出场馆。

在艺术节筹备工作中,始终把筹办十一艺节的过程作为繁荣群众文化生活的过程。在艺术节开幕倒计时 150 天、100 天、50 天等时间节点,先后举办了多种多样的大型群众文化展演活动。同时,围绕迎接艺术节开展了系列群众性文化活动,为十一艺节营造浓厚的群众艺术氛围。筹办艺术节工作量大、涉及面宽,不仅是对渭南文化建设的检阅,也是对组织能力、协调水平、服务质量的考验,为此渭南市政府制定了完善的办节方案、服务保障工作方案和应急预案,以保证安全有序、保障有力,确保十一艺节顺利进行,圆满落幕。

在艺术节期间,共有 13 台丰富多彩的文艺节目在渭南市各县市区分别上演。其中,10 月 16—10 月 29 日,渭南大剧院将上演由山西歌

---

① 《第十一届中国艺术节开幕 渭南现代秦腔戏〈家园〉感动全场》,华山网,http://news.hshan.com/sznews/2016 – 10 – 16/110993.html。

舞剧院带来的音乐剧《火花》，上海歌舞团带来的舞剧《朱鹮》、内蒙古民族艺术剧院歌舞团带来的舞剧《我的贝勒格人生》，解放军中央军委政治工作部带来的歌剧《天下黄河》。富平剧院将上演由贵州省京剧院带来的京剧《黔女端菜》、内蒙古自治区赤峰话剧团带来的话剧《热土》、中国东方演艺集团有限公司带来的舞剧《兰花花》、延安市宜川县蒲剧团带来的蒲剧《河魂》、西藏自治区歌舞团带来的大型舞剧诗《魅力西藏》、咸阳市剧团带来的弦板腔《范紫东》；另外，渭南市秦腔剧团精心编排的秦腔现代戏《家园》，以及合阳县新蕾剧团的线腔现代戏《洽川人家》、富平县阿宫腔剧团的阿宫腔《王魁负义》还分别于10月15—10月29日在延安大剧院、礼泉剧院、安康大剧院上演。

图 1-1　十一艺节渭南分会场倒计时 50 天锣鼓展演活动

（二）挖掘本土元素打造文化精品

渭南市秦腔剧团创排的大型秦腔现代剧《家园》作为开幕式演出剧目。临渭区文化馆创排的小戏《哎呀呀》获得了"群星奖"。线腔现代戏《洽川人家》、阿宫腔《王魁负义》分别参加礼泉县和铜川市展演。

大型秦腔现代戏《家园》，由渭南市秦腔剧团、澄城县剧团等基层院团排演，从 2013 年初稿问世到现在的第四稿，已经改稿 20 多次。全剧惊险、真实、朴实、生动，在秦腔表演中融合了影视、歌剧、话剧等手法，本着"民生至上，敬畏自然"的主题，该剧以陕西省安康市紫阳县七堰村2010年7月18日发生泥石流后，陕西省委省政府采取避灾移民的重大举措，使陕南灾民彻底摆脱灾难、过上幸福生活的真实事件为素材，描写了麻子沟发生泥石流后，市长张永安前往现场指挥救灾的所见、所闻、所感与所为，通过梅奶奶祖孙三代的苦难经历，艺术地反映了风雨中山民们生死离散，建家园让山民家家团圆的深刻主题。该剧制作精良、恢宏大气，剧情跌宕起伏，讲述了一场特大泥石流灾害后，党和政府实施避灾移民重大工程，将不适宜在山区居住的老百姓搬出大山、重建新家园的感人故事，展现了党和政府面对灾难的勇气与果断。

文化部部长、十一艺节组委会主任雒树刚在观看《家园》后指出，该戏体现了三大特点：第一，紧扣了时代主题。《家园》关注的是陕西的一项重要工作，也是全国的一项重要工作，就是精准扶贫、精准脱贫。围绕着"搬迁脱贫"，《家园》既是一部现实主义作品，同时也是有针对性的作品。

第二，《家园》的特点是由基层院团演出。市县剧团和县里民营剧团的基层演员上台演出，这在往届艺术节上是没有的。在鼓励贴近群众的基层院团上台演出的层面，陕西做了一个很好的示范。

第三，《家园》的亮点是抓住了振兴戏曲这项重要工作。振兴戏曲是中央专门下发文件，中宣部牵头在全国开展的一项普遍性工作。戏曲承载着中华文化的传承和弘扬的重要任务，而秦腔是戏曲中一个重要的门类和形式。①

最为值得关注的则是，这部开幕大戏的演出团队既非国家级院团，也不是省级院团，而是渭南市秦腔剧团联合澄城县剧团、户县群星剧团两个基层剧团共同打造而成。一直以来，基层文艺院团的发展都相对处于边缘化的状态，市场化背景下，如何有效激发基层院团活力成为各文艺界人士共同关注的话题。

"对于戏曲发展，我们的艺术总监曾说'基层兴戏曲才能兴'，因

---

① 《第十一届中国艺术节开幕　秦腔〈家园〉演出受瞩目》，http://sl.china.com.cn/2016/1021/12251.shtml。

为只有基层院团面对的才是真真正正的老百姓。省级院团和国家院团要想具有这样一种质感的作品,真真正正接地气表演类似受灾群众这样的人物或角色可能还是比较有距离的,所以这也是基层院团演起剧本来更朴实、更真切、更动人、更接地气的原因",谢艳春如是说。①

由此可以看到渭南作为国家级公共文化体系示范区,其文化活动有深厚的群众基础,群众真正享受到了国家文化服务带来的实惠。

秦腔小戏《哎呀呀》通过展现一位县委书记深入基层,明察暗访低保政策在农村落实情况的特殊场景,塑造了一位心直口快且富有正义感的乡村妇女形象,刻画了一位心系百姓、依靠百姓、深入基层、走群众路线的好县委书记形象。

小戏大爱,《洽川人家》取材于发生在陕西省合阳县农村的一个真实故事。20世纪80年代,村民王有仁、李景云夫妇捡拾留养了一个面部严重残疾的女婴,艰难养育二十年。为了使女儿能够治愈面疾,夫妇俩毅然将健全的次子过继给了三弟,奔波求治十年有余。超乎寻常的义举深深地感动了第四军医大学口腔医院,军医们数度攻克世界级医学难题,终于使丑小鸭还原为美丽的白天鹅。《洽川人家》这部戏,讲的是合阳故事,编剧演员是合阳人,音乐用的是合阳线腔,舞美设计融入的是合阳元素,从某种意义上讲,它不仅是新时期合阳人道德风貌的展示,也是时下合阳地方风情的展示,让人们在感受人间大爱的同时也领略到了线腔这一古老剧种的独特魅力。

## 二 渭南市调查的样本描述

### (一)问卷设计

2016年10月15日至31日,十一艺节在陕西省举行。本课题组从理论与现实的双重角度研究十一艺节对渭南社会经济文化发展的作用和影响,采用实证调研获取研究的第一手资料。调查以分类抽样为主要方

---

① 《第十一届中国艺术节开幕 秦腔〈家园〉演出受瞩目》,中国网,http://sl.china.com.cn/2016/1021/12251.shtml。

法，辅以必要的访谈，深入了解被调查者对艺术节的认识。为了尽可能地全面了解陕西渭南的民众对十一艺节的参与、感受、评价以及十一艺节对渭南的实际社会影响力，课题调查组先后在节前（2016年9月）和节后（2016年11月）分别对渭南市的普通市民进行了问卷调查。节前的调查问卷设计分为两个部分：第一部分，针对被调查者的基本情况进行相关问题的设计；第二部分，针对节前市民对于中国艺术节的知晓情况进行设计。节后的调查问卷设计分为两个部分：第一部分，针对被调查者的基本情况进行相关问题的设计；第二部分，针对市民对于十一艺节的知晓情况、参与情况以及具体评价进行相关问题的设计。调研时间、调研对象及问卷数量如表2-1。

表2-1　　　　　　社会公众调研问卷发放及回收情况　　　　　单位：份；%

| 问卷情况 \ 调研时间 | 节前（2016年9月） | 节后（2016年11月） |
| --- | --- | --- |
| 发放问卷 | 500 | 503 |
| 回收问卷 | 500 | 503 |
| 回收率 | 100 | 100 |

### （二）样本描述

调查对象包括工人、农民、国家干部、医生、律师、教师、学生、军人、个体工商户、公司职员、农民工等，从性别比例、政治面貌、文化程度、宗教信仰以及年龄分布上都符合抽样调查要求。详见表2-2。

表2-2　　　　　　　　调查对象基本情况一览　　　　　　　　单位：%

| 调查对象的基本情况 | | 节前占比 | 节后占比 |
| --- | --- | --- | --- |
| 性别 | 男 | 40.2 | 38.1 |
| | 女 | 59.8 | 61.9 |
| 职业 | 国家机关、党群组织、企事业单位工作人员 | 11.36 | 8.74 |
| | 专业技术人员 | 9.13 | 7.72 |
| | 商业工作人员 | 7.30 | 3.25 |
| | 服务性工作人员 | 12.98 | 6.50 |

续表

| 调查对象的基本情况 | | 节前 | 节后 |
|---|---|---|---|
| 职业 | 生产工作、运输工作和部分体力劳动者 | 6.90 | 3.46 |
| | 其他劳动者 | 52.33 | 70.33 |
| 文化程度 | 初中及以下 | 22.40 | 18.44 |
| | 高中（中专） | 32.40 | 23.65 |
| | 大专 | 18.60 | 13.03 |
| | 本科 | 25.60 | 44.49 |
| | 研究生及以上 | 1.00 | 0.40 |
| 年龄结构 | 18 岁及以下 | 13.20 | 19.68 |
| | 19—30 岁 | 37.40 | 44.14 |
| | 31—40 岁 | 10.40 | 12.52 |
| | 41—50 岁 | 12.80 | 7.95 |
| | 51—60 岁 | 12.00 | 6.56 |
| | 61 岁及以上 | 14.20 | 9.15 |
| 居住时间 | 临时居住（探亲访友、旅游） | 7.00 | 8.25 |
| | 1 年以内 | 5.40 | 12.07 |
| | 1 至 2 年 | 9.40 | 19.92 |
| | 3 至 5 年 | 12.20 | 5.63 |
| | 5 年以上 | 66.00 | 54.12 |

注：由于对数据四舍五入，故占比的加总不一定等于100%。下同。

调查对象的收入状况一般，中低收入者比例较高。据节前节后对民众的调查结果看，月平均收入在 2000 元及以下的节前节后分别占 51.34% 和 64.99%，2001—4000 元的分别占 34.02% 和 26.42%，4001—6000 元的分别占 11.34% 和 6.92%，6001—8000 元的分别占 1.03% 和 0.84%，8001—10000 元的分别占 1.24% 和 0%，10001—12000 元的分别占 0.21% 和 0.42%，12001 元及以上的分别占 0.82% 和 0.42%（见图 2-1）。节前节后民众 2015 年在文化方面的月平均消费，100 元及以下的分别占 41.88% 和 43.99%，101—300 元的分别占 21.84% 和 25.66%，301—500 元的分别占 11.22% 和 8.76%，501—700 元的分别占 6.21% 和 7.13%，701—900 元的分别占 3.05% 和

3.05%，901—1100 元的分别占 3.61% 和 6.92%，1100 元以上的分别占 10.22% 和 4.48%。

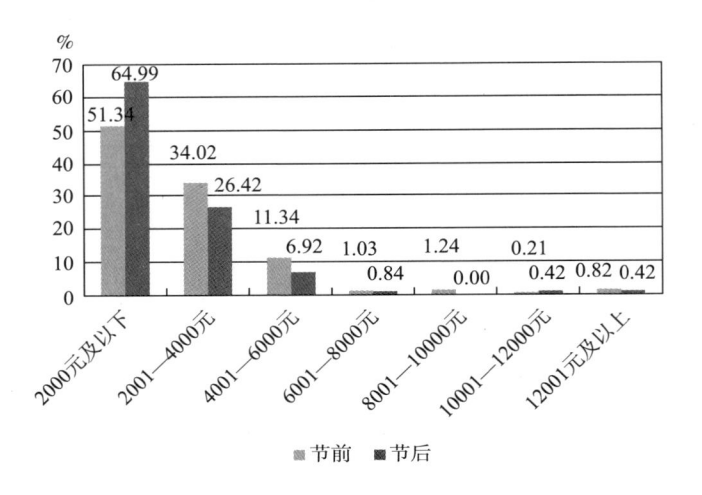

图 2-1　节前节后民众月收入对比

## 三　十一艺节与民众的关系

### （一）渭南市总体参与度分析

十一艺节于 2016 年 10 月 31 日圆满结束，艺术节多渠道、全方位的、多角度的宣传报道与多种多样的群众文化活动进一步激发了人民群众关注、参与艺术节的热情，在一定程度上也提高了十一艺节的社会知晓度。

1. 渭南市民众总体参与广泛度分析

根据调查统计结果，在节前调查的 500 份问卷中，知道十一艺节的占比 29.38%；在节后调查的 503 份问卷中，知道十一艺节的占比 31.41%。节后知晓度比节前仅上升了 2.03 个百分点，且无论节前还是节后知道十一艺节的受访民众仅在 30% 左右，这表明渭南作为十一艺节分会场的影响力不足，民众对艺术节的参与度不足。（见图 3-1）

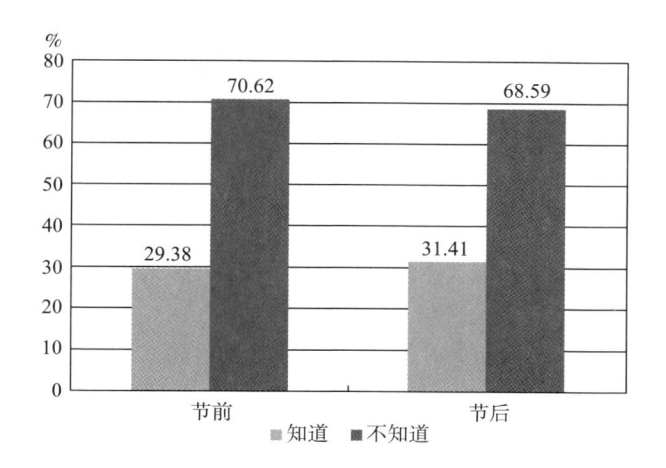

**图 3-1 渭南民众对十一艺节知晓度分析**

通过节前及节后的对比来看，仅就渭南市的情况而言，作为分会场，在扩大中国艺术节整体影响力方面效果不太明显。十一艺节在渭南市内的整体宣传效果有待提升，节后民众的整体关注虽然略高于节前，但知道中国艺术节的民众占比较低。统计数字显示，在持续关注中国艺术节的这部分人群中，曾经直接参与或观看过往届中国艺术节节目的比例也比较低，节前为30.82%，节后与节前基本持平，为30.77%。这表明渭南民众对中国艺术节的了解程度也不太高。（见图3-2）

在观看往届中国艺术节节目的途径方面，选择传统传媒电视的最多，占61.64%，其次为使用电脑观看的，占31.51%，通过移动工具手机观看的占26.71%，现场观看的观众较少，占11.64%，通过其他途径（8.22%）和影碟（0%）观看往届艺术节的民众很少。由此可见，电视这一传统媒体仍然在艺术节的传播方式上，扮演主要角色。受互联网加时代的影响，使用手机和电脑观看的民众人数增加，可见新媒体的作用日益凸显。选择现场观看的民众比例偏低，没有人选择光碟观看，这表明光碟等艺术节的延伸文化产品民众接受度不高。

此外，节后的调查数据显示，有3.31%的渭南民众认为能够非常方便地参与此次艺术节，有16.56%的民众认为比较方便，有49.67%的民众选择了一般，还有25.83%和4.64%的民众认为参与艺术节比较不方便或者很不方便。

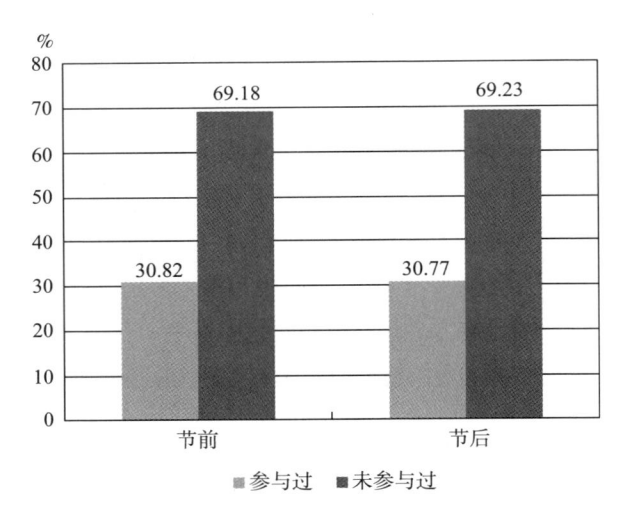

图 3-2　渭南民众对往届中国艺术节参与度分析

总而言之，渭南民众对参与十一艺节的态度比较积极，但是参与艺术节不太方便。

2. 渭南市民众总体参与深刻度分析

在对中国艺术节的了解程度方面，选择一般了解的最多，占63.01%；比较了解的占9.59%，非常了解的仅占4.11%，不了解的占22.60%，完全不了解的占0.68%。由此可见，渭南民众对十一艺节的整体了解程度一般，十一艺节的宣传还有进一步提升的空间。

从民众对陕西十一艺节节目的了解程度而言，对十一艺节举办的各种活动，知道有专业艺术活动的受访民众占33.10%，知道有群众文化活动的受访民众占38.36%，知道有展览活动的受访民众占20.55%，知道有演艺产品博览会的受访民众占11.64%，知道有开幕式与闭幕式的受访民众占比分别是35.62%和28.28%，知道有旅游活动和经贸活动的受访民众占比很低，仅为4.79%和2.74%，不清楚中国艺术节各种活动的受访民众占比32.19%。由此可见，十一艺节的宣传语"艺术的盛会"深入人心，民众认为中国艺术节有专业艺术活动的人数高于对其他活动的了解。同时，中国艺术节的经济影响力不足，了解有旅游活动和经贸活动的民众很少。有32.19%的受访民众不了解本届艺术节的各种活动表明，渭南在十一艺节的宣传上还有待加强。

## （二）渭南市参与程度交叉分析

### 1. 渭南民众总体参与广泛度交叉分析

在节后对渭南民众知晓度调查中，以性别、年龄、职业作为自变量，以对艺术节的知晓度为因变量，作交叉分析（详见图3-3）。

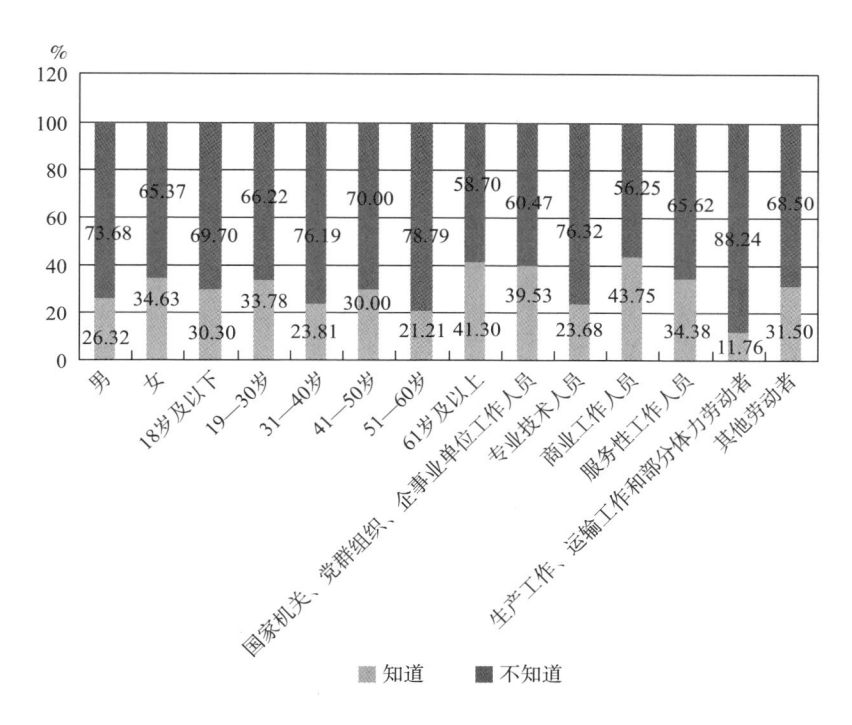

**图3-3 节后渭南民众对艺术节知晓度的交叉分析**

如图3-3所示，女性对于艺术节的知晓程度达到了34.63%，要高于男性的26.32%，其中受访者年龄在61岁及以上的民众知晓度最高，占比41.30%，这说明艺术节对61岁及以上这个年龄段的人吸引力最高，而51—60岁的民众知晓程度最低，为21.21%，这说明对于这一群体中国艺术节的影响力较小。在不同职业的民众调查中，商业工作人员对中国艺术节的知晓度最高，占比43.75%，表明中国艺术节在渭南商业领域有一定影响力。其次是国家机关、党群组织、企事业单位工作人员，占比39.53%，这与该类民众的职业性质密不可分，他们是接触艺术节的最直接者。整体来看，渭南的民众对中国艺术节的知晓度比较低，无论是性别、年龄还是职业交叉分析，知晓度均低于50%，这说明中国艺术节的影响力不够广泛。

2. 渭南市民众总体参与深刻度交叉分析

但是，在对知晓十一艺节人群的基础上做进一步调查发现（详见图3-4）：男性有32.00%受访者观看或参与过十一艺节的项目或活动，女性有30.19%的受访者观看过，与艺术节知晓度的比例相差不多，这表明在知晓艺术节的民众中，有相当一部分是观看过艺术节的。在对不同年龄的民众是否观看艺术节的调查中，41—50岁的民众观看艺术节的比例最高，达到41.67%，而31—40岁与51—60岁的民众观看比例最低，均为14.29%。整体来看，各年龄层次观看十一艺节的比例均没有超过50%，这表明渭南民众观看十一艺节的积极性不太高。在不同职业的民众调查中，生产工作、运输工作和部分体力劳动者观看艺术节

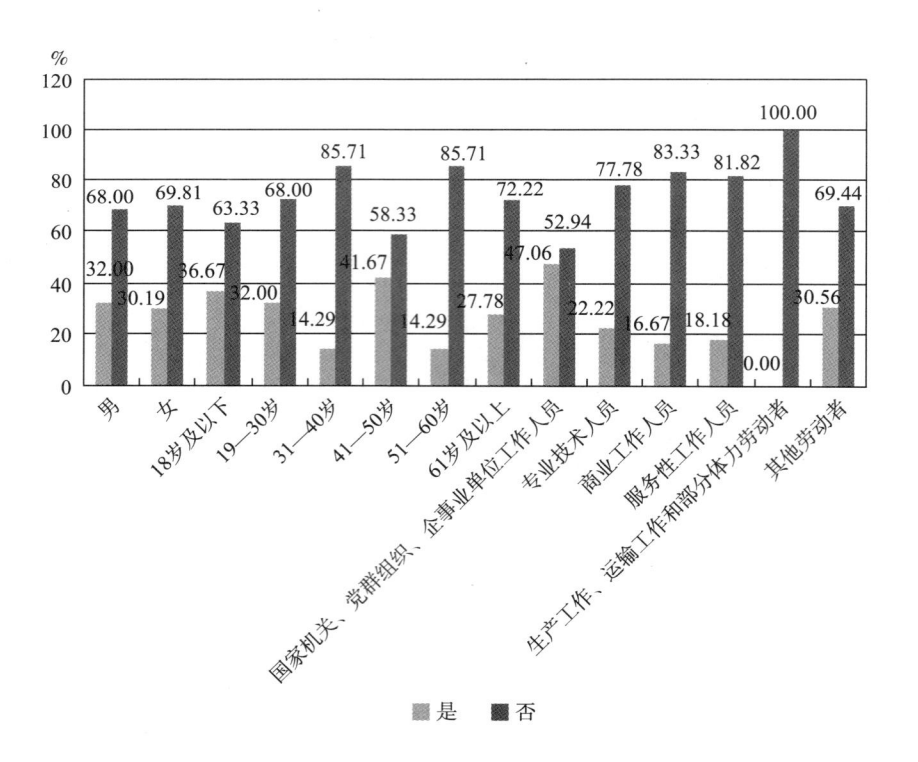

图3-4　节后渭南民众是否观看十一艺节的交叉分析

的比例最高，这说明他们参与热情最高，也间接说明艺术节对于他们而言，是一种增加生活乐趣的娱乐方式。

在十一艺节相关活动的喜好程度上，不同年龄的受访民众对艺术节的喜欢程度各不相同，其中41—50岁的民众最喜欢的是群众文化活动，占比达91.67%，19—30岁的民众、31—40岁的民众、51—60岁的民众和61岁及以上的民众最喜欢的也是群众文化活动，这说明群众文化活动深受当地民众的喜爱，这表明渭南作为国家级公共文化示范区，群众文化活动有深厚的基础，在十一艺节期间民众最喜欢的仍然是群众文化活动，充分展现了艺术节是"艺术的盛会，人民的节日"（详见表3-1）。

表3-1　　不同年龄的民众对艺术节活动的喜好程度分布　　单位:%

| 活动名称＼年龄段 | 18岁及以下 | 19—30岁 | 31—40岁 | 41—50岁 | 51—60岁 | 61岁及以上 |
|---|---|---|---|---|---|---|
| 专业艺术活动 | 50.00 | 24.00 | 20.00 | 50.00 | 28.57 | 21.05 |
| 群众文化活动 | 20.00 | 33.33 | 40.00 | 91.67 | 71.43 | 68.42 |
| 展览活动 | 23.33 | 25.33 | 26.67 | 25.00 | 14.29 | 10.53 |
| 演艺产品博览交易会 | 10.00 | 21.33 | 0.00 | 0.00 | 0.00 | 10.53 |
| 旅游活动 | 6.67 | 12.00 | 6.67 | 0.00 | 0.00 | 5.26 |
| 经贸活动 | 0.00 | 5.33 | 6.67 | 0.00 | 14.29 | 5.26 |
| 开幕式 | 20.00 | 29.33 | 26.67 | 58.33 | 57.14 | 10.53 |
| 闭幕式 | 10.00 | 13.33 | 13.33 | 41.67 | 28.57 | 10.53 |

不同职业的民众对艺术节的喜欢程度也不尽相同，如表3-2所示，商业工作人员喜欢群众文化活动的占比最高，这表明他们在工作结束后，更喜欢参与群众文化活动以放松。职业性质的不同在较大程度上会影响民众对于艺术节活动的喜好程度，但开幕式仍然是不同职业的民众都喜欢的艺术节活动。

表 3-2　　不同职业的民众对十一艺节活动的喜好程度分布　　单位:%

| 活动名称 \ 职业 | 国家机关、党群组织、企事业单位工作人员 | 专业技术人员 | 商业工作人员 | 服务性工作人员 | 生产工作、运输工作和部分体力劳动者 | 其他劳动者 |
| --- | --- | --- | --- | --- | --- | --- |
| 专业艺术活动 | 41.18 | 33.33 | 42.86 | 36.36 | 0.00 | 28.44 |
| 群众文化活动 | 41.18 | 33.33 | 71.43 | 54.55 | 50.00 | 39.45 |
| 展览活动 | 23.53 | 22.22 | 28.57 | 27.27 | 0.00 | 22.94 |
| 演艺产品博览交易会 | 5.88 | 33.33 | 14.29 | 0.00 | 0.00 | 14.68 |
| 旅游活动 | 11.76 | 0.00 | 14.29 | 0.00 | 0.00 | 9.17 |
| 经贸活动 | 11.76 | 0.00 | 14.29 | 0.00 | 0.00 | 3.67 |
| 开幕式 | 47.06 | 11.11 | 42.86 | 54.55 | 50.00 | 23.85 |
| 闭幕式 | 29.41 | 0.00 | 42.86 | 27.27 | 0.00 | 11.93 |

如表 3-3 所示,不同月平均文化娱乐方面消费的民众在选择喜欢艺术节的活动时,较为集中地反映了经济收入对文化需求的影响程度。在文化娱乐方面月均消费在 100 元及以下的受访民众最喜欢专业艺术活动,消费在 101—300 元的最喜欢群众文化活动,消费在 301—500 元的最喜欢专业艺术活动,消费在 501—700 元的最喜欢开幕式,消费在 701—900 元的最喜欢群众文化活动,消费在 901—1100 元的最喜欢展览活动和演艺产品博览交易会,消费在 1100 元以上的最喜欢的是展览活动。

表 3-3　　不同收入的民众对十一艺节活动的喜好程度分布　　单位:%

| 活动名称 \ 月均文化消费 | 100 元及以下 | 101—300 元 | 301—500 元 | 501—700 元 | 701—900 元 | 901—1100 元 | 1100 元以上 |
| --- | --- | --- | --- | --- | --- | --- | --- |
| 专业艺术活动 | 34.00 | 28.30 | 47.37 | 30.00 | 14.29 | 18.18 | 0.00 |
| 群众文化活动 | 30.00 | 62.26 | 31.58 | 30.00 | 42.86 | 18.18 | 25.00 |
| 展览活动 | 16.00 | 20.75 | 42.11 | 10.00 | 14.29 | 27.27 | 50.00 |
| 演艺产品博览交易会 | 8.00 | 7.55 | 36.84 | 0.00 | 28.57 | 27.27 | 0.00 |

续表

| 月均文化消费<br>活动名称 | 100元及以下 | 101—300元 | 301—500元 | 501—700元 | 701—900元 | 901—1100元 | 1100元以上 |
| --- | --- | --- | --- | --- | --- | --- | --- |
| 旅游活动 | 8.00 | 5.66 | 15.79 | 0.00 | 0.00 | 9.09 | 25.00 |
| 经贸活动 | 0.00 | 5.66 | 10.53 | 0.00 | 0.00 | 0.00 | 25.00 |
| 开幕式 | 28.00 | 26.42 | 31.58 | 40.00 | 14.29 | 18.18 | 25.00 |
| 闭幕式 | 8.00 | 11.32 | 31.58 | 20.00 | 14.29 | 18.18 | 25.00 |

从整体而言，不同年龄、不同职业、不同文化消费的民众喜欢程度各有侧重，但群众文化活动是普遍受到民众喜欢的艺术节活动。这充分体现了民众文化需求的差异性和多样性，也充分说明了民众参与艺术节的程度较为深入。

## 四　十一艺节与文艺发展的关系

### （一）十一艺节对民众文化生活的影响

针对十一艺节对于文艺发展方面的影响，调查组在十一艺节举办之前和之后分别对渭南市民众做了相关调查。

节前调查显示，有6.85%的受访民众认为十一艺节对其文化生活产生很大的影响，有21.92%的受访民众认为十一艺节对其文化生活产生较大的影响，认为影响一般的受访民众占43.84%，认为影响较小的占19.18%，认为影响很小的占0.68%，说不清的占7.53%。这表明，十一艺节对大部分渭南民众的文化生活产生了一定影响。

节后调查显示，十一艺节对民众的文化生活产生了一定影响。有20.00%的受访民众认为艺术节对自身的文化生活带来很大的影响，认为影响比较大的占36.77%，认为影响一般的占31.61%，有5.81%和3.23%的受访民众认为影响比较小或很小，有2.58%的受访民众说不清（详见图4-1）。

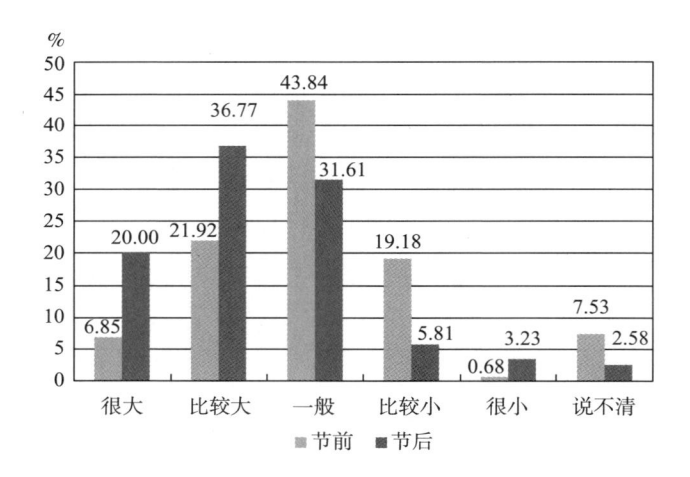

```
%
50
45                    43.84
40         36.77
35
30                         31.61
25     21.92
20  20.00
15              19.18
10  6.85                        7.53
 5                    5.81  3.23  2.58
 0  6.85       0.68
   很大  比较大  一般  比较小  很小  说不清
           ■ 节前  ■ 节后
```

**图 4-1　节前节后艺术节对民众文化生活影响对比**

数据显示，在十一艺节举办期间，有 8.97% 的受访民众认为增加了与朋友交往的机会，有 26.28% 的受访民众和家人一起观赏了艺术节的剧目或参观展览，有 24.36% 的受访民众受中国艺术节的影响经常谈论与艺术节相关话题，有 40.38% 的受访民众不太关注艺术节，在十一艺节举办期间，他们的生活与平常一样，没有什么改变。

由此可见，就渭南市的具体情况而言，在十一艺节举办之前，有相当一部分民众对十一艺节抱有一定期望，他们希望借助十一艺节多形式、高水平的文化节目来改善自己的业余文化生活。调查结果显示，十一艺节在人际交往、文华奖与群星奖的评选以及文化产品展览等方面，对渭南民众产生了一定影响。但仍然需要看到的是，相当一部分受访民众感觉艺术节对其文化生活没有太大影响，这与节前民众对艺术节的期待形成了反差。

### （二）十一艺节对城市文化基础设施的影响

节前，针对十一艺节对渭南市文化基础设施改善程度的调查结果说明，认为改善程度非常大的受访民众占 6.85%，认为改善程度比较大的受访民众占 19.18%，认为改善程度一般的受访民众占 39.04%，认为改善程度比较小和非常小的受访民众比例分别占 18.49% 和 3.42%，有 13.01% 的受访民众认为说不清。

节后问卷数据显示，有 20.89% 的受访民众认为十一艺节对当地城市文化基础设施改善的程度非常大，34.81% 的受访民众认为改善程度比较大，29.75% 的受访民众认为改善程度一般，认为改善程度比较小和非常小的受访民众分别占 5.9% 和 2.53%，有 4.43% 的受访民众认为说不清。通过节前与节后数据对比，表明十一艺节的举办，使大部分渭南民众对文化基础设施改善度很满意，认为改善程度比较大和非常大的受访民众节后高于节前。详见图 4-2：

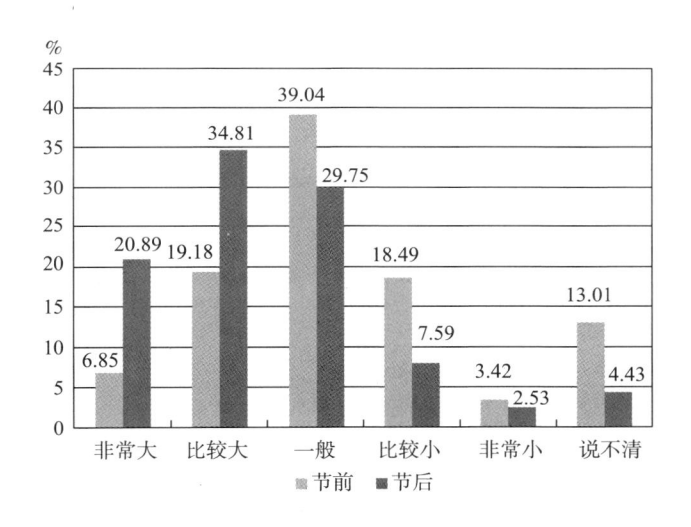

图 4-2 十一艺节对城市文化基础设施改善程度分析

## 五 十一艺节与区域发展的关系

### （一）民众对于十一艺节与区域发展关系的看法

节前对民众进行的调查数据显示，在渭南有 65.75% 的受访民众对举办十一艺节感到自豪，认为一般的有 26.71%，仅有 7.53% 的受访民众认为无所谓。这表明绝大部分民众为十一艺节的举办感到自豪。

在对城市形象方面，33.56%% 的受访民众认为，举办十一艺节能够很好地加快渭南的城市形象建设；认为将会提升城市知名度的占57.53%，认为能够增强市民认同感的占35.62%，认为能够提升市民文化素质的占36.99%，认为将会拉动经济与文化消费的占35.62%。节后34.39%的受访民众认为能够加快城市形象建设，认为将会提升城市知名度的占61.15%，认为能够增强市民认同感的占42.68%，认为能够提升市民文化素质的占34.39%，认为将会拉动经济与文化消费的占35.67%。节前与节后数据差距不大，部分数据节后略有上升，这表明十一艺节在渭南举行对城市建设有一定影响。

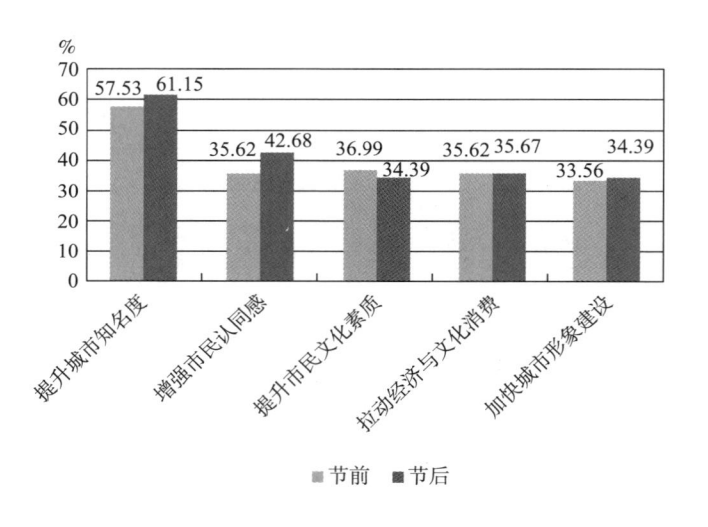

**图 5-1 十一艺节对城市形象影响力分析**

节后对民众进行的调查数据显示，有 39.10% 的受访民众在陕西举办了十一艺节之后，更加喜欢陕西各城市，有 46.15% 的受访民众更加了解陕西各城市，有 14.74% 的受访民众认为没有感觉（无所谓）。

在对陕西各个城市的喜爱度方面，渭南略高于全省平均数；在了解陕西各个城市方面，渭南略低于全省平均数；在没有感觉（无所谓）方面，渭南略高于全省平均数 0.64 个百分点（详见图 5-2）。渭南市在举办十一艺节后，调查发现更多的受访者对陕西的关注度和了解度都显著增加。近 8 成的受访者认为：他们通过艺术节的形式喜欢或更加了解陕西各城市，充分证明了十一艺节对于陕西的推广作用和宣传作用。

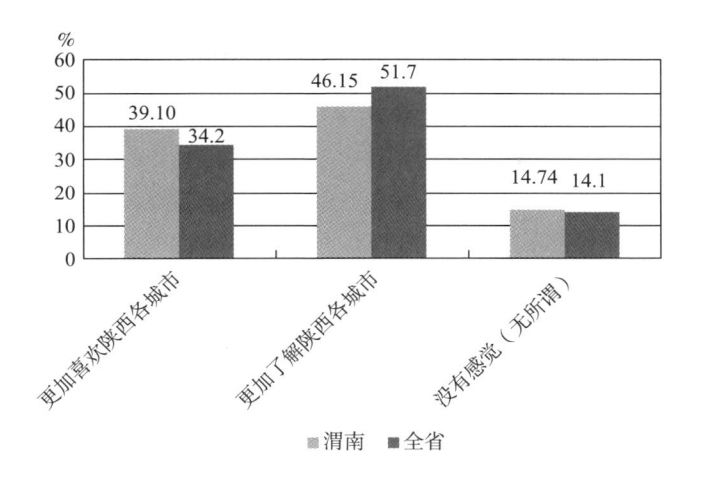

图 5-2　民众对陕西主办十一艺节的态度

在对陕西举办十一艺节的感觉方面，数据显示，节后渭南民众对陕西举办十一艺节有 66.67% 的感到自豪，有 28.82% 的感觉一般，仅有 4.49% 的没有感觉（无所谓）（详见图 5-3）。通过实地访问，绝大部分受访民众表示希望陕西今后还承担类似活动。由此可见，渭南作为十一艺节的一个分会场，具备了很好的群众基础，而且民众对于类似活动有很高的参与期望。

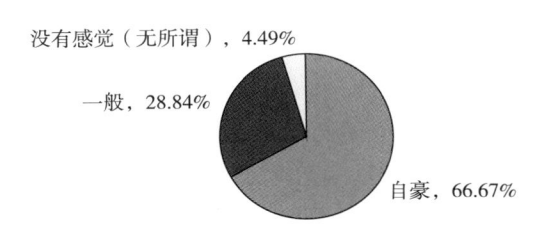

图 5-3　民众对陕西举办十一艺节的直观感受

### （二）民众对于十一艺节与文化消费关系的看法

针对门票价格的调查显示：节前 23.53% 的受访者接受 50 元及以下的价位，接受 51—100 元的占 47.06%，接受 101—200 元的占 29.41%，没有人接受票价在 200 元及以上的。节后 20.00% 的受访者接受 50 元及以下的价位，接受 51—100 元的占 26.67%，接受 101—200 元的占 46.67%，接受 201 元及以上的占 6.67%，没有人接受 301 元及以上的。节前与节后的受访民众都是对低票价持支持态度（详见图 5-4）。

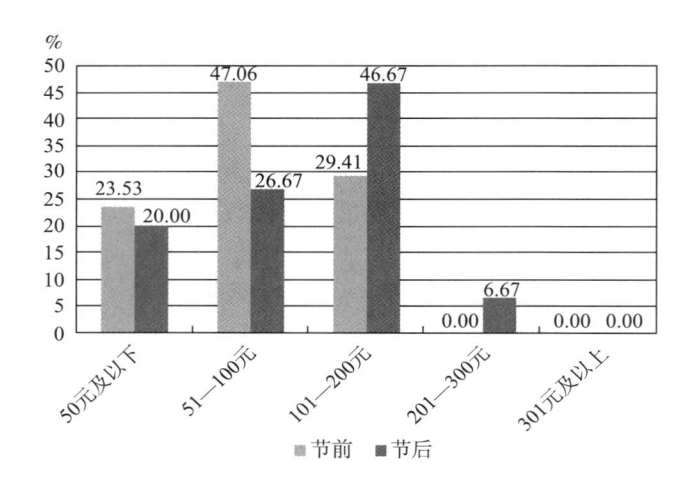

图 5-4　渭南民众节前节后对门票价格的接受度

节后的数据显示：十一艺节期间，直接或者间接参与艺术节消费金额在 50 元及以下的占 19.08%，51—200 元的占 23.03%，201—300 元的占 5.26%，301 元及以上的占 1.32%，有 51.31% 的受访者没有消费。渭南在各个档次的消费能力均低于全省平均水平（详见图 5-5），这表明渭南市民在十一艺节举办期间的消费上不太积极。

针对民众的消费类型调查显示：购票看节目的占 11.46%，购买纪念品的占 22.29%，到艺术节举办地旅游的占 11.46%，选择其他消费类型的占 7.01%。

综合以上数据分析，渭南民众对参与十一艺节的消费热情不高，有 51.31% 的民众没有消费，同时只接受观看低票价的演出。在购票看节目、购买纪念品等中，购买纪念品的比例最高，达到 22.29%。渭南民众在十一艺节期间的实际消费水平远远未达到节前的预期，其消费潜力还有待于进一步挖掘和提升。

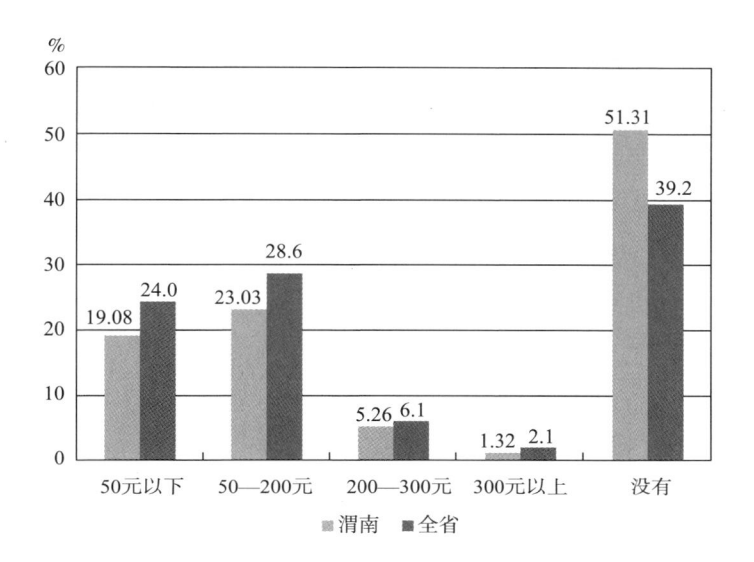

图 5-5　渭南民众节后消费情况与全省平均情况对比

## 六　民众对于十一艺节的总体评价

### (一) 民众对于十一艺节宣传工作的满意度

节前，在对十一艺节前期宣传工作的调查中，有 6.85% 的受访民众认为艺术节的前期宣传工作做得很好，有 21.92% 的受访民众认为比较好，47.26% 的受访民众认为一般，认为比较差和很差的分别占 10.27% 和 1.37%；节后的调查数据显示，认为陕西十一艺节的宣传效果很好的占 12.82%，比较好的占 43.59%，一般的占 37.82%，认为比较差的占 4.49%，认为很差的占 1.28%。(详见图 6-1)

节后渭南民众对十一艺节宣传工作的正面评价高于节前，节前认为很好和比较好的共占 28.77%，节后认为很好和比较好的共占 56.41%，是节前的近一倍，这说明在艺术节举办之后，渭南民众对十一艺节宣传工作的认可度提升明显。

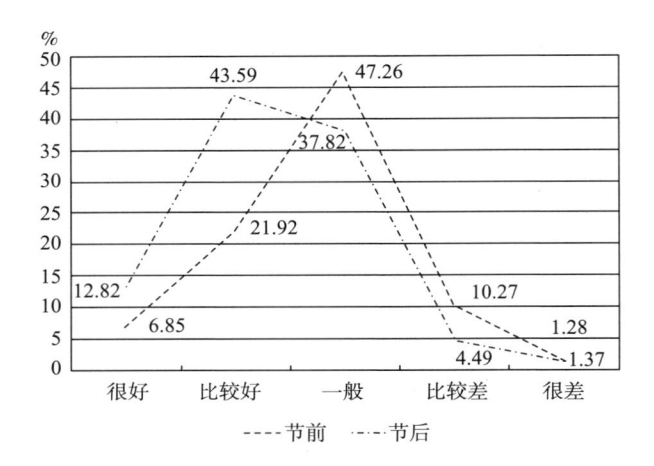

```
        %
    50                    47.26
    45    43.59
    40              37.82
    35
    30
    25       21.92
    20
    15  12.82
    10              10.27
     5     6.85          1.28
     0              4.49  1.37
       很好 比较好 一般 比较差 很差
            ---- 节前  ---- 节后
```

**图 6-1　民众对于十一艺节宣传工作的评价**

**（二）民众对于十一艺节节目质量的满意度**

节后对民众的调查显示：渭南民众对节目类型满意度得分 4.01 分，节目内容满意度得分 3.85 分，节目形式满意度 3.88 分，对演员技术满意度 3.89 分。根据调研数据，渭南民众整体上对十一艺节节目质量满意度各方面均低于全省平均值，这表明渭南民众对节目质量满意度不高（详见表 6-1）。

**表 6-1　　　　　　　　渭南民众对十一艺节节目的评价**

| 指标 | 渭南得分 | 全省平均得分 |
| --- | --- | --- |
| 节目类型 | 4.01 | 4.02 |
| 节目内容 | 3.85 | 3.95 |
| 节目形式 | 3.88 | 3.95 |
| 演员水平 | 3.89 | 3.98 |

**（三）民众对于十一艺节的总体评价**

十一艺节是由文化部和陕西省人民政府共同主办，这对地方政府及文化部门的组织管理能力来说无疑是一次考验。为了更好地获取社会各界的评价、为以后的工作积累经验，课题组通过问卷调查方式对社会公众进行广泛的调查，从不同角度来客观分析政府及各个相关部门的表现。

十一艺节总体评价主要包括活动组织管理、活动场地、活动规模和活动持续时间等4个方面，课题组按照这4个维度设计评价指标体系，以量化受访者对节目的满意度（详见表6-2）。

表6-2　　　　　　　渭南民众对十一艺节的整体评价

| 指标 | 渭南得分 | 全省平均得分 |
| --- | --- | --- |
| 组织管理 | 4.00 | 4.02 |
| 活动场地 | 3.99 | 3.98 |
| 活动规模 | 3.93 | 3.99 |
| 活动持续时间 | 3.81 | 3.86 |

如表6-2所示，渭南民众对于十一艺节的组织管理满意度最高，对活动持续时间满意度最低，这表明民众还是希望如此大规模的艺术节能持续更长时间。数据显示，渭南的整体满意度除了对活动场地的满意度外，其余均低于全省平均分，表明渭南民众对政府及相关部门在十一艺节中的整体表现认可度仍有待提升。

## 七　十一艺节社会影响力评估

### （一）十一艺节对渭南民众的影响力

1. 节前民众对陕西十一艺节的知晓程度

通过节前的调查发现，33.56%的受访民众知道十一艺节举办地，22.60%的受访民众知道具体举办时间，可见陕西十一艺节前期宣传效果不佳，深入广泛宣传还有待提高。对十一艺节了解途径详见图7-1。

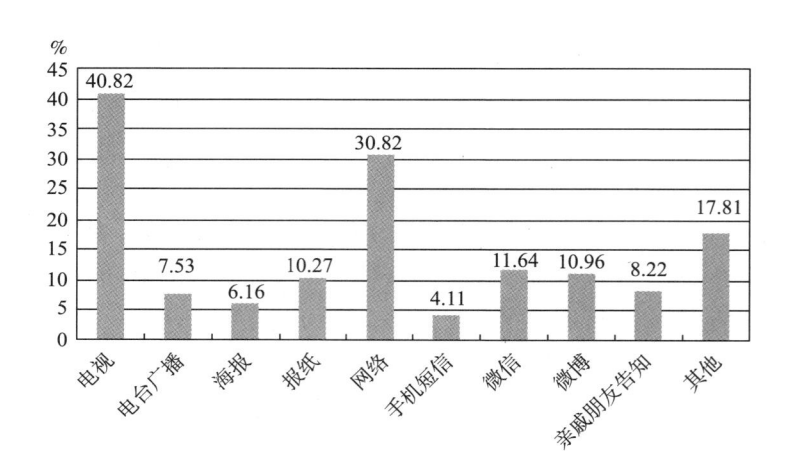

图 7-1 渭南民众知晓十一艺节的途径分析

对于渭南市民众而言，电视是其了解十一艺节的主要途径，网络、微信、微博、报纸等传播途径也起到一定的作用。值得注意的是：互联网开始成为信息传播的主要手段，依托互联网技术的微信、微博等移动客户端在宣传艺术节的过程中所起的重要作用正日益凸显。这表明在互联网+的时代背景下，艺术节的宣传需要用好互联网平台。正是借助于多样化的宣传方式，才使得民众知晓十一艺节。

民众知晓的深入性也可以通过其对十一艺节活动的知晓情况得到佐证（详见图 7-2）。

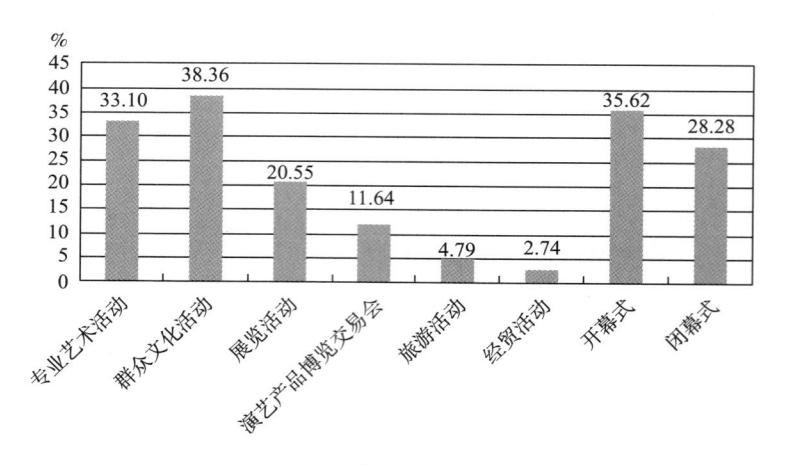

图 7-2 渭南民众对十一艺节活动知晓度分析

从上图可以看出，在艺术节的各项活动中，受访民众对群众文化活动知晓度最高，达到38.36%，这表明渭南作为国家级公共文化示范区，民众对十一艺节的群众文化活动认知度很高。其次是开幕式和专业艺术活动，分别是35.62%和33.10%。知晓度最低的是经贸活动，仅有2.74%。渭南民众对艺术节的活动知晓度整体不高，均没有超过40%，这表明在艺术节举办之前，渭南民众对各项活动缺乏广泛而深入的了解。

2. 节后渭南民众对陕西十一艺节的知晓程度

通过节后针对渭南民众对十一艺节会场设置的调查显示：有74.68%的受访者选择省会西安，46.50%的受访者选择自己所在城市，39.24%的受访者选择开幕式城市延安，17.72%的受访者选择宝鸡，咸阳、汉中和榆林的知晓度相近，分别为8.86%、6.96%和6.96%，安康、商洛和铜川的知晓度较低，分别为2.53%、1.90%和1.27%。渭南作为分会场之一，渭南民众对其作为分会场的知晓度低于主会场近30个百分点，表明渭南在十一艺节的宣传方面仍有可提升空间。（详见图7-3）。

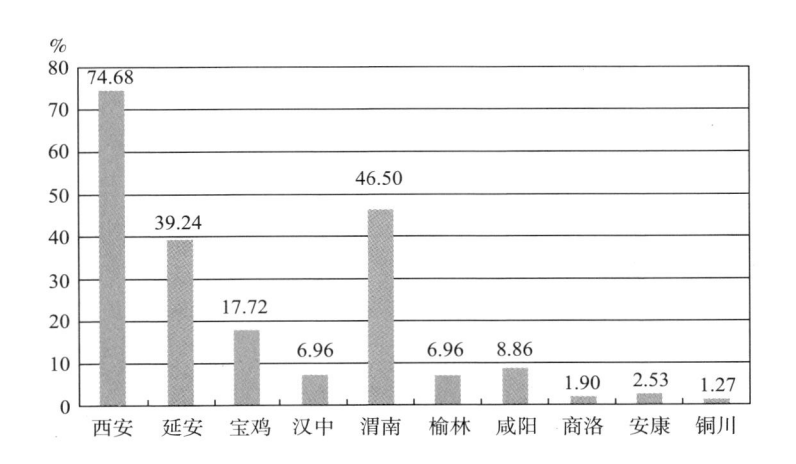

图7-3 渭南民众对十一艺节分会场的知晓度

在有关十一艺节节目欣赏方式的调查中，剧场观看的受访者占5.06%、通过电视观看的占34.81%、通过手机观看的占27.85%、通过电脑观看的占14.56%、在广场观看的占8.86%、通过其他方式观看的占 5.70%。而对到现场观看的民众而言，其他渠道（包含个人买票）和亲戚朋友送票是获取参与现场演出的主要方式。以上数据显示，在渭南通过传统途径电视观看的民众人数最多，通过手机和电脑观看的也占有一定比例，选择到现场观看的民众人数最少。

针对十一艺节的票价，受访者 11.04% 认为票价非常贵，认为票价比较贵的占 20.78%，认为一般的占 24.03%，认为票价比较便宜的占 1.95%，认为非常便宜的占 0%，还有 42.21% 的选择说不清（详见图 7-4）。由此可见，票价的高低并非是影响民众参与艺术节的最主要因素，况且，24.03% 的受访者认为艺术节的门票价格处在一般水平，而对十一艺节的知晓度整体偏低才是导致没有更多的民众到现场参与艺术节的关键因素。

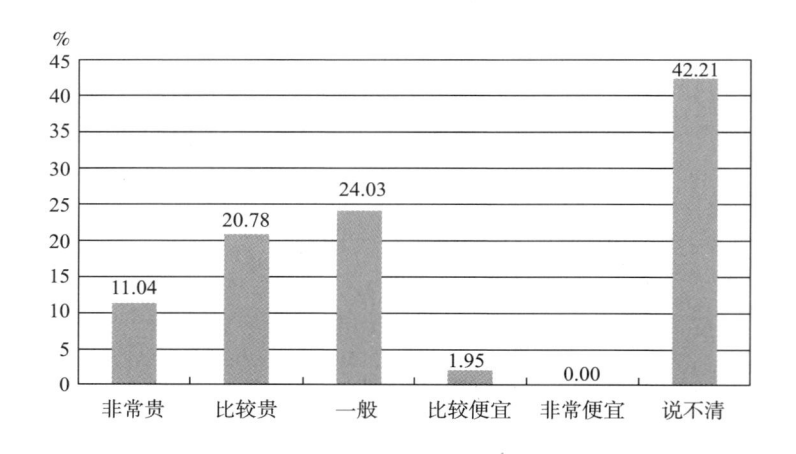

**图 7-4 渭南民众对十一艺节门票价格看法**

### （二）十一艺节对渭南整体社会的影响力

1. 十一艺节节前社会影响力分析

节前调查显示，在观众最希望看到的节目类型中，音乐会和歌舞晚会比较受欢迎，比例分别为 44.52% 和 42.47%；其次受欢迎的为地方戏曲和群众文化活动，分别占 28.77% 和 19.86%；曲艺晚会和话剧的受欢迎程度一样，为 18.49%；美术展览和舞剧的受欢迎程度相近，分别为 15.75% 和 13.01%；对京剧的喜爱程度最低，仅为

2.74%（详见图7-5）。同样是戏曲，渭南民众对地方戏曲的欢迎程度远高于对京剧的欢迎程度，这表明喜爱京剧的民众非常少，京剧缺乏广泛的受众。

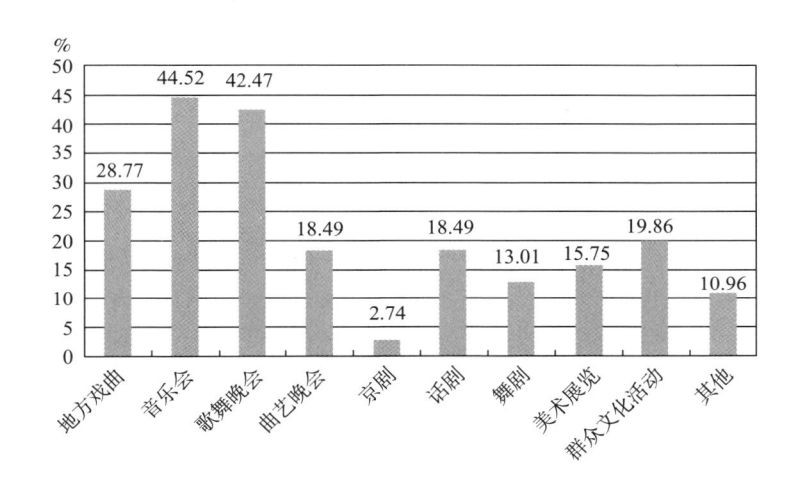

```
%
50┤
45┤     44.52 42.47
40┤
35┤
30┤ 28.77
25┤
20┤           18.49  18.49    19.86
15┤                      13.01 15.75
10┤                              10.96
 5┤              2.74
 0┤
   地方戏曲 音乐会 歌舞晚会 曲艺晚会 京剧 话剧 舞剧 美术展览 群众文化活动 其他
```

**图7-5　节前渭南民众喜欢十一艺节的活动**

对渭南民众而言，无论是认知度、参与度还是喜欢程度，歌舞晚会等大众化节目的比例都较高，音乐会、美术展览、京剧等专业性较强节目的知晓度较高，但是实际参与度和喜欢程度与知晓度都有较大差别。

2. 十一艺节节后社会影响力分析

节后，针对民众比较喜欢的艺术节活动调查结果显示，对十一艺节丰富的节目类型，喜欢歌舞晚会的观众最多，占41.77%，音乐会占34.81%，地方戏曲占25.32%，美术展览、舞剧、群众文化活动和话剧分别占22.15%、18.99%、18.99%和13.92%；喜欢京剧的仅占2.53%（详见图7-6）。如图所示，渭南民众对于节目类型的喜好程度各有侧重，各种类型的节目都一定比例的民众参与其中。渭南民众对歌舞晚会和音乐会的喜好程度无论节前还是节后都是很高的，但喜欢京剧的民众无论节前还是节后几乎都是最少的，这表明在秦腔广受欢迎的渭南地区，京剧影响力非常有限。

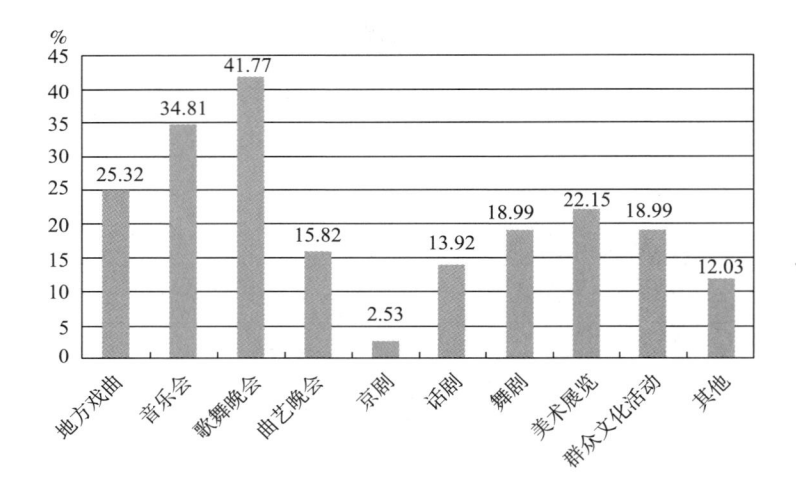

```
%
45                  41.77
40       34.81
35
30  25.32
25                                              22.15
20                              18.99        18.99
15        15.82       13.92
10                                                       12.03
 5                2.53
 0
  地方戏曲 音乐会 歌舞晚会 曲艺晚会 京剧 话剧 舞剧 美术展览 群众文化活动 其他
```

图 7-6 节后渭南民众喜欢的十一艺节活动

不管是对艺术节活动的认知程度还是喜欢程度，专业艺术活动所占的比例都较高；对于艺术节所有活动而言，观众的认知程度都要高于喜欢程度。

# 八 启示与思考

## （一）主要问题

### 1. 宣传方式老套，宣传内容单调

渭南分会场成立了由宣传、文化、公安等 19 个相关部门组成的"第十一届中国艺术节"筹备工作小组，按照各部门、单位的工作安排和任务分工，完成了渭南市主要路段的道旗广告宣传和广场大型广告牌的设置，在区级四大机关办公场所、辖区单位、文化经营场所悬挂标语、张贴宣传画等方式进行宣传。这些宣传形式很难吸引民众，且宣传内容更多的是标语式、口号式的内容，缺乏艺术性和针对性，很难达到预期的宣传效果。

调查数据显示：节后，在针对民众是否知道中国艺术节的调查，仅有 31.34% 的民众表示知道，在所有会场中排名倒数第二。在观看过观

看或参与过中国艺术节的项目或活动的调查方面,渭南市为30.77%,排名靠前。这表明在知道艺术节的民众中,有一部分民众参与或观看过艺术节的活动,但由于宣传没有达到预期效果,绝大部分民众完全不知道中国艺术节在渭南有分会场。老套的宣传手段,单调的宣传内容既难以激发民众对本地作为艺术节分会场的自豪感,也直接影响到民众参与艺术节的积极性。

2. 民众对十一艺节认同度低,影响民众艺术节文化消费

渭南民众对十一艺节的知晓度节前只有29.38%,节后略有上升,为31.41%,在持续关注中国艺术节的这部分人群中,仅有9.49%的受访者有购票的计划,在本届艺术节所有举办城市中排名最后。

大张旗鼓的宣传活动也使对中国艺术节的知晓者占到渭南民众的1/3,在这1/3的民众中愿意购票者少得可怜。

十一艺节期间,直接或间接参与艺术节消费金额在50元以下的占19.08%,50—200元的占23.03%,201—300元的占5.26%,300元以上的占1.32%,有51.32%的受访者没有消费。

民众没有把十一艺节作为自己的文化活动内容,对十一艺节缺乏认同感。作为一个地区,承办国家级的艺术节,一方面渭南不少民众为本地能够承办艺术节而自豪,另一方面民众不愿意为艺术节进行文化消费,这表明民众对艺术节的认同停留在艺术节是政府的事这一层面,并没有把自己看成艺术节的参与者。

3. 民众参与艺术节门槛有待降低

从调研情况来看,相较于现场观看艺术节节目而言,渭南民众多数更愿意通过电视和手机欣赏十一艺节节目。数据显示,节前希望通过剧场观看的方式欣赏艺术节节目的受访者占28.08%,选择电视的占50.68%;但节后实际上选择剧场观看的受访者只有5.06%,选择手机、电脑和电视观看的受访者共占八成以上(详见图8-1)。

调查数据显示,节前有购票意愿的民众仅有12.33%,无论是50元以下的,还是50—100元的,在节后调查都是低于节前门票实际消费的,节后购买了门票的消费不足10%,仅有9.49%,而选择101—200元的门票中,受访者比例较节前上升了17.26个百分点。

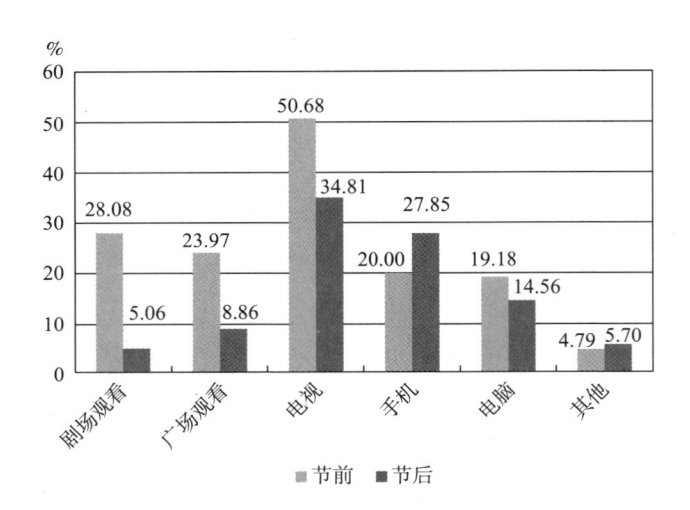

```
         %
        60 ┐
                        50.68
        50 ┤
                               34.81
        40 ┤
                                      27.85
            28.08     23.97
        30 ┤                   20.00  19.18
                                            14.56
        20 ┤
                                                   5.70
        10 ┤     5.06      8.86              4.79
         0 └─────────────────────────────────────────
           剧场观看  广场观看  电视   手机  电脑   其他
                      ■ 节前  ■ 节后
```

**图 8-1　民众希望欣赏十一艺节节目的方式节前节后对比**

不管是节前的心理预期还是节后的现实情况，对渭南受访者而言，通过现场观看欣赏十一艺节节目的始终不占主流；受访者对十一艺节节目门票价格的心理预期在 50 元以下，超过 200 元的节目门票价格是民众无法接受的。门票价格成为限制民众直接参与艺术节活动的门槛，这一门槛降低了民众的参与积极性。

4. 专业性强的高雅艺术曲高和寡

十一艺节期间，57 台涵盖了京昆剧、地方戏、话剧儿童剧、歌剧、舞剧、音乐剧等多种艺术形式的"文华奖"终评剧目，渭南分会场展演 24 场，但专业性强的高雅艺术并未受到民众的热捧，一般民众更喜欢通俗易懂、参与性强的艺术节活动。

根据调查数据可知：民众的注意力普遍集中在音乐会、歌舞晚会、曲艺晚会等大众化的节目类型，而对于其他专业性较强的精品节目类型缺乏足够的关注，致使中国艺术节呈现小众化的特点。

对于渭南民众而言，选择观看歌舞晚会的比重最大，其次为音乐会和地方戏曲，相比之下，话剧、舞剧等专业性较强的节目类型以及我国的传统经典国粹——京剧，似乎正在淡出人们的视野，从一个侧面反映出这些只走精品路线的节目，缺乏群众基础，难以获得民众的喜爱。

### (二) 对策建议

**1. 综合运用各种媒介资源，加强宣传工作**

本届艺术节的宣传工作仍是以电视和平面广告等传统宣传方式为主，今后应在宣传渠道上选择覆盖面广、通畅性强的宣传渠道，同时综合运用各种媒体优势，强化宣传工作。

从对十一艺节的数据分析来看，大多数民众仍然是通过电视、电台广播、报纸等传统传播手段来获取信息，渭南市的调研数据显示，电视、报纸、海报仍是民众获取十一艺节相关信息的主要途径，但已经有一部分民众选择通过手机、电脑等新媒体渠道来获取关于艺术节的信息。但是随着近年来网络媒体的迅速发展，互联网在信息传播过程中所起的作用越来越重要。因此，在宣传中国艺术节时，不仅要发挥传统媒体的作用，应充分利用现代传播手段，扩展宣传渠道，要充分发挥移动客户端（APP）在宣传上的便捷性、灵活性以及易传播性等特点，让民众能够更方便、更快捷地获得中国艺术节的宣传信息，进而了解并参与到中国艺术节的活动当中去，扩大艺术节的社会影响力。

**2. 增强民众认同感，提升民众艺术节文化消费**

本届艺术节全省各地的宣传内容基本一致，缺乏地域特色，未考虑到不同地域的受众特点，缺乏个性化的宣传活动。艺术节的宣传工作应充分考虑地域化差异，把握不同城市受众需求，通过差异化的宣传来最大限度地吸引民众的注意力，提升民众对艺术节的认同感，进而激发民众艺术节文化消费的热情。

**3. 探寻合理的门票定价机制，降低民众参与门槛**

艺术节目从创作到演出，需要艺术工作者付出辛勤的汗水，收取门票是对艺术节目的肯定，是对艺术价值的基本尊重，也是市场经济条件下对稀缺资源的合理选择。根据课题组调查情况看，本届艺术节门票依旧成为阻碍市民参与热情的门槛。建议探寻合理的定价机制，一方面体现艺术产品的价值，另一方面让大多数民众能够接受。例如，可以通过政府补贴降低演出票价，吸引民众参与。同时开展多样化的活动吸引民众参与艺术节，渭南市大力推动书画展览等展出形式，使得渭南民众在书画展览的参与度方面明显高于全省平均水平，这一经验值得借鉴。

4. 艺术节既要走精品路线又要走群众路线

在打造艺术精品的同时，应尽可能多选取贴近百姓实际生活、关注百姓真实生存处境、体现百姓心声的艺术精品。拉近艺术精品与民众的距离，让民众更容易对艺术精品产生认同感。同时，应加强全民的艺术素质教育，通过举办各种形式的艺术活动，大力培养民众的艺术鉴赏力，以最大限度地提升民众的参与度。尤其需要注意培养青少年对艺术活动的参与兴趣，培养潜在的欣赏人群和文化消费人群。

# 宝鸡调研报告[①]

2016年10月15日至31日,由文化部、陕西省人民政府主办,陕西省文化厅承办的第十一届中国艺术节(以下简称十一艺节)在宝鸡分会场开展了丰富多彩的文化活动。宝鸡市地处关中平原西部,历史悠久,是"明修栈道,暗度陈仓"发源地,被誉为"炎帝故里、青铜器之乡",现已成为中国文化向世界展示的重要平台之一。承办第十一届艺术节分会场活动,是全方位、多角度展示宝鸡市形象和风采的一大机遇,对于繁荣宝鸡市的文艺创作,推进艺术精品生产,丰富宝鸡群众文化生活,带动和促进其文化活动水平的提高和发展,加快宝鸡"文化强市"建设步伐,提升宝鸡文化在全省乃至全国的影响力,都具有非常重要而深远的意义。为切实将十一艺节宝鸡分会场办成一场"老百姓的艺术盛会",宝鸡市人民政府专门下发《第十一届中国艺术节宝鸡分会场有关活动实施方案的通知》,对宝鸡分会场的各项活动进行进一步部署,以确保十一艺节期间宝鸡市承办的各项活动顺利、圆满举行。

## 一 宝鸡分会场准备工作

**(一)十一艺节宝鸡分会场主要工作机构**

十一艺节期间,宝鸡市政府各有关工作部门以"艺术的盛会,人

---

[①] 本报告执笔:纪东东,华中师范大学国家文化产业研究中心硕士生导师;谢林玲,华中师范大学人文社会科学高等研究院硕士研究生。

民的节日"为主题,以"办好艺术盛会、建设文化强市"为目标,按照"政府主导、全民参与、文化惠民、务实节俭"的原则,充分展示宝鸡市广大人民群众精神文化新风貌,带动和促进宝鸡市文化活动水平不断提高,进一步丰富全市人民群众的文化生活,把十一艺节宝鸡分会场办成"老百姓的艺术盛会"。

早在 2014 年,宝鸡市成立了由时任市长钱引安担任主任的十一艺节筹备工作委员会,以筹备十一艺节为契机,宝鸡市文化事业取得了长足发展,推出了一批艺术精品。2015 年 12 月 2 日,宝鸡市文化广电新闻出版局组织召开了"迎接十一艺节"全市工作会议,会议传达了省十一艺术节指挥部有关要求。2016 年 10 月 14 日,宝鸡市召开十一艺节宝鸡分会场筹备会,此次艺术节期间宝鸡分会场成立了演出、接待、宣传、安全保卫、票务工作 5 个专项工作小组,其中市文广局局长张辉为演出、接待、票务三项工作组组长,首先负责艺术节期间各项演出活动的总体统筹,协调安排各演出场馆、演出单位做好各项演出事宜;以及艺术节期间省内外各演出单位的接待、食宿保障等工作,负责艺术节期间各类宾馆、饭店的食品安全监督检查等工作;还负责艺术节期间电子票务的出票、观摩票务的申请等工作;负责宝鸡市承接和安排的各项演出活动的票务印制及观众组织工作。十一艺节宝鸡分会场承担着

图 1-1　十一艺节宝鸡分会场筹备机构会议

"十一艺节"的宣传推广、精品创作、场馆建设、文化惠民等任务，力求将艺术节办成"老百姓的艺术舞台""人民的艺术盛会"，办出宝鸡特色，展现宝鸡魅力。

### （二）十一艺节宝鸡分会场主要展演活动

中国艺术节是经国务院批准，由文化部主办的全国规格最高、规模最大、影响最广泛的文化艺术盛会，设立文华奖和群星奖，分别是国内专业表演和群众艺术的最高奖项。宝鸡市作为十一艺节分会场，共承接8场外地优秀剧目演出，具体为：10月18日、19日晚7:30，在宝鸡市广电大剧院演出韩城市艺术剧院秧歌剧《杏花村》（十一艺节入围剧目）；10月20日、21日晚7:30，在岐山大剧院演出洛南县秦腔剧院秦腔《沉香》（十一艺节入围剧目）；10月21日、22日晚7:30，在宝鸡市广电大剧院演出十一艺节群星奖参赛作品；10月26日、27日晚7:30，在岐山大剧院演出宁夏京剧院京剧《庄妃》（十一艺节文华奖参评剧目）。①

图1-2　十一艺节宝鸡分会场展演活动

其中，《庄妃》是宁夏京剧院投资打造的一部京剧大戏。主要讲述

---

① 根据宝鸡市文化广电新闻出版局提供的资料整理。

了皇太极驾崩后,清朝一时无主,多尔衮与豪格两大势力对皇位虎视眈眈,庄妃临危不乱、处变不惊,以深谋远虑和雄才大略化险为夷,稳定了动乱中的大清王朝。突出了她胸怀天下、顺"天"而治、满汉共处、稳定清王朝的雄才大略。秧歌剧《杏花村》改编自传统剧目,主要讲述了改革开放初期,农村生产队长面对利益冲突时,舍小家为大家,克己奉公,带领村民共同走上致富道路的故事。韩城秧歌是一种融民歌、戏曲、舞蹈于一体的表演形式,2008 年被列入国家非物质文化遗产名录。秦腔《沉香》主要讲述了华山女神三圣母与凡人刘彦昌相爱成婚,被其兄二郎神杨戬怒压华山之下,后其子沉香苦练武艺,深入东海,勇夺神斧,历经艰险,舍生取义,劈开华山救出母亲,阖家团圆孝感古今的神话故事。①

图 1-3　十一艺节宝鸡分会场秦腔故事剧《沉香》

---

① 宝鸡市人民政府网,http://www.baoji.gov.cn/site/1/html/51/121/285705.htm

同时，为烘托艺术节气氛，从10月22日起，宝鸡市组织了8场本地优秀剧目在宝烟俱乐部和市广电大剧院演出，包括"纪念长征胜利八十周年文艺演出"、秦腔《金麒麟》、"纪念长征胜利八十周年交响合唱音乐会"、"凤飞羌舞"、"社火民俗综合晚会"等精彩节目。此外，艺术节期间，岐山县文化馆的《岐山转鼓》、宝鸡市艺术剧院的话剧《梁生宝买种记》、金台人民戏曲剧院的秦腔《天地粮仓》以及宝鸡市群艺馆、渭滨区文化馆的《盛世青铜 舞动陈仓》《花木兰》《关中情韵》等优秀剧目也远赴西安市、韩城市演出。

宝鸡分会场承办第十一届艺术节分会场活动，是全方位、多角度展示宝鸡市形象和风采的一大机遇，对于繁荣宝鸡市文艺创作、推进艺术精品生产、丰富宝鸡市群众文化生活、带动和促进宝鸡市文化活动水平的提高和发展、加快宝鸡"文化强市"建设步伐、提升宝鸡文化在全省乃至全国的影响力、都具有非常重要而深远的意义。

### （三）十一艺节宝鸡分会场场馆建设情况

宝鸡市为迎接十一艺节，各相关单位为强化公共文化服务体系建设，拓宽公共文化艺术覆盖面，首先修缮了宝鸡市集大型会演于一体的综合性剧场宝鸡烟厂俱乐部，陕西省文化厅拨付170万元，对舞台音响进行了更换并安装了剧场监控视频。其次，宝鸡市新建了宝鸡市广电大剧院与岐山大剧院。其中，宝鸡市广电大剧院坐落于宝鸡传媒大厦一楼，舞台总面积400平方米，可容纳800人，分上下两层，一层座席670座，二层座席130座。舞台台口宽18米，高8米，台唇尺寸0.8米，演员上下场跑场门1.8米；副台尺寸上场口台宽1.8米，进深2米，高3.3米，下场口台宽1.8米，进深12米，高3.3米；进景门宽3米，高3米，卸货口高4米。电动吊杆9道，灯杆5道，单杆承重250kg，景杆4道，单杆承重250kg。多媒体LED演播屏面积85.61平方米，点间距5毫米，侧屏幕面积22.58平方米/块。剧场供电负荷4000千瓦，2路，备用供电量1000千瓦。主音箱共12只，功率每只24000瓦，返听音响4只，每只功率1000瓦；舞台、乐池的传声器（音频）信号接口4路。化妆间5间，共100平方米，50个座位（含化妆镜）；VIP化妆间2间，共30平方米；服装间2间，共30平方米。

贵宾室接待室 2 个，共 50 平方米，可容纳 50 人休息。此外，岐山大剧院 2014 年 10 月开工建设，由岐山县人民政府投资兴建，总投资 8600 万元，总占地面积约 8000 平方米（12.1 亩），建筑面积约 7000 平方米。坐落于岐山县城中心区，礼乐路北段、北二环以南。岐山大剧院被国家文化部确定为全国县级 A 类剧场的建设标准，现已成为展示岐山城市形象的地标工程，是岐山县具有文艺演出、文化活动、大型会议等功能的综合性文化交流平台，也是展示周文化魅力的重要窗口，对于提

图 1-4　十一艺节宝鸡分会场场馆

升岐山县文化软实力、满足群众文化需求提供了场地支持。岐山大剧院设计座位1000个，有997座的豪华剧场、150座的多功能小剧场以及升降乐池。剧院主体是剧场，结构设计合理，建筑声学一流，全场观众能在不同的角度舒适地欣赏演出和观看影片。剧场配有工艺设计流畅合理的机械自动化舞台，采用目前国内先进设备，能全方位地平移升降，舞台面积达640多平方米。电脑控制的288回路舞台灯光、全数字SOVNDCRAFT调音台为节目完美呈现提供有力的支持，能够满足歌舞剧、大型综艺演出、地方戏曲演出及大型会议的要求，也能满足国内各种高水准的演出要求。

此次艺术节，宝鸡市通过修缮原有剧场和新建新型场馆，不仅实现了地区场馆从无到有，也最大限度地避免了节后场馆的闲置浪费，充分发挥了十一艺节对宝鸡市文化建设的多元带动效应，形成区域共办共赢、百姓受益的良好局面。

## 二 宝鸡分会场调查的样本描述

### （一）本次调查经过概述

本报告从理论与现实的双重角度研究十一艺节对宝鸡社会经济文化发展的作用及影响，调研的第一手资料基于实地访谈、分类抽样式问卷调查和相关文件收集，集中分析以反映社会公众对艺术节的认识。问卷调查分节前、节中和节后三个阶段进行，调研时间、调研对象及问卷数量详见表2-1。

表2-1　宝鸡市调研时间、调研对象及问卷数量一览　　单位：份；%

| 调研时间 | 节前（2016年8月） | 节中（2016年10月） | 节后（2016年11月） |
|---|---|---|---|
| 调研对象 | 社会公众 | 文艺工作者 | 社会公众 |
| 发放问卷 | 600 | 350 | 1000 |
| 回收问卷 | 521 | 345 | 933 |
| 有效回收率 | 87 | 99 | 93 |

## (二) 本次调查样本描述

课题组在十一艺节前后针对宝鸡民众设计了不同的调查问卷，也对文艺工作者设计了相应的问卷，根据问卷数据对宝鸡民众及文艺工作者的基本情况进行样本描述和比较分析。

### 1. 宝鸡民众基本情况描述

十一艺节之前，课题组在宝鸡市共发放民众问卷 600 份，有效回收 521 份；十一艺节之后，在宝鸡市发放民众问卷 1000 份，有效回收 933 份。宝鸡民众的具体调查对象覆盖多个年龄层，并涵盖各行各业，其从性别比例、年龄结构、职业分布、文化程度、月均收入及文化娱乐方面月均支出上看均符合抽样调查要求。十一艺节前后受访民众基本情况对比详见表 2-2。

表 2-2　　宝鸡受访民众基本情况对比一览　　单位:%；元

| 调查对象基本情况 | | 节前占比 | 节后占比 |
| --- | --- | --- | --- |
| 性别比例 | 男 | 29.9 | 29.9 |
| | 女 | 70.1 | 70.1 |
| 年龄结构 | 18 岁及以下 | 11.5 | 0.9 |
| | 19—30 岁 | 66 | 38.5 |
| | 31—40 岁 | 7.7 | 10.3 |
| | 41—50 岁 | 6.5 | 18.4 |
| | 51—60 岁 | 4.6 | 18.6 |
| | 61 岁及以上 | 3.7 | 13.3 |
| 职业分布 | 国家机关、党群组织、企事业单位工作人员 | 8.3 | 21.8 |
| | 专业技术人员 | 7.8 | 7.2 |
| | 商业工作人员 | 6 | 8.1 |
| | 服务性工作人员 | 4.8 | 10.1 |
| | 生产工作、运输工作和部分体力劳动者 | 3.9 | 3.8 |
| | 其他劳动者 | 69.2 | 49.0 |

续表

| 调查对象基本情况 | | 节前占比 | 节后占比 |
|---|---|---|---|
| 文化程度 | 初中及以下 | 11.2 | 10.6 |
| | 高中（中专） | 15.8 | 27 |
| | 大专 | 4.8 | 16.1 |
| | 本科 | 67 | 44.9 |
| | 研究生及以上 | 1.2 | 1.4 |
| 月均收入 | 2000 元及以下 | 75.3 | 42.2 |
| | 2001—4000 元 | 17.5 | 41.1 |
| | 4001—6000 元 | 4.1 | 12.6 |
| | 6001—8000 元 | 2.1 | 1.3 |
| | 8001—10000 元 | 0 | 0.9 |
| | 10001—12000 元 | 0 | 0.8 |
| | 12000 元以上 | 1 | 1.1 |
| 月均消费（文化娱乐方面） | 100 元以下 | 27.8 | 29.7 |
| | 101—300 元 | 31.6 | 28.2 |
| | 301—500 元 | 15 | 19.5 |
| | 501—700 元 | 8.1 | 4 |
| | 701—900 元 | 5.1 | 2.5 |
| | 901—1100 元 | 7 | 10.6 |
| | 1100 元以上 | 5.4 | 5.5 |

注：由于对数据四舍五入，故占比的加总不一定等于 100%。下同。

2. 文艺工作者基本情况说明

在课题组有效回收的 345 份十一艺节节中文艺工作者调查问卷中，从性别比例上看，男性占 51.6%，女性占 48.4%；从年龄结构上看，最小的 19 岁，最大的 61 岁，31—40 岁占比最高，为 36.9%；从艺术院团职业划分上看，45.1% 的受访文艺工作者为演员，占比最高，其次为中层管理者，占比 21.8%，技术服务类人员也达到 17.5%，高层管理与编剧编导最为稀缺，均占 2.3%；从文艺工作者兴趣爱好上看，38.5% 的受访者喜爱音乐类，20.1% 的受访者喜爱舞蹈类，喜爱曲艺类的受访者占到 11.4%，喜爱影视类的受访者也占到了 11.1%；从 2015 年月均收入上看,近九成受访文艺工作者月均收入在1201—5000元,其中51.9%的受访者月均收入在1201—3500元之间,38%的受访者月均收入在3501—5000元之间,月均收入在10000元以上的受访者仅占0.3%;从受访文艺工作者月均文化娱乐支出上看,月均支出在100元及以下的占5.9%,在101—300元的占21.5%,在301—500元的占20.9%,在501—1000元的占13.5%,月均文化娱乐消费在1000元以上的占比最高,达到38.2%。详见表2-3。

表2-3　　　　　受访文艺工作者基本情况一览　　　　单位:人;%

| 调查对象基本情况 | | 比例 |
| --- | --- | --- |
| 性别比例 | 男 | 51.6 |
| | 女 | 48.4 |
| 年龄结构 | 18岁及以下 | 0 |
| | 19—30岁 | 24.2 |
| | 31—40岁 | 36.9 |
| | 41—50岁 | 23.0 |
| | 51—60岁 | 15.6 |
| | 61岁及以上 | 0.3 |
| 院团职务 | 高层管理人员 | 2.3 |
| | 中层管理人员 | 21.8 |
| | 编剧编导 | 2.3 |
| | 技术服务人员 | 17.5 |
| | 演员 | 45.1 |
| | 后勤服务人员 | 8.4 |
| | 其他 | 2.6 |
| 兴趣爱好 | 舞蹈类 | 20.1 |
| | 音乐类 | 38.5 |
| | 美术类 | 4.1 |
| | 影视类 | 11.1 |
| | 棋牌类 | 1.4 |
| | 曲艺类 | 11.4 |
| | 网络游戏 | 0.6 |

续表

| 调查对象基本情况 | | 比例 |
|---|---|---|
| 兴趣爱好 | 读书看报 | 3.2 |
| | 体育运动 | 7 |
| | 摄影类 | 0.9 |
| | 其他 | 1.7 |
| 月均收入 | 1200元及以下 | 4.9 |
| | 1201—3500元 | 51.9 |
| | 3501—5000元 | 38 |
| | 5001—10000元 | 4.9 |
| | 10000元以上 | 0.3 |
| 月均消费（文化娱乐方面） | 100元及以下 | 5.9 |
| | 101—300元 | 21.5 |
| | 301—500元 | 20.9 |
| | 501—1000元 | 13.5 |
| | 1000元以上 | 38.2 |

综上所述，十一艺节吸引了不同性别、不同年龄、不同背景的社会公众与广大文艺工作者的关注与参与，这体现出艺术节不再只是为少数高收入、高学历的社会"精英"阶层所关注，广大中、低收入群体也开始共享艺术节这一"艺术的盛会，人民的节日"。

## 三 十一艺节与民众的关系

十一艺节于2016年10月30日圆满结束，艺术节丰富多彩的群众文化活动和异彩纷呈的艺术节目激发了宝鸡市人民群众关注、参与艺术节的热情，也在一定程度上提高了中国艺术节的社会知晓度。

### （一）总体参与程度分析

**1. 宝鸡民众参与广泛度分析**

在十一艺节举办之前调查的600份问卷中，知道中国艺术节的有效样本224个，知晓度为43%；在艺术节举办之后的1000份问卷中，知道中国艺术节的有效样本增加到 582 个,知晓度为 62.4%(见图 3 - 1)。节后民众对中国艺术节的知晓度比节前提高了 19.4 个百分点,这说明十一艺节的举办使更多的民众走进并了解艺术节,扩大了艺术节的整体影响力。

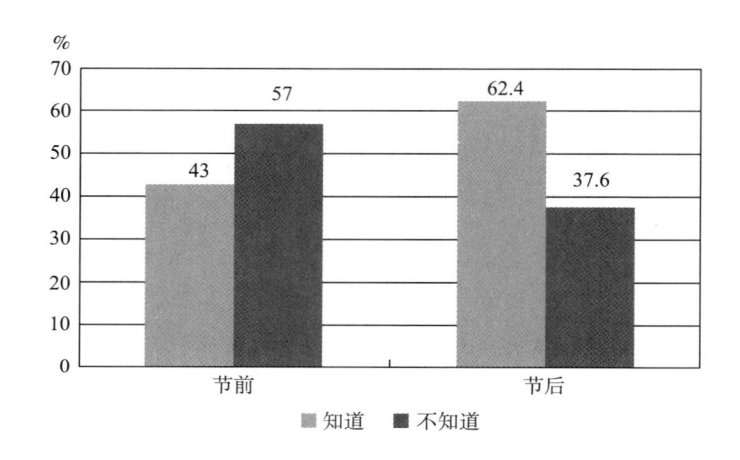

**图 3 - 1　十一艺节前后宝鸡民众对中国艺术节的知晓情况**

调查结果显示,节前受访的宝鸡民众观看或参与过十一艺节的占 19.5%,节后受访民众观看参与率达到 40.7%,节后民众对十一艺节的整体关注度比节前有明显提升。见图 3 - 2。

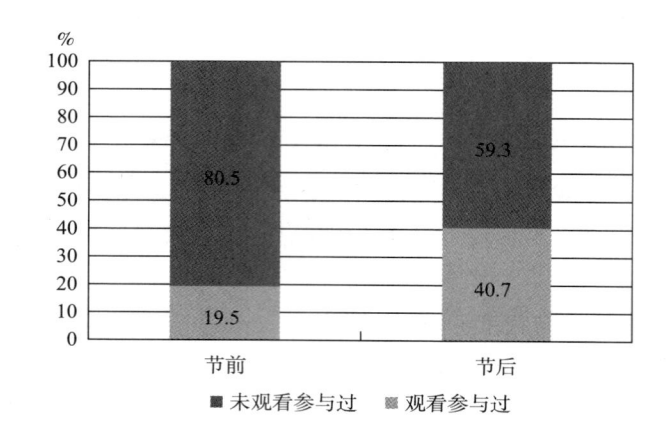

**图 3 - 2　十一艺节前后宝鸡民众对中国艺术节的观看参与情况**

2. 宝鸡民众及文艺工作者总体参与深刻度分析

（1）十一艺节前后民众对艺术节了解程度分析

在对十一艺节了解程度方面，选择一般了解的受访者最多，节前为59.7%，节后为59.1%。十一艺节前期，对艺术节非常了解的受访者仅占0.4%，比较了解的占5.8%，不了解的占31.4%，完全不了解的占2.7%。十一艺节后，受访民众对艺术节非常了解的占0.7%，比较了解的占18.8%，不了解的占19%，完全不了解的占2.4%，详见图3-3。通过数据对比分析，节后民众对艺术节的了解程度有一定提升，但真正关注并深入了解艺术节的民众十分有限，可见十一艺节在宣传力度上有待提高。

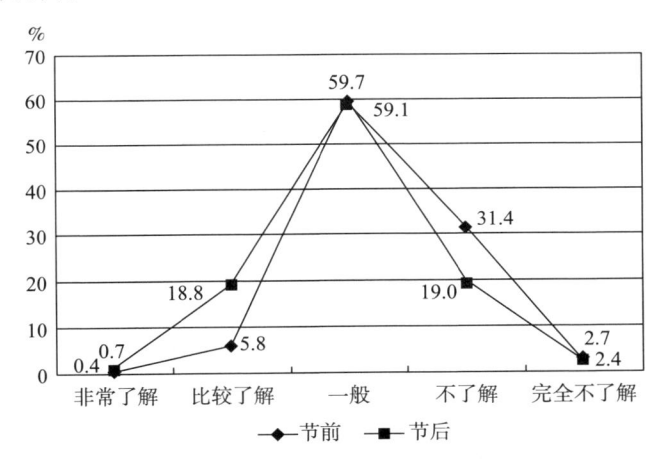

图3-3 十一艺节前后宝鸡民众对艺术节了解情况

（2）受访者欣赏十一艺节的方式

十一艺节后期，课题组对宝鸡民众及文艺工作者进行了艺术节节目欣赏方式的调查，全部有效问卷中，分别有11.3%的民众与76.2%的文艺工作者选择了剧场观看，9.6%的民众和7.4%的文艺工作者选择了广场观看，61.9%的民众与23.2%的文艺工作者选择了电视，30.9%的民众与21.2%的文艺工作者选择手机，15.2%的民众与23.2%的文艺工作者选择了电脑，还有2.6%的民众与3.2%的文艺工作者选择了其他，详见图3-4。通过数据对比发现，剧场观看成为受访文艺工作者欣赏艺术节节目的最主要方式，而受访民众欣赏艺术节节目的最主要方式则是通过电视观看，其次，手机、电脑类网络终端也逐渐成为民众与文艺工作者观看艺术节节目的重要方式。

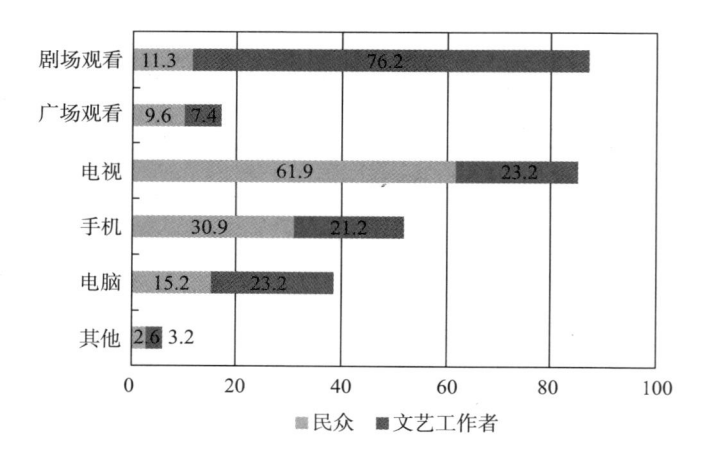

| 途径 | 民众 | 文艺工作者 |
|---|---|---|
| 剧场观看 | 11.3 | 76.2 |
| 广场观看 | 9.6 | 7.4 |
| 电视 | 61.9 | 23.2 |
| 手机 | 30.9 | 21.2 |
| 电脑 | 15.2 | 23.2 |
| 其他 | 2.6 | 3.2 |

图 3-4　节后民众与文艺工作者观看节目的途径

（3）受访者对十一艺节活动的认知情况

在问及民众对十一艺节的活动知晓情况时，宝鸡民众对专业艺术活动、群众文化活动、展览活动和开幕式的认知较为普遍，而对演艺产品博览交易会、旅游活动及经贸活动的认知程度比较有限，详见图 3-5。

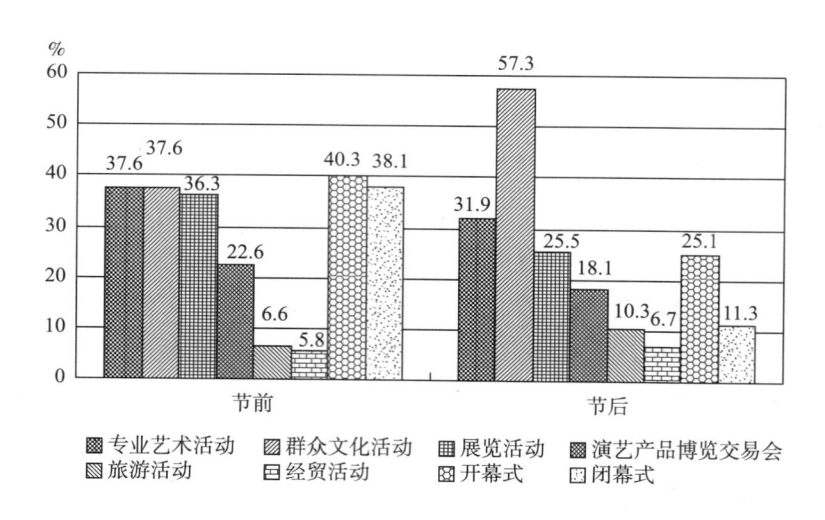

| 活动 | 节前(%) | 节后(%) |
|---|---|---|
| 专业艺术活动 | 37.6 | 31.9 |
| 群众文化活动 | 37.6 | 57.3 |
| 展览活动 | 36.3 | 25.5 |
| 演艺产品博览交易会 | 22.6 | 18.1 |
| 旅游活动 | 6.6 | 10.3 |
| 经贸活动 | 5.8 | 6.7 |
| 开幕式 | 40.3 | 25.1 |
| 闭幕式 | 38.1 | 11.3 |

图 3-5　十一艺节前后宝鸡市民众对艺术节活动认知情况

文艺工作者作为中国艺术节重要的参与人员，相对于民众而言，对艺术节的相关活动尤其是专业艺术活动更为熟悉，其对艺术节活动的认知程度也较民众更高，详见图3-6。

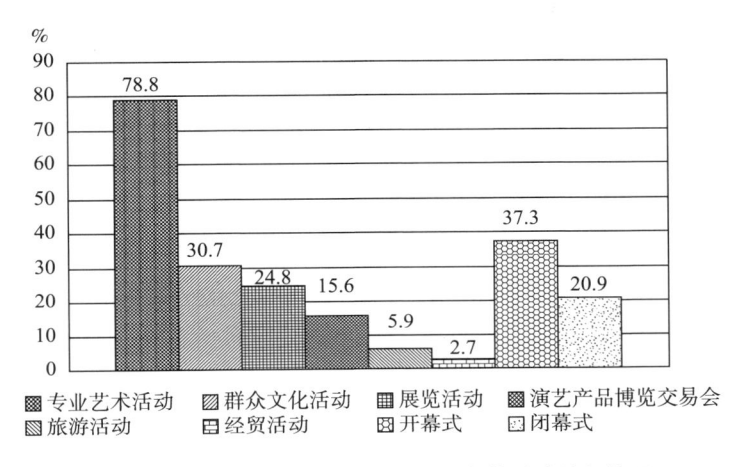

图3-6 十一艺节文艺工作者对艺术节活动认知情况

数据：专业艺术活动 78.8；群众文化活动 30.7；展览活动 24.8；演艺产品博览交易会 15.6；旅游活动 5.9；经贸活动 2.7；开幕式 37.3；闭幕式 20.9。

## （二）民众参与程度交叉分析

### 1. 宝鸡市民众总体参与广泛度交叉分析

在节后对宝鸡市民众艺术节知晓度的调查中，以性别、年龄、职业作为自变量，以对艺术节的知晓度为因变量作交叉分析，详见图3-7。

从图3-7中的数据可以看出，从性别来看，男性对于十一艺节的知晓度达到了65.95%，高于女性的60.86%。从年龄来看，18岁以下的受访者知晓艺术节比例为0，19—30岁的知晓度为46.8%，说明年轻人对于艺术节的知晓度较低，而41—50岁的受访民众对艺术节知晓度最高，为81.4%，31—40岁的知晓度也达到77.08%，51岁及以上的受访民众对艺术节知晓度也均在65%以上，说明艺术节在中年人群中的影响力较高。从职业来看，服务性工作人员的艺术节知晓度最高，达到78.72%，专业技术人员的知晓度为74.63%，国家机关、党群组织、企事业单位工作人员的知晓度也达到74.38%，这三类职业性质与艺术节关联最为紧密，因此艺术节知晓度较高。其他职业受访者的艺术节知晓度也均在50%以上，说明十一艺节的影响力较为广泛。

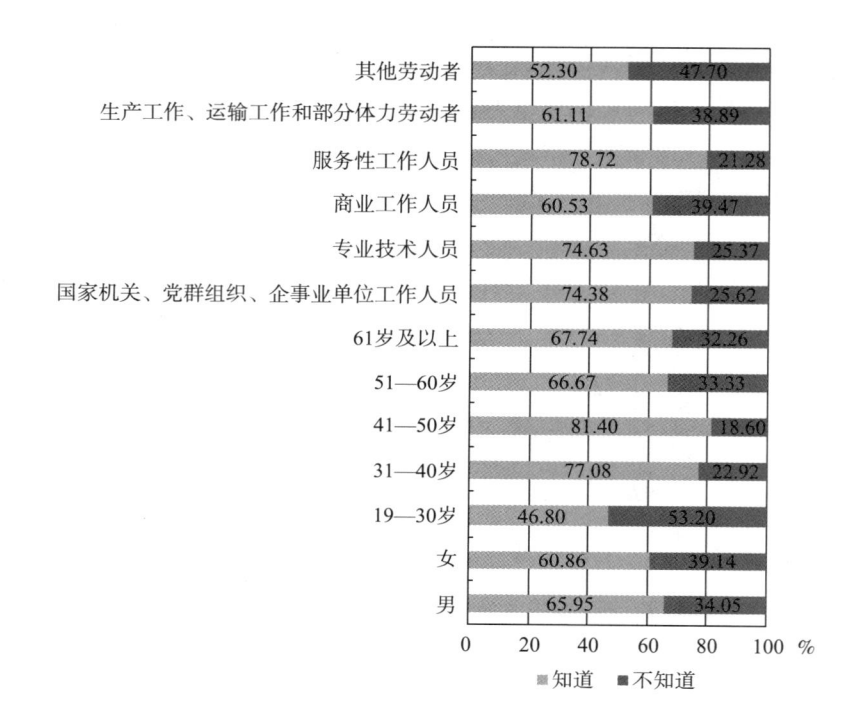

| 类别 | 知道 | 不知道 |
|---|---|---|
| 其他劳动者 | 52.30 | 47.70 |
| 生产工作、运输工作和部分体力劳动者 | 61.11 | 38.89 |
| 服务性工作人员 | 78.72 | 21.28 |
| 商业工作人员 | 60.53 | 39.47 |
| 专业技术人员 | 74.63 | 25.37 |
| 国家机关、党群组织、企事业单位工作人员 | 74.38 | 25.62 |
| 61岁及以上 | 67.74 | 32.26 |
| 51—60岁 | 66.67 | 33.33 |
| 41—50岁 | 81.40 | 18.60 |
| 31—40岁 | 77.08 | 22.92 |
| 19—30岁 | 46.80 | 53.20 |
| 女 | 60.86 | 39.14 |
| 男 | 65.95 | 34.05 |

**图 3-7 节后宝鸡民众对艺术节知晓度的交叉分析**

注：无18岁及以下受访者的数据。

2. 宝鸡民众总体参与深刻度交叉分析

在知晓艺术节的民众的基础上，以性别、年龄、职业作为自变量，以是否观看过中国艺术节节目为因变量作交叉分析，结果详见图3-8。从图中数据可以看出，从性别来看，观看或参与过艺术节的宝鸡民众女性占比44.72%，高于男性占比32.09%，但均低于对艺术节知晓度的占比。从年龄来看，61岁以上的宝鸡民众观看或参与艺术节的比例最高，为59.52%，其次为51—60岁，占比57.63%，41—50岁的占比48.57%，而19—30岁的受访民众观看艺术节的比例为23.67%，31—40岁的观看比例为最低，仅为16.22%，说明中国艺术节节目对年轻群体缺乏吸引力。从职业来看，服务性工作人员的观看比例最高，为54.05%，国家机关、党群组织、企事业单位工作人员的观看艺术节节目比例也高达49.01%，这两类职业性质与艺术节的组织及活动开展密切相关，因此对于中国艺术节的关注较其他职业人员更高。

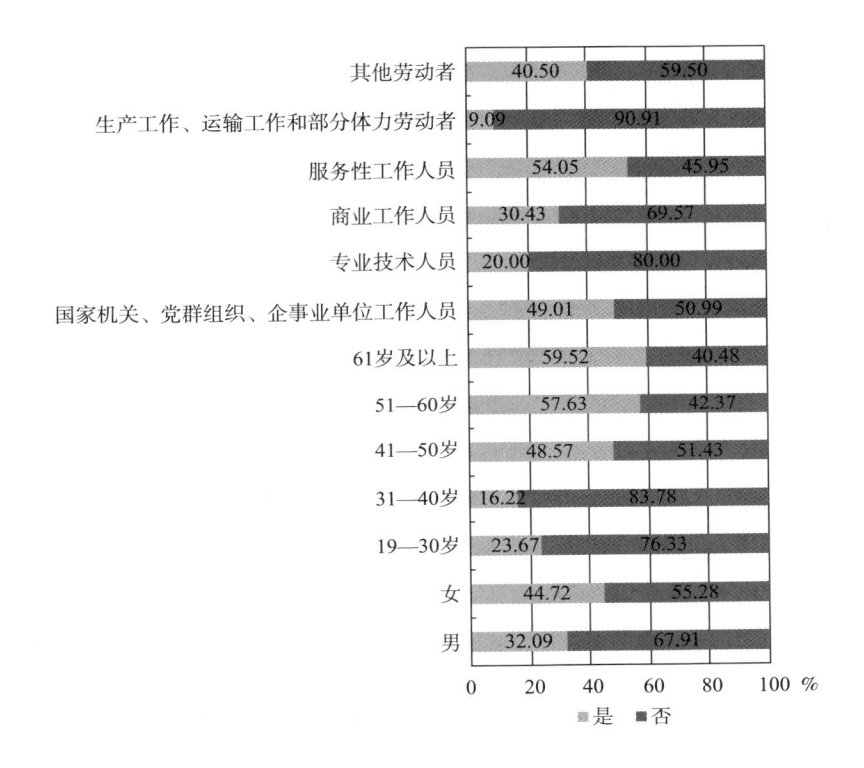

| 类别 | 是 | 否 |
|---|---|---|
| 其他劳动者 | 40.50 | 59.50 |
| 生产工作、运输工作和部分体力劳动者 | 9.09 | 90.91 |
| 服务性工作人员 | 54.05 | 45.95 |
| 商业工作人员 | 30.43 | 69.57 |
| 专业技术人员 | 20.00 | 80.00 |
| 国家机关、党群组织、企事业单位工作人员 | 49.01 | 50.99 |
| 61岁及以上 | 59.52 | 40.48 |
| 51—60岁 | 57.63 | 42.37 |
| 41—50岁 | 48.57 | 51.43 |
| 31—40岁 | 16.22 | 83.78 |
| 19—30岁 | 23.67 | 76.33 |
| 女 | 44.72 | 55.28 |
| 男 | 32.09 | 67.91 |

**图 3-8　节后宝鸡民众观看或参与中国艺术节的交叉分析**

注：无18岁及以下受访者的数据。

通过对宝鸡民众对于中国艺术节相关活动的喜好程度的调查研究，发现不同年龄的民众对于各类活动的喜爱程度不尽相同，以艺术节的活动为自变量，以不同年龄民众为因变量，其交叉分析结果详见图3-9。从图中数据可以看出，51—60岁的民众对开幕式和闭幕式的喜好程度最高，19—30岁的民众更加喜爱专业艺术活动、展览活动以及演艺产品博览交易会。而所有年龄段的民众喜爱群众文化活动的比例都为最高，显示出艺术节群众文化活动丰富多彩，深入人心，也充分展现出"人民的盛会"这一宗旨。

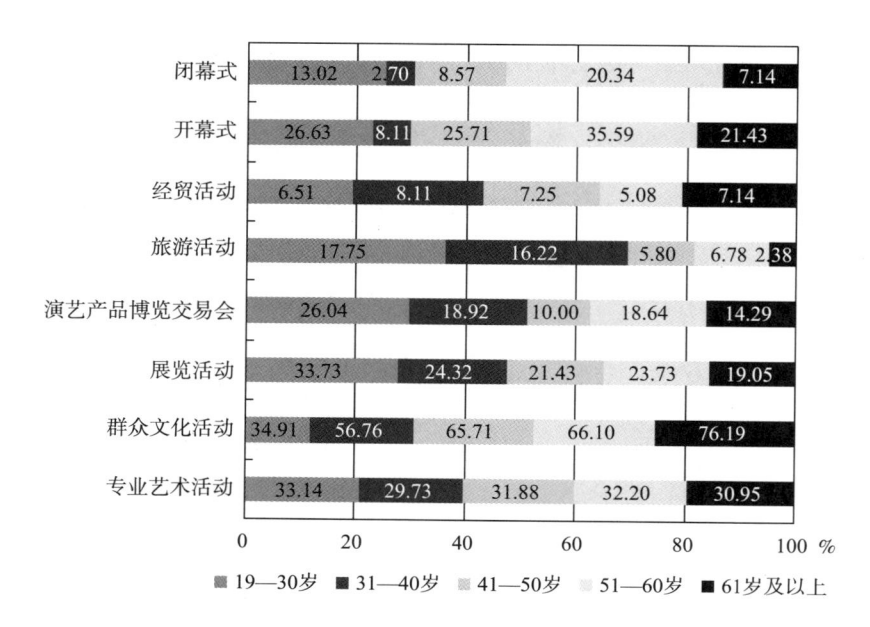

|          | 13.02 | 2.70 | 8.57 | 20.34 | 7.14 |

|  |  |
|---|---|
| 闭幕式 | 13.02 / 2.70 / 8.57 / 20.34 / 7.14 |
| 开幕式 | 26.63 / 8.11 / 25.71 / 35.59 / 21.43 |
| 经贸活动 | 6.51 / 8.11 / 7.25 / 5.08 / 7.14 |
| 旅游活动 | 17.75 / 16.22 / 5.80 / 6.78 / 2.38 |
| 演艺产品博览交易会 | 26.04 / 18.92 / 10.00 / 18.64 / 14.29 |
| 展览活动 | 33.73 / 24.32 / 21.43 / 23.73 / 19.05 |
| 群众文化活动 | 34.91 / 56.76 / 65.71 / 66.10 / 76.19 |
| 专业艺术活动 | 33.14 / 29.73 / 31.88 / 32.20 / 30.95 |

图例：■ 19—30岁　■ 31—40岁　41—50岁　51—60岁　■ 61岁及以上

**图 3-9　不同年龄民众对艺术节活动的喜好程度分布**

注：无18岁及以下受访者的数据。

通过调查研究，不同职业的民众对艺术节相关活动的喜好程度也有差异，如图3-10所示，国家机关、党群组织、企事业单位工作人员对群众文化活动和专业艺术活动的喜好程度最高，分别为59.6%和47.68%，专业技术人员对群众文化活动、专业艺术活动、展览活动的喜好程度较高，商业工作人员则喜好群众文化活动、开幕式以及演艺产品博览交易会，生产工作、运输工作和部分体力劳动者喜爱群众文化活动、开幕式、闭幕式的占比较高。从整体上看，职业性质的不同在一定程度上会影响民众对艺术节活动的喜好程度，但各类职业的民众对群众艺术活动的喜好程度均为最高，说明中国艺术节的群众文化活动深受大众的喜爱。

综上所述，不同性别、不同年龄、不同职业的民众对艺术节的参与程度各不相同，对艺术节相关活动的喜好程度也各有侧重，充分体现出宝鸡受访民众对十一艺节的参与广泛度与深刻度，也说明中国艺术节应关注民众需求的差异化与多样化。

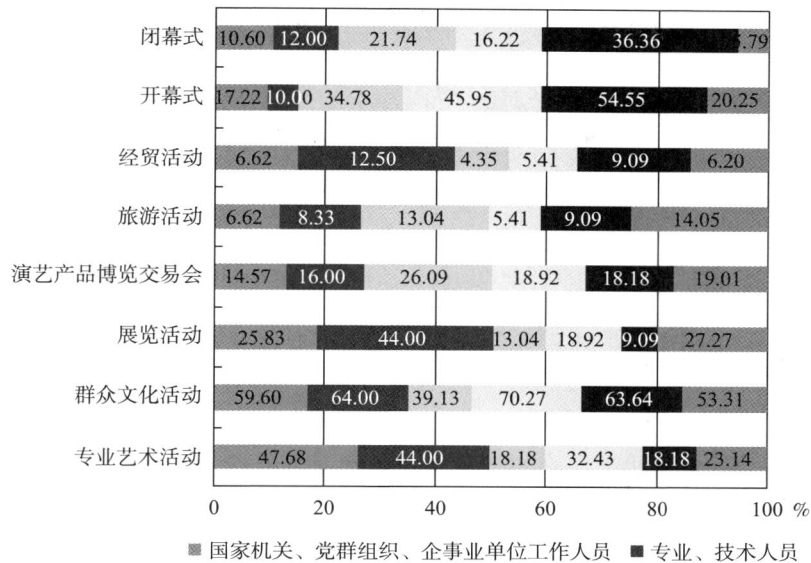

| | 国家机关、党群组织、企事业单位工作人员 | 专业、技术人员 | 商业工作人员 | 服务性工作人员 | 生产工作、运输工作和部分体力劳动者 | 其他劳动者 |
|---|---|---|---|---|---|---|
| 闭幕式 | 10.60 | 12.00 | 21.74 | 16.22 | 36.36 | 5.79 |
| 开幕式 | 17.22 | 10.00 | 34.78 | 45.95 | 54.55 | 20.25 |
| 经贸活动 | 6.62 | 12.50 | 4.35 | 5.41 | 9.09 | 6.20 |
| 旅游活动 | 6.62 | 8.33 | 13.04 | 5.41 | 9.09 | 14.05 |
| 演艺产品博览交易会 | 14.57 | 16.00 | 26.09 | 18.92 | 18.18 | 19.01 |
| 展览活动 | 25.83 | 44.00 | 13.04 | 18.92 | 9.09 | 27.27 |
| 群众文化活动 | 59.60 | 64.00 | 39.13 | 70.27 | 63.64 | 53.31 |
| 专业艺术活动 | 47.68 | 44.00 | 18.18 | 32.43 | 18.18 | 23.14 |

图 3-10　不同职业民众对艺术节活动的喜好程度分布

## （三）行业内外人员对艺术节参与程度比较分析

### 1. 文化艺术工作者与民众参与广泛度比较

调查数据显示，文艺工作者对艺术节的参与程度较社会公众更高。在关注中国艺术节的宝鸡市受访民众中，节后受访民众曾观看或参与过中国艺术节节目的比例较高，为 40.7%，而节前仅有 19.5% 的民众曾参与过中国艺术节活动。相较而言，十一艺节中文艺工作者的参与更为广泛，67.7% 的受访文艺工作者曾观看或参与过十一艺节。详见表 3-1。

表 3-1　　　　受访者是否曾观看过参与中国艺术节统计表　　　　单位：%

| | 宝鸡民众（节前） | 宝鸡民众（节后） | 文艺工作者 |
|---|---|---|---|
| 观看或参与过 | 19.5 | 40.7 | 67.7 |
| 未观看或参与过 | 80.5 | 59.3 | 32.3 |

## 2. 文化艺术工作者与民众参与深刻度比较

调研数据显示，在十一艺节文娱活动参与度上，文化艺术工作者对地方戏曲、舞剧的参与程度明显高于民众，文艺工作者对地方戏曲的参与度高达62.8%，对舞剧的参与程度也达到了41.9%，显著高于宝鸡民众对地方戏曲和舞剧的参与度29.1%与16.2%。在对音乐会的参与度上，文艺工作者与民众基本持平，分别为30.2%与29.9%。反观歌舞晚会、曲艺晚会的参与度，宝鸡民众对歌舞晚会的参与度高达48%，高于文艺工作者的36.6%，宝鸡民众对曲艺晚会的参与度为30.3%，显著高于文艺工作者的12.8%。此外，宝鸡民众对京剧的参与度最低，仅为9.1%，文艺工作者对群众文化活动的参与度最低，为6.1%。以上数据对比反映出，民众与艺术工作者对于文化有不同的需求，民众倾向于热闹的节目氛围，相比之下，文艺工作者更喜爱艺术性强的文艺节目。详见图3-11。

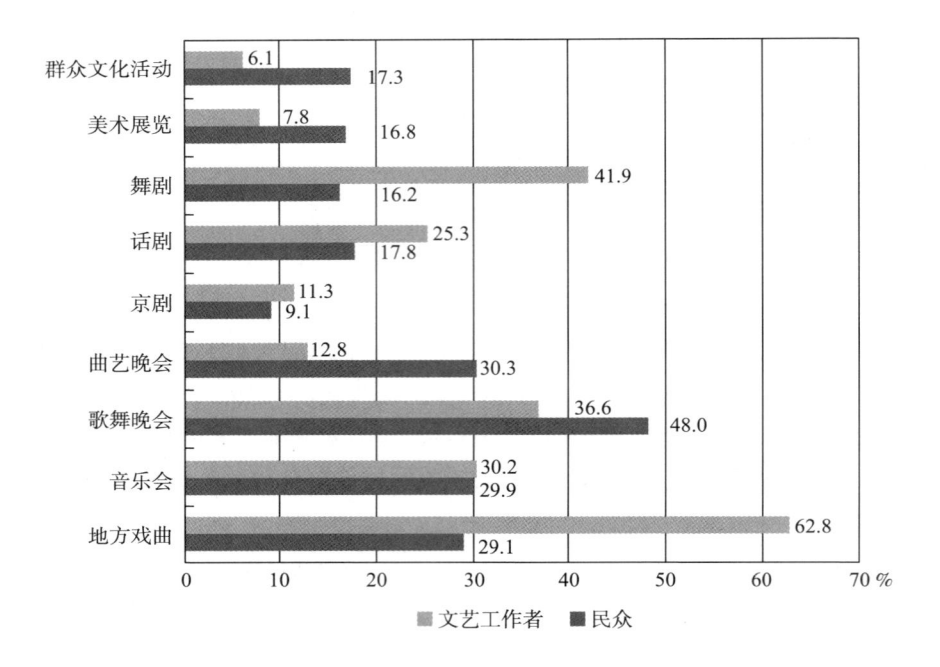

图3-11 十一艺节文艺工作者与民众参与程度比较

## 四 十一艺节与文艺发展的关系

### (一) 民众对于艺术节与文艺发展关系的评价

1. 民众对十一艺节前后宝鸡城市文化基础设施改善程度的评价

十一艺节举办前,在针对陕西举办十一艺节对其所在城市文化基础设施改善程度的调查中,宝鸡民众认为改善程度非常大的仅占 0.9%,认为改善程度比较大的占 19%,认为改善程度一般的占 45.1%,认为比较小的占 12.4%,认为改善程度非常小的占 4.9%,对城市文化基础设施改善程度不清楚的受访者占 17.7%。十一艺节后,宝鸡市受访民众认为城市文化基础设施改善程度非常大的占 7.9%,认为改善程度比较大的占 31.9%,认为一般的占 37.9%,认为比较小的占 7.5%,认为非常小的占 1.6%,不清楚的占 13.2%。节后认为十一艺节举办对其城市文化基础设施改善程度比较大的宝鸡市民众比例较节前有一定增长,高出节前 12.9 个百分点,且认为改善程度比较小的民众较节前减少 4.9 个百分点。调研数据表明,十一艺节的成功举办使宝鸡市文化基础设施得到了一定的改善。详见图 4-1。

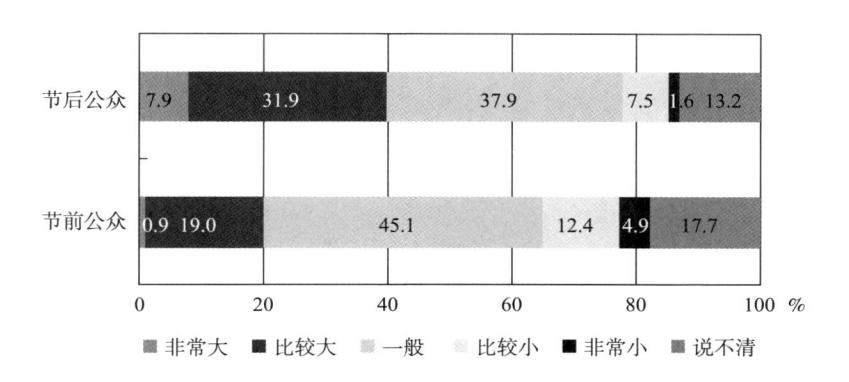

**图 4-1 十一艺节前后宝鸡民众对城市文化基础设施改善情况的评价**

2. 十一艺节对宝鸡民众文化生活的影响比较分析

根据调查数据,节前宝鸡民众认为十一艺节对其文化生活影响非常大的占 1.8%，认为影响比较大的占 17.7%，认为影响一般的占 45.1%，认为影响比较小的占 16.3%，认为影响非常小的占 10.2%，说不清的占 8.9%。节后，认为十一艺节对其文化生活影响非常大的宝鸡市受访民众占 6.5%，认为影响比较大的较节前有所增长，占 35.6%，认为一般的占 43.9%，认为比较小的占 4.3%，认为非常小的占 5.1%，说不清的占 4.6%。详见图 4-2。

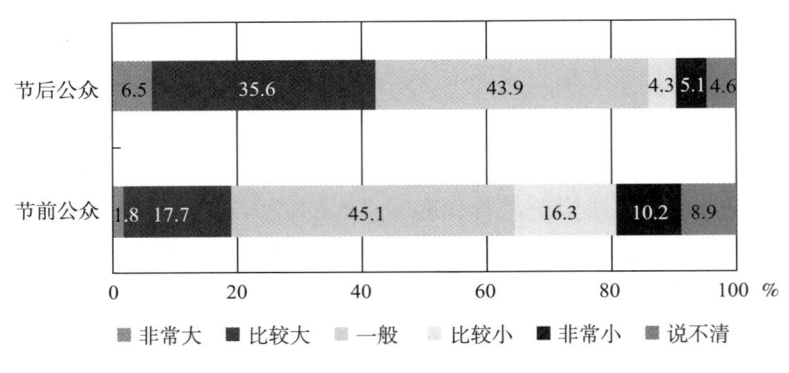

**图 4-2 十一艺节对宝鸡民众文化生活的影响程度**

3. 十一艺节举办后宝鸡民众对艺术节特色的评价

十一艺节成功举办后，在对宝鸡民众认为此届艺术节有哪些特色的调研中发现，认为是群众文化活动丰富的民众比例最高，为 37.7%，说明宝鸡市响应艺术节号召开展了丰富多彩的群众文化活动；认为十一艺节的特色是节目精彩的受访民众占 15.7%，认为是组织出色的占 15.3%，说不清的占 31.3%。详见图 4-3。

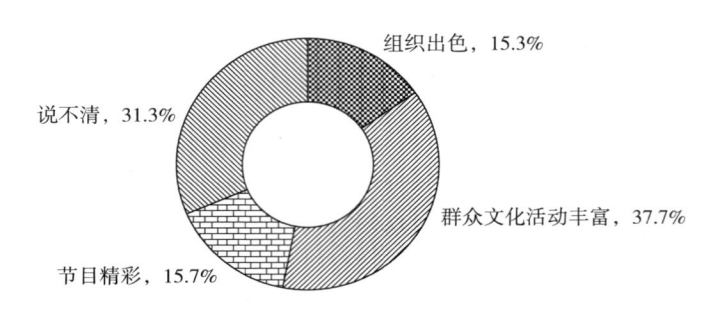

**图 4-3 宝鸡民众对十一艺节特色的评价**

## （二）文艺工作者对于十一艺节与文艺发展关系的评价

**1. 文艺工作者对十一艺节举办后城市文化基础设施改善程度的评价**

根据调研结果，相较于宝鸡民众，文艺工作者对于十一艺节成功举办后城市文化基础设施改善程度有着更好的评价，有 26.7% 的受访文艺工作者认为陕西城市文化基础设施改善程度非常大，有 43.3% 的文艺工作者认为改善程度比较大，21.9% 的文艺工作者认为改善程度一般，仅有 2.8% 的受访文艺工作者认为改善程度比较小，也仅有 0.3% 的受访者认为非常小，说不清的占 5%。详见图 4-4。

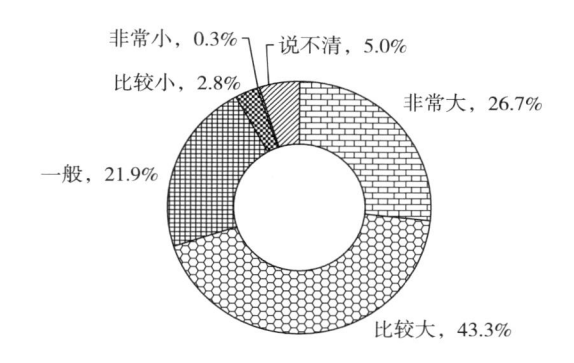

**图 4-4　文艺工作者对十一艺节举办后城市文化基础设施改善程度的评价**

**2. 文艺工作者对十一艺节举办后城市形象提高的影响程度的评价**

调研结果反映出，受访文艺工作者对十一艺节成功举办后陕西城市形象提高的影响程度也有不错的评价，认为艺术节对城市形象提高影响非常大的占 36.2%，认为影响比较大的为 47.7%，认为影响一般的占 13.7%，认为影响比较小的为 0.9%，认为影响非常小的为 0.3%，说不清的占 1.2%。详见图 4-5。

**3. 文艺工作者对十一艺节举办特色的评价**

调研数据显示，有 52.5% 的受访文艺工作者认为十一艺节区别于以往艺术节的特色是组织出色，有多达 69.2% 的文艺工作者认为节目精彩是最大的特色，29.6% 的文艺工作者认为是群众文化活动丰富，22.5%

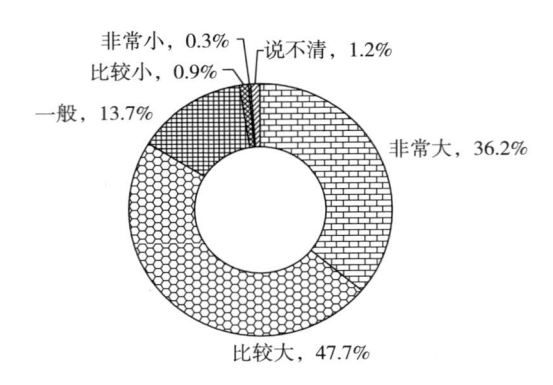

非常小，0.3%　说不清，1.2%
比较小，0.9%
一般，13.7%
非常大，36.2%
比较大，47.7%

**图 4-5　文艺工作者对十一艺节举办后城市形象提高的影响程度的评价**

的文艺工作者认为是文化旅游活动丰富，仅 7.1% 的文艺工作者认为是纪念品创意好，认为特色是城市文明程度高的占 31.5%，38.5% 的文艺工作者认为特色是弘扬社会主义核心价值观，还有 28.7% 的受访者认为是艺术节场馆建设好。详见图 4-6。

| 类别 | 百分比 |
|---|---|
| 艺术节场馆建设好 | 28.7 |
| 弘扬社会主义核心价值观 | 38.5 |
| 城市文明程度高 | 31.5 |
| 纪念品创意好 | 7.1 |
| 文化旅游活动丰富 | 22.5 |
| 群众文化活动丰富 | 29.6 |
| 节目精彩 | 69.2 |
| 组织出色 | 52.5 |

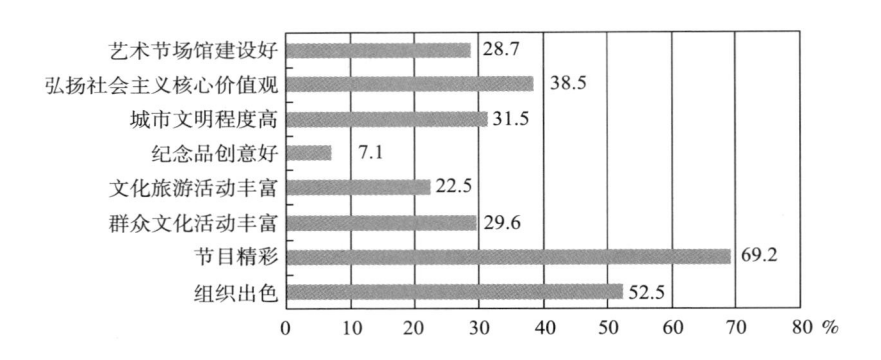

**图 4-6　文艺工作者对十一艺节举办特色的评价**

## 五　十一艺节与区域发展的关系

### （一）宝鸡民众对于十一艺节与区域发展关系的看法

1. 节前宝鸡民众对十一艺节与区域发展关系的看法

（1）节前宝鸡市民众对陕西省举办十一艺节的感觉描述

十一艺节前，课题组对宝鸡民众就"您对陕西举办十一艺节的感觉"进行了问卷调查，69%的受访民众表示为陕西举办艺术节感到自豪，此外27%的认为感觉一般，其他4%的表示无所谓。详见图5-1。

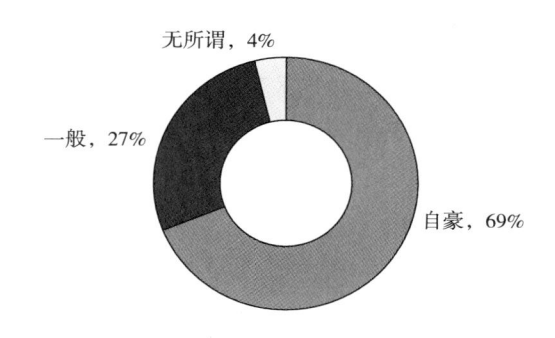

**图5-1　节前宝鸡民众对陕西举办十一艺节的感觉**

（2）节前宝鸡民众对陕西省举办十一艺节的会场知晓程度样本描述

节前，课题组对宝鸡民众就"您知道十一艺节有哪些会场"的知晓程度进行了问卷调查，数据结果显示，宝鸡民众对西安的知晓度最高，达到75.7%，其次是宝鸡，为43.8%，除对延安知晓度为20.8%以及对咸阳知晓度为11.1%以外，宝鸡受访民众对艺术节其他分会场的知晓度均在10%以下。这说明民众对十一艺节主会场的认知度最高，对大多数分会场的认知则比较模糊。详见图5-2。

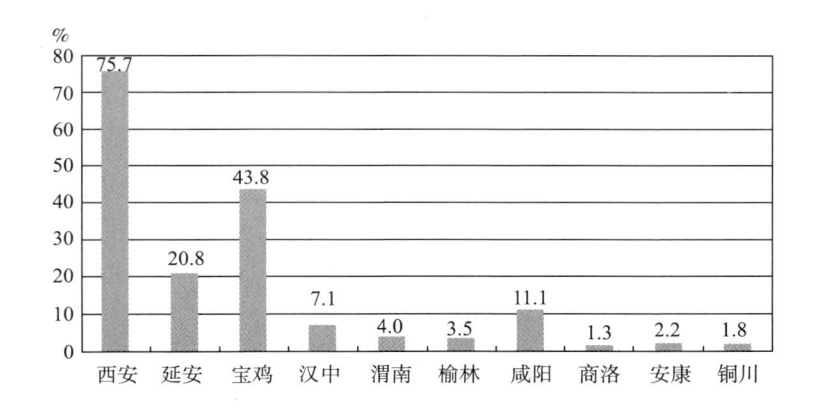

**图5-2　节前宝鸡民众对十一艺节会场的知晓度**

(3) 节前宝鸡民众对陕西省举办十一艺节对城市形象影响认知样本描述

节前，课题组对宝鸡民众就"您认为举办十一艺节将会对城市形象有哪些影响"进行了问卷调查，根据统计数据，在全部有效问卷中，72.4%的受访者认为陕西省举办艺术节能够提升城市知名度，52.2%的受访者认为举办艺术节能够增强市民认同感，54%的受访者认为举办艺术节能够提升市民文化素质，57.8%的受访者认为艺术节可以拉动地区经济与文化消费，58.2%的受访者认为举办艺术节能够加快城市形象建设，还有5.8%的受访者认为十一艺节的举办对城市形象有其他影响。详见图5-3。

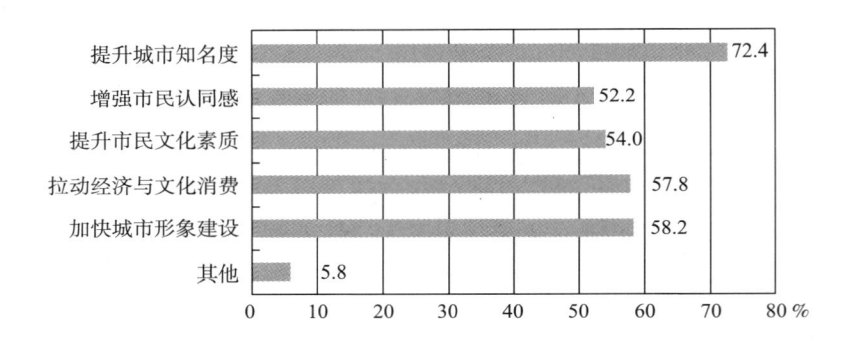

图5-3 节前宝鸡民众认为陕西举办十一艺节对城市形象的影响

2. 节后宝鸡民众对十一艺节与区域发展关系的看法

(1) 节后宝鸡民众对陕西省举办十一艺节的感觉描述

统计数据显示，十一艺节成功举办后，63.5%的宝鸡受访民众对陕西举办艺术节感到自豪，较节前有所减少，25.3%的受访民众感觉一般，与节前基本持平，11.2%的受访民众对陕西举办艺术节感觉无所谓，比例较节前有增加。通过数据对比，可见十一艺节举办前民众的期望值过高，以致节后民众对艺术节产生失落感。详见图5-4。

(2) 节后宝鸡民众对陕西城市的感觉描述

十一艺节后，课题组就"陕西举办中国艺术节后您对陕西各城市的感觉"进行了问卷调查，调查数据显示，39.6%的受访民众在陕西举

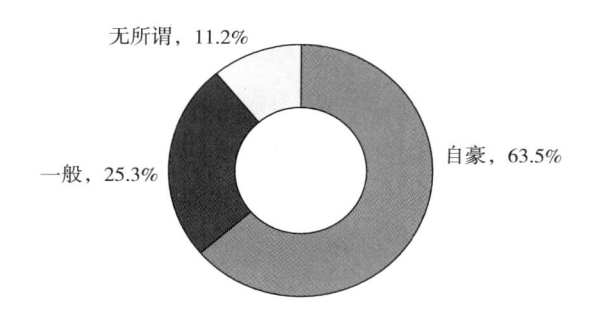

无所谓，11.2%
一般，25.3%
自豪，63.5%

**图 5-4　节后宝鸡受访民众对陕西举办十一艺节的感觉**

办艺术节后更加喜欢陕西各城市，48.4%的受访民众认为艺术节后更加了解陕西各城市，而11.9%的受访民众没有感觉。详见图5-5。

没有感觉（无所谓），11.9%
更加喜欢陕西各城市，39.6%
更加了解陕西各城市，48.4%

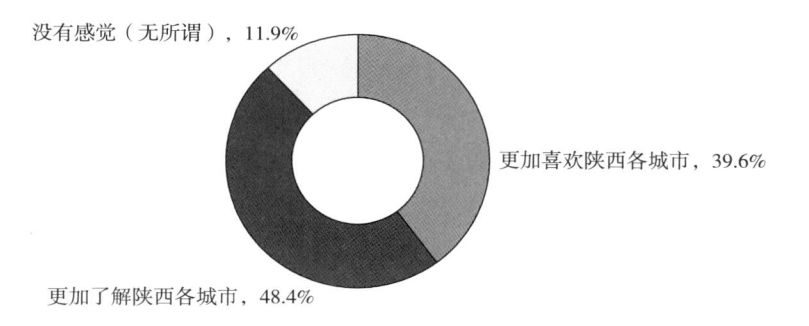

**图 5-5　节后宝鸡受访民众对陕西各城市的感觉**

（3）节后宝鸡民众对陕西省举办十一艺节对城市形象影响认知样本描述

十一艺节后，针对宝鸡民众进行了"您认为陕西举办十一艺节对城市形象有哪些影响"的问卷调查，统计数据显示，49.6%的受访者认为举办艺术节能够提升城市知名度，47.4%的受访者认为能够提升市民文化素质，37.2%的受访者认为举办艺术节能够增强市民认同感，36.1%的受访者认为能够加快城市形象建设，33.3%的受访者认为艺术节的举办能够拉动经济与文化消费。与节前调研数据相比，上述比例均有所下降，说明十一艺节的举办对陕西城市的影响并未达到民众的预期。详见图5-6。

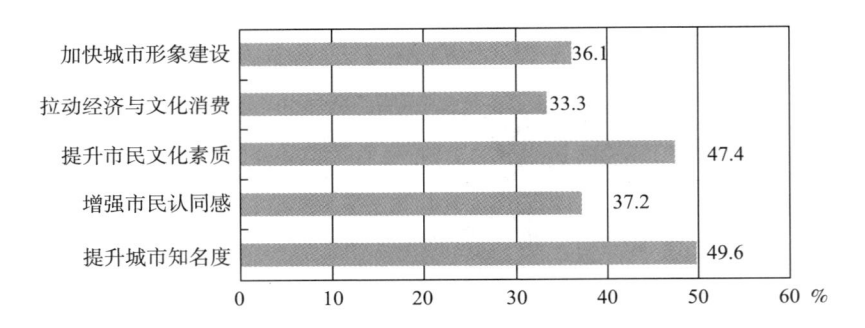

图5-6 节后宝鸡民众认为陕西举办第十一届艺术节对城市形象的影响

（4）十一艺节期间宝鸡民众产生直接或间接消费的样本描述

调研数据显示，仅有1.1%的受访者在十一艺节期间直接或间接消费达到301元及以上，消费在201—300元的受访者占比4.4%，消费在51—200元的受访者最多，达到34.4%，还有26.5%的受访者消费在50元及以下，而33.7%的受访者没有产生任何直接或间接消费，可见民众参与艺术节的消费额有很大的提升空间。详见5-7。

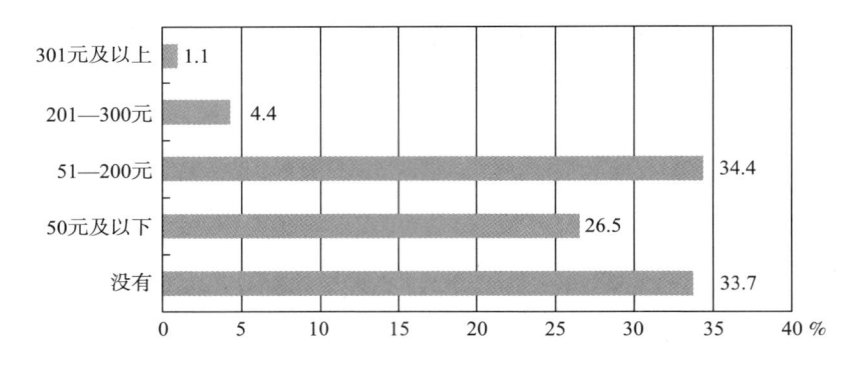

图5-7 十一艺节期间宝鸡民众的消费情况

在上述调查的基础上，课题组对民众具体消费行为进行了深入的调研，如图5-8所示，20.6%的受访者选择了购买纪念品，18%的受访者选择了购票看节目，10%的受访者选择了到艺术节举办地旅游，17%的受访者在其他方面进行了消费，而高达41.9%的受访者并没有产生消费行为。因此，促进民众参与艺术节并加大消费力度也是举办艺术节应关注的重点之一。

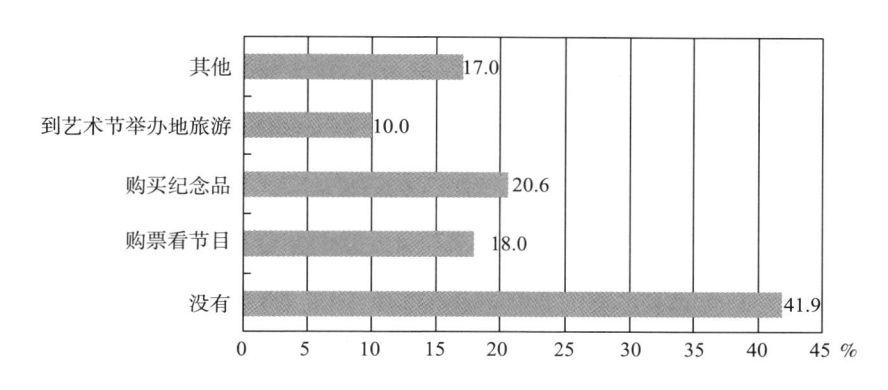

图 5-8  十一艺节期间宝鸡市民众的消费行为

| 消费行为 | 百分比 |
|---|---|
| 其他 | 17.0 |
| 到艺术节举办地旅游 | 10.0 |
| 购买纪念品 | 20.6 |
| 购票看节目 | 18.0 |
| 没有 | 41.9 |

### （二）文艺工作者对于十一艺节与区域发展关系的看法

**1. 文艺工作者对陕西省举办十一艺节的会场知晓程度样本描述**

根据有效问卷的统计数据，受访文艺工作者对十一艺节主会场西安的知晓度最高，为95.9%，其次是延安分会场，知晓度也高达74.4%，文艺工作者对渭南分会场的知晓度为39%，对榆林分会场的知晓度为34%，对宝鸡分会场的知晓度为27.9%，对咸阳分会场的知晓度为18%，对商洛分会场的知晓度为14.2%，对汉中分会场的知晓度为13.4%，对安康分会场的知晓度为10.8%，对铜川分会场的知晓度为8.2%。由于文艺工作者的职业原因，受访文艺工作者对十一艺节会场知晓度普遍高于民众。详见图5-9。

**2. 十一艺节期间文艺工作者产生文化艺术相关消费的样本描述**

统计数据显示，十一艺节期间受访文艺工作者的相关文化艺术消费在1001元及以上的占12%，消费在501—1000元的占12.3%，消费在201—500元的占比最高，为27.9%，消费在51—200元的占22.8%，消费在50元及以下的占7.8%，而艺术节期间没有消费的受访文艺工作者占到了17.1%。总体而言，文艺工作者较民众产生的文化艺术消费更多，但仍有消费上升空间。详见图5-10。

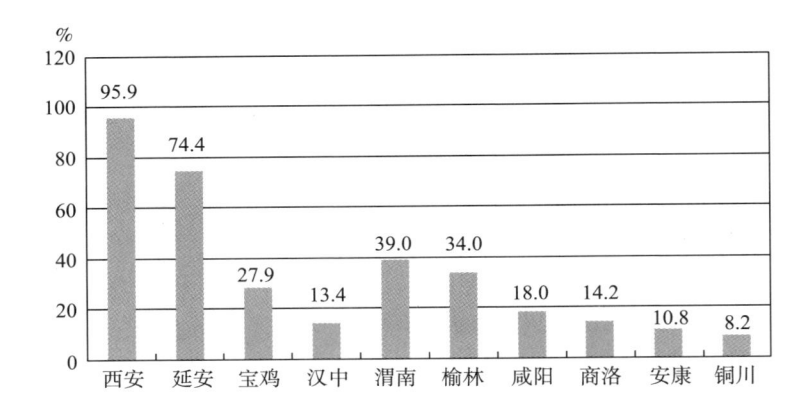

**图 5-9　文艺工作者对十一艺节会场的知晓度**

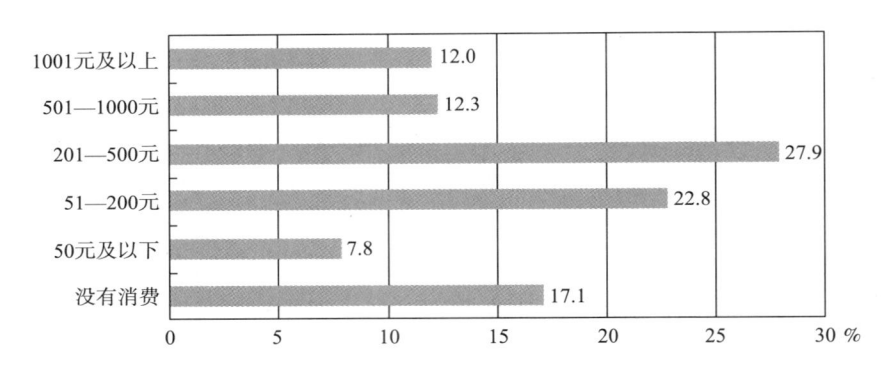

数据：西安 95.9，延安 74.4，宝鸡 27.9，汉中 13.4，渭南 39.0，榆林 34.0，咸阳 18.0，商洛 14.2，安康 10.8，铜川 8.2

**图 5-10　十一艺节期间文艺工作者的消费情况**

- 1001元及以上：12.0
- 501—1000元：12.3
- 201—500元：27.9
- 51—200元：22.8
- 50元及以下：7.8
- 没有消费：17.1

3. 十一艺节期间文艺工作者产生具体消费行为的样本描述

在上述对文艺工作者在十一艺节期间的文化艺术消费情况的调查研究基础上，课题组对其具体消费行为也进行了深入的调研。根据全部有效问卷的统计数据，在艺术节期间的花费中，购票看节目的受访文艺工作者占比最高，为43.5%，其次是购买当地特产，占比35.4%，购买艺术节纪念品的受访者也占到32.7%，18.8%的受访者选择到艺术节举办地旅游，4.5%的受访者花费在其他方面，而21.4%的受访者则没有消费。与民众偏向于购买艺术节纪念品不同，文艺工作者多花费于购票观看艺术节节目，因此举办艺术节时，须考虑到不同人群的不同需求，依据其消费偏好提供相关文化艺术产品及服务，以更好地拉动消

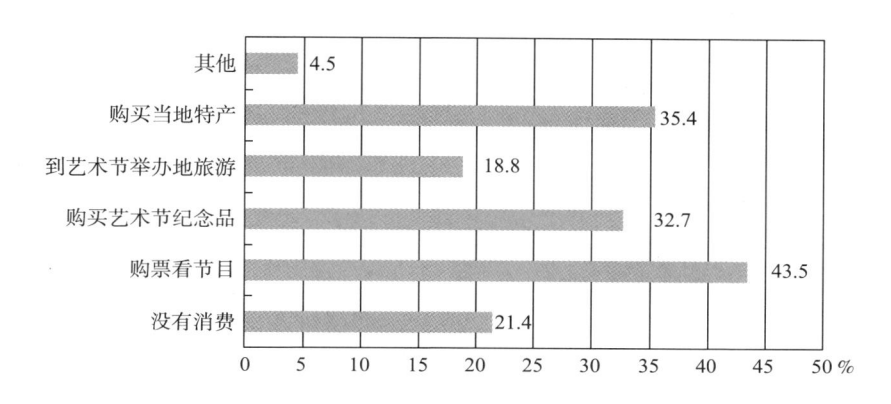

费，促进地区经济与文化发展。详见图 5-11。

**图 5-11　十一艺节期间文艺工作者的消费行为**

- 其他：4.5
- 购买当地特产：35.4
- 到艺术节举办地旅游：18.8
- 购买艺术节纪念品：32.7
- 购票看节目：43.5
- 没有消费：21.4

4. 文艺工作者就十一艺节对陕西政治、经济、文化产生影响的评价

十一艺节后，课题组对文艺工作者就"请客观评价举办中国艺术节对陕西省的影响"的问卷调查，要求文艺工作者分别从政治、经济和文化三个方面进行评价。根据统计结果计算出的平均数值，受访者对十一艺节的影响力给出了不错的评价，受访文艺工作者认为十一艺节的举办对陕西省文化方面的影响最大，均分为4.4分，而认为对陕西省经济方面的影响最小，均分为4.17分。详见表5-1。

**表 5-1　文艺工作者就十一艺节对陕西省影响的评价**

| 评价指标 | 分值 |
| --- | --- |
| 政治 | 4.2 |
| 经济 | 4.17 |
| 文化 | 4.4 |

## 六 民众和文艺工作者对十一艺节的总体评价

### (一) 民众及文艺工作者对十一艺节节目质量的满意度分析

**1. 民众对十一艺节节目的评价**

十一艺节成功举办后,课题组对宝鸡民众进行了艺术节节目评价的问卷调查,主要从节目类型、节目内容、节目形式及演员水平四个方面进行了评价。根据统计分析数据,宝鸡市受访民众对节目类型的评价最高,评分均值为 4.04 分,说明十一艺节节目类型较为丰富,能够满足大众不同的文化需求。其次,宝鸡市受访民众对演员水平的评价均值为 3.97 分,显示出十一艺节的参演文艺工作者的热情与实力受到了大众的广泛认可。而民众对十一艺节节目内容的评价最低,评分均值为 3.95 分,说明十一艺节节目内容并未达到观众期望,还需提高其内容水平。详见表 6-1。

表 6-1 宝鸡民众对十一艺节节目评价情况

| 评价指标 | 分值 |
| --- | --- |
| 节目类型 | 4.04 |
| 节目内容 | 3.95 |
| 节目形式 | 3.96 |
| 演员水平 | 3.97 |

**2. 文艺工作者对十一艺节节目的评价**

十一艺节后,文艺工作者对演员水平评价最高,均分达到 4.6 分;其次为节目类型,均分分值为 4.55 分;再次为节目内容,均分分值为 4.5 分;最后是节目形式,均分分值为 4.49 分。由于文艺工作者职业的特殊性,该群体对十一艺节节目的评价高于民众,一方面体现出文艺工作者对自身工作的肯定,另一方面也说明节目形式不够丰富,还需不断完善。详见表 6-2。

表6-2　　　　　　　文艺工作者对十一艺节节目评价情况

| 评价指标 | 分值 |
| --- | --- |
| 节目类型 | 4.55 |
| 节目内容 | 4.5 |
| 节目形式 | 4.49 |
| 演员水平 | 4.6 |

### （二）民众及文艺工作者对十一艺节总体评价

1. 民众对十一艺节总体评价

十一艺节举办后，课题组选取了艺术节活动组织管理、活动场地、活动规模和活动持续时间四项参数，对宝鸡民众对十一艺节的总体评价进行了问卷调查。根据测算平均值可知，宝鸡市受访民众对十一艺节活动组织管理与活动规模的满意度普遍较高，平均分值都达到4.05分；对活动场地和活动持续时间的满意度则不尽如人意，平均分值为3.99分和3.95分。详见表6-3。

表6-3　　　　　　　宝鸡民众对十一艺节的总体评价

| 评价指标 | 分值 |
| --- | --- |
| 活动组织管理 | 4.05 |
| 活动场地 | 3.99 |
| 活动规模 | 4.05 |
| 活动持续时间 | 3.95 |

2. 文艺工作者对十一艺节总体评价

（1）文艺工作者对十一艺节相关活动的评价

十一艺节后，课题组针对参加了艺术节相关活动的文艺工作者进行了问卷调查，主要以美术作品展览、书法篆刻作品展览、演艺产品博览交易会及群众文化活动四类作为评价标准。根据调查数据测评可知，受访文艺工作者对十一艺节相关活动的评价普遍较高，其中对群众文化活动的满意度评价最高，评分均值为5.4分；对书法篆刻作品展览的满意度评价最低，均分分值为 5.36 分。详见表 6-4。

表 6-4　　　　文艺工作者对十一艺节相关活动的评价

| 活动名称 | 评价分值 |
| --- | --- |
| 美术作品展览 | 5.37 |
| 书法篆刻作品展览 | 5.36 |
| 演艺产品博览交易会 | 5.39 |
| 群众文化活动 | 5.4 |

（2）文艺工作者对十一艺节的总体评价

节后，课题组对文艺工作者对十一艺节的总体评价进行了问卷调查，同样选取活动组织管理、活动场地、活动规模和活动持续时间四项参数，从表 6-5 数据可以看出，受访文艺工作者对十一艺节总体评价较民众评价稍高，其中文艺工作者对十一艺节活动持续时间满意度评价最高，均分达到 4.6 分；其次是艺术节活动组织管理，分值为 4.55 分；对活动场地及活动规模也给出了较好的评价，分别为 4.5 和 4.49 分。

表 6-5　　　　文艺工作者对十一艺节的总体评价

| 评价指标 | 分值 |
| --- | --- |
| 活动组织管理 | 4.55 |
| 活动场地 | 4.5 |
| 活动规模 | 4.49 |
| 活动持续时间 | 4.6 |

## 七　启示与思考

### （一）十一艺节对宝鸡的影响与启示

宝鸡作为十一艺节的分会场，通过积极筹备场馆建设、组织接待工作、加强安全保卫措施、推进艺术节宣传与票务工作、全面提升服务质量等工作塑造了城市新形象。同时,全市各有关单位和部门根据艺术节实施方案,精心组织、细化任务、明确职责、积极配合,以充分体现国家级艺术水准和民族特色,展示艺术创作成果,扩大中国艺术节的社会影响力。

为迎接十一艺节的到来,宝鸡市以高质量的文化场馆、出色的文艺精品以及优秀的文艺人才,满足了社会公众的精神文化需求,也为文化事业与文化产业持续发展奠定了良好的基础。宝鸡分会场成功承办十一艺节剧目展演,对文艺事业产生了巨大的推动作用,也提高了整个社会对文化工作的地位和作用的认识。

1. 丰富文化供给,提升文化惠民

十一艺节举办期间,宝鸡市组织了丰富多彩的演出活动,包括由宝鸡市艺术剧院与宝鸡市戏曲剧院联合演出的《纪念长征胜利八十周年文艺演出》、由宝鸡市戏曲剧院演出的秦腔《金麒麟》、由宝鸡市文学艺术界联合会演出的《纪念长征胜利八十周年交响合唱音乐会》、由凤县凤飞羌舞艺术团演出的《凤飞羌舞》、由宝鸡市新声剧团演出的《社火民俗综合晚会》、由宝鸡市艺术剧院演出的方言话剧《梁生宝买种记》、由宝鸡市文化艺术演出有限公司演出的《秦腔名家清唱晚会》、由金台区人民戏曲剧院演出的秦腔《天地粮仓》等精彩演出活动,其中方言话剧《梁生宝买种记》与秦腔《天地粮仓》均为十一艺节入围节目。同时,宝鸡市也承接了部分演出活动,包括由韩城市艺术剧院演出的秧歌剧《杏花村》、由洛南秦腔剧院演出的秦腔《沉香》、由宁夏京剧院演出的京剧《庄妃》以及"十一艺节"群星奖惠民演出,旨在为关注艺术节的人民群众提供更为丰富的剧目选择与更为多元的艺术享受。

课题组对宝鸡民众对陕西十一艺节的门票价格的看法的调查研究结果显示,4.5%的受访者认为门票价格非常贵,20.2%的受访者认为门票价格比较贵,47.5%的受访者认为门票价格一般,0.9%的受访者认为比较便宜,0.7%的受访者认为非常便宜,还有26.2%的受访者表示说不清。由此可见,认为门票价格一般的受访者所占比例最高,且在随机访谈过程中课题组了解到民众可凭身份证在各社区领取免费票,说明宝鸡市在中国艺术节的举办过程中不仅极大地丰富了文化供给,而且在较大程度上实现了文化惠民。详见图 7-1。

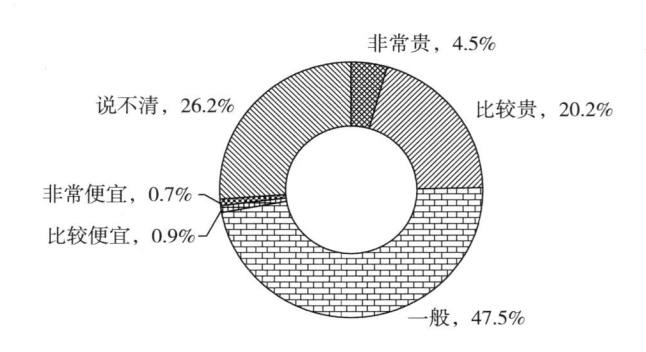

图 7-1 宝鸡民众对十一艺节门票价格的评价

**2. 增强文化氛围，打造艺术精品**

2016 年 5 月 10 日，陕西省召开十一艺节第二次部省联席会议，会议强调要加大艺术精品创作力度，力争推出一批具有国家水准、陕西特色的优秀作品，展示陕西艺术创作实力和文化强省建设成果，且必须要充分发挥陕西省历史、山水、民俗等文化优势，展示陕西文化风采和底蕴。宝鸡市相关部门积极响应号召，早在 2014 年，宝鸡市艺术剧院和戏曲剧院就创作编排了 5 部大戏，并在第七届陕西省艺术节上全部获奖。其中，大型无场次话剧《梁生宝买种记》、大型秦腔历史剧《班超》、秦腔古典剧《天地粮仓》获戏曲话剧、儿童剧类优秀剧目奖，大型民族舞剧《周原女人》、舞蹈诗剧《凤飞羌舞》获歌舞类优秀剧目奖。2016 年 3 月，为迎接十一艺节的到来，宝鸡市专业文艺院团荟萃演出在渭滨区茵香河文化旅游区炎帝影视基地拉开帷幕。为期一个月的精彩演出，不仅为宝鸡群众带来了一大批喜闻乐见、脍炙人口的戏剧、戏曲作品，更为宝鸡市营造出了浓厚的文化艺术氛围。

在十一艺节举办期间，宝鸡市各大剧院上演了 12 场异彩纷呈的文化演出，为宝鸡市民带来了一场文化艺术盛宴。引人注目的是，宝鸡市四名旦摘取了陕西首届"文华奖"，其中宝鸡市戏曲剧院演员王春云获一等奖，进入全省十佳行列；市戏曲剧院演员杨朝霞、张璐及岐山县剧团演员郭君芳分获三等奖；市戏曲剧院、岐山县剧团获得优秀组织奖。

在如此浓厚的艺术氛围之中,一方面文艺汇演展示出了宝鸡市文艺工作者的水平,成功推出了许多脍炙人口的艺术精品剧目,另一方面也使数以万计的群众享受到了宝鸡市文化艺术发展的成果,同时增强了广大群众对宝鸡文艺工作的喜爱和信任。

3. 提升文化影响,完善城市形象

十一艺节成功举办,盛况余韵也长久留存在观众心中,艺术节所带来的文化影响也日渐显现。根据课题组的调查研究,在十一艺节期间,民众的社会生活也发生了一定的变化,24.6%的受访者表示艺术节使得自己和朋友交往机会增多,24.9%的受访者在艺术节举办期间与家人观赏剧目或参观展览,15.8%的受访者表示艺术节期间经常谈论艺术节相关的话题。虽然仍有34.7%的受访者表示并没什么特别,但是总体而言十一艺节的成功举办给当地居民带来了良好的文化影响,民众开始注重精神文化的重要作用,也有受访者表示未来会更加关注文化艺术相关活动并积极主动参与其中,中国艺术节使大众享受到了"文化之美",人民对文化艺术的感官体验满意度也将成为中国艺术节发展的永恒动力。详见图7-2。

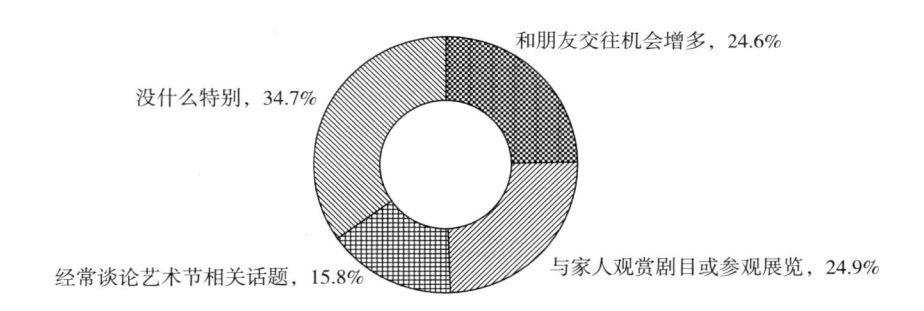

图7-2 十一艺节期间民众社会生活的变化

宝鸡市作为十一艺节的重要分会场,通过举办艺术节激发了省市内专业和业余文化工作者的艺术创作热情,推出了一批经得起时代检验的艺术精品,使得文化艺术更好地服务于群众,唱响主旋律,弘扬正能量,增强文化自信,践行社会主义核心价值观。同时,贴近现实与民情的话剧节目的演出,对弘扬宝鸡历史文化、展示宝鸡文艺创作演出水平起到重要作用,更将激励宝鸡市文化事业和产业发展,成为其经济的增长点和文明的提升点。宝鸡市在成功创建国家公共文化服务体系示范区的基础上,不断巩固示范区创建成果,逐步健全公共文化服务体系,满足群众日益增长的文化艺术需求。"话剧月月演、秦腔周周唱、电影假日放""春节文化周""夏日纳凉晚会""社区文艺会演""社火艺术节"等文化活动逐渐成为品牌,文化形式更为多元,宝鸡市的城市文化形象也更加深入人心。

### (二) 宝鸡分会场筹办十一艺节存在的问题

#### 1. 宣传影响力不足

宝鸡市人民政府为广泛宣传十一艺节,成立了宣传工作组,利用多种宣传形式,并充分调动广大文艺工作者和市民群众的积极性,引导其踊跃参与艺术节期间的各项活动。此外,要求宝鸡日报社、宝鸡人民广播电台、宝鸡电视台、宝鸡新闻网等新闻单位及时报道活动动态,形成全面覆盖、全民关注的立体宣传,营造浓厚的舆论氛围。

课题组对宝鸡民众就十一艺节宣传效果评价进行了问卷调查,根据全部有效问卷的统计分析结果,仅有8.6%的受访者认为十一艺节的宣传效果非常好,39.3%的受访者认为宣传效果比较好,认为宣传效果一般的受访者所占比例最高,为41.4%,而7.2%的受访者认为宣传效果比较差,还有3.5%的受访者认为宣传效果非常差。详见图7-3。调查结果说明,虽然宝鸡市人民政府及各有关单位为宣传艺术节做出了努力,但是宣传成效仍不尽如人意。

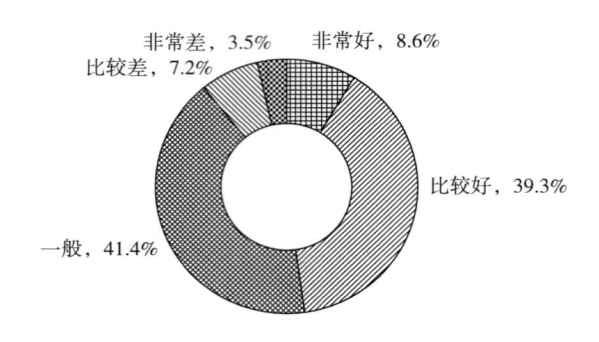

**图7-3 民众对十一艺节宣传效果的评价情况**

## 2. 艺术吸引力欠缺

随着时代的变迁和文化热点的不断演变，中青年群体成为我国文化消费的主力军。因此，抓住年轻群体对中国艺术节的关注和消费，对艺术节的持续举办具有重大意义。然而，调查结果显示，19—30岁的受访民众参与过艺术节的比例最低，仅为24.9%；51—60岁的受访民众参与过艺术节的比例最高，达到40.6%。从图7-4我们可以看出，除18岁及以下区间，随着年龄的增长，未参加过艺术节的受访民众比例整体呈下降趋势。18岁及以下未参与过艺术节的受访者达62.4%，19—30岁未参与过艺术节的受访者更是高达75.1%，31—40岁未参与过的受访者占68.5%，41—50岁未参与过艺术节的占63%，51—60岁未参与过艺术节的受访者占59.4%，61岁及以上的占62.3%。由此可见，十一艺节对于中青年群体的吸引力明显欠缺，这将成为艺术节发展的一大阻碍。

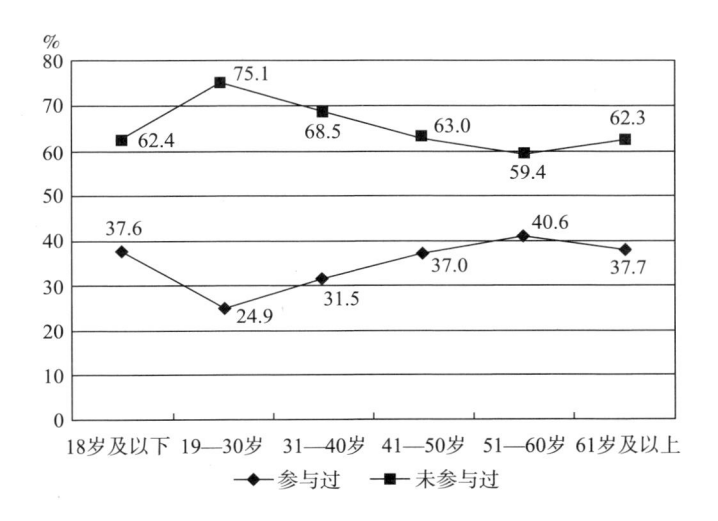

**图7-4 十一艺节民众参与度与年龄的关系**

## 3. 社会筹资机制缺乏

根据不同的时代背景和艺术节的发展历程，中国艺术节的组织模式和运作机制主要分为以下四种：中央主办、地方协办，中央、地方政府共同举办，政府主导和市场运营相协调，政府主导与市场运作、省市联办。虽然如今筹资机制日趋多元化,但是中央和地方政府部门的财政补贴仍是中国艺术节最主要的资金来源,缺乏社会赞助等参与机制。

十一艺节是以省、市财政拨款和中央财政专项补助作为办节经费的主要来源,坚持"依法合规、统筹兼顾、精打细算、开源节流"的原则合理分配使用资金。虽然同时也以市场开发筹集资金、物资及社会筹集资金作为十一艺节筹办经费的重要补充,力求建立财政拨款、社会赞助及经营收入相结合的多元筹资机制,但是实际中社会赞助也多是以物资形式,因此社会资金筹集仅占艺术节举办资金的一小部分。中国艺术节社会筹资机制的缺乏,一方面会给政府带来一定的财政负担,另一方面也会削弱艺术节的市场竞争力与吸引力。

### (三) 十一艺节的举办引发的思考

#### 1. 利用新兴媒介,加强宣传广度

为提高中国艺术节的品牌知名度和社会影响力,必须加大艺术节的宣传力度。中国艺术节具有举办时间短、周期长的特点,因此主办方须在较短时间内调动一切可用的资源和手段加强艺术节的宣传,扩大宣传范围,强化宣传力度。

十一艺节前,课题组对民众进行了艺术节了解方式的问卷调查,从图7-5可以发现,46%的受访者是通过网络方式了解十一艺节的,34.5%的受访者是通过电视了解的,34.1%受访者是通过微博了解的,25.7%的受访者是通过微信了解的,11.9%的受访者是通过海报了解的,

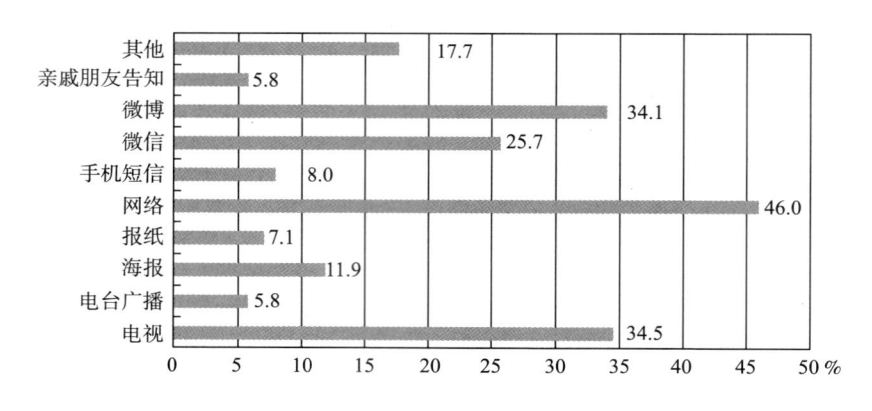

图7-5 民众了解十一艺节的方式

8%的受访者是通过手机短信了解的,7.1%的受访者是通过报纸了解的,通过电台广播和亲戚朋友告知的受访者均为5.8%,还有17.7%的受访者是通过其他方式了解的。由此可见,近年来网络媒体飞速发展,网络在信息传播中的作用越来越重要。因此,十一艺节宣传部门应当充分利用互联网和移动网络等新兴媒体传播渠道,发挥微博、微信及其他手机客户端的便捷性和易传播性,让民众能够更方便快捷地获取中国艺术节的相关信息,进而了解并参与其中。此外,通过全方位的宣传,能够提升中国艺术节的品牌影响力与知名度,带动当地经济的发展。

2. 提高民众参与,吸引各界关注

民众参与性原则是开办节庆活动的基本原则之一,广泛的参与性是节庆活动成功的关键所在。要提高中国艺术节的民众参与性,首先,要加强文化基础设施建设。中国艺术节的剧目通常在各大剧院剧场演出,很多剧目的演出则是一票难求,虽然购票渠道日趋丰富,但是剧场容量大大限制了观众现场观看的需求。因此,艺术节主办方应在能力范围内增修剧院,并合理安排节目展演,同时增加广场演出,以使更多的人能在现场观看中国艺术节的节目。

其次,艺术节剧目评奖应主要以群众的意见为主,真正将"艺术的盛会、人民的节日"落到实处。课题组对文艺工作者就"您认为本届艺术节的剧目获奖主要反映了专家意见还是观众意见"进行了问卷调查,图7-6的数据显示,58%的受访文艺工作者认为十一艺节的剧目获奖应由专家和群众意见共同决定,25.3%的受访文艺工作者认为以

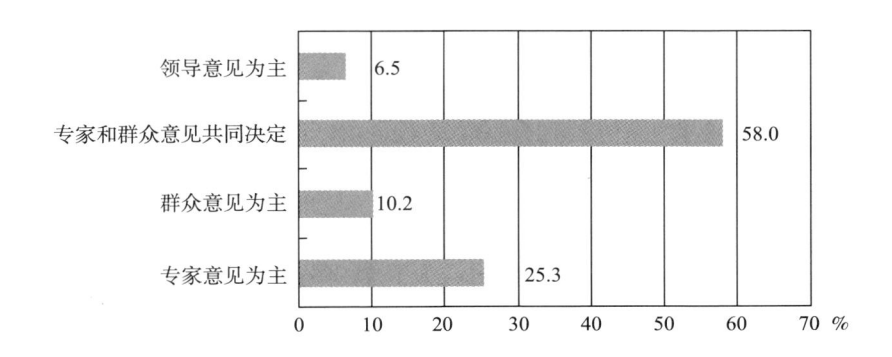

图7-6 文艺工作者对十一艺节剧目评奖的意见评价

专家意见为主，10.2%的受访文艺工作者认为以群众意见为主，6.5%的受访文艺工作者认为以领导意见为主。由此可见，艺术节的评奖机制限制了社会公众的参与性，还需不断完善，以激发民众参与艺术节的热情。

最后，中国艺术节应着重自身艺术特色，以优秀的文化艺术吸引社会公众和各界的关注与参与。如上海国际艺术节的最大特色在于其节目的原创性与引领性，第十六届上海国际艺术节中三分之一的节目均为原创首演，为最新诞生的优秀作品提供了一个展示平台，也因此受到了观众的热烈关注与认可。可见，中国艺术节不应过于追求规模大、艺术种类全面，只有办出自身特色，才能赢得长久的艺术生命力。

3. 完善市场机制，鼓励社会赞助

作为我国规格最高、规模最大的国家级艺术盛会，中国艺术节应当开放办节思路，充分利用十一艺节资源、品牌和平台的优势获得社会资金，使艺术节资金运转模式从官办向官商合办的社会化、市场化运作发展。政府部门要努力完善文化经济政策和文化法规体系，在继续贯彻落实国家和省、市一系列文化经济政策，合理制定艺术节市场准入条件，规范并鼓励社会赞助。

完善中国艺术节市场参与机制，获得社会资金，一方面能够打破依赖中央与地方财政拨款的局面，减轻国家财政负担；另一方面，中国艺术节具有极高的市场含金量，艺术节品牌效应正是市场化运作的最活跃因子，市场化运作能够促进艺术节资金的优化配置，有效降低办节成本。此外，社会资金参与举办中国艺术节，能够激发社会各界的公益心与责任感，以主人公的姿态参与其中，使投入的资金产生更多更好的经济效益与社会效益。由此可见，鼓励社会资本参与赞助中国艺术节，能够开创多赢的良性循环局面，实现市场化运作与文化艺术的完美融合。

# 汉中调研报告[①]

2016年10月15日至31日，由文化部、陕西省人民政府主办，陕西省文化厅承办的十一艺节在汉中分会场开展了丰富多彩的文化活动。汉中是陕西省西南部的一个历史悠久、如诗如画、时尚现代的城市。汉中因汉水而得名。长江最大的支流汉江发源于市域宁强。公元前451年，楚国在汉江中游的安康设汉中郡（辖今安康、汉中）；东汉初年，郡治迁入本地后仍称汉中，"地名漂移"沿用至今。自古就有"天汉"之美称。古称南郑、兴元、梁州、天汉，是汉王朝的重要发祥地，也与汉族这一称谓的形成有直接不可替代的关系。汉中因历史而闻名。1994年，国务院批准汉中为中国历史文化名城。在有史记载的4000多年历史长河中，汉中或属楚、或属秦、或属魏、或属蜀；元代建省后，汉中一直隶属陕西。在历次土地权属的争夺中，发生了无数影响中国历史进程的重大事件，涌现出了众多彪炳千秋的历史人物，遗留下了不少珍贵的历史印记。考古发现，市域内发掘出几十处旧、新石器时代史前文化遗迹，其中以南郑龙岗、西乡李家村文化遗迹最为典型。汉中是中华民族、华夏文明的发祥地之一。

## 一 汉中分会场准备工作

### （一）十一艺节汉中分会场主要工作机构

十一艺节汉中分会场由中共汉中市委、汉中市人民政府主办，中共

---

[①] 本报告执笔：纪东东，华中师范大学国家文化产业研究中心硕士生导师；李少多，华中师范大学国家文化产业研究中心硕士研究生。

汉中市委宣传部、汉中市文化广电新闻出版局、汉中市公安局、中共汉台区委、区人民政府承办，由南郑、城固、洋县、勉县、佛坪、略阳、西乡、留坝、宁强、镇巴等县委县政府及汉中市歌舞剧团、汉中市群众艺术馆、汉中广播电视台、市住管局、汉中供电局、汉台区环卫局、桥北广场管理处等部门和单位共同组成十一艺节汉中组委会。①

组委会多措并举做好十一艺节汉中分会场筹备工作。一是抓好节会氛围营造。在城区主要路段布置灯杆道旗、悬挂标语，在市内各大电子屏幕、楼宇电视滚动播出艺术节宣传片，在辖区各党政机关、酒店、车站等门户位置悬挂宣传标语，充分利用官方微博微信平台，开辟专栏，发布节会信息，进一步扩大对外宣传力度，营造喜庆祥和的节会氛围。二是认真排演文艺节目。面向全区社会组织、文艺团体广泛征集文艺节目，经过严格筛选、彩排，最终确定具有地域文化特色的高水平文艺节目会演14场，于2016年10月10日在汉台区桥北广场拉开序幕。三是做好非遗文化展示。在节会期间，充分挖掘蕴含汉台民俗风情的非遗文化，组织民间艺人集会表演，带给群众一个喜闻乐见、具有本土气息的艺术节。

**（二）十一艺节汉中分会场主要展演活动**

汉中市参与十一艺节的相关文化活动准备充分。为了与西安主会场和各市分会场呼应联动，汉中市在5月18日晚和7月7日晚，相继组织开展了倒计时150天揭牌、倒计时100天暨广场舞展演活动。② 来自中心社区的广场舞爱好者、专业文艺工作者、社会文艺骨干300多人齐聚一起，踏歌起舞，尽情抒发欢乐歌盛世、喜迎艺术节的喜悦心情，为十一艺节营造了良好的文化氛围。

汉中分会场在全市展开多元、立体化的艺术节宣传基础上，从艺术节开幕的10月10日起，每晚7点30分开演，连续举办14场文化惠民演出。十一艺节汉中分会场的演出活动持续到10月23日，其中，穿插

---

① 汉中市文化新闻广电出版局官网，http://wgxj. hanzhong. gov. cn/xwzx/gzdt/201610/t20161011_ 363925. html，2016年10月11日。
② 汉中市人民政府网，http://www. hanzhong. gov. cn/xwzx/bmdt/201607/t20160711_346675. htm，2016 – 7 – 11。

2场十一艺节群星奖节目惠民巡演活动（具体文化活动详见表1-1）。①集中展现汉中地方优秀文化与汉中文化风采，促进文化名市建设。

表1-1　　　　　　　　汉中分会场文化惠民演出概况②

| 时间 | 地点 | 演出主题 | 内容 |
| --- | --- | --- | --- |
| 10月10日 | 汉台区 | 秋韵浓·汉台正好 | 包括独唱、歌曲联唱、舞蹈、歌伴舞、小品、戏曲、音乐情景剧等多种形式的16个文艺节目 |
| 10月11日 | 南郑县 | 南郑特色 | 以群舞、歌舞、组唱、独唱、打击乐、情景剧、陕南民歌等不同表演形式，融合传统与现代风格，融入当地文化元素 |
| 10月12日 | 城固县 | 丝路花海·多彩桔乡 | 以"盛世欢歌，多彩桔乡，金色梦想"为三个篇章，从不同角度展现了人民群众丰富多彩的文化生活 |
| 10月13日 | 洋县 | 朱鹮之乡·画里洋县 | 包括舞蹈、歌伴舞、小品、秦腔联唱、汉调桄桄、男女四重唱的12个节目 |
| 10月14日 | 勉县 | — | 精选出十余个包括社区文艺、非遗展演、民间文艺、三国文化等优秀参演节目，展演形式多样，内容新颖，彰显了勉县文化艺术事业蓬勃发展的可喜成果 |
| 10月15日 | 佛坪县 | 古道明珠·静美佛坪 | 分"大美佛坪、魅力佛坪、佛坪等你来"三个篇章，充分展现了佛坪民风的纯朴和山水的灵秀 |
| 10月16日 | 略阳县 | 爱在略阳 | 分"羌山谣歌、故道新韵、爱在略阳"三个篇章，展现了略阳县干部群众的精神风貌和略阳文化事业建设的发展成果 |
| 10月17日 | 西乡县 | 西乡赋 | 演出分为"山清水秀，民俗荟萃，筑梦西乡"三个部分，突出展现了西乡的茶乡美景和民俗魅力 |
| 10月18日 | 留坝县 | 山水云居·醉氧留坝 | 用舞蹈、男女对唱、歌舞、单口词等表现形式，展现了留坝浓厚的地域文化和良好的自然生态环境 |
| 10月19日 | 宁强县 | 汉水之源·羌族故里 | 专场文艺演出以歌舞为主，编排新颖，融入羌文化元素，充分展示了宁强县城市形象和文艺创作的丰硕成果 |

① 佚名，腾讯·大秦网，http://xian.qq.com/a/20161012/021466.htm，2016-10-12。
② 根据汉中市文化广电新闻出版局资料整理。

续表

| 时间 | 地点 | 演出主题 | 内容 |
|---|---|---|---|
| 10月20日 | 镇巴县 | 民歌之乡·山水镇巴 | 分为"秦巴山水、革命红军、苗乡抒怀"三个篇章,以歌舞的形式全面展示了镇巴民歌文化、红军文化、苗民文化 |
| 10月21日 | 汉中市汉江桥北广场 | — | "群星奖"参赛作品惠民演出 |
| 10月22日 | 南郑县文化艺术中心 | — | "群星奖"参赛作品惠民演出 |

艺术节期间,汉中分会场进一步激发和调动了广大干部群众建设文化名市的热情,推动了汉中文化艺术事业加快发展,为艺术节成功举办营造了热烈祥和的盛会氛围,更加彰显了汉中文化的魅力,使十一艺节在汉中分会场也突出体现了"艺术的盛会、人民的节日"这个宗旨。

图1-1 十一艺节汉中分会场文艺演出

## 二 汉中分会场调查的样本描述

### (一) 本次调研基本过程

每届艺术节都有一个漫长的筹备过程，为了了解艺术节开办对区域的综合影响力，课题组将节前与节后的调查数据进行对比，可以大致分析出艺术节影响力的大小。因此，十一艺节课题组对汉中分会场在节前（2016年9月）、节后（2016年10月）开展了两次实地调研，先后各发放民众问卷500份，节前问卷有效回收490份，有效率为98%；节后问卷有效回收499份，有效回收率为99.8%。针对汉中市普通市民，就被调查者的基本情况、市民对于中国艺术节的知晓情况、市民在十一艺节期间的参与及评价情况等进行了问卷调查。在问卷调查的基础上，对参与现场观看的市民、艺术工作者、剧团成员以及艺术节的主办方相关工作人员进行了深度访谈。综合访谈调查和问卷调查的分析上，形成了本报告。

### (二) 本次调研样本描述

抽样调查样本的选择非常重要，为了准确测算艺术节的综合影响力，在实地调研过程中，抽取的样本尽量做到均衡分布，具有代表性。

在节前有效回收的490份调查问卷中，从受访民众的性别、年龄、职业分布上来看，比较均衡。但是从年收入水平上来看，低收入的民众占比比较大。从职业分布来看，国家机关、党群组织、企事业单位工作人员占5.73%，专业技术人员占6.75%，商业工作人员占4.29%，服务性工作人员占3.48%，生产工作、运输工作和部分体力劳动者占4.50%，其他劳动者则占75.26%；从文化程度上来看，初中及以下的占13.88%，高中（中专）的占11.22%，大专的占5.51%，本科的占67.35%，研究生的占2.04%。

在节后有效回收的499份调查问卷中，从性别上来看，男性占33.9%，女性占66.1%；从年龄上来看，受访者的年龄大多分布在19—30岁，占55.2%，18岁及以下的占12.2%，31—40岁的占

20.3%，41—50 岁的占 7.2%，51—60 岁的占 3.2%，61 岁及以上的占 1.8%；从职业分布来看，国家机关、党群组织、企事业单位工作人员占 20.7%，专业技术人员占 10.2%，商业工作人员占 6.2%，服务性工作人员占 7.0%，生产工作、运输工作和部分体力劳动者占 2.8%，其他劳动者则占 53.0%；从文化程度上来看，初中及以下的占 9.3%，高中（中专）的占 17.7%，大专的占 17.3%，本科的占 53.3%，研究生的占 2.4%（详见表 2-1）。

表 2-1　　　　　　　　受访民众基本情况　　　　　　　单位:%

| 一级指标 | 二级指标 | 节前占比 | 节后占比 |
| --- | --- | --- | --- |
| 性别 | 男 | 40.20 | 33.90 |
| | 女 | 59.80 | 66.10 |
| 年龄 | 18 岁及以下 | 8.18 | 12.20 |
| | 19—30 岁 | 69.53 | 55.20 |
| | 31—40 岁 | 2.66 | 20.30 |
| | 41—50 岁 | 4.50 | 7.20 |
| | 51—60 岁 | 7.36 | 3.20 |
| | 61 岁及以上 | 7.77 | 1.80 |
| 文化程度 | 初中及以下 | 13.88 | 9.30 |
| | 高中（中专） | 11.22 | 17.70 |
| | 大专 | 5.51 | 17.30 |
| | 本科 | 67.35 | 53.30 |
| | 研究生及以上 | 2.04 | 2.40 |

注：由于对数据四舍五入，故占比的加总不一定等于 100%。下同。

考虑到经济收入是影响文化消费的重要因素，对受访者的月平均收入及月均文化消费支出情况进行了了解。

在节前受访民众中，2015 年月平均收入 2000 元及以下的占 72.45%，2001—4000 元的占 20.20%，4001—6000 元的占 4.90%，6001—8000 元的占 0.82%，8001—10000 元的占 0.61%，10001—12000 元的占 0.20%，12001 元及以上的占 0.82%；2015 年文化消费月均在 100 元及以下的占 34.49%，101—300 元的占 32.04%，301—500 元的占 12.45%，501—700 元的占 5.10%，701—900 元的占 3.88%，

901—1100 元的占 6.94%，1100 元以上的占 5.10%。

在节后受访民众中，2015 年月平均收入 2000 元及以下的占 42.1%，2001—4000 元的占 32.3%，4001—6000 元的占 17.0%，6001—8000 元的占 4.6%，8001—10000 元的占 1.6%，10001—12000 元的占 1.4%，12001 元及以上的占 1.0%；2015 年文化消费月均在 100 元及以下的占 20.2%，101—300 元的占 24.8%，301—500 元的占 17.0%，501—700 元的占 8.4%，701—900 元的占 7.2%，901—1100 元的占 8.2%，1101 元及以上的占 14.0%（详见表 2 - 2）。

表 2 - 2　　受访民众 2015 年月均收入及月均文化消费情况　　单位:%

| 一级指标 | 二级指标 | 节前占比 | 节后占比 |
| --- | --- | --- | --- |
| 月平均收入 | 2000 元及以下 | 72.45 | 42.10 |
| | 2001—4000 元 | 20.20 | 32.30 |
| | 4001—6000 元 | 4.90 | 17.00 |
| | 6001—8000 元 | 0.82 | 4.60 |
| | 8001—10000 元 | 0.61 | 1.60 |
| | 10001—12000 元 | 0.20 | 1.40 |
| | 12001 元及以上 | 0.82 | 1.00 |
| 月均文化消费 | 100 元及以下 | 34.49 | 20.20 |
| | 101—300 元 | 32.04 | 24.80 |
| | 301—500 元 | 12.45 | 17.00 |
| | 501—700 元 | 5.10 | 8.40 |
| | 701—900 元 | 3.88 | 7.20 |
| | 901—1100 元 | 6.94 | 8.20 |
| | 1101 元及以上 | 5.10 | 14.00 |

## 三　十一艺节与民众的关系

### （一）汉中市总体参与度分析

十一艺节于 2016 年 10 月 31 日圆满结束，多渠道、全方位的宣传报道和丰富多彩的群众文化活动激发了人民群众关注、参与艺术节的热情,同时也提高了中国艺术节的社会知晓度和影响力。

1. 汉中民众总体参与广泛度分析

调查统计结果显示,节前"知道中国艺术节"的受访民众占比43.24%;节后"知道中国艺术节"的受访民众占比46%,比节前略有提高(见图3-1)。

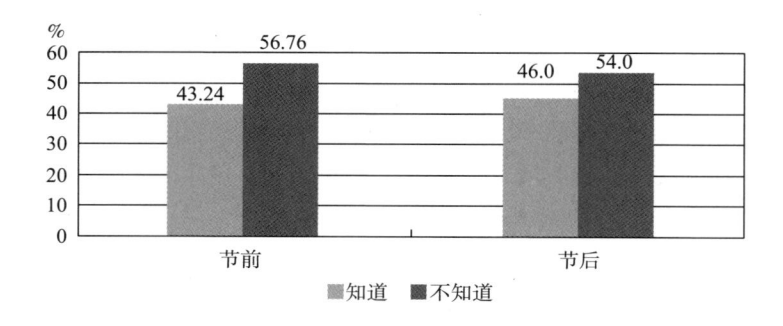

图3-1 十一艺节在汉中民众的知晓度分析

通过节前及节后的数据对比发现,节后民众对十一艺节的知晓度高于节前。一方面说明艺术节举办前夕,汉中市的宣传工作已按实施方案逐步推进,取得了比较好的宣传效果;另一方面说明民众通过参与十一艺节,更加了解中国艺术节,扩大了中国艺术节的整体影响力。当然,由于地理位置等客观因素的限制,导致了十一艺节在汉中市的整体宣传效果不太理想。因此,节后民众的整体关注度并没有比节前有明显提升。

统计数据还显示,在持续关注十一艺节的这部分人群中,曾经直接参与或观看过往届十一艺节节目的比例较高,节前为30.52%,节后为28.4%。观看往届中国艺术节节目的途径方面,节前选择电视的最多,占70.42%;其次为在电脑上观看,占35.68%;通过手机观看的占29.11%;其他途径(9.86%)、现场观看(5.19%)所占比例较低。节后的调查数据说明,选择电视观看的受访者占比最多,占47.0%;其次为通过手机观看,占39.11%;到现场观看的占27.4%,在电脑上观看的占22.2%,其他占3.9%(见图3-2)。

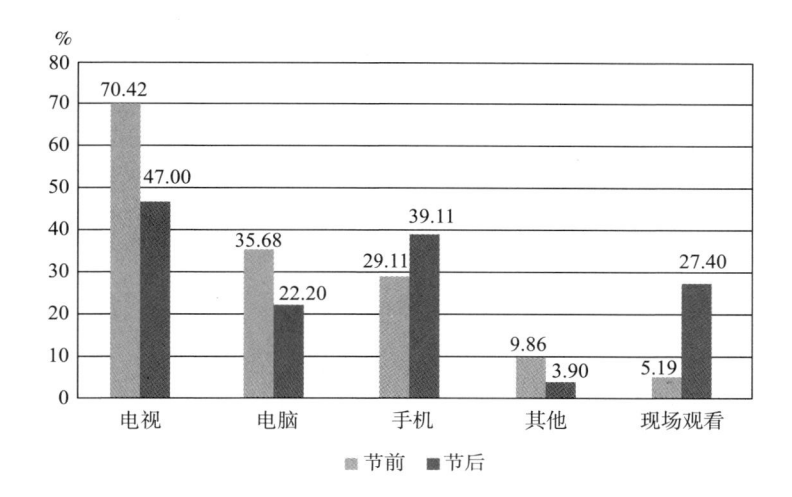

**图 3-2　节前和节后民众欣赏往届中国艺术节节目的途径**

由此可见，在中国艺术节的传播方式上，电视这一传统媒体仍然扮演着主要角色，网络等新媒体的作用也日益凸显，节后选择在现场观看的比例明显升高，说明艺术节对当地民众具有较强的吸引力，一系列惠民政策发挥了一定的作用，汉中民众对于参与十一艺节的态度较为积极。

通过节前的调查发现，34.43%的受访者知道十一艺节举办地，20.75%的知道具体举办时间，可见陕西十一艺节节前宣传效果不佳，深入广泛宣传还有待提高。对十一艺节了解途径的调查见图3-3。

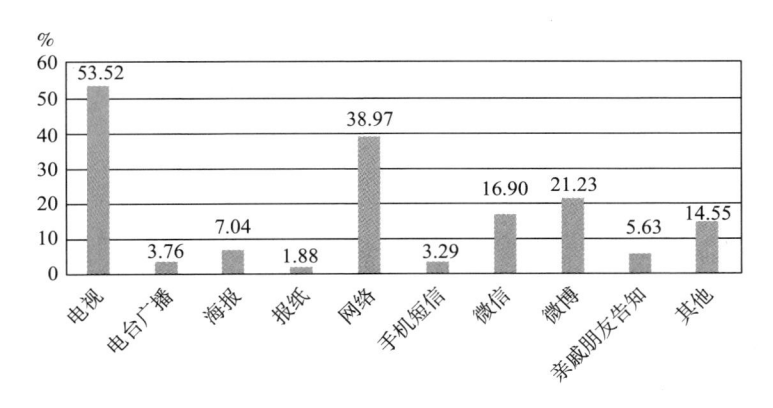

**图 3-3　民众知晓十一艺节的途径**

对于汉中民众而言，电视是其了解十一艺节的主要途径，报纸、电台广播、海报、手机短信等传播途径也起到一定的作用。值得注意的是：互联网开始成为信息传播的主要手段，尤其是微信、微博等移动客户端在宣传艺术节的过程中所起的重要作用正日益凸显，这一点应该引起关注。正是借助于多样化的宣传方式，最大限度地提高了十一艺节的知名度。

2. 汉中民众总体参与深刻度分析

在对中国艺术节的了解程度方面，节前调研数据显示，选择一般了解的最多，占54.46%，不了解的占26.76%，比较了解的占13.15%，完全不了解的占5.16%，非常了解的仅占0.47%。节后调研则显示：选择一般了解的最多，占65.20%，不了解的占21.30%，比较了解的占13.00%，完全不了解的占0.40%，非常了解的仅占0.10%（见图3-4）。

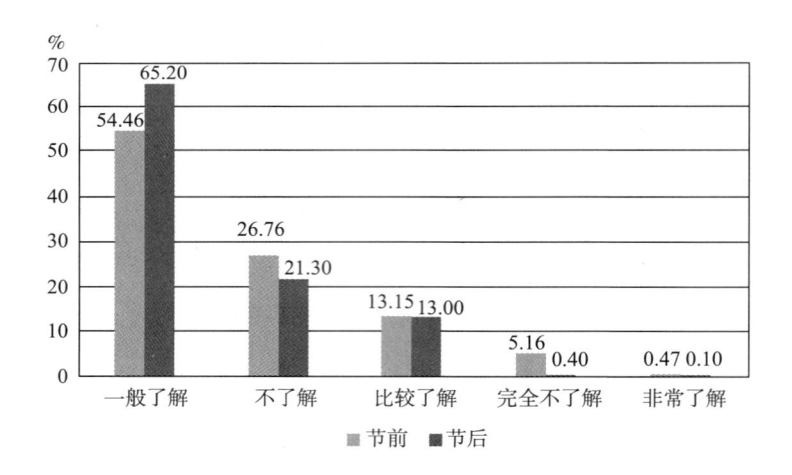

图3-4 节前和节后民众对于十一艺节的了解程度

调查数据说明：一般了解的人数略有提升，不了解和完全不了解的人数略有下降，但是非常了解的人数仍然不高。

民众知晓的深入度也可以通过其对十一艺节活动的知晓情况得到佐证（见图3-5）。

从图3-5可以看出，在艺术节的各项活动中，受访者对闭幕式和开

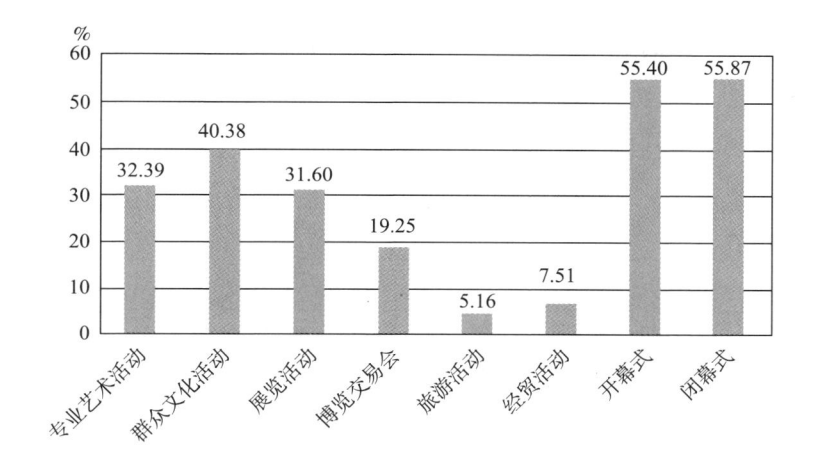

```
    %
60
50                                                55.40   55.87
40           40.38
30   32.39           31.60
20                           19.25
10                                         7.51
                                    5.16
 0
   专业艺术活动 群众文化活动 展览活动 博览交易会 旅游活动 经贸活动 开幕式 闭幕式
```

**图 3-5　民众对十一艺节活动的知晓度**

幕式的知晓度最高，分别达到 55.87% 和 55.40%；知晓度最低的旅游活动只有 5.16%，说明民众对十一艺节的各项活动有所了解。但是，受访者只对开幕式、闭幕式的知晓度达到半数以上，其他如对专业艺术活动、群众文化活动、展览活动、博览交易会、旅游活动和经贸活动的了解均未超过半数。由此可见，十一艺节举办之前，汉中民众对于各项活动比较缺乏广泛而深入的了解。

对十一艺节丰富的节目类型，调查数据显示，喜欢歌舞晚会的民众最多，占 47.0%，音乐会紧随其后，比例为 37.4%，地方戏曲和曲艺晚会、美术展览、话剧的分别占 24.8% 和 22.2%、21.3%、20.0%，喜欢群众文化活动和舞剧的分别占 15.2% 和 17.8%，喜欢京剧的仅占 9.1%（见图 3-6）。汉中民众对于节目类型的喜好程度各有侧重，各种类型的节目都有一定比例的民众参与其中，唯独喜欢京剧的民众最少，汉中地区的南郑、勉县、洋县等地主要流行汉调桄桄，表明京剧的影响力在汉中地区较为有限。

### （二）汉中民众参与程度交叉分析

1. 汉中民众总体参与广泛度交叉分析

在节后对汉中民众知晓度调查中，以性别、年龄、职业作为自变量，以对艺术节的知晓度为因变量，作交叉分析，详见图 3-7。

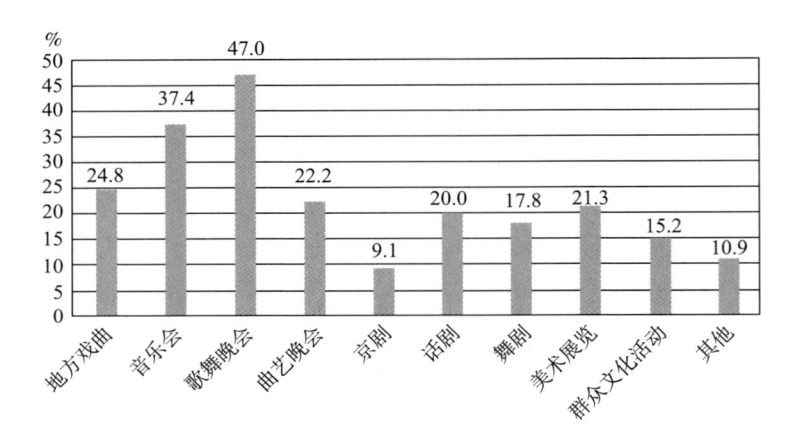

图 3-6　民众关于陕西十一艺节喜欢节目的分布

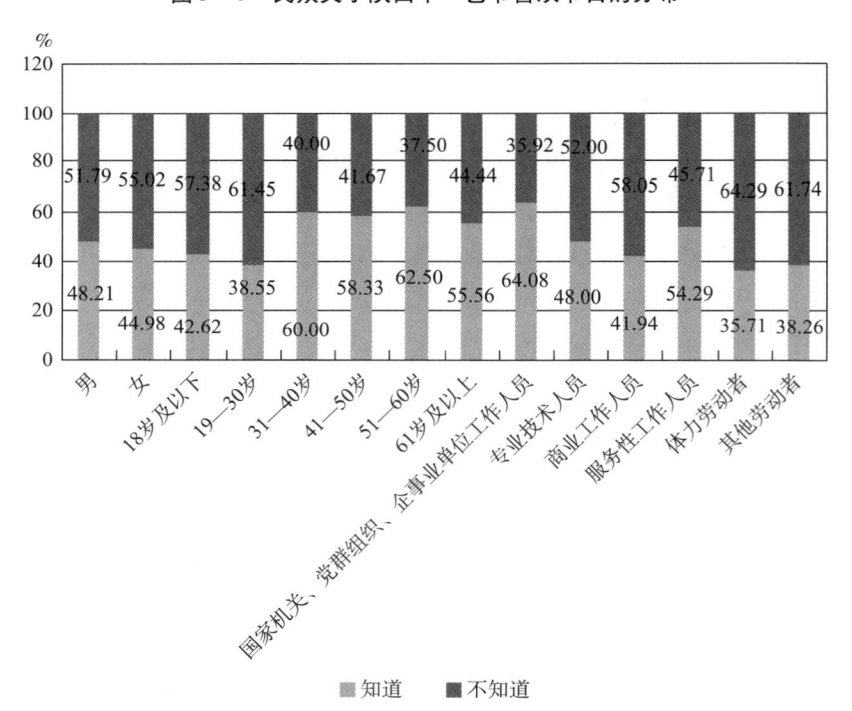

图 3-7　节后汉中民众对十一艺节知晓度的交叉分析

如上图所示,男性对于艺术节的知晓度达到了 48.21%,要高于女性的 44.98%。从年龄层次看,31 岁及以上的受访者知晓度超过了 55%,其中,51—60 岁的受访者知晓度最高,达到 62.50%,这说明

31岁及以上的受访者生活相对安定,文化需求相对旺盛,而51—60岁的民众生活更加安定,事业也基本到达人生的顶峰,对文化需求更加旺盛,而19—30岁的民众对艺术节的知晓度程度最低,只有38.55%,这说明对于年轻人而言,学习和事业拓展是第一要务,对文化艺术的需求和关注较弱。在不同职业的民众调查中,国家机关、党群组织、企事业单位工作人员对于艺术节的知晓度最高,占比64.08%;其次,服务性工作人员的知晓度为54.29%;再次,是专业技术人员,他们的知晓度为48%;其他劳动者和体力劳动者的知晓度较低,分别为38.26%和35.71%,说明艺术节对这一群体的影响力有限。

2. 汉中市民众总体参与深刻度交叉分析

十一艺节作为一个节日,必须要有大量的社会公众实际参与其中,不仅仅是组织宣传,更重要的是观看、评价,享受文化盛宴。但是,在通过对知晓十一艺节人群的基础上做进一步调查发现(见图3-8):男性有31.25%的受访者观看过十一艺节的项目或活动,女性有26.85%的

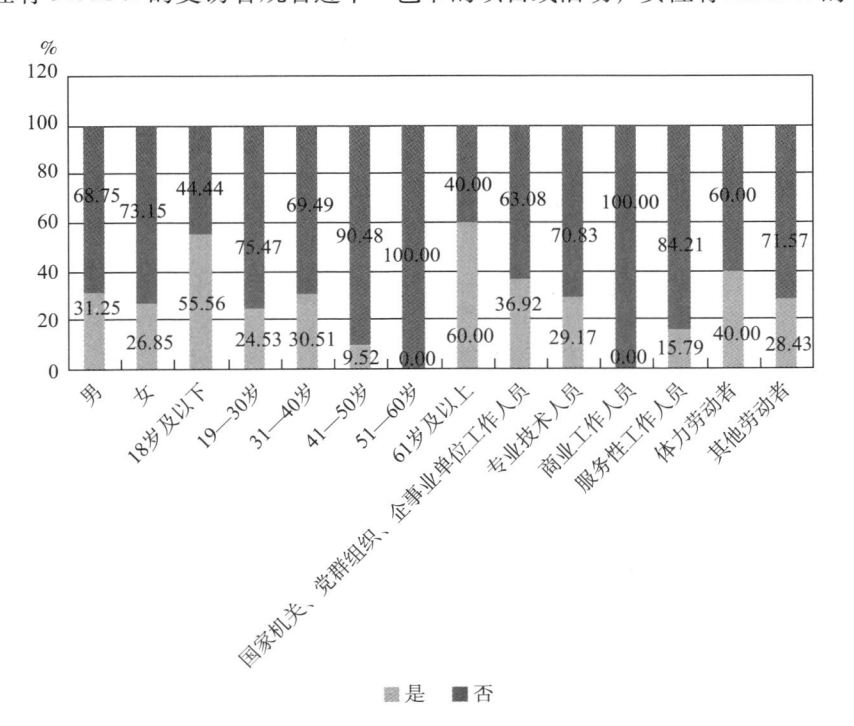

图3-8 节后汉中民众是否观看十一艺节的交叉分析

受访者观看过，占比皆低于对艺术节知晓度的比例。在对不同年龄的民众是否观看艺术节的调查中，61岁及以上的民众观看艺术节的比例最高，达到60%，18岁及以下的受访者虽然知晓度低，但参与度较高，达到55.56%，而51—60岁之间的民众则几乎没有人观看。在不同职业的民众调查中，体力劳动者虽然知晓度低，但观看艺术节的比例最高，达到40%，这说明体力劳动者参与热情最高，也间接说明艺术节对于体力劳动者而言，是一种增加生活乐趣的方式。

关于对十一艺节相关活动的喜好程度，不同年龄的民众对艺术节的喜欢程度各不相同，其中18岁及以下的民众最喜欢的是专业艺术活动，占比达到33.33%，其他年龄的民众最喜欢的是群众文化活动，选择群众文化活动的比例都是各年龄段占比最高的，这说明群众文化活动因展演区域开放、身边人演身边事而深受当地民众的喜爱，充分展现了艺术节是"艺术的盛会，人民的节日"这一宗旨（见图3-9）。

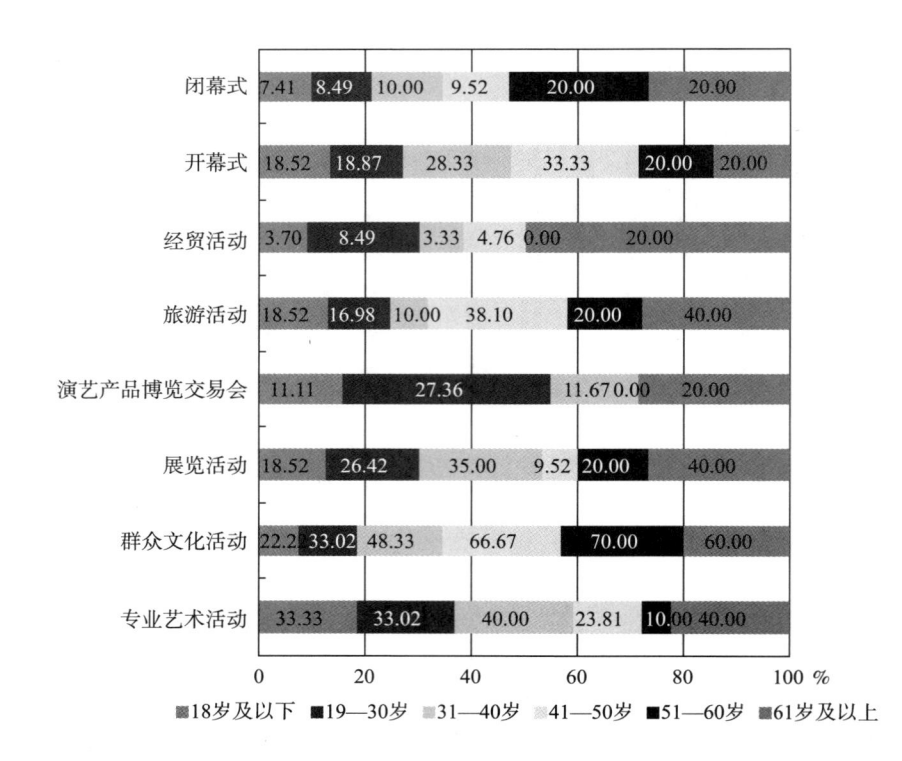

| 活动 | 18岁及以下 | 19—30岁 | 31—40岁 | 41—50岁 | 51—60岁 | 61岁及以上 |
|---|---|---|---|---|---|---|
| 闭幕式 | 7.41 | 8.49 | 10.00 | 9.52 | 20.00 | 20.00 |
| 开幕式 | 18.52 | 18.87 | 28.33 | 33.33 | 20.00 | 20.00 |
| 经贸活动 | 3.70 | 8.49 | 3.33 | 4.76 | 0.00 | 20.00 |
| 旅游活动 | 18.52 | 16.98 | 10.00 | 38.10 | 20.00 | 40.00 |
| 演艺产品博览交易会 | 11.11 | 27.36 | | 11.67 | 0.00 | 20.00 |
| 展览活动 | 18.52 | 26.42 | 35.00 | 9.52 | 20.00 | 40.00 |
| 群众文化活动 | 22.22 | 33.02 | 48.33 | 66.67 | 70.00 | 60.00 |
| 专业艺术活动 | 33.33 | 33.02 | 40.00 | 23.81 | 10.00 | 40.00 |

**图3-9 不同年龄的民众对艺术节活动的喜好程度分布**

不同职业的民众对艺术节的喜欢程度也不尽相同，如图 3 – 10 所示，国家机关、党群组织、企事业单位工作人员，喜欢群众文化活动的占比最高；其次是专业艺术活动。专业技术人员对展览活动的喜欢程度占比最高，其次是群众文化活动和专业艺术活动，而商业工作人员和体力劳动者、其他劳动者对群众文化活动喜欢程度占比最高，服务性工作人员对于专业艺术活动则喜欢程度最高。职业性质的不同在较大程度上会影响民众对于艺术节活动的喜好程度，但群众艺术活动仍然是不同职业的民众都喜欢的艺术节活动。

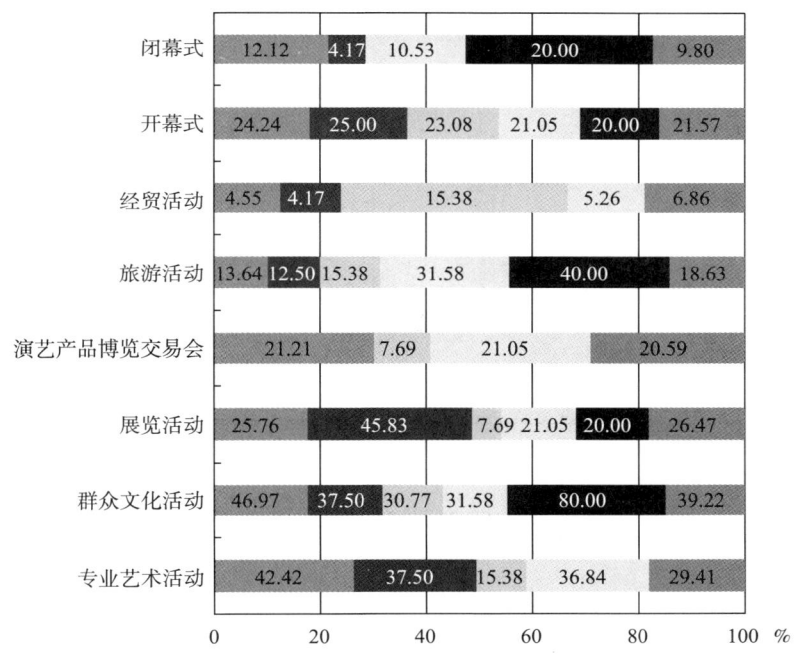

| 活动 | 国家机关、党群组织、企事业单位工作人员 | 专业技术人员 | 商业工作人员 | 服务性工作人员 | 体力劳动者 | 其他劳动者 |
| --- | --- | --- | --- | --- | --- | --- |
| 闭幕式 | 12.12 | 4.17 | 10.53 | | 20.00 | 9.80 |
| 开幕式 | 24.24 | 25.00 | 23.08 | 21.05 | 20.00 | 21.57 |
| 经贸活动 | 4.55 | 4.17 | 15.38 | | 5.26 | 6.86 |
| 旅游活动 | 13.64 | 12.50 | 15.38 | 31.58 | 40.00 | 18.63 |
| 演艺产品博览交易会 | 21.21 | 7.69 | | 21.05 | | 20.59 |
| 展览活动 | 25.76 | 45.83 | 7.69 | 21.05 | 20.00 | 26.47 |
| 群众文化活动 | 46.97 | 37.50 | 30.77 | 31.58 | 80.00 | 39.22 |
| 专业艺术活动 | 42.42 | 37.50 | 15.38 | 36.84 | | 29.41 |

**图 3 – 10　不同职业的民众对艺术节活动的喜好程度分布**

如图 3 – 11 所示，不同收入的民众在选择喜欢艺术节的活动中，较为集中地反映了经济收入对文化需求的影响程度。月均收入在 2000 元及以下的最喜欢群众文化活动，2001—4000 元的则最喜欢专业艺术活动，4001—6000 元的则最喜欢群众文化活动，6001—8000 元的则最喜欢开幕式，收入在 8001—12000 元的最喜欢群众文化活动，而收入在 12001 元及以上的则最喜欢经贸活动。

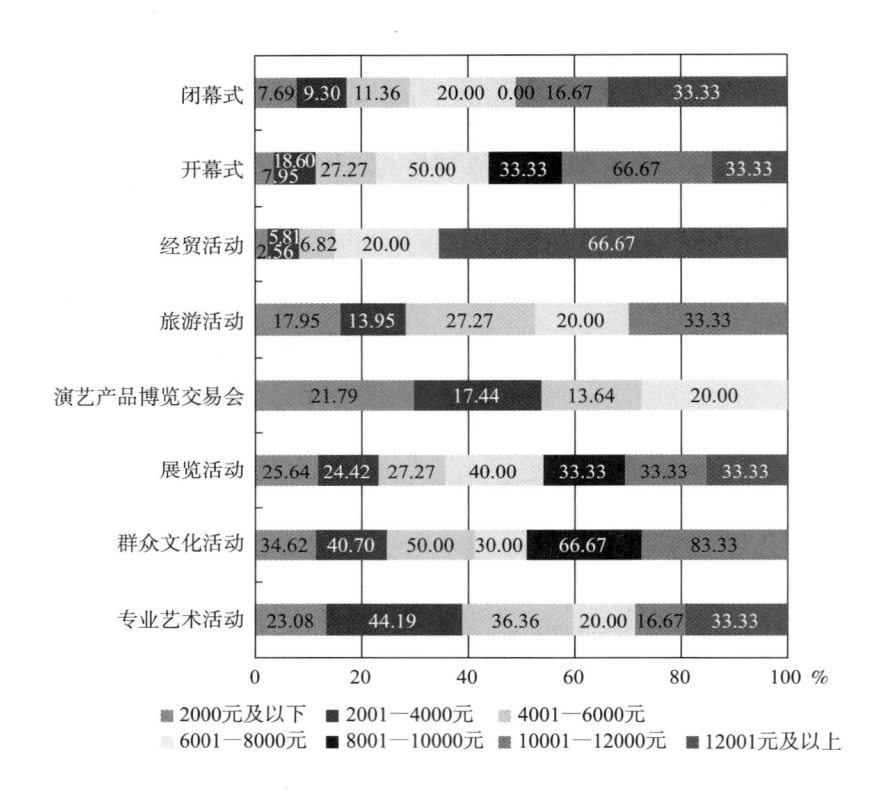

| 活动 | 2000元及以下 | 2001—4000元 | 4001—6000元 | 6001—8000元 | 8001—10000元 | 10001—12000元 | 12001元及以上 |
|---|---|---|---|---|---|---|---|
| 闭幕式 | 7.69 | 9.30 | 11.36 | 20.00 | 0.00 | 16.67 | 33.33 |
| 开幕式 | 7.95 | 18.60 | 27.27 | 50.00 | 33.33 | 66.67 | 33.33 |
| 经贸活动 | 2.56 | 5.81 | 6.82 | 20.00 | | 66.67 | |
| 旅游活动 | 17.95 | 13.95 | 27.27 | 20.00 | | 33.33 | |
| 演艺产品博览交易会 | 21.79 | 17.44 | 13.64 | 20.00 | | | |
| 展览活动 | 25.64 | 24.42 | 27.27 | 40.00 | 33.33 | 33.33 | 33.33 |
| 群众文化活动 | 34.62 | 40.70 | 50.00 | 30.00 | 66.67 | | 83.33 |
| 专业艺术活动 | 23.08 | 44.19 | 36.36 | 20.00 | 16.67 | 33.33 | |

图 3–11　不同收入的民众对艺术节活动的喜好程度分布

　　从整体而言，不同年龄、不同职业、不同收入的民众喜欢程度各有侧重，但群众文化活动是最受欢迎的艺术节活动。这充分体现了民众文化需求的差异性和多样性，也充分说明了民众参与艺术节的程度较为深入。

## 四　十一艺节与文艺发展的关系

### （一）十一艺节对汉中民众文化生活的影响

　　节后，针对民众比较喜欢的艺术节活动调查显示，对十一艺节丰富的节目类型，喜欢歌舞晚会的最多，占 47.0%；喜欢音乐会的紧随其后，比例为 37.4%；喜欢地方戏曲和曲艺晚会、美术展览、话剧的分别占 24.8% 和 22.2%、21.3%、20.0%，喜欢舞剧和群众文化活动的分别占 17.8% 和 15.2%，喜欢京剧的仅占 9.1%（见图 4-1）。如图 4-1 所示，汉中民众对于节目类型的喜好程度各有侧重，各种类型的节目都有一定比例的民众参与其中，唯独喜欢京剧的民众最少，这表明京剧的影响力在汉中地区较为有限。

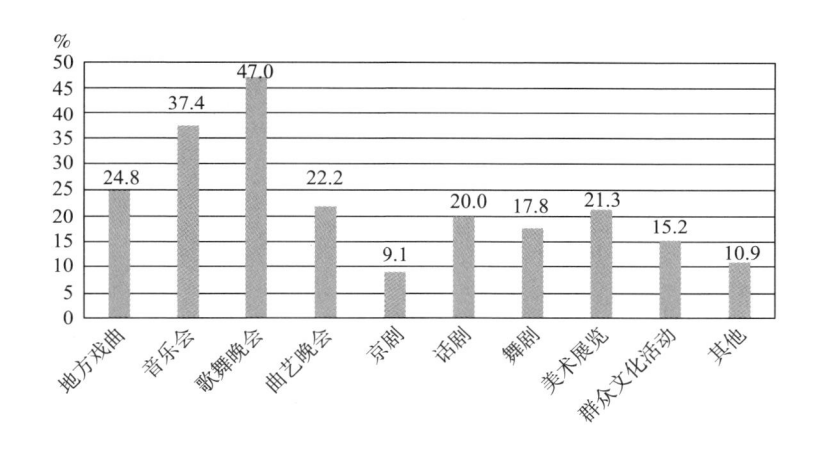

**图 4-1 节后民众对十一艺节活动的喜好程度**

不管是对艺术节活动的认知程度还是喜欢程度，专业艺术活动和群众文化活动所占的比例都较高；而且，对于艺术节所有活动而言，民众的认知程度都要高于喜欢程度。此外，群众文化活动和精彩的节目也是本届艺术节的亮点所在。节前的数据显示，受访者认为群众文化活动丰富的占 37.5%，认为节目精彩的占 27.3%，还有 31.8% 的民众选择了说不清。

在针对中国艺术节对民众文化生活影响程度的调查中，节前数据显示：认为非常大的占 9.95%，认为比较大的占 23.22%，认为一般的最多，占 45.02%，认为比较小的占 6.64%，非常小的占 4.27%，而说不清的占 10.90%；而节后的调查显示，认为非常大的占 4.80%，认为比较大的占 26.20%，认为一般的最多，占 47.60%，认为比较小的占

14.00%，认为非常小的占 2.20%，而说不清的占 5.20%（见图 4-2）。

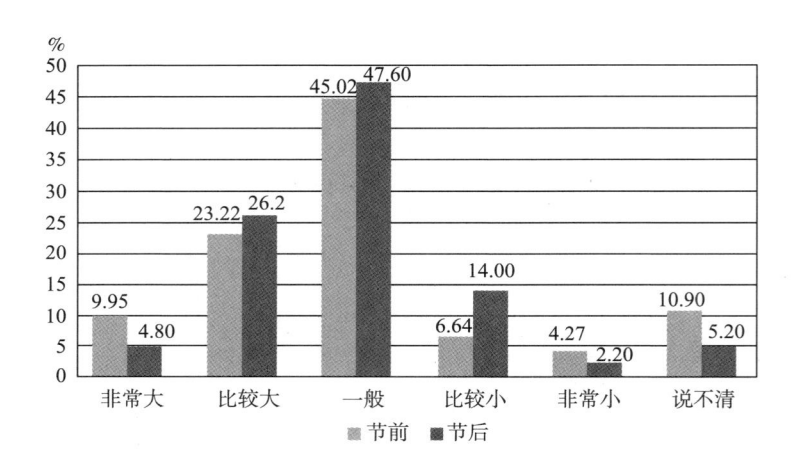

图 4-2 十一艺节对民众文化生活影响的程度

十一艺节期间，14.0% 的受访者和朋友交往机会增多，24.9% 的受访者与家人观赏剧目或者参观展览，12.2% 的受访者经常谈论艺术节相关话题，但是，仍有 48.9% 的受访者表示没有什么特别。十一艺节期间，他们的生活与平常一样（见图 4-3）。

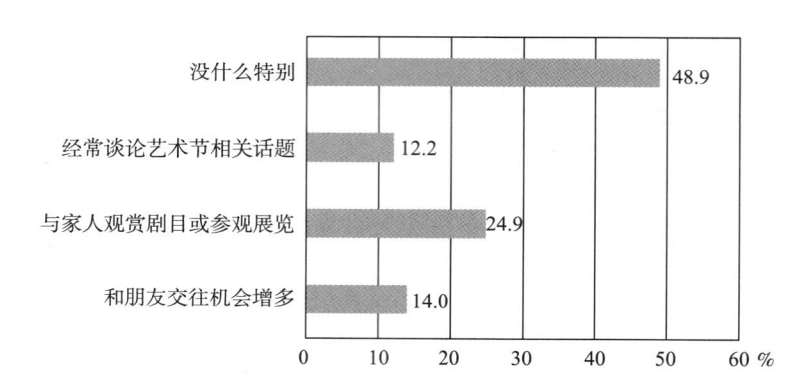

图 4-3 节后民众在十一艺节期间文化生活发生何种变化的统计

对比图 4-2、图 4-3 可以发现：十一艺节之前，汉中市有相当一部分民众对于艺术节抱有较高期望，他们希望借助于中国艺术节多形式、高水平的文化节目来改善自身的业余文化生活。节后的调查数据印证了这一点，说明十一艺节对汉中市民的人际交往、文化艺术欣赏等方面都产生了一定的影响。但节后的调查数据显示，有48.9%的受访者认为十一艺节对其文化生活没有产生太大影响，这与节前民众对于艺术节较高的期望形成了反差。

在对不同年龄的民众在艺术节期间文化生活发生变化的交叉分析中（见图4-4），可以进一步发现，51—60岁的民众生活基本没有变化，有60%的61岁及以上的民众没有变化，有42.86%的41—50岁的民众和55%的31—40岁的民众生活基本没有改变。这就进一步说明艺术节对大部分民众文化生活的影响较小。

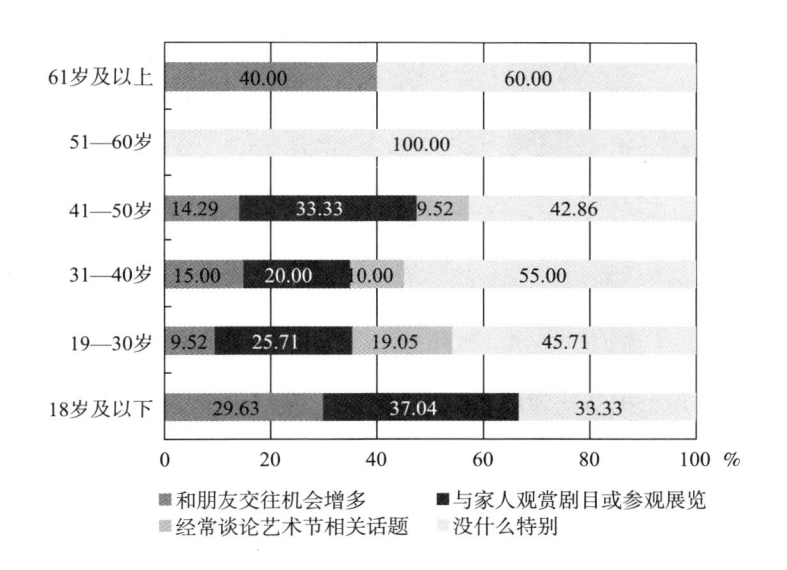

| 年龄 | 和朋友交往机会增多 | 与家人观赏剧目或参观展览 | 经常谈论艺术节相关话题 | 没什么特别 |
|---|---|---|---|---|
| 61岁及以上 | 40.00 | | | 60.00 |
| 51—60岁 | | | | 100.00 |
| 41—50岁 | 14.29 | 33.33 | 9.52 | 42.86 |
| 31—40岁 | 15.00 | 20.00 | 10.00 | 55.00 |
| 19—30岁 | 9.52 | 25.71 | 19.05 | 45.71 |
| 18岁及以下 | | 29.63 | 37.04 | 33.33 |

图4-4 不同年龄的民众在十一艺节期间文化生活发生变化分布

### （二）十一艺节对汉中城市文化基础设施的影响

艺术节不是一时的热闹，而是加强举办地文化基础设施建设、打好文化繁荣基础的途径。节前，在针对十一艺节对其所在城市文化基础设施改善程度的调查中，有7.11%的受访者认为十一艺节将对城市文化基础设施改善产生非常大的影响，认为比较大的占24.17%，认为一般的最多，占41.23%，认为比较小的占8.06%，认为非常小的占3.79%，而说不清的占15.64%；而在节后的调查中，有2.60%的受访者认为十一艺节将对城市文化基础设施改善产生非常大的影响，认为比较大的占有33.20%，认为一般的最多，占40.20%，认为比较小的占11.80%，认为非常小的占2.60%，而说不清的占9.60%（见图4-5）。

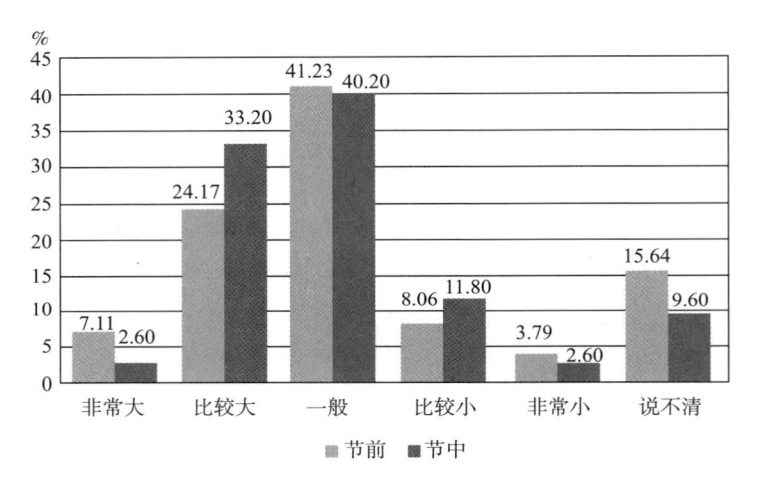

图4-5 十一艺节对城市文化基础设施改善程度的调查

节前节后数据对比说明，节前的宣传使受访者认为十一艺节将会对汉中市的城市文化基础设施带来很大程度改善，但节后受访者认为城市文化基础设施没有预期改善程度大，不能令民众满意。认为改善程度非常大的民众所占比例从节前的7.11%下降到节后的2.60%，而认为改善程度比较小的民众比例从节前的8.06%增加到节后的11.80%。

## 五 十一艺节与区域发展的关系

### （一）民众对于十一艺节与区域发展关系的看法

根据节前对民众进行的调查数据显示：在汉中有73.81%的受访者对陕西举办十一艺节感到自豪，认为一般的有19.05%，有7.14%的民众认为无所谓。

关于对城市形象的影响，受访者普遍认为：举办十一艺节能够很好地提升汉中的城市形象。其中，认为将会提升城市知名度的占72.86%，认为能够增强市民认同感的占56.40%，认为能够提升市民文化素质的占52.86%，认为将会拉动经济与文化消费的占65.24%，认为会加快城市形象建设的占64.29%（见图5-1）。

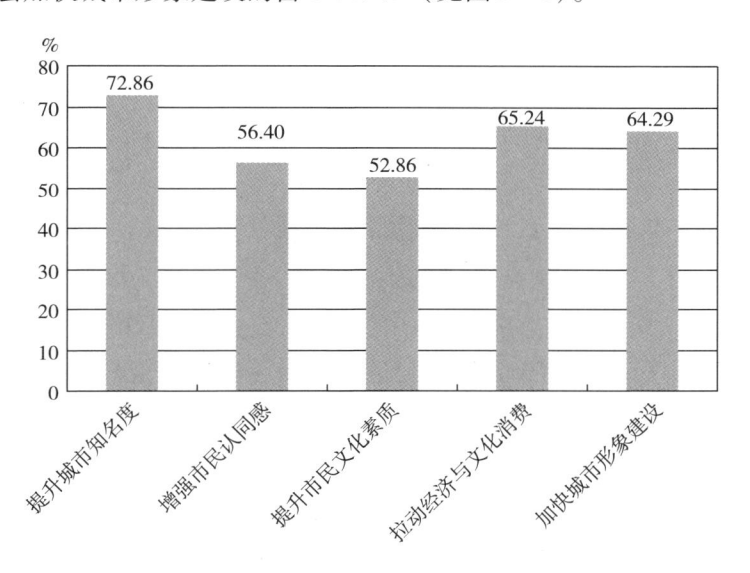

**图5-1 十一艺节对城市形象的影响**

节后调查数据显示：27.1%的受访者更加喜欢陕西各城市，58.1%的受访者更加了解陕西各城市，14.8%的受访者认为没有感觉（无所谓）（见图5-2）。

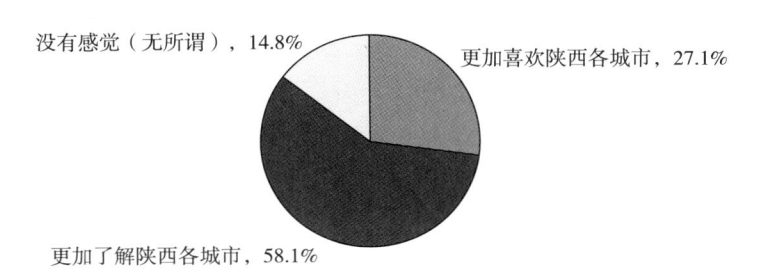

**图5-2 您对陕西主办中国艺术节的态度**

汉中市在举办十一艺节后，调查发现更多的受访者对陕西的关注度和了解度都显著增加。近8成的受访者认为：通过举办艺术节，他们更加喜欢或更加了解陕西各城市，充分证明了十一艺节对于陕西的推广作用和宣传作用。

57.6%的汉中受访者对陕西举办中国艺术节感到自豪，29.3%的受访者感觉一般，13.1%的受访者选择无所谓（见图5-3）；关于是否还希望陕西今后承担类似活动的调查中，90.0%的汉中受访者选择希望，8.7%的受访者选择无所谓，仅有1.3%的人选择不希望（见图5-4）。

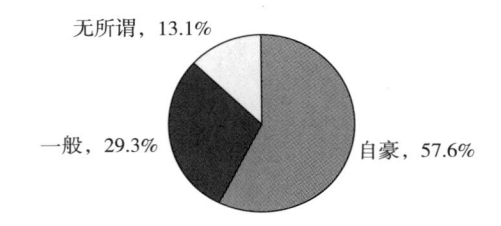

**图5-3 受访者对陕西举办中国艺术节的直观感受**

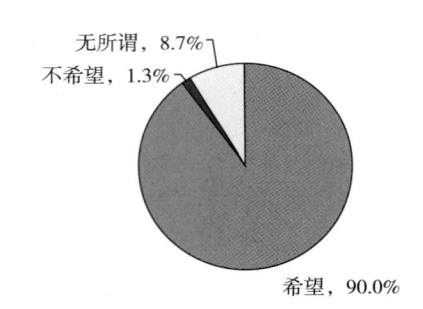

**图5-4 受访者对陕西举办类似节目的期望态度**

如图5-3、图5-4所示，57.6%的汉中受访者对陕西举办十一艺节感到自豪；90.0%的受访者表示希望陕西今后还承担类似活动。由此可见，虽然汉中只是十一艺节的一个分会场，但艺术节在汉中已经具备了很好的群众基础，而且民众对于类似活动有很高的参与期望。

（二）民众对于十一艺节与文化消费关系的看法

针对门票价格的调查显示：28.07%的受访者接受50元及以下的价

位，接受 51—200 元的占 63.15%，接受 201—301 元的占 7.02%，接受 301 元及上的占 1.75%；

节后的数据显示：十一艺节期间，直接或者间接参与艺术节消费金额在 50 元及以下的占 23.1%，51—200 元的占 25.8%，201—300 元的占 10.9%，300 元以上的占 2.2%，38.0% 的受访者没有消费。

通过对不同收入的民众节后实际消费的交叉分析，可以发现月收入在 8001—10000 元的受访者，有 50% 的在艺术节期间文化消费在 201—300 元，是文化消费 201—300 元的主要人群。而月收入在 10001 元及以上的受访者文化消费主要为 50—100 元，这种结果可能是样本中高收入人群所占比例不多导致的，并不能完全说明随着收入的增长，在文化方面的消费就会随之增高。但是月收入在 4001—8000 元之间的受访者，有超过 50% 以上的文化消费为 51—100 元，没有受访者文化消费达到 201—300 元，月收入在 2001—4000 元的有 46.67% 的受访者文化消费有达到 51—100 元，月收入在 2000 元及以下的则有 53.85% 的受访者文化消费达到 51—100 元，虽然不同收入的人群在艺术节期间的文化消费并没有呈现出明显的阶梯分布，但是这也从侧面说明在艺术节期间民众的文化消费并不高，也可以说明艺术节对于促进文化消费的提升并没有直接作用。

针对民众的消费类型调查显示：购票看节目的占 14.0%，购买纪念品的占 18.3%，到举办地旅游的占 22.7%，选择其他消费类型的占 13.1%。

虽然节前受访者对十一艺节表达了较高的消费需求意愿，但是十一艺节期间有 44.1% 的民众未参与消费活动。综合分析表明：汉中市民众在十一艺节期间的实际消费水平远远未达到节前的预期，其消费潜力还有待于进一步挖掘和提升。

针对十一艺节的票价，受访者无人认为票价非常贵，认为票价比较贵的占 15.1%，认为一般的占 45.7%，认为比较便宜的占 6.8%，认为非常便宜的占 0.5%，还有 32.0% 选择的说不清（见图 5-5）。由此可见，票价的高低并非影响民众参与艺术节的最主要因素，况且，45.7% 的受访者认为十一艺节的门票价格处在一般水平，而对中国艺术节的知晓度整体偏低才是导致没有更多的民众到现场参与艺术节的关键因素。

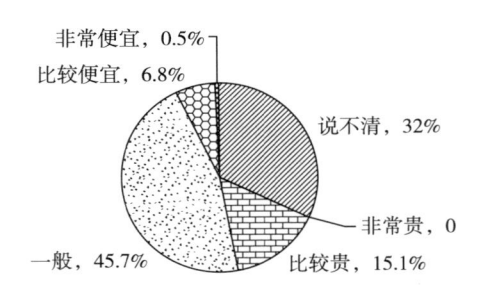

图 5-5 受访者对陕西十一艺节门票价格的看法

## 六 民众对于十一艺节的总体评价

### （一）民众对于十一艺节宣传工作的满意度

在对十一艺节前期宣传工作的调查中，认为十一艺节前期宣传工作做得非常好的受访者有 1.42%，认为比较好的占 18.01%，一般的占 55.45%，认为比较差和非常差的分别占 10.90% 和 0.47%，认为说不清的则占 13.74%；节后调查数据显示：认为十一艺节宣传效果非常好的占 4.80%，比较好的占 37.70%，一般的占 47.80%，认为比较差的占 9.60%，认为非常差的为零（见图 6-1）。

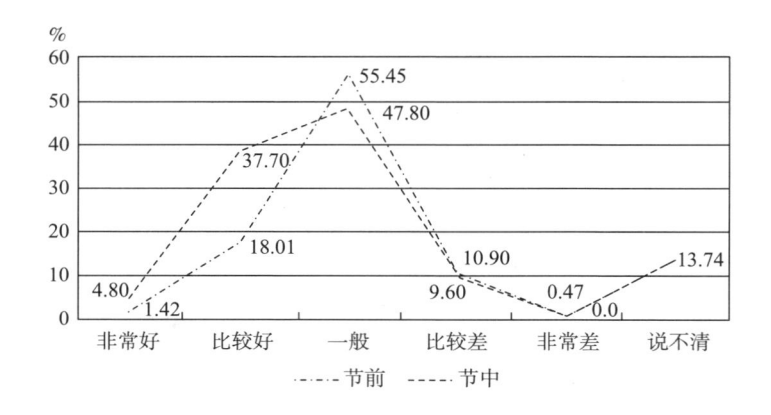

图 6-1 受访者对于十一艺节宣传工作的评价

受访者在节前和节后对十一艺节宣传工作的评价，节后要高于节前，节后认为非常好和比较好的占42.5%，尤其是节后认为宣传效果比较好的比例有明显提高。表明十一艺节成功举办之后，汉中民众对于陕西十一艺节宣传工作的认可度有所提升。

### （二）民众对于十一艺节节目质量的满意度

十一艺节节目质量主要包括类型、内容、形式、演员水平4个方面，因此课题组将民众对陕西十一艺节的满意度按照类型、内容、形式、演员水平4个维度设计评价指标体系（见表6-1）。调查数据说明，无论是节目类型、节目内容、节目形式，还是演员水平方面，选择"非常满意"的民众占比均超过半数，分别达到59.71%、60.77%、58.70%、65.09%，在对演员水平的满意度评价中，没有民众选择不满意或非常不满意，这说明民众对演员水平充分肯定。

表6-1　　　　汉中民众对十一艺节节目的评价　　　　单位：%

|  | 非常满意 | 比较满意 | 一般 | 不满意 | 非常不满意 | 满意度得分 |
| --- | --- | --- | --- | --- | --- | --- |
| 节目类型 | 59.71 | 35.59 | 4.41 | 0.29 | 0.00 | 3.89 |
| 节目内容 | 60.77 | 29.50 | 9.44 | 0.00 | 0.29 | 3.88 |
| 节目形式 | 58.70 | 34.22 | 5.01 | 2.06 | 0.00 | 3.89 |
| 演员水平 | 65.09 | 30.18 | 4.73 | 0.00 | 0.00 | 3.87 |

但仍有0.29%的民众对节目类型不满意，0.29%的民众对节目内容非常不满意，2.06%的民众对节目形式不满意，这表明民众对十一艺节节目质量仍存在不满意的地方。在针对汉中民众的访谈过程中发现，民众认为节目较为单一，节目内容不符合自身审美，节目表现形式过于传统，没有运用现代技术。

### （三）民众对于十一艺节的总体评价

民众对十一艺节总体评价主要包括活动组织管理、活动场地、活动规模和活动持续时间四个方面，因此课题组将民众对陕西十一艺节的满意度按照活动组织管理、活动场地、活动规模和活动持续时间4个维度设计评价指标体系（见表6-2）。

表6-2　　　　　　　民众对陕西十一艺节的整体评价　　　　　　单位:%

| | 非常满意 | 比较满意 | 一般 | 不满意 | 非常不满意 | 满意度得分 |
|---|---|---|---|---|---|---|
| 组织管理 | 56.14 | 29.53 | 12.57 | 1.46 | 0.29 | 3.97 |
| 活动场地 | 53.37 | 38.42 | 7.62 | 0.59 | 0.00 | 3.89 |
| 活动规模 | 56.43 | 36.84 | 6.73 | 0.00 | 0.00 | 3.8 |
| 活动持续时间 | 56.21 | 35.50 | 7.40 | 0.89 | 0.00 | 3.8 |

调查数据说明，无论是活动组织管理、活动场地、活动规模还是活动持续时间方面，选择非常满意的民众占比超过半数。在活动规模的满意度评价中，没有民众选择不满意或者非常不满意，这说明民众对十一艺节的演出规模是充分肯定的。但是在针对汉中民众的访谈过程中发现，民众认为组织管理中分工不明确，导致活动现场略有混乱，活动场地过于陈旧，在演出过程中设备故障（尤其是音响设备）会破坏现场演出氛围，且活动持续时间可以更长。数据显示仍有1.46%和0.29%的民众对活动组织管理表示不满意和非常不满意，有0.59%的民众对活动场地表示不满意，有0.89%的民众对活动持续时间表示不满意。这表明政府及相关部门筹备、开展十一艺节的整体表现仍存在继续完善和提高的空间。

## 七　问题与对策

### （一）主要问题

1. 宣传力度不够影响民众的参与积极性

十一艺节的成功举办在陕西产生了广泛影响，很多民众都直接参与到了艺术节的活动中，充分体现了中国艺术节作为"人民的节日"这一特色。汉中分会场成立了由宣传、文化、公安等19个相关部门组成的十一艺节筹备工作小组，按照各部门、单位的工作安排和任务分工，完成了西汉高速东出口至高客站、天汉大道桥北广场至石马立交桥等主要路段 600 余面道旗广告宣传和桥北广场大型广告牌的设置，在区级四大机关办公场所、辖区单位、文化经营场所悬挂标语、张贴宣传画、播放 LED 宣传等，开展多种形式、全方位的宣传活动。

但是通过调查发现，十一艺节在汉中的宣传力度仍有待提高。数据显示：节后，在针对民众是否观看或参与过中国艺术节的项目或活动的调查方面，汉中市为 28.4%，在几个会场中排名第 6，排名并不靠前。宣传力度关乎着艺术节的影响力，直接影响到民众参与艺术节的积极性。

2. 票价较高限制民众的消费潜力

从调研情况来看，相较于现场观看艺术节节目而言，汉中民众多数更愿意通过电视欣赏十一艺节节目。数据显示，节前希望通过现场观看的方式欣赏艺术节节目的受访者占 5.19%，选择电视观看的占 70.42%；节后实际选择通过现场观看的方式欣赏十一艺节节目的受访者比例略有上升，为 27.4%，选择电视观看的略有下降，占 47.0%，选择手机、电脑和电视观看的占到八成以上（见图 7-1）。

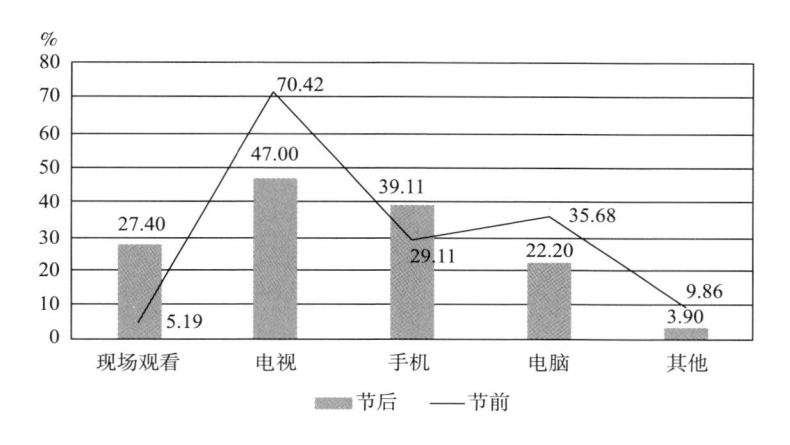

图 7-1 民众希望欣赏十一艺节节目的方式

调查中了解到，虽然本届艺术节采取了很多惠民措施，但大多数受访者仍认为十一艺节门票过高，是限制民众现场观看艺术节节目的主要因素。调查数据显示，无论是 50 元及以下的，还是 51—200 元的，在节前调查中都是要高于节后门票实际消费的，节后没有门票消费的占到

38.0%，将近三成的人选择不买票，而选择 51—200 元的门票的受访者比例较节前下降了近四成。

不管是节前的心理预期还是节后的现实情况，对汉中受访者而言，通过现场观看欣赏十一艺节节目的始终不占主流；受访者对十一艺节节目门票价格的心理预期在 50 元及以下，超过 300 元的门票是民众无法接受的。因此，十一艺节票价过高，超出民众普遍预期是将民众挡在剧场之外的主要原因之一，这也在一定程度上阻碍了市民参与的热情，限制了艺术节宗旨的发挥。

在十一艺节期间，直接或者间接参与艺术节消费金额在 50 元及以下的占 23.1%，51—200 元的占 25.8%，201—300 元的占 10.9%，300 元以上的占 2.2%，38.0% 的受访者没有消费。由此可见，汉中市民众在十一艺节期间的消费潜力还没有被完全挖掘。结合汉中的经济社会发展水平而言，对于艺术节缺乏足够的关注度，会直接影响民众十一艺节的消费水平。

3. 关注度薄弱限制了现场观看的门槛

从整体上看，汉中市受访者对十一艺节的关注程度不够理想。不仅影响了汉中民众参与中国艺术节的积极性，而且在一定程度上也提高了民众现场观看的门槛。

不可否认的是，十一艺节的专业表演艺术节目以舞台表现形式为主，具有较强的专业性。因此，对观众而言，不仅存在门票上的门槛，也同时存在认知和欣赏门槛。如果受众在这些专业性较强的艺术活动上缺乏关注度，缺乏一定的文化艺术了解，则很难对其产生兴趣，就不会到现场观看。

调查数据显示，不管是节前还是节后，民众的注意力普遍集中在音乐会、歌舞晚会、曲艺晚会等大众化的节目类型，而对于其他专业性较强的节目类型缺乏足够的关注。但是，通过对调查数据做进一步深入分析发现，在持续关注十一艺节的这部分人群中，仅有 14.5% 的受访者有购票的计划。

对于汉中的民众而言，选择观看歌舞晚会的比重最大，其次为音乐会和地方戏曲。相比之下，话剧、舞剧等专业性较强的节目类型以及我国的传统经典国粹——京剧，似乎正在淡出人们的视野，从一个侧面反映出这些专业性较强的艺术形式曲高和寡、观众流失的问题。

**（二）对策建议**

1. 运用现代传媒手段，扩展宣传渠道和提高宣传力度

中国艺术节具有举办时间短、周期长的特点，因此前期的宣传工作就显得尤为重要。必须在艺术节宣传上下工夫，除了电视、平面广告等传统宣传方式外，主办方要在较短时间内调动一切可以利用的资源和手段来加强宣传，宣传部门应更好地利用互联网和移动网络这些新兴的宣传渠道，扩大宣传范围，强化宣传力度。

从对十一艺节的数据分析来看，大多数民众仍然是通过电视、电台广播、报纸等传统传播手段来获取信息，而汉中市的调研数据显示，电视、报纸、海报仍是民众获取十一艺节相关信息的主要途径。但是随着近年来网络媒体的迅速发展，互联网在信息传播过程中所起的作用越来越重要。因此，在宣传中国艺术节时，不仅要发挥传统媒体的作用，还要充分发挥微博和手机客户端（APP）在宣传上的便捷性、灵活性以及易传播性等特点，让民众能够更方便、更快捷地获得中国艺术节的宣传信息，进而了解并参与到中国艺术节的活动当中去，扩大艺术节的社会影响力。

2. 立足于艺术节宗旨，提升民众消费潜力

任何节庆，不管其规模多大，其举办时间都是固定的，如何克服节庆举办时间的有限性与地方发展可持续要求的长期性矛盾，发挥节庆的长期效应，是举办节庆的关键问题。而艺术节产业化的前提条件是把节庆作为一个品牌来运作。因此中国艺术节要多花时间去思考如何进行营销，逐步建立起一套行之有效的市场营销模式，尽可能地挖掘消费需求和消费潜力。

中国艺术节作为"人民的节日"，具有公益性，是当前国家公共文化服务体系建设的重要组成部分。虽然本届艺术节采取了很多便民措施，尽可能使更多的民众接触、参与艺术节，但是根据课题组调查情况看，本次艺术节的门票相对于普通市民仍然过高，门票价格门槛使很多市民被拒之门外，阻碍了市民参与热情，削弱了艺术节功能的施展，进而可能背离中国艺术节的办节宗旨。在艺术节举办过程中，为

了拓展人民群众的参与面和参与深度，应采取以下措施，第一，举办专场活动，如组织大学生、农民工、工人、教师、农民、老年人、少儿的专场演出；第二，把模式化活动和群众性活动结合起来，既按一定公式举办如开幕式、闭幕式、展览展示、舞台演出以及各种比赛性活动，也举办一些群众能自由参与的文娱活动，根据举办地的民俗风情、地域特色，配套举办一些传统的节日活动，特别是非物质文遗产活动；第三，通过政府补贴，降低演出票价。针对特殊群体，应该加大财政投入，降低高票价。

3. 推行"分层分类"制度，提升艺术节全民参与度

文化事业发展的根本目的就是满足人民群众日益增长的精神文化需求，中国艺术节作为"人民的节日"，人民群众应该是艺术节的主体，但由于人们的精神文化需求各有差异，对高雅文化、商业贸易、群众文化等活动的喜好程度各有不同，只有推行"分层分类"的管理体系和制度，让群众充分参与到艺术节中来，才能真正实现艺术节"艺术的盛会，人民的节日"的宗旨。

首先，从群众的职业属性上分层分类，在保留中国艺术节后展览展示、舞台演出等基本活动类型之外，建议再开办一些群众能够亲自参与的大众文娱活动，从而激发群众参与艺术节的热情。其次，从群众的艺术素养上分层分类，针对民众参与的专业门槛问题，建议普及大众艺术教育，切实提高国民整体艺术素质。通过举办各种形式的艺术活动，大力培育民众的艺术鉴赏力，以便最大化地提高民众的参与度。再次，从艺术节节目质量上分层分类，在艺术创作上也需要有所突破，通过加入年轻观众容易理解和认同的艺术元素，如起用年轻演员、通过科技手段打造出美轮美奂的演出舞台等，吸引更多年轻观众的目光。

# 榆林调研报告[①]

榆林市为陕西省下辖地级市，位于陕西省的最北部。榆林古称"上郡"，始于春秋战国，兴于明清，为明朝九边重镇"延绥镇"（又称榆林镇）驻地，有"小北京"之美称。[②] 基于独特的地理环境，榆林拥有边塞文化和黄土文化相融且极具代表性的陕北地域文化。这里民风醇厚，人民勤劳好客，爽直诚朴，尚武重义，文化艺术同样具有鲜明的地方特色，信天游豪放粗犷、陕北秧歌刚健有力、石雕大气古朴、剪纸生动飘逸、说书朴实诙谐、唢呐腰鼓苍劲雄浑等，这些艺术品类都呈现着榆林文化浓重强烈的边塞特色。

## 一 榆林分会场准备工作

### （一）组织分工

榆林市委、市政府高度重视第十一届中国艺术节（以下简称十一艺节）筹备工作，2016年7月28日，市委、市政府召开十一艺节榆林分会场工作推进会，印发了《关于进一步做好第十一届中国艺术节社会宣传的通知》《关于认真做好第十一届中国艺术节接待工作的通知》《2016年第十一届中国艺术节榆林群众文化活动总体方案》，部署榆林

---

[①] 本报告执笔：李朝晖，洛阳师范学院文化产业管理系主任，讲师；付鑫，华中师范大学国家文化产业研究中心研究生。

[②] 百度百科：榆林，https://baike.baidu.com/item/榆林/951162。

分会场重大文化活动，落实了有关部门和单位的工作职责。根据榆林分会场承担的工作任务，榆林市主要工作分为三个板块。①

1. 神木板块

神木板块主要承担文化部、省筹委会安排的 8 部 16 场十一艺节"文华奖"参评剧目比赛活动，其演出剧目和场次安排仅次于西安主会场，位居全省第二。神木的剧目详见表 1-1。

表 1-1　　　　　　十一艺节榆林分会场演出剧目一览

| 时间 | 剧目名称 | 演出地点 | 演出单位 |
| --- | --- | --- | --- |
| 10 月 15 日至 16 日 | 《台北新娘》 | 神木大剧院 | 湖北长江人民艺术剧院 |
| 10 月 17 日至 18 日 | 《雨花台》 | 榆林职业技术学院神木校区师生活动中心 | 南京市话剧团 |
| 10 月 20 日至 21 日 | 《天下第一桥》 | 神木大剧院 | 甘肃省话剧院有限责任公司 |
| 10 月 21 日至 22 日 | 《徽商传奇》 | 神木县北元集团职工活动中心 | 安徽省话剧院 |
| 10 月 22 日至 23 日 | 《大山里的红灯笼》 | 榆林职业技术学院神木校区师生活动中心 | 长春话剧团 |
| 10 月 25 日至 26 日 | 《老大》 | 神木大剧院 | 上海话剧艺术中心有限公司 |
| 10 月 26 日至 27 日 | 《凤凰》 | 神木县北元集团职工活动中心 | 浙江话剧团有限公司 |
| 10 月 27 日至 28 日 | 《伏生》 | 榆林职业技术学院神木校区师生活动中心 | 中国国家话剧院 |

十一艺节"文华奖"参评剧目共 57 部，西安主会场演出 37 部 74 场；榆林演出 8 部 16 场；延安演出 5 部 10 场；渭南演出 5 部 10 场；商洛演出 1 部 2 场；宝鸡演出 1 部 2 场。榆林市演出剧目和场次安排仅

---

① 榆林市人民政府网：《榆林精心筹划　全力办好第十一届中国艺术节》，http：//www.yl.gov.cn/site/1/html/0/5/7/42695.htm。

次于西安市主会场，位居全省第二，这是对榆林分会场工作的极大肯定，也凸显出榆林分会场在整个十一艺节进程中的重要地位和作用。

2. 榆林板块

榆林板块主要围绕"一院一场一馆"开展，在10月10日至31日，力争天天有活动，掀起十一艺节群众文化活动的高潮。"一院"指榆林剧院，在榆林剧院筹划组织举办多场群众文化活动。包括在榆林剧院举办的开幕式文艺晚会、榆林好声音演唱会、陕北民歌大赛等活动。"一场"指世纪广场，在世纪广场开展广场舞大赛、秧歌舞展演、全民阅读及知名作家签名售书活动、榆林惠民文艺演出、百年回望长城图片展、清涧道情展演、晋剧展演、陕北民间文艺表演、乡土记忆摄影展、经典诵读活动、社区经典文艺节目会演、大学生微电影大赛、陕北民间艺术展演、"榆林美"旗袍表演、转战陕北红色革命图片展、社区文艺展演等活动。"一馆"指榆林展览馆，在榆林展览馆开展万里长城图片展、第十一届中国艺术节书法篆刻展、第十一届中国艺术节美术作品展、第十一届中国艺术节摄影作品展、剪纸艺术展等活动。此外，在榆林市沙河公园、河滨公园、阳光广场、古城步行街、榆林学院剧场、煤海大舞台等还有多场展演、展示、展览活动。

3. 西安板块

西安板块主要围绕西安曲江国际会展中心开展。10月15日至17日，在西安曲江国际会展中心举办十一艺节演艺产品博览会榆林参展活动。9月9日，在第八届中国西部文化产业博览会上，榆林市打造的"榆林元素"备受好评。10月16日，在西安曲江国际会展中心举办"群星奖"热场展演活动。10月19日，在西安曲江国际会展中心举办"群星奖"决赛。榆林市的陕北说书节目《乐三边》等将参加"群星奖"曲艺类决赛，陕北秧歌、陕北民歌、绥德踢场子也参演了西安分会场"群星奖"热场展演活动。[①]

## （二）文化活动

榆林市在十一艺节期间的相关文化活动准备也十分充分。为了与西

---

① 中国文明网：《榆林：喜迎艺术节　当好东道主》，http://yl.wenming.cn/jrtj/201610/t20161010_2866840.shtml。

安主会场和各市分会场呼应联动，榆林市文广局在十一艺节倒计时150天、100天等重要时间节点，成功举办系列文化活动，全力营造全市办节、全民参与和喜迎十一艺节的良好氛围。为让群众享有更多的文化服务，从8月26日起，榆林先后举行50项经典群众文化活动，平均每天一场，极大地满足了观众的文化需求。演出数量巨大且种类繁多：群众文化活动类有群众联欢会、《大漠红柳》等储备剧目展演、王二妮杜朋朋陕北民歌演唱会、非遗项目展演、文化大篷车下基层等14项；比赛类有小戏小品大赛、电视才艺大赛、舞蹈大赛广场舞比赛、《榆林好声音》专场音乐会等10项；展览类有书法篆刻、摄影剪纸、民俗文化等8项；会展、展映、讲解类有西部文博会、公益电影展映、全国知名作家签名售书等8项；县区、企业分会场活动10项，县县有活动、项项有特色，国有企业也勇挑重担，为增进文化氛围出力。艺术节之后还有众多精彩纷呈的群众文化活动，总数达到了百场以上，而且场场独具特色，文艺形式百花齐放。

### （三）场馆建设

场馆建设是确保十一艺节顺利进行的基础条件，按照"注重实用，厉行节约，不搞铺张奢华，不搞重复建设"的原则，本届艺术节陕西省在西安、榆林、宝鸡、商洛等地确定了51个演出场馆。其中，通过新建和维修改造，最终确定"文华奖"比赛和展演场馆30个，"群星奖"比赛和展演场馆16个，美术馆5个。经评审专家评定，确定榆林市2个A类剧场：神木大剧院、榆林职业技术学院神木校区师生活动中心；2个B类剧场：神木北元集团职工活动中心、靖边剧院。神木大剧院、榆林市职业技术学院神木分校师生活动中心剧院、神木北元化工剧院、靖边县影剧院为"文华奖"参评剧目比赛活动剧场。另外，榆林剧院为文华奖备份剧院，绥德剧院为群星奖巡演剧院。

其中，神木艺术大厦（神木大剧院）总建筑面积3.2959万平方米，分地上6层、地下2层，共投资4亿多元，已于2016年2月建成投入使用。整个剧场外观造型呈"卵"形，寓意"城市之卵"，象征城市文化的孵化器，成为神木文化艺术事业蓬勃发展的核心动力和重要载体。榆林职业技术学院神木校区师生活动中心总投资8000多万元，是集会议、演出于一体的剧场类综合性建筑，总建筑面积 6331.6 平方米，建筑高度近 30 米，是可容纳 1130 名观众的 A 类中型剧院。神木北元集团职工活动中心，总建筑面积 8319.4 平方米，共分 3 层，包括中型舞台，可容纳 950 人的观众厅及演出服装室、棋牌室、健身房等职工活动场所，同时配备了化妆间、贵宾休息室和办公用房以及摄影棚、书画活动室等活动场所。靖边县投资 5500 多万元，于 2015 年 7 月开始维修改造靖边剧院，2016 年 1 月正式投入使用，维修后达到 B 级剧院标准，建筑面积 3622 平方米。榆林剧院共投资 2000 多万元，改造后空间得到极大优化，可容纳 986 名观众，其拥有集调光、调度、调音等于一体的集控中心，配备了先进的调音系统和舞台灯光操作系统。另外，还有内置化妆间 2 间，服装间 2 间，完善的消防设施、全角度监控系统、舞台监督系统、贵宾接待室、独立卫生间等。绥德县投资 1900 多万元维修改造绥德剧院，绥德剧院建筑面积 3620.84 平方米，观众厅观演人数为 969 个，并恢复原欧式外顶风格，增加了化妆间、服装间、贵宾室，重新设计乐池、舞台幕布、灯光音响等舞台设施，达到了新型文化演出的基本功能。榆林市在十一艺节期间的使用剧场合格率高、数量多，在全省各市剧场建设工作中名列前茅。①

榆林市的 6 所新建、改扩建剧院凭借全新的舞台效果在十一艺节期间为榆林市民带来了全新的视觉盛宴。在十一艺节的带动下，陕西省文化基础设施和大型文化场馆建设都得以有效推动。

**（四）会务组织**

为保证十一艺节的顺利举行，榆林市文广局专门成立了"十一艺节神木工作组"，由一名副局长带队，抽调十多位工作人员，在神木配合省筹委会做好各项协调服务工作。此外，为了让更多的人能欣赏到这场艺术盛宴，本届艺术节本着大众化、低票价的原则，在榆林上演的各项演出中，最低票价仅为 20 元。同时，组委会还开通了电话、网络、微信等票务平台方便市民订票、取票。

---

① 新浪陕西：《第十一届中国艺术节榆林分会场活动精彩纷呈》，http://sx.sina.com.cn/yulin/m/2016－11－02/100233962.html。

## 二　榆林市调查的样本描述

### （一）调研的基本过程

每一届中国艺术节都有一个漫长的筹备过程，为了解艺术节开办对区域的综合影响力，课题组将节前与节后的调查数据进行对比，可以大致分析出艺术节影响力的大小。因此，十一艺节课题组对榆林分会场在节前（2016年8月）、节后（2016年10月）开展了两次实地调研，课题组在节前共发放《第十一届中国艺术节社会影响调查问卷（民众卷）（省内节前）》共400份，有效回收问卷391份，有效回收率为97.8%。节后共发放《第十一届中国艺术节社会影响调查问卷（民众卷）（省内节后）》共560份，回收有效问卷555份，有效回收率为99.1%。问卷针对榆林市普通市民，就被调查者的基本情况、市民对于中国艺术节的知晓情况、市民在十一艺节期间的参与及评价情况等进行了问卷调查。在问卷调查的基础上，对参与现场观看的市民、艺术工作者、剧团成员以及艺术节的主办方相关工作人员进行了深度访谈。在访谈调查和问卷调查的基础上进行分析论述，形成了本报告。

### （二）样本描述

抽样调查样本的选择非常重要，为了准确测算十一艺节的综合影响力，在实地调研过程中，抽取的样本尽量做到均衡分布，具有代表性。

在有效回收的391份节前调查问卷中，从性别上来看，男性占43.0%，女性占57.0%；从年龄上来看，受访者的年龄大多分布在19—50岁，其中，18岁及以下的占12.8%，19—30岁的占46.0%，31—40岁的占18.4%，41—50岁的占10.5%，51—60岁的占7.7%，61岁及以上的占4.6%；从职业来看，国家机关、党群组织、企事业单位工作人员占16.2%，专业技术人员占15.2%，商业工作人员占5.1%，服务性工作人员占12.3%，生产工作、运输工作和部分体力劳动者占5.4%，其他劳动者占45.8%；从文化程度上来看，初中及以下的占17.7%，高中（中专）的占25.7%，大专的占22.6%，本科的占

32.6%，研究生及以上的占1.3%。

在有效回收的555份节后调查问卷中，从性别来看，男性占39.5%，女性占60.5%；从年龄来看，18岁及以下的占2.0%，19—30岁的占63.5%，31—40岁的占15.7%，41—50岁的占8.8%，51—60岁的占7.0%，61岁及以上的占2.9%。从职业分布来看，国家机关、党群组织、企事业单位工作人员占20.2%，专业技术人员占9.5%，商业工作人员占4.3%，服务性工作人员占10.8%，生产工作、运输工作和部分体力劳动者占3.8%，其他劳动者占51.4%；从文化程度来看，初中及以下的占14.8%，高中（中专）的占17.7%，大专的占30.7%，本科的占35.3%，研究生的占1.4%。（见表2-1）

表2-1　　　　　　　　　榆林受访民众基本状况　　　　　　　　单位：%

| 一级指标 | 二级指标 | 节前百分比 | 节后百分比 |
| --- | --- | --- | --- |
| 性别 | 男 | 43.0 | 39.5 |
|  | 女 | 57.0 | 60.5 |
| 年龄 | 18及岁以下 | 12.8 | 2.0 |
|  | 19—30岁 | 46.0 | 63.5 |
|  | 31—40岁 | 18.4 | 15.7 |
|  | 41—50岁 | 10.5 | 8.8 |
|  | 51—60岁 | 7.7 | 7.0 |
|  | 61岁及以上 | 4.6 | 2.9 |
| 文化程度 | 初中及以下 | 17.7 | 14.8 |
|  | 高中（中专） | 25.7 | 17.7 |
|  | 大专 | 22.6 | 30.7 |
|  | 本科 | 32.6 | 35.3 |
|  | 研究生及以上 | 1.3 | 1.4 |

注：由于对数据四舍五入，故占比的加总不一定等于100%。下同。

从居住地情况来看，节前调研中，在本地临时居住（探亲访友、旅游）的占6.4%，在本地居住1年以内的占5.7%，在本地居住1至2年的占7.7%，在本地居住3至5年的占9.0%，在本地居住5年以上的占71.2%。节后调研中，在本地临时居住（探亲访友、旅游）的占

8.3%，在本地居住 1 年以内的占 6.9%，在本地居住 1 至 2 年的占 10.8%，在本地居住 3 至 5 年的占 7.2%，在本地居住 5 年以上的占 66.8%。（见表 2-2）

表 2-2　　　　　　　　榆林受访民众居住地情况　　　　　　　　单位：%

| 一级指标 | 节前占比 | 节后占比 |
| --- | --- | --- |
| 临时居住（探亲访友、旅游） | 6.4 | 8.3 |
| 1 年以内 | 5.7 | 6.9 |
| 1 至 2 年 | 7.7 | 10.8 |
| 3 至 5 年 | 9.0 | 7.2 |
| 5 年以上 | 71.2 | 66.8 |

文化与经济相互渗透、相互促进，影响民众文化消费的因素有很多，其中经济收入是非常重要的影响因素之一，因此，在调研过程中，我们特别关注了样本的月平均收入及月平均文化消费情况。

节前调研中，受访民众 2015 年文化消费月均 100 元及以下的占 21.9%，101—300 元的占 30.8%，301—500 元的占 26.5%，501—700 元的占 5.9%，701—900 元的占 11.3%，901—1100 元的占 0.8%，11001 元及以上的占 2.8%。

节后调研中，受访民众 2015 年文化消费月均 100 元及以下的占 23.6%，101—300 元的占 20.4%，301—500 元的占 18.4%，501—700 元的占 10.5%，701—900 元的占 3.8%，901—1100 元的占 8.8%，1101 元及以上的占 14.6%。（见表 2-3）

表 2-3　　　榆林受访民众 2015 年月均收入及月均文化消费情况　　　单位：%

| 一级指标 | 二级指标 | 节前占比 | 节后占比 |
| --- | --- | --- | --- |
| 月平均收入 | 2000 元及以下 | 33.0 | 39.3 |
| | 2001—4000 元 | 35.3 | 40.2 |
| | 4001—6000 元 | 27.1 | 12.4 |
| | 6001—8000 元 | 2.3 | 3.4 |
| | 8001—10000 元 | 0.5 | 1.1 |
| | 10001—12000 元 | 0.8 | 0.7 |
| | 12001 元及以上 | 1.0 | 2.9 |

续表

| 一级指标 | 二级指标 | 节前占比 | 节后占比 |
| --- | --- | --- | --- |
| 月均文化消费 | 100元及以下 | 21.9 | 23.6 |
| | 101—300元 | 30.8 | 20.4 |
| | 301—500元 | 26.5 | 18.4 |
| | 501—700元 | 5.9 | 10.5 |
| | 701—900元 | 11.3 | 3.8 |
| | 901—1100元 | 0.8 | 8.8 |
| | 1101元及以上 | 2.8 | 14.6 |

## 三 十一艺节与民众的关系

### （一）榆林市总体参与度分析

十一艺节于2016年10月31日圆满结束，多渠道、全方位的宣传报道和丰富多彩的群众文化活动激发了人民群众关注、参与艺术节的热情，同时也提高了中国艺术节的社会知晓度和影响力。

1. 榆林市民众总体参与广泛度分析

调查统计结果显示，在节前调查的391份问卷中，知道中国艺术节的占43.0%，不知道中国艺术节的占57.0%；在节后调查的555份问卷中，知道中国艺术节的占69.9%，不知道中国艺术节的占30.1%（见图3-1）。

通过节前及节后的对比来看，仅就榆林市的情况而言，节后民众对十一艺节的知晓度明显高于节前，比例增加26.9个百分点。这一方面说明艺术节举办前夕，榆林市的宣传工作已按实施方案逐步推进，取得了较好的宣传效果；另一方面说明民众通过参与十一艺节，更加了解中国艺术节，扩大了中国艺术节的整体影响力。

统计数据还显示，在持续关注十一艺节的这部分人群中，曾经观看或参与过中国艺术节的比例节前为28.3%，节后为39.5%，增加了11.2个百分点，未观看或参与过十一艺节的受访者则从节前的71.7%

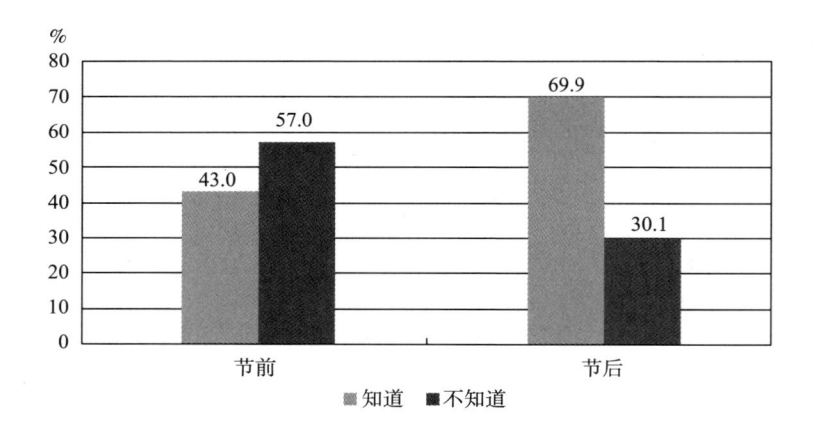

```
          %
         80
                                          69.9
         70
                        57.0
         60
         50
                43.0
         40                                       30.1
         30
         20
         10
          0
                    节前                      节后
                      ■ 知道   ■ 不知道
```

图 3-1　榆林市民众知晓度分析

降低到了节后的 60.5%，降低了 11.2 个百分点。

在问及第十一艺节在哪里举办这一问题时，榆林市有 33.9% 的受访者选择知道，66.1% 的受访者选择不知道；在问及第十一艺节在何时举办这一问题时，榆林市有 24.3% 的受访者选择知道，75.7% 的受访者选择不知道。

在节前调研中问及您知道第十一艺节有哪些分会场时，榆林受访者知道西安的占 46.5%，知道延安的占 27.8%，知道宝鸡的占 11.3%，知道汉中的占 9.9%，知道渭南的占 11.3%，知道榆林的占 47.1%，知道咸阳的占 1.4%，知道商洛的占 1.4%，知道安康的占 7.0%，知道铜川的占 2.8%。

在节后调研中，知道西安的受访者为 57.9%，知道延安的受访者为 40.0%，知道宝鸡的受访者为 7.4%，知道汉中的受访者为 4.1%，知道渭南的受访者为 6.4%，知道榆林的受访者为 76.2%，知道咸阳的受访者为 6.4%，知道商洛的受访者为 2.8%，知道安康的受访者为 2.1%，知道铜川的受访者为 2.8%。数据表明榆林、西安和延安的知晓度最高，而对于其他的分会场举办地，民众知晓程度普遍偏低。由此可见十一艺节节前宣传效果不佳，深入广泛宣传的程度还有待提高（见图 3-2）。

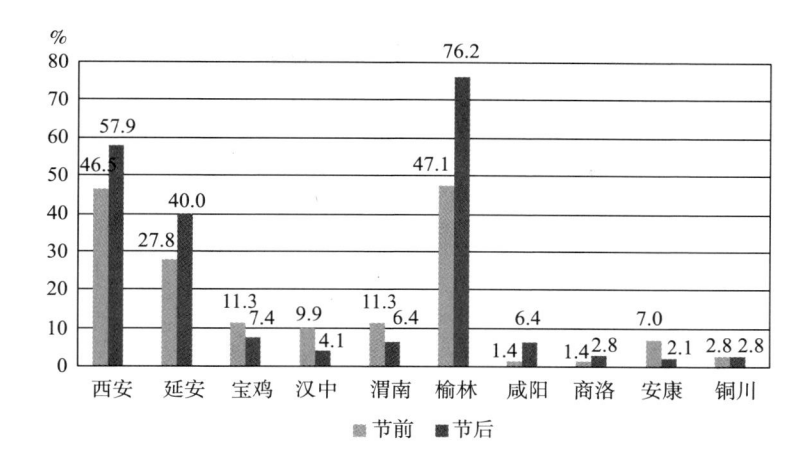

图 3-2 十一艺节分会场知晓情况

在问及您是通过哪种方式了解到十一艺节的这一问题时，受访民众中选择电视的占 38.5%，选择电台广播的占 8.3%，选择海报的占 18.9%，选择报纸的占 17.3%，选择网络的占 29.0%，选择手机短信的占 5.3%，选择微信的占 29.6%，选择微博的占 18.1%，选择亲戚朋友告知的占 12.4%，选择其他的占 14.8%（见图 3-3）。

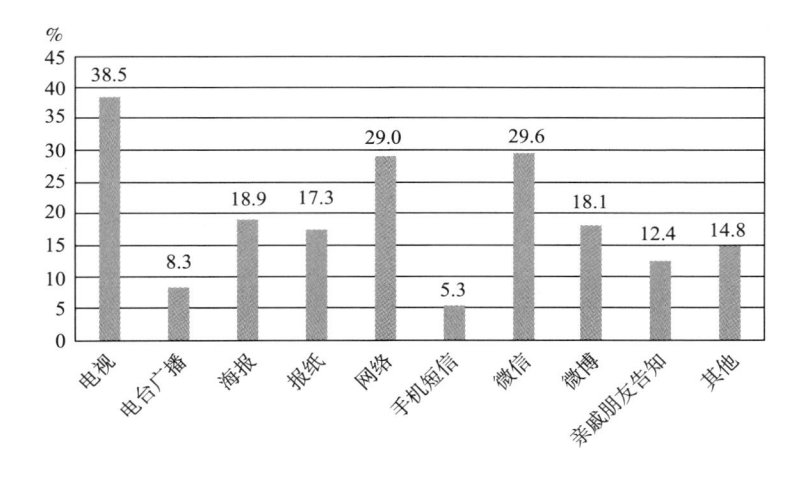

图 3-3 民众知晓十一艺节的途径

对于榆林民众而言，电视是其了解十一艺节的主要途径，这一比例高达 38.5%，同时海报、报纸、电台广播、海报、手机短信等传播途径也起到一定的作用。值得注意的是：与第十届中国艺术节相比，互联网开始成为信息传播的主要手段，尤其是微信、微博等移动客户端在宣传十一艺节的过程中也起到越来越重要的作用，正是借助于互联网时代多样化的宣传方式，最大限度地提高了十一艺节的知名度。

2. 榆林市民众总体参与深刻度分析

在节前调研中，民众对于十一艺节的整体了解程度不高，大部分民众都选择了一般，不了解和完全不了解的分别占 17.1% 和 4.7%。节后调研则显示：非常了解十一艺节的民众占 4.1%，比较了解十一艺节的民众占 16.4%，一般了解十一艺节的民众占 61.5%，不了解十一艺节的民众占 16.4%，完全不了解十一艺节的民众占 1.5%（见图 3-4）。

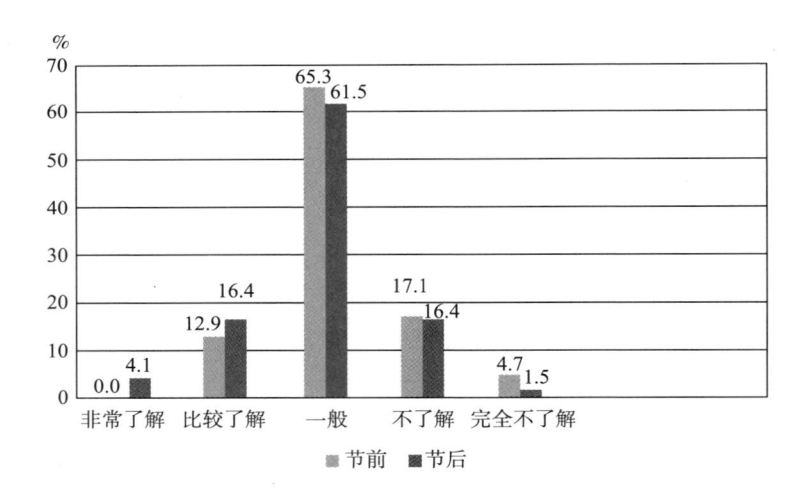

图 3-4 您对于中国艺术节的了解程度

民众知晓的深入性也可以通过其对十一艺节活动的知晓情况得到佐证。关于民众对陕西十一艺节节目的了解程度，知道群众文化活动的占 54.4%，知道展览活动的占 30.2%，知道专业艺术活动的占 29.0%，知道演艺产品博览交易会的占 22.2%，知道旅游活动的占 12.4%，知道经贸活动的占 9.5%，知道开幕式的占 44.4%，知道闭幕式的占 23.7%，不清楚的占 16.7%（见图 3-5）。

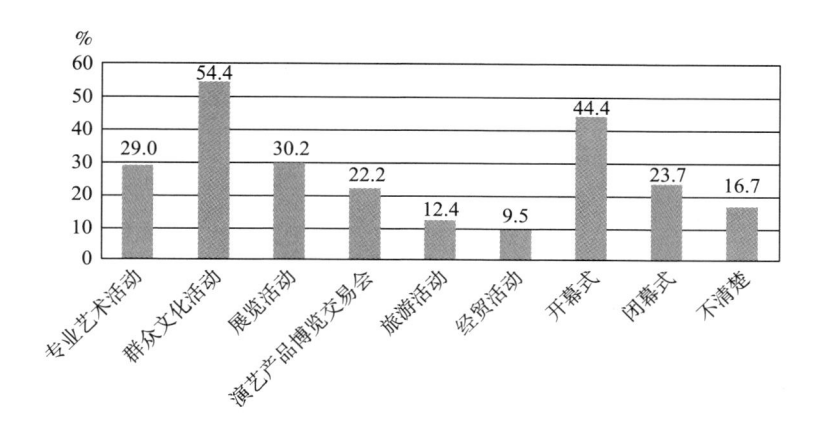

**图 3-5 民众对十一艺节活动的知晓度**

从图 3-5 可以看出，在艺术节的各项活动中，受访者对群众文化活动和开幕式的知晓度最高，分别达到 54.4% 和 44.4%；知晓度最低的经贸活动是 9.5%，说明民众对十一艺节的各项活动有所了解。但是，受访者只对群众文化活动的知晓度达到半数以上，其他如专业艺术活动、展览活动、演艺产品博览交易会、旅游活动和经贸活动的了解均未超过半数，同时还有 16.7% 的民众选择了不清楚，人数相对较多。这些数据一方面表明政府对十一艺节的宣传工作不到位，同时表明十一艺节举办之前，榆林民众对于各项活动缺乏广泛而深入的了解。

节前调查显示，在观众最希望看到的节目类型中，音乐会和歌舞晚会比较受欢迎，比例分别占 42.9% 和 51.2%，曲艺晚会为 31.5%，美术展览占 26.9%，群众文化活动占 20.8%，话剧占 20.2%，地方戏曲占 19.6%，舞剧占 16.1%，京剧占 4.8%，其他占 3.0%。节后，针对民众比较喜欢的十一艺节节目调查显示，歌舞晚会和音乐会的受欢迎程度较高，分别为 52.6% 和 31.3%，话剧占 26.9%，地方戏曲占 22.8%，美术展览占 19.0%，曲艺晚会占 19.0%，舞剧占 15.9%，群众文化活动占 14.9%，京剧占 6.9%，其他占 9.0%。

如图 3-6 所示，榆林民众对于节目类型的喜好程度各有侧重，各种类型的节目都一定比例的民众参与其中，但是喜欢京剧的民众最少，这表明可能受到陕西当地戏曲——秦腔的影响，所以导致喜欢京剧的民众相对偏少，京剧的影响力在榆林地区较为有限。

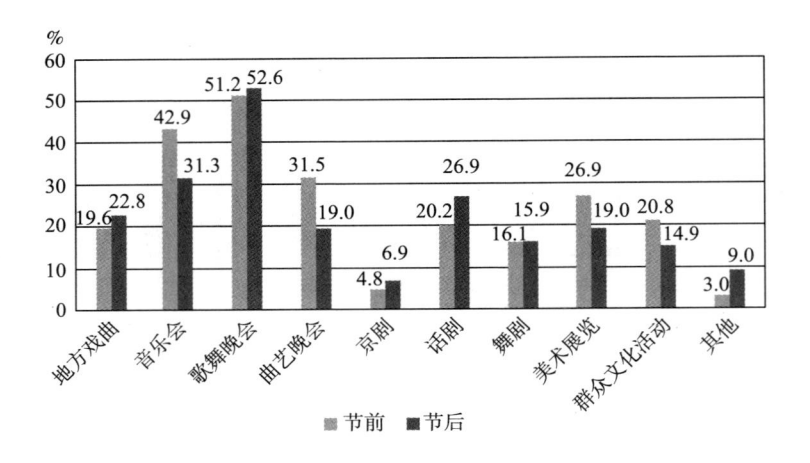

```
       %
      60
              51.2 52.6
      50
         42.9
      40         31.5             26.9    26.9
         31.3              26.9
      30                      20.2    19.0 20.8
         22.8     19.0    16.1        14.9
      20 19.6                15.9           9.0
      10         6.9
              4.8                       3.0
       0
         地  音  歌  曲  京  话  舞  美  群  其
         方  乐  舞  艺  剧  剧  剧  术  众  他
         戏  会  晚  晚         展  文
         曲     会  会         览  化
                              活
                              动
              ■ 节前   ■ 节后
```

图 3-6  民众关于陕西十一艺节喜欢节目的分布

**（二）榆林市民众参与程度交叉分析**

1. 榆林民众总体参与广泛度交叉分析

在节后对榆林民众知晓度调查中，以性别、年龄、职业作为自变量，以对艺术节的知晓度为因变量，作交叉分析，详见图3-7。

如图3-7所示，男性对于艺术节的知晓程度达到了54.3%，要高于女性的49.7%。从年龄层次看，18岁及以下的知晓程度达到了35.3%，19—30岁的知晓度达到了45.6%，31—40岁的知晓度达到了60.7%，41—50岁的知晓度达到了51.9%，51—60岁的知晓度达到了88.9%，61岁及以上的知晓度达到了38.9%。其中，年龄在51—60岁的知晓度最高，达到88.9%，这说明51—60岁的民众生活更加安定，事业也基本到达人生的顶峰，业余时间较为充足，因而对文化的需求较为旺盛。而18岁及以下的民众对艺术节的知晓度程度最低，只有35.3%，这说明对于青少年而言，学习是第一要务，对文化艺术的需求和关注还相对较弱。在不同职业的民众调查中，国家机关、党群组织、企事业单位工作人员对于艺术节的知晓度最高，占比68.1%，商业工作人员的知晓度为58.8%，专业技术人员的知晓度为58.5%，体力劳动者的知晓度为58.3%，服务性工作人员的知晓度为56.1%，其他劳动者的知晓度最低，只有39.6%，说明艺术节对这一群体的影响力有限。

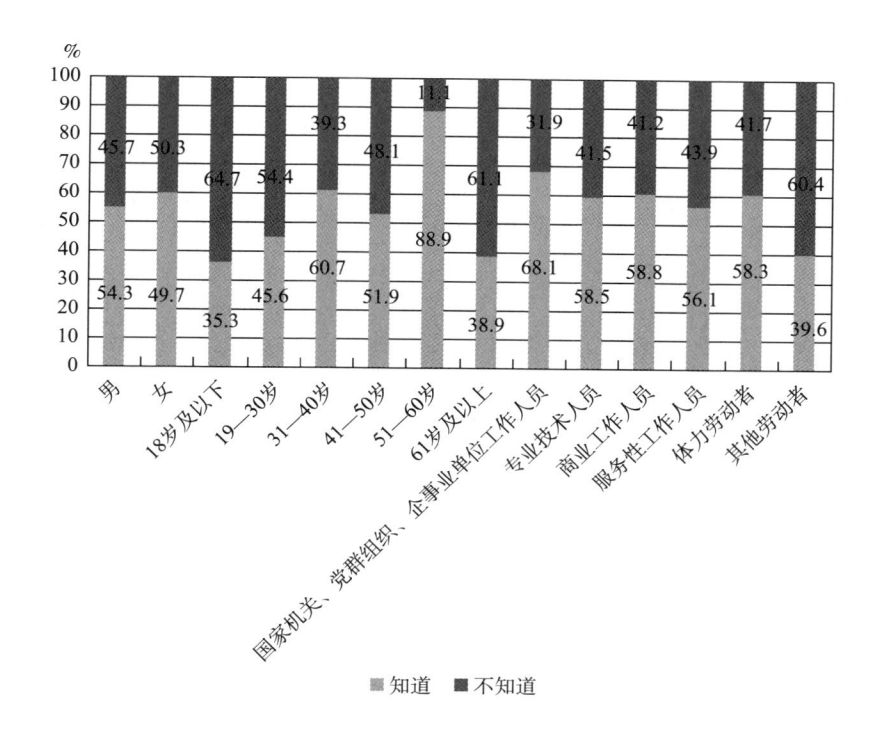

图3-7 节后榆林民众对艺术节知晓度的交叉分析

**2. 榆林民众总体参与深刻度交叉分析**

中国艺术节是具有全国性、群众性的重要国家文化艺术节日，因此有关部门的宣传工作一定要做好，同时对于民众而言，中国艺术节是一场文化盛宴，更重要的是可以参与其中，享受其中，在节日的喜庆氛围中满足自己的文化需求。但是，在通过对知晓中国艺术节人群的基础上做进一步调查发现（见图3-8）：男性有45.1%的受访者观看或参与过中国艺术节的项目或活动，女性有35.9%的受访者观看过。因此，民众观看或参与过中国艺术节的项目或活动的比例皆低于对艺术节知晓度的比例，这说明很多民众仅仅停留在知晓的层面上，并未真正参与到十一艺节中。在对不同年龄的民众是否观看艺术节的调查中，51—60上的民众观看或参与艺术节的比例最高，达到62.1%，19—30岁民众的比例最低，为34.3%。在不同职业的民众调查中，服务性工作人员观看或参与艺术节的比例也最高，达到57.6%，这说明十一艺节对服务性工作人员影响最大,而对其他职业的民众影响较小。

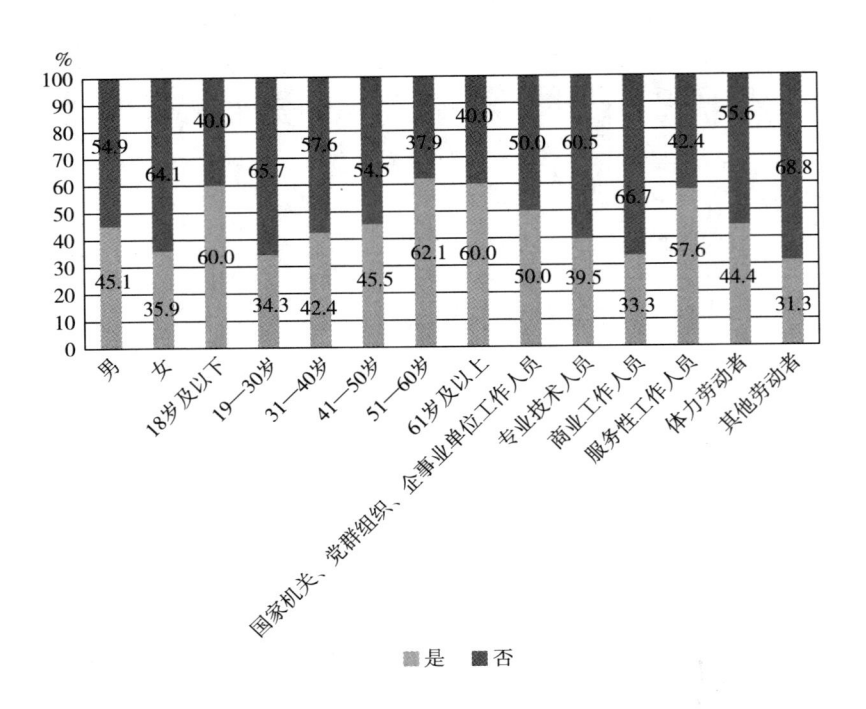

**图 3-8　节后榆林民众是否观看中国艺术节的交叉分析**

关于十一艺节相关活动的喜好程度上,不同年龄的民众对艺术节的喜欢程度各不相同,其中 18 岁及以下的民众最喜欢的是旅游活动,占比达到 60.0%;19—30 岁民众最喜欢的是专业艺术活动,占比达到 47.2%;31—40 岁民众最喜欢的是群众文化活动,占比达到 55.9%;41—50 岁民众最喜欢的是群众文化活动,占比达到 54.5%;51—60 岁民众最喜欢的是群众文化活动,占比达到 51.7%;61 岁及以上的民众最喜欢的是群众文化活动,占比达到 80.0%。综上所述,选择群众文化活动的占比最高,民众最喜欢的活动是群众文化活动。群众文化活动在空间上具有开放性,内容上具有丰富性,形式上具有多样性,因此深受榆林市民众的喜爱,这充分展现了艺术节"艺术的盛会,人民的节日"这一办节宗旨。

不同职业的民众对艺术节活动的喜欢程度也不尽相同,国家机关、党群组织、企事业单位工作人员,喜欢专业艺术活动的最多,占比为55.3%;专业技术人员对群众文化活动的喜欢程度最高,占比为50.0%;商业工作人员最喜欢的活动为群众文化活动和专业艺术活动,占比均为26.7%;服务性工作人员最喜欢的活动是群众文化活动,占比为57.6%;体力劳动者最喜欢的活动也是群众文化活动,占比为61.1%;其他劳动者最喜欢的活动为专业艺术活动,占比为42.7%。职业性质的不同在较大程度上会影响民众对于艺术节活动的喜好程度,但通过以上数据表明,群众文化活动和专业艺术活动仍然是不同职业的民众喜欢程度最高的艺术节活动。

不同收入的民众在选择喜欢艺术节的活动中,较为集中地反映了经济收入对文化需求的影响程度。月均收入在2000元及以下的最喜欢专业艺术活动和群众文化活动2001—4000元的民众最喜欢群众文化活动和专业艺术活动,4001—6000元的最喜欢群众文化活动和专业艺术活动,6001—8000元的最喜欢群众文化活动和专业艺术活动,8001—10000元的民众最喜欢展览活动和旅游活动,10001—12000元的民众最喜欢群众文化活动,展览活动和开幕式,12000元以上的民众最喜欢群众文化活动和专业艺术活动。

从整体而言,不同年龄、不同职业、不同收入的民众喜欢程度各有侧重,但群众文化活动和开幕式是最受欢迎的艺术节活动。这充分体现了民众文化需求的差异性和多样性,也充分说明了榆林作为十一艺节开幕式所在地对民众的影响比较大。

## 四 十一艺节与文艺发展的关系

### (一)十一艺节对民众文化生活的影响

关于十一艺节对于文艺发展的影响,课题组在十一艺节之前和之后分别对榆林民众做了相关调查。

节后,针对民众比较喜欢的艺术节活动调查结果显示,歌舞晚会和音乐会的受欢迎程度较高,分别为52.6%和31.3%,话剧占26.9%,地方戏曲占22.8%,美术展览占19.0%,曲艺晚会占19.0%,舞剧占

15.9%，群众文化活动占14.9%，京剧占6.9%，其他占9.0%。如图4-1所示，榆林民众对于节目类型的喜好程度各有侧重，各种类型的节目都一定比例的民众参与其中，唯独喜欢京剧的民众最少，这表明京剧的影响力在榆林地区较为有限（见图4-1）。

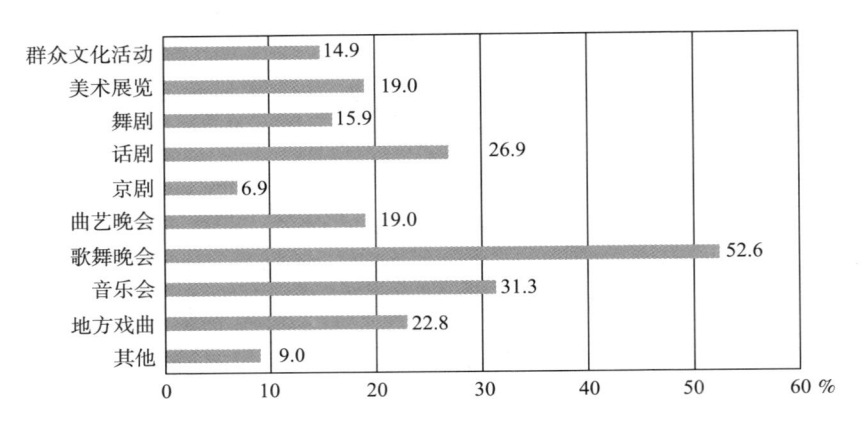

| 节目类型 | 比例(%) |
|---|---|
| 群众文化活动 | 14.9 |
| 美术展览 | 19.0 |
| 舞剧 | 15.9 |
| 话剧 | 26.9 |
| 京剧 | 6.9 |
| 曲艺晚会 | 19.0 |
| 歌舞晚会 | 52.6 |
| 音乐会 | 31.3 |
| 地方戏曲 | 22.8 |
| 其他 | 9.0 |

**图 4-1 节后民众对十一艺节活动的喜好程度**

无论是对艺术节活动的认知程度还是喜欢程度，专业艺术活动和群众文化活动所占的比例都较高；对于艺术节所有活动而言，民众的认知程度都要高于喜欢程度。

在针对十一艺节对民众文化生活影响程度的调查中，节前调查结果显示：有5.4%的受访者认为十一艺节将对其文化生活产生很大的影响，有15.1%的认为比较大，认为一般的占60.8%，认为比较小的占16.3%，认为很小的占1.2%，说不清的占1.2%。节后调查结果显示：有13.3%的受访者认为十一艺节对自身的文化生活产业很大影响，认为比较大的占38.2%，有30.8%的认为一般，认为比较小的占8.2%，认为很小的占3.6%，说不清的占5.9%（见图4-2）。

十一艺节期间，24.6%的受访者和朋友交往机会增多，25.4%的和家人观赏剧目或参观展览，18.5%的经常谈论艺术节相关话题，但是，仍有31.5%的受访者不太关注艺术节，认为没什么特别。（见图4-3）。

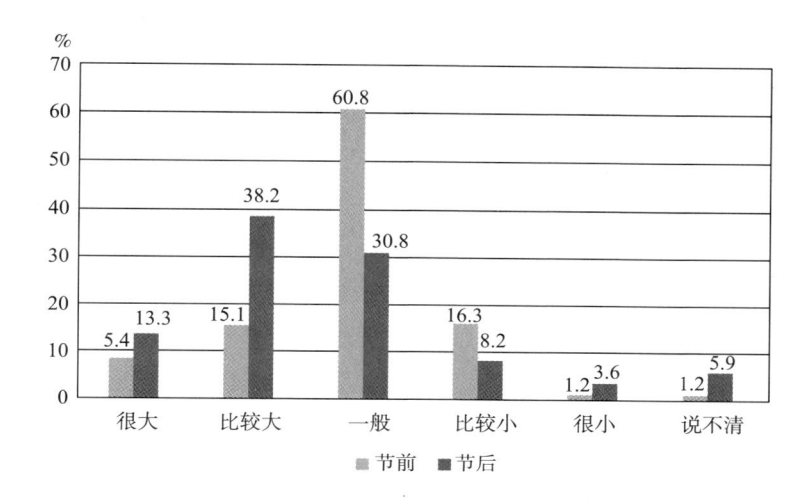

图 4-2　十一艺节民众文化生活影响的程度

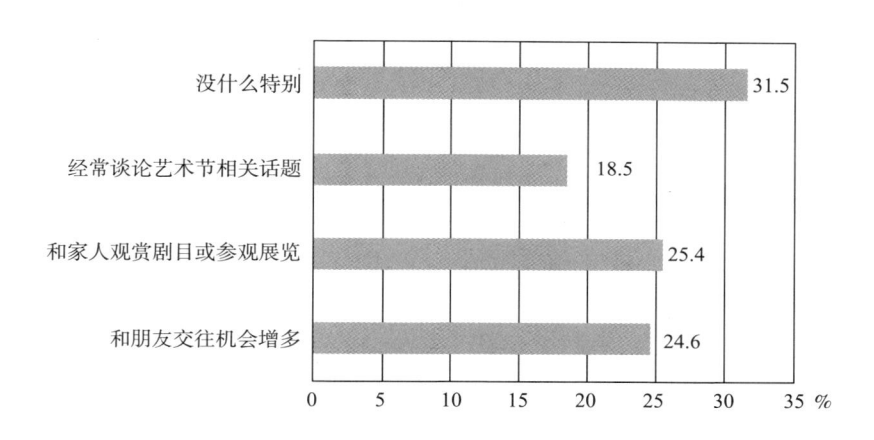

图 4-3　节后受访者在十一艺节期间文化生活发生何种变化的统计

对比图 4-2、图 4-3 可以发现：十一艺节之前，榆林市有相当一部分民众对于艺术节抱有较高期望，他们希望借助于十一艺节多形式、高水平的文化节目来改善自身的业余文化生活。节后的调查数据也刚好印证了这一点，节前认为十一艺节将对其文化生活产生很大和比较大影响的民众共占 20.5%，节后这一数据上涨到了 51.5%，增加 31.0 个百分点。大部分民众觉得十一艺节对自身的文化生活产生了一定影响，由此可见，十一艺节对榆林民众文化生活产生了重大影响，这些数据充分体现出民众对于十一艺节的认可。

在对不同年龄的民众在艺术节期间文化生活发生变化的交叉分析中（见图4-4），认为自己生活没什么特别变化的占比最高的群体为19—30岁的民众，该数据与民众对艺术节的知晓度成正相关，再次论证对于年轻人而言，学习和工作会占用自己大量的时间和精力，因为对十一艺节的关注较少，所以为19—30岁民众认为十一艺节对自己的生活没有产生很大的影响。

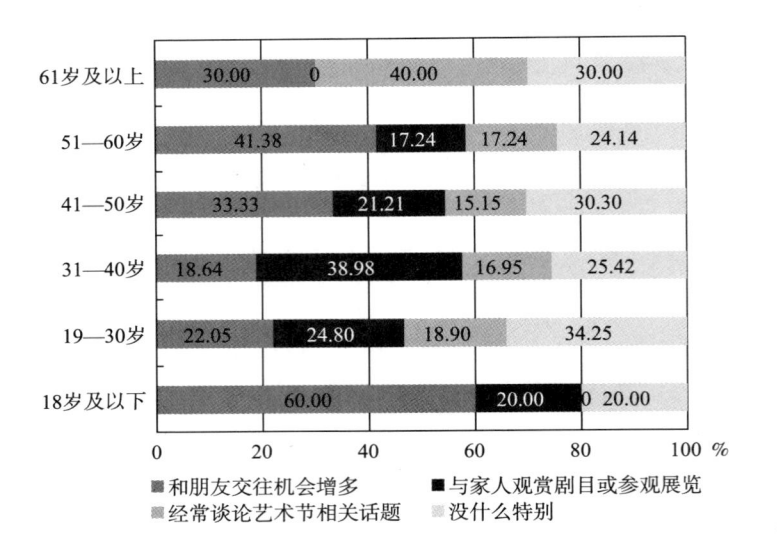

| 年龄 | 和朋友交往机会增多 | 与家人观赏剧目或参观展览 | 经常谈论艺术节相关话题 | 没什么特别 |
|---|---|---|---|---|
| 61岁及以上 | 30.00 | 0 | 40.00 | 30.00 |
| 51—60岁 | 41.38 | 17.24 | 17.24 | 24.14 |
| 41—50岁 | 33.33 | 21.21 | 15.15 | 30.30 |
| 31—40岁 | 18.64 | 38.98 | 16.95 | 25.42 |
| 19—30岁 | 22.05 | 24.80 | 18.90 | 34.25 |
| 18岁及以下 | 60.00 | | 20.00 | 20.00 |

图4-4 不同年龄的民众在十一艺节期间文化生活发生变化分布

### （二）十一艺节对城市文化基础设施的影响

十一艺节的举办，不仅可以丰富人们的文化生活，满足人们的文化需求，还可以通过节日来改善城市文化基础设施、完善城市功能分区、提升城市形象，提高城市竞争力。节前，在针对十一艺节对其所在城市文化基础设施改善程度的调查中，认为改善程度很大的占3.6%，比较大的占17.5%，一般的占55.4%，比较小的占19.3%，很小的占2.4%，说不清的占1.8%。节后数据显示：认为十一艺节对其所在城市文化基础设施改善程度很大的占15.6%，比较大的占37.7%，一般的占33.3%，比较小的占5.9%，很小的占2.6%，说不清的占4.9%（见图4-5）。

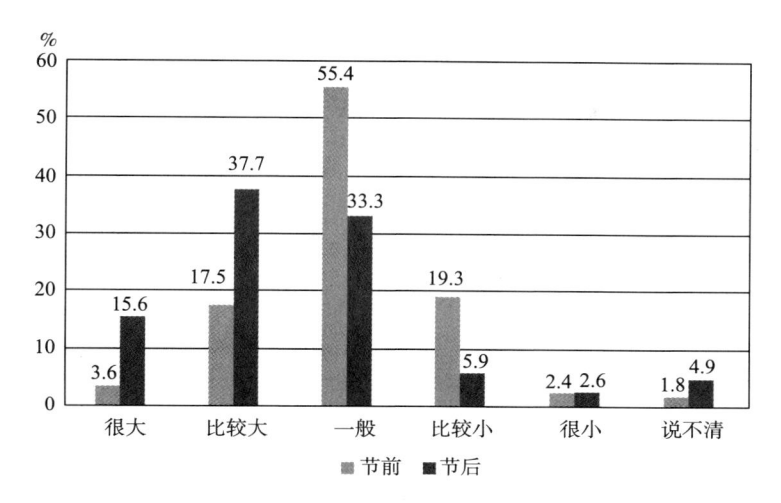

**图4-5 十一艺节对城市文化基础设施的改善程度**

如图4-5所示,节前只有3.6%的受访者认为十一艺节将会对榆林市的城市文化基础设施带来很大程度的改善,节后则有15.6%的受访者认为榆林举办十一艺节后,当地城市文化基础设施将会得到很大的改善。这说明通过举办十一艺节,越来越多的民众开始了解艺术节、认可艺术节,并且认为通过中国艺术节这种形式可以很好地改善当地城市的文化基础设施,为市民提供更好的文化服务。

## 五 十一艺节与区域发展的关系

### (一)民众对于十一艺节与区域发展关系的看法

根据节前对民众进行的调查数据显示:在榆林有52.1%的受访者对举办十一艺节感到自豪,认为一般的有40.1%,有7.8%的民众认为无所谓。

在节前调研中,关于对城市形象的影响,受访者普遍认为:举办十一艺节能够很好地提升榆林的城市形象。其中,认为将会提升城市知名度的占18.2%,能够增强市民认同感的占13.0%,能够提升市民文化素质的占 11.3%，将会拉动经济与文化消费的占 5.4%，能够加快城市形象建设的占 6.4%，其他占 0.3%（见图 5-1）。

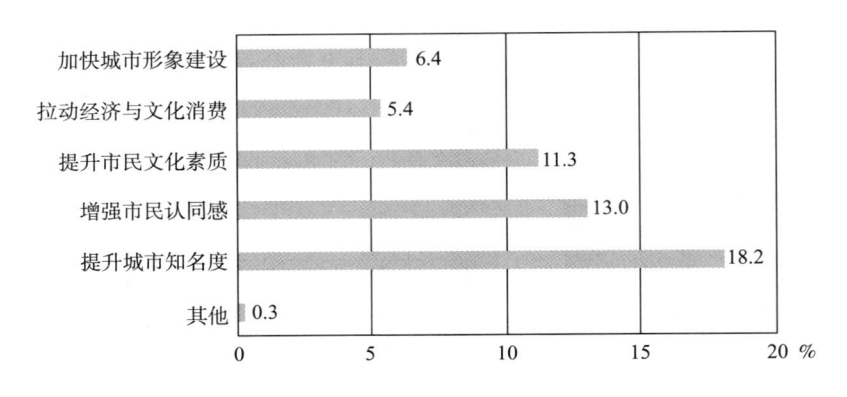

**图 5-1　十一艺节对城市形象的影响**

- 加快城市形象建设　6.4
- 拉动经济与文化消费　5.4
- 提升市民文化素质　11.3
- 增强市民认同感　13.0
- 提升城市知名度　18.2
- 其他　0.3

节后调查数据显示：33.4% 的受访者十一艺节在陕西举办后更加喜欢陕西各城市，54.2% 的受访者更加了解陕西各城市，有 12.3% 的认为没有感觉（无所谓）（见图 5-2）。

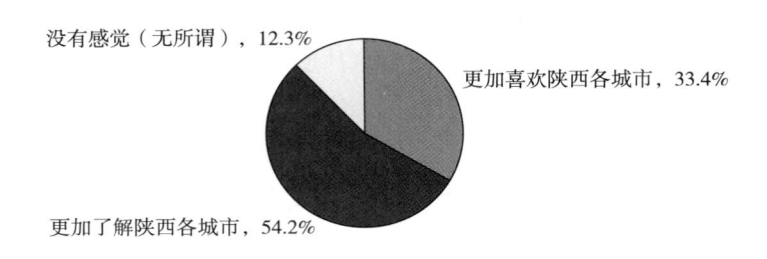

**图 5-2　民众对陕西举办十一艺节的态度**

- 没有感觉（无所谓），12.3%
- 更加喜欢陕西各城市，33.4%
- 更加了解陕西各城市，54.2%

在举办十一艺节后，有 64.5% 的受访者对陕西举办十一艺节感到自豪，认为一般的有 28.3%，认为无所谓的有 7.2%（见图 5-3）；关于是否还希望陕西今后承担类似活动的调查中，88.7% 的榆林选择希望，9.8% 的选择无所谓，仅有 1.5% 的选择不希望（见图 5-4）。

没有感觉（无所谓），7.2%
一般，28.3%
自豪，64.5%

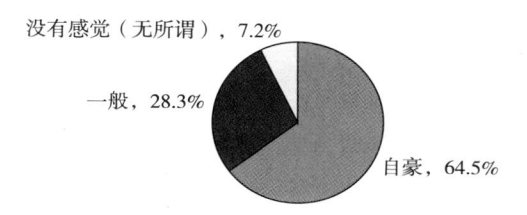

**图 5-3　民众对陕西举办十一艺节的直观感受**

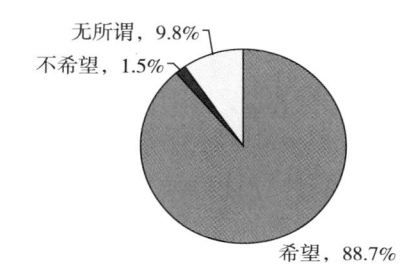

无所谓，9.8%
不希望，1.5%
希望，88.7%

**图 5-4　民众对陕西举办类似节目的期望态度**

如图 5-3、图 5-4 所示，64.5% 的榆林受访者对陕西举办十一艺节感到自豪；88.7% 表示希望陕西今后还承担类似活动。由此可见，虽然榆林只是十一艺节的一个分会场，但十一艺节在榆林已经具备了很好的群众基础，民众对于类似活动具有很高的参与期望。

## （二）民众对于十一艺节与文化消费关系的看法

节前，在问及您是否有购买门票现场观看十一艺节节目的计划时，26.3% 的民众选择了有，还有 73.7% 民众选择了没有。针对有计划购买门票现场观看十一艺节的节目的受众关于门票价格的调查显示：接受 50 元及以下价位的受访者占 19.6%，接受 51—100 元的占 43.5%，接受 101—200 元的占 37.0%，接受 201—300 元的无，接受 301 元及以上的无（见图 5-5）。

在问及您是否有购买门票现场观看十一艺节节目的计划时，节前 26.3% 的受访民众选择了有，73.7% 的选择了没有。节后，23.3% 的选择了有，还有 76.7% 的选择了没有（见图 5-6）。

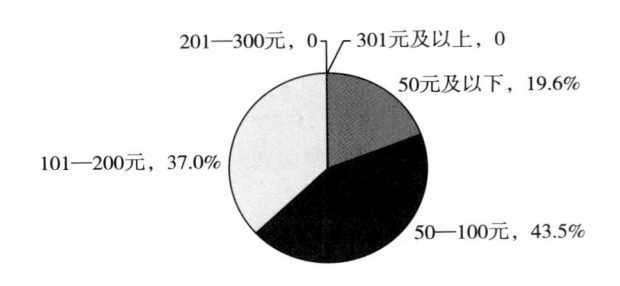

图 5-5　民众节前门票预期价格

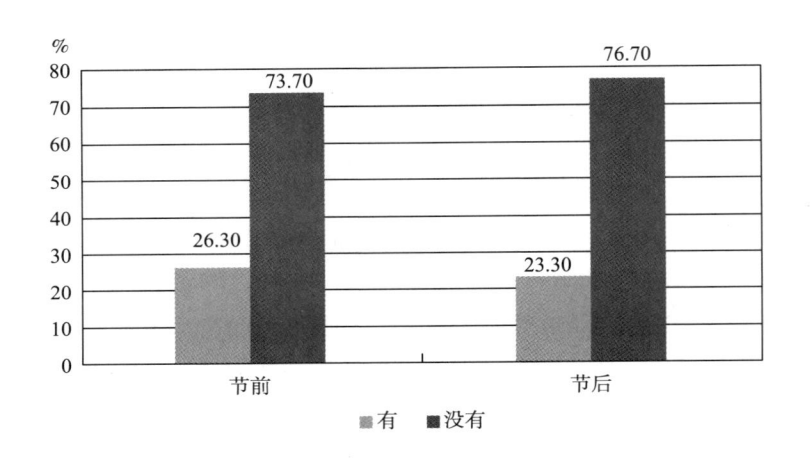

图 5-6　民众是否有购买门票到现场观看十一艺节节目的计划

节后针对有计划购买门票现场观看十一艺节的节目的民众关于门票价格的调查显示：接受 50 元及以下价位的受访者占 43.3%，接受 51—100 元的占 38.1%，接受 101—200 元的占 14.4%，接受 201—300 元的占 2.1%，接受 301 元及以上的占 2.1%（见图 5-7）。

节后的数据显示：十一艺节期间，没有参与艺术节消费的占 36.7%。在参与消费的受访者中，直接或者间接参与艺术节消费金额在 50 元及以下的占 26.9%，51—200 元的占 27.4%，201—300 元占 5.6%，301 元及以上的占 3.3%（见图 5-8）。

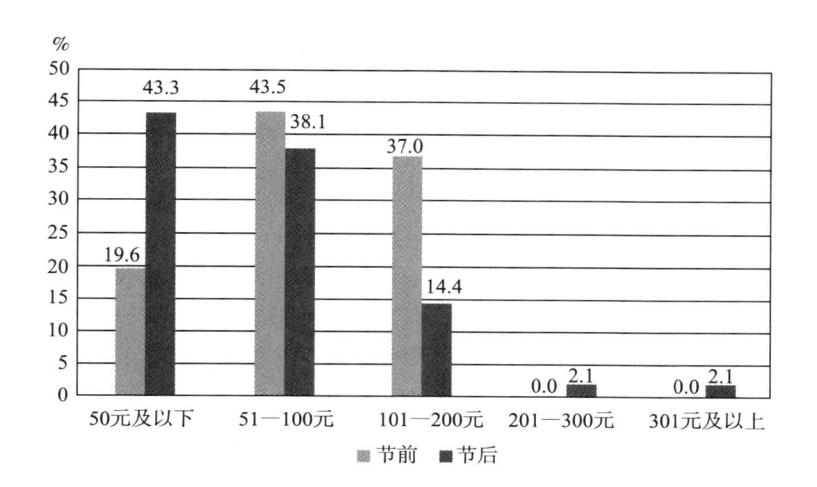

图 5-7　到剧场观看节目民众能接受的门票价格

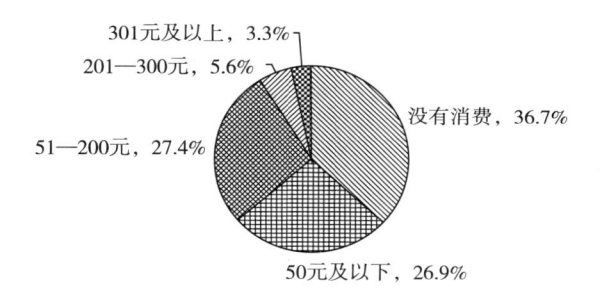

图 5-8　民众节后实际消费情况

节前，受访者对于十一艺节门票预期的心理价位大多集中于 51—200 元之间，有 95.8% 的受访者能接受 200 元以下消费水平，但节后调查表明，实际消费金额在 200 元以下的比例只有 54.3%，36.7% 的受访者在十一艺节期间没有参与消费。

针对民众的消费类型调查显示：购票看节目的占 22.9%，购买纪念品的占 20.1%，到举办地旅游的占 13.7%，选择其他消费类型的占 13.4%。

虽然节前受访者对中国艺术节表达了较高的消费需求意愿，但是十一艺节期间有 41.5% 的民众未参与消费活动。在购票看节目、购买纪念品、到举办地旅游和其他选项中,购票看节目所占比例最高,达到22.9%。榆林民众在十一艺节期间的实际消费水平远远未达到节前的预期,其消费潜力还有待于进一步挖掘。

针对十一艺节的票价,受访者认为票价非常贵的占21.5%,认为票价比较贵的占36.9%,认为一般的占8.7%,认为票价比较便宜的占1.8%,认为非常便宜的占27.4%,还有3.6%的选择的说不清(见图5-9)。由此可见,票价的高低并非是影响民众参与艺术节的最主要因素,仍然有27.4%的受访者选择了说不清,该数据表明还有大量民众对艺术节票价不够了解,因此,对中国艺术节的知晓度整体偏低才是导致没有更多的民众到现场参与艺术节的关键因素。

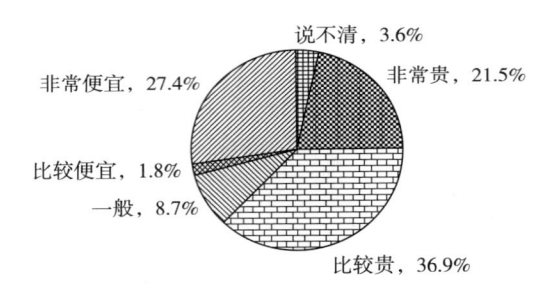

图5-9 民众对陕西十一艺节门票价格的看法

## 六 民众对于十一艺节的总体评价

### (一)民众对于十一艺节宣传工作的满意度

在对十一艺节前期宣传工作的调查中,认为十一艺节前期宣传工作做得非常好的受访者有7.2%,认为比较好的26.5%,一般的占50.6%,认为比较差和很差的分别占12.7%和0.6%,认为说不清的占2.4%(见图6-1)。

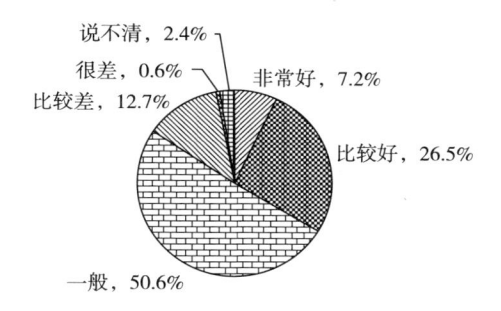

说不清，2.4%
很差，0.6%
比较差，12.7%
非常好，7.2%
比较好，26.5%
一般，50.6%

**图 6-1　节前民众对于十一艺节宣传工作的评价**

节后调查数据显示：认为十一艺节宣传效果非常好的受访者占 21.0%，比较好的占 45.9%，一般的占 29.0%，认为比较差的占 3.1%，认为非常差的占 1.0%（见图 6-2）。

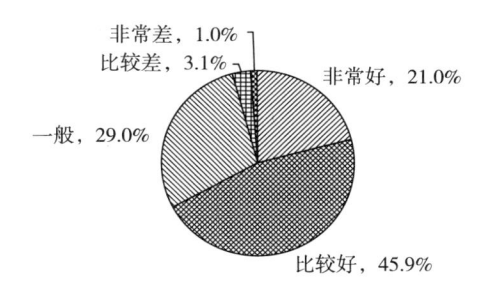

非常差，1.0%
比较差，3.1%
非常好，21.0%
一般，29.0%
比较好，45.9%

**图 6-2　节后民众对于十一艺节宣传工作的评价**

受访者在节前和节后对十一艺节宣传工作的评价存在差距，节前认为非常好和比较好的占 33.7%，而节后认为非常好和比较好的比例升高，为 76.9%，增加 43.2 个百分点。以上数据充分表明十一艺节成功举办之后，榆林民众对于陕西十一艺节宣传工作的认可度得到了大幅提升。

### （二）民众对于十一艺节节目质量的满意度

在调研中，民众从节目类型、节目内容、节目形式、演员水平四个方面评价了十一艺节。数据分析结果显示：榆林民众对于十一艺节节目类型的评分为 3.88 分，对于十一艺节节目内容的评分为 3.82 分，对于十一艺节节目形式的评分为 3.80 分，对于十一艺节演员水平的评分为 3.83 分（见表 6-1）。

表 6-1　民众对陕西十一艺节节目的评价

| 评价指标 | 得分 |
| --- | --- |
| 节目类型 | 3.88 |
| 节目内容 | 3.82 |
| 节目形式 | 3.80 |
| 演员水平 | 3.83 |

在问及陕西十一艺节最大的特色这一问题时，6.9% 的受访者选择了组织出色，52.3% 的受访者选择了群众文化活动丰富，22.8% 的受访者选择了节目精彩，17.9% 的受访者选择了说不清（见图 6-3）。

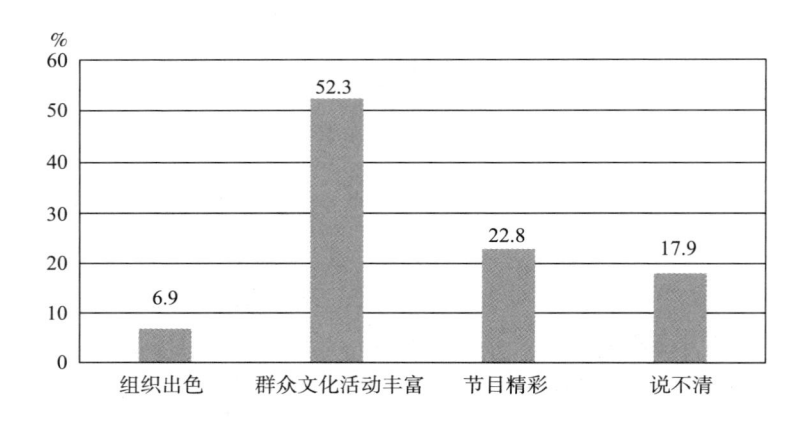

图 6-3　民众认为陕西十一艺节最大的特色

### （三）民众对于十一艺节的总体评价

民众对十一艺节总体评价主要包括活动组织管理、活动场地、活动规模和活动持续时间四个方面，课题组按照这四个维度设计评价指标体系。数据分析结果显示：榆林民众对于十一艺节活动组织管理的评分为

3.88 分，对活动场地的评分为 3.84 分，对活动规模的评分为 3.85 分，对活动持续时间的评分为 3.75 分。（见表 6-2）

表 6-2　　　　　　　民众对陕西十一艺节的整体评价

| 评价指标 | 得分 |
| --- | --- |
| 组织管理 | 3.88 |
| 活动场地 | 3.84 |
| 活动规模 | 3.85 |
| 活动持续时间 | 3.75 |

以上数据显示，榆林受访者对于十一艺节活动组织管理、活动场地、活动规模、活动持续时间的评分都在 3.7 以上，其中民众满意度最高的为活动组织管理，其次是活动规模和活动场地，最后是活动持续时间，只有 3.75 分，这充分说明榆林受访者对十一艺节的活动持续时间感到不满，多数受访者希望能够增加活动时间。

## 七　问题与对策

### （一）主要问题

1. 民众消费能力未被充分挖掘

中国艺术节的宗旨是"艺术的盛会，人民的节日"，十一艺节的成功举办在陕西产生了广泛影响，很多陕西省的民众都直接参与到了艺术节的活动中。但是通过调查发现，十一艺节期间，民众的消费能力尚未被充分挖掘。节前，受访者对于十一艺节门票预期的心理价位大多集中于 51—200 元，有 95.8% 的受访者能接受 200 元及以下的消费水平。但节后调查表明，十一艺节期间，没有参与艺术节消费的占 45.7%，实际消费金额在 200 元以下的比例只有 54.3%。

榆林市位于陕西省的最北部，地理位置优越，自然资源丰富，同时也是国家历史文化名城，其经济发展水平在陕西省内排名相对靠前，以上数据表明，榆林市民众在中国艺术节期间的实际消费水平远远未达到节前的预期。

2. 票价过高，影响民众参与积极性

十一艺节举办期间，在榆林市神木大剧院、榆林职业技术学院神木校区师生活动中心、神木北元集团职工活动中心、靖边剧院、榆林剧院、绥德剧院等多个演出活动场所上演了多场艺术演出，全新的舞台效果为榆林市民带来了全新的视觉盛宴。在十一艺节举办期间也推行了很多惠民措施，推出了大量惠民优惠票。此外，在多个博物馆、美术馆举办的展览活动也均为免费参观。但是在对榆林市民众进行门票价格调研时发现，接受 50 元及以下票价的占 43.3%，接受 51—100 元的占 38.1%，接受 101—200 元的占 14.4%，接受 201—300 元的占 2.1%，接受 300 元以上的占 2.1%。（见图 7-1）

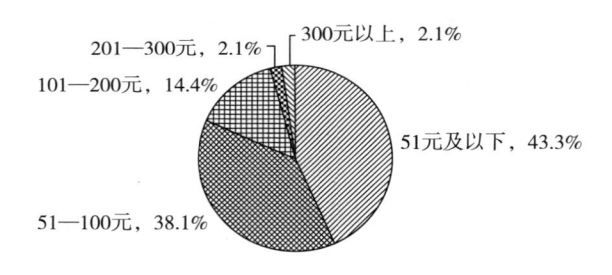

图 7-1　民众节后门票预期价格

在问及民众是否知道可以购买优惠票时，只有 42.7% 的受访者知道可以购买优惠票，还有 57.3% 的受访者不知道可以购买优惠票。知道可以购买优惠票的受访者中只有 51.1% 购买了优惠票，还有 48.9% 的受访者没有购买优惠票。在问及没有购买优惠票的原因时，不知道在哪里购买的占 40.9%；不符合购买优惠票条件的占 4.5%；优惠票席位偏远，不利于欣赏节目的占 22.7%；出手慢了，没买到的占 31.8%。

由此可见，民众节前对于艺术节的票价心理预期相对较低，通过现场观看欣赏十一艺节节目的民众也只是少部分，愿意接受超过 200 元票价的只占 4.2%。虽然十一艺节期间推行了很多惠民措施，但是很多人并不知道可以购买优惠票，超过半数的民众不知道在哪里购买优惠票。因此，十一艺节票价过高导致民众参与艺术节的门槛相对过高，进而影响了民众的参与热情，这也在一定程度上限制了艺术节宗旨的发挥。

3. 专业性较强使艺术节呈现小众化特点

十一艺节的专业表演艺术节目以舞台表现形式为主，具有较强的专业性。因此，对民众而言，不仅存在门票上的门槛，也同时存在认知和欣赏门槛。如果民众没有一定的文化艺术修养，则很难对其产生兴趣。

根据调查数据，课题组发现：民众的注意力普遍集中在歌舞晚会、音乐会、话剧、地方戏曲等大众化的节目类型，而对于其他专业性较强的节目类型缺乏足够的关注，致使十一艺节呈现出小众化的特点（见图7-2）。

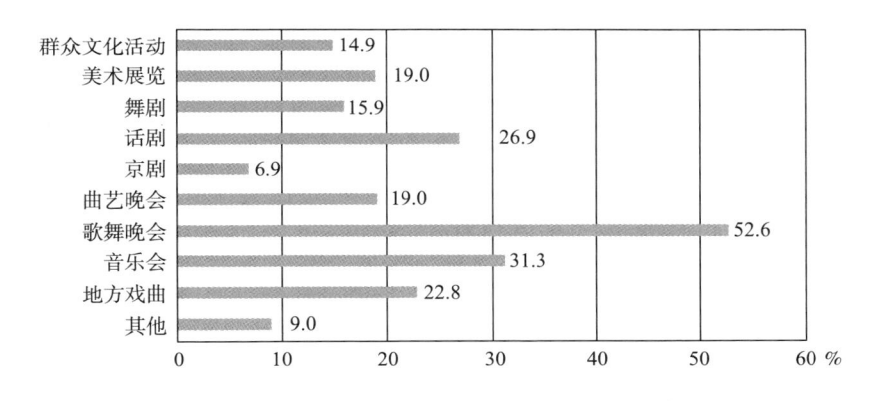

| 节目类型 | 百分比 |
|---|---|
| 群众文化活动 | 14.9 |
| 美术展览 | 19.0 |
| 舞剧 | 15.9 |
| 话剧 | 26.9 |
| 京剧 | 6.9 |
| 曲艺晚会 | 19.0 |
| 歌舞晚会 | 52.6 |
| 音乐会 | 31.3 |
| 地方戏曲 | 22.8 |
| 其他 | 9.0 |

图7-2 民众对陕西十一艺节节目的喜欢程度

对于榆林的民众而言，选择观看歌舞晚会的比重最大，为52.6%，音乐会占31.3%，话剧占26.9%，地方戏曲占22.8%，曲艺晚会占19.0%，美术展览占19.0%，舞剧占15.9%，群众文化活动占14.9%，京剧占6.9%，其他占9.0%。相比之下，话剧、舞剧等专业性较强的节目类型以及我国的传统经典国粹——京剧，喜欢的人相对较少，这一现象反映出这些专业性较强的艺术形式曲高和寡、观众日渐流失的问题。

4. 活动持续时间较短，未能满足民众的文化需求

榆林民众对十一艺节活动组织管理、活动场地、活动规模、活动持续时间这四个方面进行评价时，对活动组织管理的评分为3.88分，对活动场地的评分为3.84分，对活动规模的评分为3.85分，对活动持续时间的评分为3.75分。根据以上数据得知，民众对于活动组织管理、

活动场地、活动规模这三个方面都相对比较满意，但是对于活动持续时间的评分相对较低，这表明榆林市民众的文化需求在十一艺节期间并未得到满足，大部分民众希望延长活动持续时间。

**（二）对策**

1. 加大宣传力度

中国艺术节是全体公民的艺术盛宴，每一届的举办地也都不同，因此前期的宣传工作就显得尤为重要。主办方应根据每年不同的主题，举行不同的推广活动，让人们了解新一届艺术节的进展。根据数据分析，在观看十一艺节节目的方式方面，选择手机的最多，占到41.8%，其次为电视，比例占40.0%。随着互联网时代的到来，手机阅读群体愈发壮大。因此，在宣传中国艺术节时，不仅要发挥传统媒体电视广播的作用，还应充分利用现代传播手段，利用互联网进行市场化运作，加大在艺术节官网、微博、微信等平台上的宣传，通过各种形式的媒体全方位、多角度地对中国艺术节进行全程跟踪报道，尽可能地吸引民众的注意力，扩大艺术节的社会影响力，进而挖掘民众的消费潜力，带动地区经济发展。

2. 突出十一艺节的社会效益，降低民众参与门槛

2015年1月12日，中办、国办下发了《关于加快构建现代公共文化服务体系的意见》。公共文化服务体系是培育和弘扬社会主义核心价值观的重要载体，是民生幸福的重要保障。十一艺节节目精彩纷呈，满足了观众的文化需求。因此，收取演出门票无疑是对艺术节目的一种肯定，同时也是市场条件下资源稀缺下的相对合理选择。但是，作为公共文化服务体系中的一部分，政府部门应将十一艺节的社会效益放在首位，努力做到经济效益与社会效益的有机统一。虽然十一艺节采取了很多惠民措施，尽可能使更多的民众接触、参与艺术节，然而根据课题组调查情况看，本次艺术节的门票相对于普通市民仍然过高，过高的门票价格使很多市民只能望而却步，导致民众参与度降低，阻碍了市民参与热情，进而削弱了艺术节功能的施展。文化事业做得好不好，必须由群众说了算，文化产品必须既要被人民群众喜欢，还要群众消费得起。因此，有关部门首先切实加大公共文化服务体系建设力度，继续加强文

事业投入，建立政府购买文化服务长效机制，加大财政补贴力度，根据市场需求探寻合理的定价机制，同时应优化票价机制，确保所有参演剧目都有优惠票供应；采用梯级票价，多推出团购优惠票，进而使得演出票价能够满足不同群体的文化需求；扩大优惠票的售票点范围，范围覆盖全市所有区县，销售时间覆盖整个艺术节期间，提高民众购票便捷度，提高民众的参与度，进而更好地发挥中国艺术节的功效，这样才能体现文化为人民服务的本质。

3. 丰富艺术节节目内容和形式，提高民众参与积极性

人民群众是艺术节的主体，只有充分调动人民群众的积极性和主创性，让他们参与到艺术节中来，才能真正实现艺术节的价值。首先，在保存中国艺术节后展览展示、舞台演出等基本活动类型之外，建议再开办一些民众能够亲自参与的大众文娱活动，从而激发民众参与艺术节的热情。其次，针对民众参与的专业门槛问题，建议丰富艺术节节目内容和形式，将大众艺术节目和小众艺术节目合理分配，向大众展示适合各年龄层、适合各群体的艺术节目。同时应普及大众艺术教育，提高国民整体艺术素质，通过举办各种形式的艺术活动大力培育民众的艺术鉴赏力，特别要注意培养青少年对艺术活动的参与兴趣，以便最大化地提高民众的参与度，使中国艺术节成为真正意义上的"人民的节日"。

4. 延长活动持续时间，满足民众文化需求

十一艺节于2016年10月15日在榆林开幕，2016年10月31日在西安闭幕，活动共持续17天，为期17天的艺术盛会中，人民群众积极参与到艺术节中来。为了让市民享有更多的文化服务，把艺术节办成老百姓自己的节日，榆林市在十一艺节倒计时150天、100天等重要时间节点上都举办了丰富多彩的系列群众文化活动，营造出了全市办节、全民参与和喜迎十一艺节的良好氛围。

如今，文化休闲娱乐已经成为人民幸福生活的一项重要指标和内容，而艺术节恰恰是人们文化休闲娱乐的重要载体，十一艺节结束后，榆林市民众意犹未尽。此外，文华奖每台节目仅展演两天，榆林市下辖2个区、1个县级市、9个县，总人口达338.2万。榆林市分会场所在的6所剧院中，神木大剧院总建筑面积3.2959万平方米，可容纳1000多名观众；榆林职业技术学院神木校区师生活动中心总建筑面积

6331.6 平方米，可容纳 1130 名观众；神木北元集团职工活动中心总建筑面积为 8319.4 平方米，其观众厅可容纳 950 人；靖边剧院维修后达到 B 剧院标准，建筑总面积 3622 平方米；榆林剧院改造后空间得到极大优化，可容纳 986 名观众；绥德剧院建筑面积 3620.84 平方米，观众厅观演人数为 969 个。由此可见，剧场的座席数远远不能满足榆林市民众的文化需求。鉴于此，可以适当延长十一艺节节目时间，对于文化精品，可以增加演出场次安排，对于美术展览活动，则可以适当延长展览时间，使更多的市民从中领略艺术之美，享受文化大餐。

5. 因地制宜打造文化精品，培育文化消费新增长点

艺术节从某种意义来说，可以将其界定为消费产业，围绕艺术节展开的一系列交易行为和经济活动，都成为支撑艺术节文化消费的重要因素。近年来，我国文化产业保持了迅猛发展的态势，逐渐成长为国民经济支柱性产业；中国艺术节也是我国文化产业的重要载体，虽然十一艺节在社会上取得良好的社会反响，但是也存在着创新力不足、文化精品缺乏等问题。

城市应当赋予艺术节独特的文化内涵和精神气质。目前迫切需要的是从城市的历史文化根基中成长出来的独特个性，再加以主题演绎、创意策划和媒体整合，以吸引民众亲身体验，形成口碑营销的自发力量。中国艺术节要想取得长远发展，必须走出同质化困境，解决剧目趋同、明星赶场、观众冷漠，以及节庆与观众、与媒体间沟通等问题。因此榆林市政府部门应因地制宜，突出地域文化特色，打造文化精品，满足不同群体的文化需求，同时也应该保持高度的敏感性，培育文化消费新的增长点，推动城市多元文化发展，带动地区经济发展。

# 附　录

## 十一艺节大事记

2013年2月8日，陕西省文化厅厅长刘宽忍主持召开省文化厅新一届班子上任后首次厅务会议，决定向省政府汇报申请举办第十一届中华人民共和国艺术节。

2013年2月9日，省文化厅厅长刘宽忍代表省文化厅向省委常委、省委宣传部部长景俊海，副省长白阿莹就申办十一艺节分别作了专题汇报。

2013年3月5—15日，省文化厅厅长刘宽忍向省委书记赵正永、省长娄勤俭就申办十一艺节分别做了汇报。

2013年4月7日，省文化厅向省政府以书面形式正式报送《关于申办第十一届中国艺术节的请示》（陕文字〔2013〕9号）。

2013年4月12日，省长娄勤俭批示同意申办中国艺术节（勤俭批文1038号）。

2013年4月26日，省政府向文化部报送《陕西省人民政府关于商请承办第十一届中国艺术节的函》（陕政函〔2013〕57号），正式向国家提出申办十一艺节。

2013年8月5日，十一艺节文化部考察组来陕考察艺术节申报工作。省长娄勤俭，省委常委、省委宣传部部长景俊海，副省长白阿莹会见考察组成员。白阿莹出席申办工作情况汇报会并讲话，省政府副秘书长杨长亚主持汇报会，省文化厅厅长刘宽忍汇报申办工作，文化部办公厅主任于群讲话，省文化厅班子成员参加了汇报会。汇报会后，考察组对宝鸡、咸阳、渭南、延安等地市进行了实地考察评估。

2013年10月21日，文化部办公厅复函陕西省人民政府办公厅，经报全国清理和规范庆典研讨会论坛活动工作领导小组批准，同意2016年在陕西省举办第十一届中国艺术节。复函希望陕西高度重视艺术节的筹备和组织工作，按照中央政治局"八项规定"精神要求，开拓思路，以创新、节俭、务实、高效的原则制定艺术节总体方案，做好各项准备工作，力争将十一艺节办成一届更具特色、更加成功的艺术节。

2013年10月26日，副省长白阿莹代表陕西在山东青岛第十届中国艺术节闭幕式上从文化部副部长董伟手中接过中国艺术节节旗，标志着陕西省正式成为2016年十一艺节举办地。

2013年10月28日，省文化厅邀请山东省文化厅副厅长李国琳一行来陕指导艺术节承办具体事宜。

2013年12月上旬，根据省政府指示，省文化厅长刘宽忍委派副厅长顾劲松、黄炜等率队分别赴山东（2013年举办第十届中国艺术节）、湖北（2007年举办第八届中国艺术节）、广州（2010年举办第九届中国艺术节）考察学习。

2014年1月20日，2014年全省文化局长会议在西安召开，省文化厅厅长刘宽忍做工作报告，并对筹备十一艺节进行动员部署，号召陕西文化系统工作者率先行动，努力在2016年办出一届更具特色、更加成功的艺术节。

2014年3月18日，全省群众文艺创作工作专题会议在西安召开，会议明确了陕西"群星奖"创作的方向和任务，强化工作责任。省文化厅厅长刘宽忍出席会议，并就加强全省群众文艺创作以及做好"群星奖"参赛工作讲话，副厅长顾劲松主持会议。

2014年3月27日，全省艺术创作工作座谈会在西安召开，副省长白阿莹出席会议并讲话，省文化厅厅长刘宽忍分析全省艺术创作形势并对全省艺术创作、文艺人才培养等工作做出安排部署。

2014年8月13日，十一艺节省筹委会办公室印发十一艺节场馆建设和维修改造总体方案、参考标准、专家组工作职责。

2014年8月29日，副省长白阿莹主持召开十一艺节场馆建设和维修改造专题会议，省文化厅厅长刘宽忍就场馆建设工作作汇报。

2014年9月5日，省文化厅印发《陕西省人才培训规划（试行）》《陕西省文化系统文艺精品奖励办法（试行）》《陕西省剧作家签约制度及资助奖励办法（试行）》。

2014年10月11日，省委常委、省委宣传部部长景俊海主持召开专题会议，听取相关部门关于十一艺节筹备工作汇报，省文化厅厅长刘宽忍作全省十一艺节筹备工作情况汇报。

2015年2月28日，省政府召开十一艺节筹备工作推进会议。省政府副秘书长杨长亚主持会议，十一艺节省筹委会办公室主任、省文化厅厅长刘宽忍代表省筹委会通报了十一艺节筹备工作进展情况，省筹委会副主任、副省长白阿莹出席会议并讲话。

2015年4月8日，省长娄勤俭就做好十一艺节筹备工作到陕西省歌舞剧院、古都大剧院、第四军医大学长乐大礼堂进行调研并召开专题会议，他强调，要通过举办艺术节，留下一批适应文化发展需要的场馆，留下一批群众喜闻乐见的艺术精品，留下全国人民对陕西文化自信的记忆。副省长白阿莹等一同调研。省文化厅厅长刘宽忍就十一艺节陕西省筹备工作进展情况作专题汇报。

2015年4月9日，省文化厅厅长刘宽忍主持召开省文化厅（十一艺节省筹委会办公室）工作会议，研究部署落实娄勤俭省长讲话精神。刘宽忍分别从场馆建设维修、精品剧目创演、现代文娱活动、品牌传播推广、十一艺节筹委会日常工作等方面向筹委会办公室相关处室及有关单位提出具体落实要求。

2015年6月9日，省委常委、省委宣传部部长景俊海在省人民艺术剧院、省京剧院、省歌舞剧院调研十一艺节筹备工作情况。省文化厅厅长刘宽忍一同调研并作筹备工作汇报，省文化厅副厅长顾劲松等参加调研。

2015年7月15日，省委副书记胡和平到省戏曲研究院、陕西演艺集团等单位调研，要求各相关单位要认真学习贯彻习近平总书记系列重要讲话精神，始终坚持宣传思想文化工作的正确方向，唱响主旋律，激发正能量，打造更多精品力作，更好地服务全省改革发展大局和人民群众精神文化需求。省文化厅厅长刘宽忍就十一艺节筹备及陕西省文化工作情况作汇报。

2015年7月15日，省政府办公厅印发《关于分解落实第十一届中国艺术节筹备工作任务的通知》（陕政办函〔2015〕145号），对进一步做好十一艺节筹备工作，加快艺术精品创作、群众文艺创作、场馆建设和维修改造进度作出安排部署。

2015年7月15日，十一艺节陕西省筹委会办公室举办维修改造剧场舞台系统安全培训班。十一艺节省筹委会办公室主任、省文化厅厅长刘宽忍对培训提出了具体要求，省文化厅副厅长顾劲松作动员讲话，中国艺术科技研究所标准研究中心主任、全国剧场标准化技术委员会秘书长闫贤良，从演出、观演、风险评估和技术要求等方面对剧场工艺安全进行了讲授。

2015年7月20日，副省长姜锋到咸阳市民文化中心、陕西省新图书馆、陕西大会堂、索菲特人民大厦剧院调研十一艺节场馆建设工作。省文化厅厅长刘宽忍陪同调研并就场馆建设工作作专题汇报。

2015年10月12—14日，省文化厅厅长刘宽忍率队赴文化部汇报十一艺节筹备工作情况，文化部副部长董伟及有关司局负责同志听取了汇报并确定了部省联席会议相关事宜。

2015年10月15日，十一艺节筹委会办公室以西安为主会场，在全省各地组织纪念习近平总书记在文艺工作座谈会讲话发表一周年暨十一艺节倒计时一周年系列活动。上午，十一艺节艺术火种采集仪式在革命圣地延安宝塔山隆重举行，副厅长唐利如参加活动并致辞。十一艺节倒计时一周年揭牌仪式在西安举行，副省长姜锋与省文化厅厅长刘宽忍共同为艺术节倒计时揭牌，省文化厅副厅长黄炜主持揭牌仪式。随后，党益民新作长篇小说《根据地》首发仪式在省图书馆举行，刘宽忍主持并讲话；下午，刘宽忍组织召开纪念习近平总书记文艺座谈会讲话一周年暨艺术节倒计时一周年座谈会；晚上，优秀剧目展演首场演出——新创秦腔历史剧《丝路长城》在西安易俗大剧院上演，省文化厅副厅长顾劲松主持。全省百县千乡文化惠民活动也于当天拉开帷幕。省委副书记胡和平、省总工会主席白阿莹等领导与尚长荣、雷珍民等艺术家出席了当天有关活动。

2015年10月24日，十一艺节文化部和陕西省第一次部省联席会议在北京召开。文化部部长雒树刚，省长娄勤俭，省委常委、省委宣传部部长梁桂，副省长姜锋出席，文化部副部长董伟主持会议。省文化厅厅长刘宽忍代表十一艺节陕西省筹委会办公室向会议做工作报告。会议提出，艺术节要聚焦中国梦主题，让"精品、惠民、节俭、可持续"成为本届艺术节的亮点。联席会后，省文化厅与文化部有关司局召开了对接会，商讨相关具体工作。

2015年10月28日，省委常委、省委宣传部部长梁桂主持召开十一艺节第一次部省联席会议贯彻落实座谈会，省文化厅厅长刘宽忍汇报十一艺节筹备工作进展情况。省委宣传部、省文化厅相关负责同志参加会议。

2015年10月29日，省文化厅厅长刘宽忍主持召开十一艺节省筹委会办公室工作会议，研究落实梁桂部长十一艺节座谈会指示精神，安排部署近期工作。

2015年11月26日，副省长姜锋召集省级有关部门、各市区负责同志及十一艺节场馆负责人召开会议，安排部署全省公共文化服务体系建设和十一艺节场馆建设工作。省文化厅厅长刘宽忍作十一艺节筹备工作情况通报，西安、咸阳、延安负责同志作交流发言，省文化厅副厅长顾劲松等参加会议。

2015年11月27日，省文化厅厅长刘宽忍主持召开十一艺节省筹委会办公室工作会议，研究落实姜锋副省长全省公共文化服务体系建设和十一艺节场馆建设工作会议指示精神，安排部署近期工作。

2016年1月11—16日，文化部专家组来陕进行十一艺节场馆建设专项检查，省文化厅厅长刘宽忍、副厅长顾劲松陪同检查。

2016年1月12日上午，十一艺节精品创作推进会在省文化厅召开，省文化厅厅长刘宽忍出席会议并讲话，副厅长顾劲松、驻厅纪检组长金育欣、副厅长李全虎出席会议，相关艺术创作单位代表发言。

2016年1月31日，省文化厅厅长刘宽忍主持举行十一艺节官方网站上线启动仪式，官网主要在艺术节品牌形象推广、政策信息公开、工作动态呈现、市场化运作开发以及陕西文化传播等方面提供网络平台支持。

2016年1月26—27日，省文化厅副厅长顾劲松主持召开十一艺节场馆建设专题推进会，就文化部专家检查中发现的问题场馆进行专题督导，省筹委会办公室与部分场馆签订使用协议书。

2016年2月1日，文化部艺术司司长诸迪率专家组对十一艺节拟使用美术馆进行实地查看，就进一步做好美术、书法、摄影作品等展览评比活动作出安排。省文化厅厅长刘宽忍一同调研并主持召开座谈会。

2016年2月4日上午，省委常委、省委宣传部部长梁桂主持召开十一艺节专题会议，研究十一艺节开幕式相关工作，省文化厅厅长刘宽忍作汇报，省委宣传部、省文化厅相关负责同志参加会议。

2016年2月23日，副省长姜锋主持召开十一艺节专题会议，就十一艺节精品创作、开闭幕式演出及场馆建设情况进行安排部署。省文化厅厅长刘宽忍、副厅长顾劲松汇报筹备工作进展情况，省政府副秘书长张宗科出席会议。

2016年2月29日，副省长姜锋出席十一艺节专题会议并讲话，省政府副秘书长张宗科主持，省委宣传部副部长刘斌出席会议，省文化厅厅长刘宽忍作筹备工作情况通报。会议研究推进十一艺节文艺精品创作和场馆建设改造工作，省文化厅领导班子成员，各地市分管负责同志、文化局长、艺术馆馆长，部分艺术创作单位和场馆负责人参加会议，相关单位作大会交流发言。

2016年3月1日，省文化厅厅长刘宽忍主持召开厅直系统目标责任考核暨落实姜锋副省长十一艺节工作推进会，省文化厅党组书记刘伟讲话并就相关工作提出要求，省文化厅班子成员，厅直属各单位主要负责同志参加会议。

2016年3月29日，十一艺节倒计时200天在西安新城广场隆重举办。晚上，全省优秀剧目巡回展演启动仪式在西安人民剧院举行。十一艺节省筹委会办公室主任、省文化厅厅长刘宽忍在展演活动致辞中表示，按照"精品、惠民、节俭、可持续"的办节原则，通过举办十一艺节倒计时系列庆祝活动、百县千乡文化演出、群星奖巡演等，激发起基层文化的巨大活力，真正做到文化为民、文化惠民，切实将迎接十一艺节的热烈氛围辐射到整个三秦大地。29日下午和30日上午，省文化厅分别组织召开了迎接十一艺节全省文艺界部分专家学者和老干部座谈会、全省各市文化局长座谈会，共话"文化陕西"建设，共同为筹办艺术节献计献策。29日晚上，在渭南市信达广场举办了十一艺节倒计时200天庆祝活动暨陕西省"群星奖"优秀作品巡演。

2016年5月9日，文化部长雒树刚调研第十一届艺术节筹备情况。

2016年5月10日，十一艺节第二次部省联席会议召开。文化部部长雒树刚，省长胡和平，省委常委、省委宣传部部长梁桂，副省长姜锋出席，文化部副部长董伟主持会议。会议交流总结第一次部省联席会议以来各项工作进展情况，安排部署下一阶段筹备工作。

2016年5月18日，为精心筹备、全力办好"十一艺节"，进一步提升社会各界对艺术节的关注度，扩大社会影响力，十一艺节倒计时150天，陕西省举办合唱展演活动。全省各地社区、广场、剧院、校园、厂矿、军营等地同时开启合唱展演活动，其中主会场活动在西安人民大厦剧院同步举行。

2016年7月7日，十一艺节倒计时100天，全省广场舞展演活动在西安大唐西市举行。十一艺节工作推进会在西安召开。陕西省委常委、省委宣传部部长梁桂出席并讲话，陕西省副省长姜锋主持会议。

2016年8月2日，十一艺节美术、书法、篆刻作品在西安初评。

2016年8月24日，中央媒体采访第十一届艺术节筹办情况。陕西省文化厅厅长刘宽忍介绍了陕西省筹备本次艺术节的情况。

2016年8月26日，十一艺节倒计时50天，陕西省锣鼓展演活动暨秦腔流派汇报演出举行。省文化厅副厅长顾劲松出席活动并作重要讲话。

2016年9月3日，十一艺节全国优秀美术作品展览、书法篆刻作品展览终评会议在西安召开，文化部副部长董伟、陕西省副省长姜锋、中国文联副主席、中央文史研究馆副馆长冯远、陕西省文化厅厅长刘宽忍等出席终评会议。

2016年9月4日，十一艺节聘请艺术顾问工作会议在西安举行。陕西省文化厅厅长刘宽忍颁发十一艺节艺术顾问聘书。

2016年9月19日，陕西省委书记、省人大常委会主任娄勤俭深入延安市调研十一艺节筹备工作。

2016年10月9日，十一艺节新闻发布会在北京召开。文化部艺术司司长诸迪、文化部公共文化司司长张永新和陕西省文化厅厅长刘宽忍介绍了十一艺节总体情况及筹备进度。

2016年10月14日，十一艺节组委会全体会议在西安举行。文化部部长、艺术节组委会主任雒树刚，陕西省委副书记、省长、艺术节组委会主任胡和平出席并讲话。中宣部副部长、艺术节组委会副主任景俊海出席。文化部副部长、艺术节组委会副主任董伟主持会议。陕西省委常委、省委宣传部部长、艺术节组委会副主任梁桂通报了十一艺节的筹备工作情况和总体安排。

2016年10月15日，十一艺节全国优秀美术作品展览、书法篆刻作品展览、摄影作品展览在陕西省美术博物馆开幕。文化部艺术司司长诸迪主持开幕式。陕西省省长胡和平出席致欢迎词。刘大为、苏士澍、中国摄影家协会副主席张桐胜先后致辞。文化部部长雒树刚讲话并宣布展览开幕。

2016年10月15日，十一艺节在陕西延安大剧院隆重开幕。中共中央政治局委员、国务院副总理、十一艺节组委会主席刘延东出席并宣布艺术节开幕。省委书记、省人大常委会主任娄勤俭，文化部部长雒树刚出席并致辞。省委副书记、省长胡和平，省政协主席韩勇，中宣部副部长景俊海，国务院副秘书长姜小涓，教育部副部长杜占元，省委常委、省委秘书长刘小燕，省委常委、省委宣传部部长梁桂，省委常委、延安市委书记徐新荣，副省长姜锋等出席。文化部副部长董伟主持开幕式。

2016年10月30日，第十七届群星奖颁奖仪式及历届群星奖获奖精品展演在西安易俗大剧院举行。文化部部长雒树刚，陕西省委副书记、省长胡和平出席颁奖仪式并向获奖作品代表颁奖。文化部部长助理于群、陕西省副省长姜锋、陕西省总工会主席白阿莹和西安市市长上官吉庆等出席。获奖作品包括：音乐类获奖作品为《一条叫做"小康"的鱼》《山东梆子腔》《敲起琴鼓劲逮逮》《瓦器器》《丝路欢歌》；舞蹈类获奖作品为《扫街》《阿婶合唱团》《爸妈我想你》《我的弦》《妙音踏舞》；戏剧类获奖作品为《月缺月圆》《一定要找到你》《亲！还在吗》《占座》《哎呀呀》；曲艺类获奖作品为《丰碑》《轧狗风波》

《羊续悬鱼》《一分不能少》《军婚药方》(获奖作品按行政区划排序)。

2016年10月31日,十一艺节在陕西大会堂闭幕。陕西省委书记、省人大筹委会主任娄勤俭出席。文化部长雒树刚,陕西省委副书记、省长胡和平致辞。文化部副部长董伟,文化部部长助理于群,陕西省委常委、西安市委书记魏民洲,陕西省委常委、省委秘书长刘小燕,陕西省副省长冯新柱,陕西省政协副主席郑小明,陕西省总工会主席白阿莹,西安市市长上官吉庆出席。陕西省委常委、省委宣传部部长梁桂主持闭幕式。闭幕式上,娄勤俭、雒树刚、董伟以及文艺工作者代表为文华大奖获奖剧目和文华表演奖获得者颁奖〔十部作品入选本届文华大奖,分别是豫剧《焦裕禄》(河南豫剧院三团),评剧《母亲》(中国评剧院有限责任公司),淮剧《小镇》(江苏省淮剧团),京剧《西安事变》(国家京剧院),京剧《康熙大帝》(天津京剧院),话剧《兵者·国之大事》(总政话剧团),话剧《麻醉师》(西安演艺集团话剧院),歌剧《大汉苏武》(陕西省歌舞剧院有限公司),民族舞剧《沙湾往事》(广东歌舞剧院有限公司),芭蕾舞剧《八女投江》(辽宁芭蕾舞团)。"文华表演奖"的艺术家分别为豫剧《焦裕禄》中主要演员贾文龙,越剧《狸猫换太子》中主要演员吴凤花,秦腔《柳河湾的新娘》中主要演员惠敏莉,话剧《天下第一桥》中主要演员朱衡,商洛花鼓戏《带灯》中主要演员李军梅,秦腔《狗儿爷涅槃》中主要演员李小雄,沪剧《挑山女人》中主要演员华雯,湘剧《月亮粑粑》中主要演员王阳娟,歌舞剧《情暖天山》中主要演员迪里拜尔,芭蕾舞剧《鹤魂》中主要演员王启敏〕。雒树刚为陕西省文化厅颁发十一艺节优秀组织工作奖。本届艺术节组委会对参加开幕式演出的秦腔现代戏《家园》剧组颁发了荣誉证书。

2017年5月12日,十一艺节组委会办公室在省文化厅召开全省文化系统十一艺节总结表彰大会。省文化厅厅长刘宽忍出席会议并讲话,厅党组书记明平英出席会议并宣读《陕西省人民政府办公厅关于表彰十一艺节筹办工作先进单位和获奖参演集体及个人的通报》,副厅长唐利如主持会议,驻厅纪检组组长金育欣宣读了《第十一届中国艺术节组委会办公室关于表彰第十一届中国艺术节筹办工作先进集体和先进个人的决定》,共表彰省委网信办网络新闻协调处等103个先进集体、陈乃霞等258名先进个人。厅机关各处室、厅直属各单位主要负责同志，各相关单位受表彰代表和先进个人代表，各设区市、杨凌示范区、韩城市文化（广电新闻出版）局主要负责同志参加会议，国家一级演员边宵等6位获奖代表做大会交流发言。

# 致 谢

作为文化界盛事的第十一届中国艺术节,既是社会热点,也是学界焦点。陕西省文化厅与武汉大学国家文化发展研究院联合开展"第十一届中国艺术节区域社会文化发展与影响力实证研究",旨在跟踪研究十一艺节。

陕西省文化厅高度重视本项研究,给予了全方位的支持和帮助。原陕西省文化厅厅长、现陕西省政协副主席刘宽忍教授对研究框架设计、调研方案、阶段性成果和最终成果都给予悉心指导,并在百忙之中参与课题的各项研究工作。武汉大学国家文化发展研究院院长傅才武教授、陕西省文化厅办公室刘海荣主任带领研究团队协同攻关,克服各种困难,顺利推进课题研究。陕西省文化厅规划财务处赵艳、办公室张晟涛等同志为课题组给予了全方位支持,十一艺节筹委会无私提供了各种相关资料。宝鸡市文化广电新闻出版局党组书记、局长张辉对调研工作给予大力支持,并亲自参与到调研活动中。榆林市文化广电新闻出版局局长刘仲平给课题组提供了翔实的资料。课题组成员肖波、纪东东、莫晟、李朝晖、曾睿、杨婷、李少多、李媛媛、谢林玲、付鑫、汪军、王萃芳、王亚汝、方蕾、张少华、任嘉浩、宓天姝、王听波、张杰、葛胜涛、余召臣、田欣、许静敏、郭雅静、陈秋宁等,或参与实地调研,或执笔撰写研究报告,经过多轮修改、订正,共同完成研究任务。研究团队在默默无闻的工作中形成了合作创新的诸多默契,也结下了深厚的友谊。中国社会科学出版社王曦老师提出了诸多中肯的意见。

对于上述所有关心、帮助、支持、参与本课题研究的同志,在此一并致谢!